信息管

管理信息技术

（第二版）

乔治·W. 雷诺兹 / 著
George W.Reynolds

吴延科 / 译

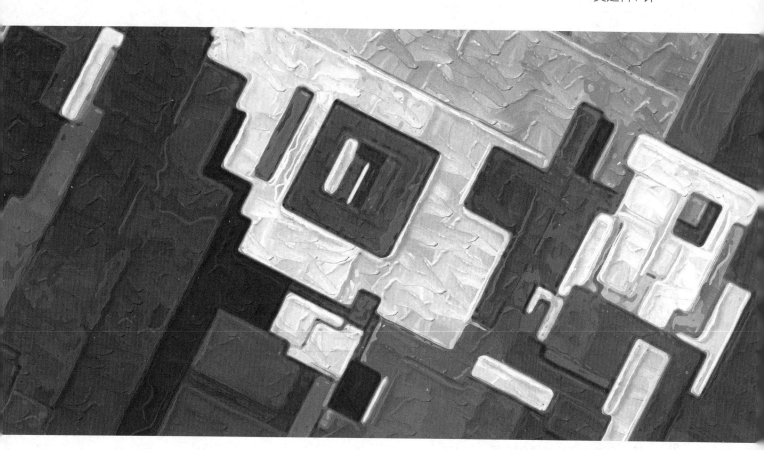

Information Technology for Managers

（Second Edition）

中国人民大学出版社
· 北京 ·

图书在版编目（CIP）数据

管理信息技术：第二版/（美）乔治·W. 雷诺兹著；
吴延科译. --北京：中国人民大学出版社，2021.3
（信息管理与信息系统经典译丛）
ISBN 978-7-300-29071-3

Ⅰ.①管⋯　Ⅱ.①乔⋯　②吴⋯　Ⅲ.①管理信息系统
Ⅳ.①C931.6

中国版本图书馆 CIP 数据核字（2021）第 037161 号

信息管理与信息系统经典译丛
管理信息技术（第二版）
乔治·W. 雷诺兹　著
吴延科　译
Guanli Xinxi Jishu

出版发行	中国人民大学出版社		邮政编码	100080
社　　址	北京中关村大街 31 号		010 - 62511770（质管部）	
电　　话	010 - 62511242（总编室）		010 - 62514148（门市部）	
	010 - 82501766（邮购部）		010 - 62515275（盗版举报）	
	010 - 62515195（发行公司）			
网　　址	http://www. crup. com. cn			
经　　销	新华书店			
印　　刷	三河市恒彩印务有限公司			
规　　格	215 mm×275 mm　16 开本		版　　次	2021 年 3 月第 1 版
印　　张	18.25		印　　次	2021 年 3 月第 1 次印刷
字　　数	553 000		定　　价	56.00 元

前　言

为什么要写这本书

　　商学院毕业生所需的本科信息技术尖端课程和 MBA 水平的信息技术课程是商学院课程中最具挑战性的两门课程，学生们常常怀疑这两门课程的价值。事实上，"我为什么要上这门课？"往往是他们的态度，遗憾的是，大多数教材不会改变学生们的这种态度，这些教材采用了"这里有很多你必须理解的技术性内容"的方式，因此，学生们在完成课程的过程中没有尽可能多地从中获得信息。这类课程的教师很失望，学生评价很差，不知道出了什么问题，这使得他们错过了一个提供优秀且有意义的课程的机会。

　　《管理信息技术（第二版）》从三个方面对这一主题采取了根本不同的方法。第一，它直接针对未来的管理者，明确了信息技术为什么确实对他们和组织很重要；第二，它使未来的管理者能够了解如何应用信息技术来改进组织；第三，它为管理者提供了一个框架来理解他们在信息技术方面的重要作用。换一种说法，《管理信息技术（第二版）》回答了三个基本问题：为什么我需要理解信息技术？信息技术有什么好处？我在通过使用信息技术来交付结果方面的角色是什么？

本书的方法

　　《管理信息技术（第二版）》面向未来的管理者，这些管理者希望了解信息技术的含义，识别和评估使用信息技术的潜在机会，并在确保组织内成功使用信息技术方面发挥积极作用。彻底更新后，本书对于未来的信息技术管理者也很有价值，他们必须了解如何从业务角度看待信息技术，以及如何与组织的所有成员有效合作以实现信息技术结果。

第二版的组织结构和覆盖范围

　　第 1 章：管理者：信息技术应用成功的关键提出了管理者必须参与信息技术战略规划和项目实施的明确理由。本章帮助管理者确定他们必须做些什么以促进其组织内信息技术的有效使用，并帮助他们了解如何在适当的时间和适当的问题上参与信息技术，正如沃尔玛（Walmart）、雅芳（Avon）、艾莉梅（Ellie Mae）和其他例子所示。

　　第 2 章：战略规划描述了如何通过定义关键业务目标和目的，将这些目标和目的传达给多功能团队，然后确定与业务需求明显一致的潜在业务项目组合来制定有效的战略规划。当然，还需要进一步完善这些功能以将投资组合缩小到应该执行的项目，并为这些项目提供足够的资源。战略规划过程使用雪佛龙公司（Chevron）的产品进行展示，雪佛龙是一家重要的全球信息技术公司，因其高效地利用信息技术来支持业务目标而备受推崇。

　　第 3 章：项目管理对项目管理过程进行了有益的概述。本报告符合美国国家标准项目管理协会的知识体系。本章介绍了 9 个项目管理知识领域，包括范围、时间、成本、质量、人力资源、通信、风险、采购和集成。无论是在私人企业（如佛蒙特州健康连接）中，还是在政府机构（如英国国家审计署或俄罗斯奥林匹克委员会）中，业务经理都可以在整个项目生命周期中扮演许多角色，包括负责人、发起人、项目经理、学科问题专家、项目团队成员和最终用户。

　　第 4 章：业务流程和信息技术外包讨论了外包的主要业务原因，并确定了许多问题和潜在的陷阱。本章还列出和描述了选择外包公司并成功将工作移交给新组织的有效过程。本章以信息技术外包为例，对云计算进行了深入的讨论，使用了来自 Supervalu、亚马逊（Amazon）和其他公司的示例。本章还介绍了建立服务级别协议和监控性能的重要性。

　　第 5 章：企业和信息技术治理描述了一家公司的执行管理层用来确保从信息技术中实现真正价值并确保适当管理相关风险的职责和实践，所有这些都是通过家得宝（Home Depot）、塔吉特（Target）和 Michaels 的真实例子实现的。本章涵盖了实现这些目标的两个框架：信息技术基础设施库（ITIL）以及信息和相关技术的控制目标（COBIT）。讨论了降低信息技术相关风险、使用 PDCA 模型改进信息技术治理以及业务连续性规划等相关问题。

　　第 6 章：协作工具确定并讨论了管理者可用于改进沟通和提高生产力的各种协作工具，如博客、网络会议（Webinar）和维基，本章还讨论了使用 Eagle 投资系统的好处和一些问题，如关于 Eagle 投资系统的开篇案例所讨论的。

　　第 7 章：电子商务讨论了使用电子商务方法购买和销售商品和服务、与客户互动以及与商业伙伴和政府机构合作。电子商务包括多种形式，包括企业对企业（B2B）、企业对消费者（B2C）、消费者对消费者（C2C）和电子政府商务。本章还介绍了在无线环境中进行电子商务的一种方法：移动商务（m-commerce）。本章旨在帮助管理者了解和处理与电子商务使用相关的许多商业、法律和伦理问题，同时，阿里巴巴和亚马逊等当代案例也加强了电子商务的国际影响力。

　　第 8 章：企业系统讨论了企业计划、客户关系和产品生命周期管理系统，这些系统用于确保有效和准确地处理商业事务，并确保最终用户和所有业务领域的经理都可以访问生成的信息。通过讨论可口可乐、IBM 和其他公司的案例，确定了与企业系统实现相关的几个好处，概述了避免企业系统故障所采取的措施，并描述了企业软件的托管软件模型。本章还解释了管理者在成功实现企业系统中扮演的关键角色。

　　第 9 章：商业智能和大数据讨论了众多应用程序，这些工具可以帮助企业收集和分析数据以改进比如亚马逊和纪念斯隆-凯特琳癌症中心（Memorial Sloan Kettering Cancer Center）等组织的决策，这样的应用程序包括电子表格、报告和查询工具、在线分析处理（OLAP）、下钻分析（drill-down analysis）、数据挖掘（data mining）和仪表盘（dashboard）。本章还涵盖了许多大数据主题，包括结构化和非结构化数据、ACID属性、NoSQL 数据库、Hadoop、内存数据库和数据治理，还讨论了与商业智能系统和大数据相关的挑战，以及业务经理在开发和使用这些系统方面的作用。

　　第 10 章：知识管理描述了显性和隐性的信息，以及像 NASA 和 Nelnet 这样的组织如何使用知识管理来识别、选择、组织和传播这些信息。在本章中，你将学习捕获隐性知识的技术、实践社区、社交网络分析、Web 2.0 技术、业务规则管理系统和企业搜索。本章还介绍了如何识别和克服知识管理挑战，其中包括一套销售和实施知识管理项目的最佳实践。

　　第 11 章：网络犯罪与信息技术安全讨论了常见的与计算机相关的安全事故（使用 Anthem 和索尼最近的例子），描述了为什么计算机事故如此普遍，确定了各种计算机犯罪的实施者，提供了计算机安全自我评估测试，描述了攻击类型，概述了针对起诉计算机攻击者的各种联邦法律，并描述了如何实施可信计算，包括防止、检测和响应计算机安全事故的特定任务。

　　第 12 章：信息技术的伦理、法律和社会问题简要概述了伦理以及如何在决策中考虑伦理因素。基于 Verizon、Zendesk 等公司的现状，从管理者需要了解这些主题的角度，讨论了与隐私、言论自由、审查和互联网接入相关的各种主题。

每章特点

　　开篇案例：商业专业和 MBA 学生通常很难理解他们为什么需要理解信息技术，或者他们的角色（如果有的话）是什么。为了使学生认识到这一点，每一章都以一个开篇案例开始，提出了本章将要讨论的许多问题。案例以一种强烈的激励方式涉及这些主题，让学生进一步阅读，以便清楚地了解信息技术对企业的潜在影响以及管理层对信息技术的责任。

　　学习目标：在开篇案例之后提出一组学习目标，并提供了本章所涵盖的重要主题的预览。

　　现实世界示例：为了保持读者的兴趣和动机，每一章都包含了许多现实世界中的商业管理者与本章所涵盖的问题的例子，有的成功，有的失败，其目的是帮助读者了解管理者在信息技术方面的作用，并发现他们可以在组织中应用的关键知识。

　　你会怎么做：这一特殊的特点提出了现实的场景，鼓励学生批判性地思考本章中提出的概念。在每一章中，有三个地方放置这一专题，以使读者能够思考刚刚讨论的主题。

　　管理者检查表：每一章都包含一套宝贵的指导方针，供未来的业务经理在权衡信息技术相关主题时考虑，包括他们将来在组织中如何使用它。

　　本章摘要：每一章都包含一个有用的总结，强调所呈现的材料的管理含义和关键技术问题。

　　问题讨论：一组发人深省的问题，以激发对本章所涵盖主题的更深刻的理解。

　　需要采取的行动：每章包括三个需要读者做出决定或作出回应的小型案例，这些小型案例提供了真实的场景，并检验了学生的知识、洞察力和解决问题的能力。

　　基于 Web 的案例：每章都包含一个"开放式"案例，要求学生收集自己的研究信息，并做一些批判性的思考来解决案例中提出的问题。

　　案例研究：每一章的结尾都是一个富有挑战性的现实案例，即管理者在处理本章所涵盖的问题时遇到的困难。这些案例是独特的，因为它们是从管理者的角度而不是从信息技术人员的角度来看待信息技术的。

致　谢

　　我要感谢圣智出版集团的所有员工，感谢他们在将本书推向市场方面所发挥的作用。我非常感谢我出色的推广编辑 Mary Pat Shaffer，她不倦的努力和鼓励值得特别赞扬。也要感谢许多幕后工作人员，包括产品总监 Joe Sabatino 和产品经理 Jason Guyler。特别感谢内容开发经理 Jennifer King 和内容开发人员 Anne Merrill，他们协调了参与此项目的许多人的团队的工作，并推动了项目的发展。

　　我特别要感谢 Naomi Friedman，他写了开篇案例和每章结尾的案例。

　　最后，我要感谢我的妻子 Ginnie，她在这个重大项目中给予了我极大的耐心和支持。

致我的审稿人

我非常感谢以下审阅者对本书提出的有建设性的反馈：

Larry Booth，克莱顿州立大学

Nicole Brainard，Principal，俄亥俄州代顿市大主教奥尔特高中

Ralph Brueggemann，辛辛那提大学

Rochelle A. Cadogan，维特尔波大学

Wm. Arthur Conklin，休斯敦大学

Barbara Hewitt，得州农工大学金斯维尔分校

William Hochstettler，富兰克林大学

Jerry Isaacs，卡罗尔学院

Marcos Sivitanides，得克萨斯州立大学

Gladys Swindler，福特海斯州立大学

Jonathan Whitaker，里士满大学

我的承诺

　　欢迎您的意见和反馈。如果您对《管理信息技术（第二版）》有任何疑问或意见，请通过 www.cengage.com 的课程技术支持联系我，也可以通过您当地的代表联系我。

乔治·W. 雷诺兹（George W. Reynolds）

目　录

1

管理者：信息技术应用成功的关键

提供领导

> "普通的领导者把人们带往他们想去的地方，伟大的领导者把人们带往他们不一定想去但应该去的地方。"
>
> ——罗莎琳·卡特，美国前第一夫人

电子边境项目

为什么管理者必须为信息技术（IT）提供领导

2014 年 8 月底，英国政府将英国的恐怖威胁等级提高到四级，即"严重"的级别。据政府称，最近至少有 500 名英国公民离境并前往叙利亚或伊拉克加入极端组织 ISIL（也被称为 ISIS），ISIL 已经征服了中东的大片领土，政府怀疑这些公民中的许多人正在接受训练以返回英国实施恐怖袭击。英国政府对付这种威胁的主要防御战略在于边境管制，包括防止英国公民飞离边境加入 ISIL，取消已经为 ISIL 而战的英国居民的国籍，以及逮捕那些已经返回英国的 ISIL 学员。

2003 年，由于预料到加强边境管制的必要性，英国政府启动了电子边境项目。该项目的主要目标是收集所有在旅行前安排入境和出境的旅客，这些数据将用于阻止被视为威胁的旅客入境或出境、逮捕恐怖分子和有组织犯罪的嫌疑人并缩短旅客通关时间。2014 年 3 月，政府在花费了纳税人 2.24 亿英镑（3.5 亿美元）之后取消了该项目。2013 年对电子边境项目的一项评估认为，虽然支持该项目的 IT 系统已经有效部署在伦敦希思罗机场，但该项目在海事和铁路部门的应用中失败了。电子边境项目的部分有效要素随后被并入新的边境系统方案，以期扩大该系统的能力。

许多因素导致电子边境项目未能实现其所有初始目标。一家英国法院最终裁定，失败的责任主要由英国边境管理局承担，而不是由供应商雷神公司承担。具体来说，英国边境管理局没有建立适当的基准来跟踪项目的进展，也没有在资源采购过程中聘请合格的主题专家。最后，该机构没有定义和稳固需求，导致目标不

1

断变化，低估了项目的复杂性。归根结底，管理层未能为这一努力提供强有力的领导。

然而，电子边境项目确实取得了一些成功，警方找到并逮捕了系统确认的数千名通缉犯。遗憾的是，一项评估报告称，电子边境项目仅收集了 65％ 的入境和出境旅客旅行前的数据。随着英国面临 ISIL 以及其他恐怖主义和犯罪组织未来构成的越来越严重的威胁，扩大新的边境系统方案来收集和分析这些数据的能力将至关重要。

学习目标

阅读本章时，请自问：

● 为什么管理者必须理解 IT 系统开发的关键原则并为这些项目提供领导？

● 我是否准备在适当的时间和适当的问题上参与其中？

本章提供了信息技术的工作定义，讨论了管理者在确保各种类型的 IT 系统取得良好效果方面的重要作用，并警告管理者在未能履行这些职责时可能产生的可怕后果。但首先我们要回答一个问题：为什么管理者应该理解信息技术？

为什么管理者应该理解信息技术

为什么要学习信息技术？这一领域的业务不是应该最好留给 IT 专业人员，而不是管理人员吗？这一问题的答案是一个简单而有力的否定。本节提供了管理者必须理解信息技术和必须引领信息技术的投资方向的几个原因，以及如何最有效地使用信息技术。

新的 IT 业务机会伴随着竞争威胁正以越来越快的速度出现。管理者扮演着关键角色，他们必须将这些机会和威胁框起来，以便其他人能够理解它们，按照重要性的顺序对它们进行优先级排序，并评估建议的解决方案。最后，管理者必须带头定义最能满足机构需求的 IT 战略和政策。

即使两个不同的公司从同一个供应商处投资同一个 IT 系统，对组织来讲，最终也不一定会得到相同的解决方案或以相同的方式使用这些系统。因此，一家公司可能会从 IT 部署中获益匪浅，而另一家公司则会为不令人满意的结果而苦苦挣扎。在实施新的 IT 解决方案时，与 IT 专家合作的管理者们必须做出许多决策，包括项目的范围有多广、要捕获的数据是什么、数据库和应用程序应如何定制、系统将向谁传递哪些信息，以及最重要的——人们将如何使用这个系统来做出改变。

真正的生产力的提高很少仅仅源于工作流程的自动化。生产力的真正提高需要对业务实践进行创新，然后自动化这些改进的流程以利用 IT 功能。如果公司仅仅将 IT 塞入其运营中而不进行 IT 新功能的探索，就不大可能会获得显著的益处。管理者是确保 IT 创新获得回报的关键，他们必须引领一种整体上的方法，包括鼓励接受革新、应对业务流程和组织结构的变化、建立新的员工角色和期望以及创建新的评价标准和奖励制度。

为了获得可持续的竞争优势，企业必须始终为客户提供不断增长的价值。要做到这一点，就需要通过有效地使用信息技术获得基本信息，以便更好地定义客户及其需求。这些信息可以帮助企业改进产品，开发更好的客户服务，从而持续增加收入和利润。管理者必须认识到这些信息的价值，知道如何传达他们对信息技术的需求，并且能够与 IT 员工合作，建立有效的 IT 系统，使有用的信息变得可用。

在瞬息万变的全球商业环境中，管理者需要终身学习，并灵活确定他们的商业角色和职业机会。鉴于 IT 的广泛使用，管理者必须能够理解技术如何影响他们的行业和整个世界。

什么是信息技术

信息技术（information technology，IT）包括捕获、存储、处理、交换和使用信息的所有工具。信息技术的领域包括计算机硬件，如大型机、服务器、台式机、笔记本电脑、平板电脑和智能手机；软件，如用于执行各种功能的操作系统和应用程序；网络和相关设备，如调制解调器、路由器和交换机；以及数据库，用于存储重要数据。

一个组织定义的一组 IT 硬件、软件和网络称为其 **IT 基础架构**（IT infrastructure）。一个组织还需要被称为 **IT 部门**（IT organization）的一组人员来计划、实施、操作和支持信息技术。在许多公司中，部分或全部 IT 支持可能被外包给另一家公司。

一个组织的 IT 基础架构必须与员工和程序相集成，以构建、运营和支持信息系统，使公司能够实现其基本目标，如增加收入、降低成本、改进决策、增强客户关系，以及加快产品上市时间。

大多数组织都有许多不同的信息系统。考虑业务经理在使用 IT 方面的作用时，可以将信息系统分为三种类型：个人信息技术、集团信息技术和企业信息技术。图 1-1 显示了 IT 支持人员、IT 基础设施和各种类型的信息系统之间的关系，这些系统将在接下来的章节中进行解释。

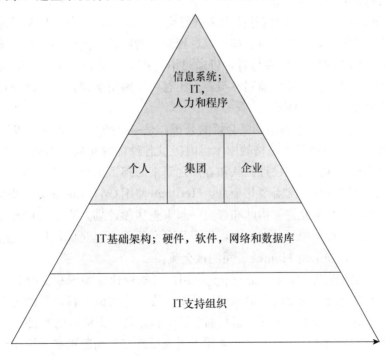

图1-1 IT基础架构支持个人、集团和企业信息系统

个人信息技术

个人信息技术（personal IT）包括在执行独立任务时提高个人用户生产力的信息系统，这样的例子包括个人生产力软件，如文字处理、演示和电子表格等办公软件；还包括决策支持系统和在线学习系统等。

　　决策支持系统（decision support system，DSS）采用分析模型来帮助用户洞察问题状态，检查替代解决方案，并推荐适当的行动方案。例如，VisualDX 是一个临床决策支持系统，它提供了对简洁的疾病信息和高质量医学图像的即时访问，它的数据库包含 1 300 多个医学条件和近 30 000 张图像。医生可以通过症状、视觉线索和其他患者因素搜索该数据库，以诊断疾病并制定治疗计划。这个系统可以作为应用程序在智能手机上下载并运行，也可以通过台式电脑或笔记本电脑访问。[1]

　　在线学习系统（online learning system）包括许多计算机增强的学习技术，包括基于计算机的模拟、多媒体 DVD、基于网络的学习材料、超媒体、播客和网络广播等。这种信息系统是个人信息技术的一个例子。随着当今商业环境的快速变化，管理者和员工必须不断学习以跟上步伐。例如，Avanade 是一家全球 IT 咨询公司，拥有超过 21 000 名专业人员，分布在 20 个国家的 70 个地点。其客户期望公司指派的顾问是训练有素、有能力的顾问，拥有广泛的咨询技能和深厚的领域特定技能。Avanade 大学是一个在线中心，企业员工可以随时随地获得他们需要的培训。Avanade 顾问每年在教育上平均花费 80 小时，他们重点关注各种技术和管理主题、语言教育等。[2]

■ 集团信息技术

　　在当今快速发展的全球工作环境中，成功取决于我们与他人的沟通和协作能力，这包括与同事和客户的沟通和协作。**集团信息技术**（group IT）包括改善通信和支持工作组成员之间协作的信息系统，这样的例子包括使用网络会议、维基和电子公司目录。

　　网络会议（Web conferencing）使用信息技术来进行会议或演示，其中参与者通过互联网进行连接。屏幕共享是网络会议最基本的形式，每个参与者都可以看到演示者屏幕上的任何内容，无论是电子表格、法律文件、图片、蓝图还是 MRI 图像，会议参与者可以通过语音或文本进行交流。网络会议的另一种形式是网络广播，其中音频和视频信息从演示者广播到参与者。还有一种网络会议，即网络研讨会，是一种支持演讲者和观众之间交互通信的实时互联网演示。

　　Heritage Log Homes 是一家有效利用网络会议的公司，是一家拥有 30 名员工和 70 家北美独立经销商的 Log Homes 生产商。该公司在五种基本风格的原木房内提供各种标准布局；然而，90％ 的项目是定制房屋。定制过程过去是相当漫长的，这涉及在设计团队和客户之间来回邮寄工程图纸。每个人都会轮流用他们建议的更改来标记图纸，最终确定计划通常需要几个月。Heritage 使用 GoTomeeting 网络会议系统把这些活动转移到了一个实时协作系统，该系统允许架构师和客户一起审查房屋计划，确定设计理念，讨论问题，并将变更纳入设计中。以这种方式，在一两周的时间内，只需几次会议就可以完成设计。[3] 改进后的流程提高了客户满意度，大大改善了 Heritage Log Homes 公司的现金流。

　　维基（wiki，夏威夷语的意思是快速）是一个允许用户轻松快速地编辑和更改其内容的网站，它可以是托管的互联网站点，也可以是公司内部网上的站点。维基允许工作组或项目团队的各个成员在文档、电子表格或软件应用程序上进行协作，而无须来回发送材料。FFmpeg 是一个免费的软件项目，可以生成用于处理多媒体数据的库和程序。2014 年 6 月，FFmpeg 采用了增强型维基和问题跟踪系统 Trac，为软件开发人员提供支持。[4]

　　在大型组织中，电子公司目录用于寻找合作处理某个问题或机会的合适人选。越来越多的组织正在创建在线电子公司目录来解决这个问题。IBM 为企业创建了一个名为 Bluepages 的应用，相当于 IBM 的 Facebook 应用程序。这个集团信息技术应用程序允许员工在缺勤或休假时联系其他员工及其备份，最近已经发布了移动应用程序，并运行在了 IBM 的 WhirlWind 基础设施上，该基础设施支持苹果、安卓和黑莓智能手机，并可下载到员工的智能手机上。[5]

企业信息技术

企业信息技术（enterprise IT）是组织使用一些信息系统定义自己的员工和/或与外部客户、供应商、政府组织和其他业务合作伙伴之间的结构化交互。这些系统的成功实施通常需要对基本工作流程进行彻底的重新设计和新流程的自动化，目标流程可能包括组织内的纯内部活动（如工资单）以及支持与外部客户和供应商开展活动的活动。企业信息技术的三个例子是交易处理系统、企业系统和组织间系统。

交易处理系统（transaction processing system，TPS）从公司交易和其他关键事件中获取数据，然后更新公司记录，这些记录保存在电子文件或数据库中。每个交易处理系统都支持公司的特定活动，并且可能有几个交易处理系统共同支持整个业务流程。例如，一些组织使用许多交易处理系统来支持其订单处理，包括订单录入、发货计划、发货执行、库存控制和应收账款，如图 1-2 所示。系统协同工作的意义是"上游"系统捕获的数据被"下游"传递，并在订单处理周期的后期提供给其他系统。使用订单录入交易处理系统捕获的数据用于更新已接收但尚未发货的未结订单文件，打开的订单文件反过来又被用作发货计划交易处理系统

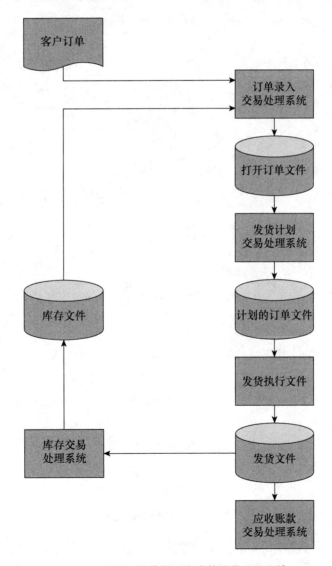

图 1-2　支持订单获取和完成的交易处理系统

的输入，交易处理系统决定要填写的订单、发货日期和每个订单的发货地址。最终结果是被传递到下游的计划订单文件来执行交易处理系统，等等。

许多组织使用**企业系统**（enterprise systems）来支持其运营和规划功能，并允许跨所有业务功能和各级管理层共享信息。这些系统使用一个关键运营和规划数据的数据库，可供所有员工共享，在某些情况下，还可供客户和供应商共享。三种最常见的企业系统类型是：

● 支持供应链流程的企业资源计划（ERP）系统，如订单处理、需求计划、库存管理和采购。

● 支持销售、营销和客户服务流程的客户关系管理（CRM）系统。

● 产品生命周期管理（PLM）系统，支持与产品生命周期各个阶段相关的过程，包括销售和营销、研究和开发、概念开发、产品设计、原型和测试、制造过程设计、生产和组装、产品交付和安装、服务和支持、产品报废和更换；PLM 软件全功能概述见图 1-3。

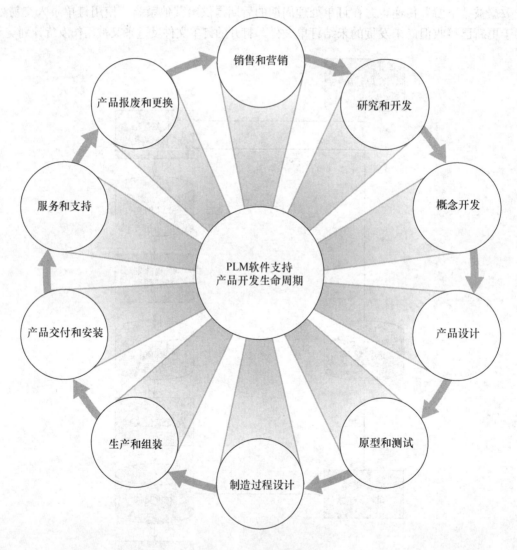

图 1-3 PLM 软件全景

CSX 公司在美国 23 个州运营着 21 000 英里的铁路。最近，该公司开始实施 CRM 项目，以改进其本地运营服务。这需要一个由列车员、销售人员和市场营销人员参与的团队来收集大约 5 000 个客户工作地点的关键数据，这些数据包括客户在 CSX 地图中的站点位置、跟踪基础设施特征、服务挑战以及有关客户运营的信息。将这些数据加载到其 CRM 系统中，使 CSX 员工能够更好地管理他们的销售工作，更贴切地满足客户的需求，并加强客户沟通。[6]

组织间信息系统（interorganizational information systems）支持不同组织间的数据流，以实现共享目标，例如，一些组织需要共享采购订单、发票和付款的数据以及有关常见供应商和金融组织的信息。组织间信息系统加快了材料、付款和信息的流动，同时允许公司减少处理此类交易的工作量和成本。

为了确保信息的有效共享，各组织必须事先就需要交换的信息的性质和格式达成一致，并且必须使用兼容的技术。这些公司必须合作解决与数据定义和格式、数据库设计、标准相关的技术问题，以确保高数据质量和兼容的技术基础设施。组织间信息系统的完全集成通常需要新的工作流程和重大的组织革新。

沃尔玛采用了一个组织间信息系统，称为供应商管理库存（VMI），可以改善产品流程并降低其商店库存。根据该计划，供应商负责管理沃尔玛仓库内的产品库存，供应商有权访问沃尔玛的数据库，该数据库包含其产品的项目级销售和库存数据，这有助于供应商通过协作计划、预测和补货流程制定产品需求预测。[7]供应链中的每个环节都使用信息技术进行互联，信息技术包括中央数据库、商店级销售点系统和卫星网络（见图1-4）。[8]

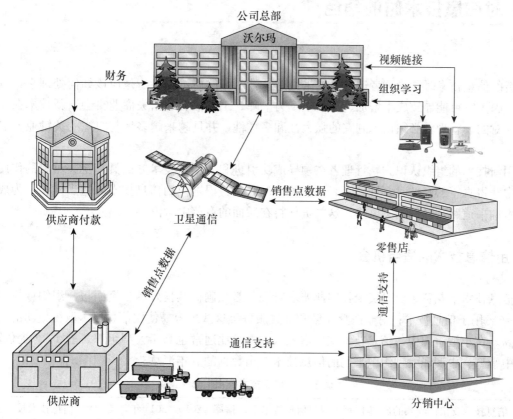

图1-4　沃尔玛补货组织间系统

管理者在信息系统的成功实施和使用中扮演着关键角色，这个角色根据所处理的信息系统的类型而变化，如表1-1所示。表1-1还强调了其他特征，并提供了每种类型的示例，下文将更详细地讨论管理者在信息技术方面的作用。

表1-1　各类信息系统实例及特点

	个人信息技术	集团信息技术	企业信息技术
示例	个人生产力软件、决策支持系统	电子邮件、即时消息、项目管理软件	交易处理系统、企业系统、组织间系统
带来的益处	提升了生产力	加强了协作	提高标准化和监督工作的能力
组织实施（包括更熟练的工人、更好的团队合作、重新设计的流程和新的决策权）	● 不需组织实施 ● 即使没有执行完全，也可以带来部分益处	● 需要组织实施 ● 允许用户随着时间的推移实现和修改实施方案	信息技术系统"上线"时必须有完整的组织实施
管理者的角色	● 鼓励使用 ● 激励员工发现新的用途	● 演示如何使用信息技术 ● 制定参与标准	● 在采用前确定并落实一整套组织实施方案 ● 持续有力地干预以确保顺利实施

管理者面对信息技术时的角色

当引进新的信息技术时，管理者通常会先采用这项技术，然后试图弄清楚应该如何处理它，以及如何处理它的影响。因为它可能导致成本增加、工人生产力下降、工作浪费和错失商业机会，新技术在一开始总是会遭到强烈反对的，管理者必须认识到它的强大性和多样性，并且越来越多地与组织的关键业务实践交织在一起。

成功采用新技术的组织认识到，管理者在领导成功引进和采用新技术方面具有至关重要的作用。当涉及从信息技术中获得真正的好处时，管理者有三个关键的职责：识别应用信息技术的适当机会，为成功引进和采用信息技术铺平道路，降低相关风险。这些责任将在后面的章节中讨论。

■ 识别应用信息技术的适当机会

由于在信息技术上花费了巨额资金，因此要求管理层必须确保其良好的投资回报。组织或机构通常将总收入的1%~6%用于信息技术；对于医疗保健和金融服务等这些更容易使用信息技术取得成功的行业，这种支出通常更高。在小型组织中，信息技术支出占收入的百分比通常也高于大型组织。表1-2提供了18个不同行业部门中小型、中型和大型组织平均的信息技术支出数据的五年汇总。[9]

表1-2　信息技术支出汇总

年份	总信息技术支出占收入的比例	每个用户信息技术运营预算（2010—2014年，美元）	信息技术投入支出增长率
2014	2.1%	7 385	0.0%
2013	2.0%	8 118	4.0%
2012	2.0%	7 531	2.0%
2011	2.4%	7 114	1.8%
2010	2.2%	7 464	0.0%
5年平均	2.1%	87 522	1.6%

这些数字粗略地代表了平均数。与信息技术相关的支出差异很大，即使是同一行业内类似规模的公司。虽然一家公司可能比竞争对手花费更多，但不一定能更有效地利用它。最值得思考的是，组织或机构从信息技术投资中获得了什么，而不是它们在信息技术上投资了多少。最有效的信息技术用户能够从信息技术投资中获得最大的价值，这些投资符合其组织的战略需求，并且管理和执行良好。在当今的全球经济中，新技术、商业机会和商业威胁正以越来越快的速度走来，管理者必须根据现有的业务需求评估信息技术投资机会，并帮助构建这些机会，以便其他人能够理解它们。管理者必须发挥领导作用，承认并倡导那些符合组织业务战略的机会。

下一章将概述战略规划过程，解释管理者如何确保信息技术投资与业务战略一致，并对关键目标提供支持。

你会怎么做？

贵公司指派了一位新的财务分析师对三大竞争对手进行信息技术支出方面的竞争分析。与你和其他几位新员工共进午餐时，她分享了她的分析结果。她指出，贵公司在这方面的支出仅占收入的 4% 多一点（公司最近的年收入为 1.5 亿美元），而贵公司的竞争对手的支出均低于 3%（最近的收入在 3 亿～4 亿美元之间）。她问你们，是否认为这项支出差异显著，她是否应该在报告中强调这一点。你会怎么说？

顺利引进和采用信息技术

要成功地实施信息系统，公司可能需要更改其业务流程、员工角色和职责、奖励系统和决策。针对某些信息系统，公司可能不需要做出什么变化，而对于另外一些信息系统，可能需要做出程度相当大的变化。抵制革新是人类的天性，研究人员 J. P. Kotter 和 L. A. Schlesinger 确定了造成这种抵制的四个原因（见表 1-3）。[10] 许多组织都试图实施一个有前途的新信息系统，只是让员工永远不使用它或不充分利用它的潜力。管理者必须能够克服这种阻力，以便新的信息系统能够在整个组织中被接受和使用。

表 1-3　人们抵制革新的四个原因

抵制革新的原因	解释
狭隘的利己主义	有些人更关心的是变化对自己的影响，而不是它如何改进组织。
误解	有些人对变化有误解或缺乏信息。
对变化的容忍度比较低	有些人在工作中需要安全和稳定。
对形势的评估不同	有些人不同意革新的原因，或者不支持革新的过程。

组织革新管理的几种理论可以帮助组织革新管理的引入和采用。下面介绍了三种理论：革新管理连续体模型、技术接受和使用的统一理论以及创新扩散理论。

革新管理连续体模型

D. R. Conner 开发了**革新管理连续体模型**（Change Management Continuum Model），该模型描述了构建变更承诺所需的关键活动。[11] 该模型提供了一个路线图，指导管理层在引进新系统的每个阶段采取行动，表 1-4 简要描述了各个阶段的活动。一个组织必须完全并成功地执行这七个阶段中的每一个，以使员工致力于一个新的信息系统。如果跳过或未成功完成某个阶段，那么人们将拒绝采用新系统。例如，如果一家公司未能确保员工理解新的信息系统，员工就无法理解他们预期如何使用它，公司将无法实现该系统的利益。管理者必须与信息系统开发团队和重点利益相关者合作，制定适当的策略并交付成果，以成功完成模型中的每个阶段。

表1-4 革新管理连续体模型的阶段和进程

阶段	目标	进程	描述
通知	让人们意识到革新及其发生的原因。	联络	人们首先意识到要发生变化。
		意识	人们对革新有基本的认识。
		理解	人们理解革新的性质和内涵，以及他或她会受到怎样的影响。
教育	让人们认识到革新对他们和他们的工作方式的影响。	正面感知	人们对变化有积极的态度。
		采纳	革新对组织产生了积极影响。
		制度化	革新是持久的，并已正式纳入组织的日常操作程序中。
执行	这种变化已被完全接受，并已成为日常生活的一部分。	内化	人们高度致力于革新，因为它符合他们的利益、目标和价值观。

技术接受和使用的统一理论

技术接受和使用的统一理论（Unified Theory of Acceptance and Use of Technology）确定了四个直接决定用户接受和使用技术的关键因素。为了让最终用户接受和使用新的信息系统或技术，他们必须确信：

● 新技术和相关工作流程的使用将提高工人的工作表现，使他们能够像过去一样或更好地完成工作。这方面的一个转折点是，最终用户看到一个新的信息系统将以一种富有挑战性且令人兴奋的方式扩展他们的作用和职责。

● 新系统很容易使用，并且使最终用户比他们用以前的工作方式更容易完成工作。没有人想退后一步，让他或她的工作变得更困难。

● 管理层希望每个人都使用新技术，并以与新工作流程一致的方式行事。管理层必须传达他们的期望，衡量达到这些期望的进度，并就新信息系统和工作流程的使用向最终用户提供反馈。

● 已建立必要的组织和技术基础设施，以支持最终用户学习和使用新技术。最终用户希望知道，他们将有足够的时间接受高质量的培训，必要时还将有其他人（帮助平台或"超级用户"）提供帮助。

这些因素如表1-5和图1-5所示。[12] 管理者可以用这个理论来帮助人们接受和使用新的信息技术。

表1-5 影响信息技术被接受和使用的关键因素

因素	定义
有用性	相信使用该系统有助于提高工作表现。
易用性	与系统使用相关的易用程度。
管理期望	管理层希望员工使用系统的信念程度。
支撑设施	相信有组织和技术基础设施来支持系统。

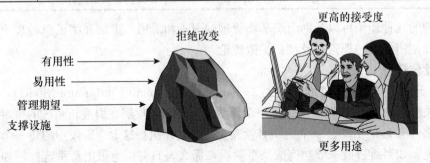

图1-5 技术接受模型定义了克服新信息系统阻力所需的关键因素

雅芳采用了一种多层次的营销方法，通过销售代表系统分销产品，销售代表通常通过家庭聚会直接向家人、朋友和其他个人联系人销售产品。雅芳最近试用了一种新的订单管理系统，旨在简化其加拿大销售代表的销售订单流程。这套基于平板电脑的系统预计每年将减少约 4 000 万美元的成本，同时使雅芳能够更好地满足客户的需求。遗憾的是，这个系统存在严重的易用性问题，销售代理甚至在执行最基本的功能（如登录、保存订单和检查库存）时也遇到了问题。这些代理更喜欢他们现有的智能手机应用程序，它支持现有的订单管理流程，并且可以很容易地用手指进行导航。新系统根本不符合销售代表对"改进的"订单管理系统应该如何工作的期望，它未能使新技术的易用性成为验收的关键因素。成百上千的加拿大销售代表退出了公司，而不是继续挣扎在新系统中。最终，在公司花费了 1 亿～1.25 亿美元之后，这个试验项目被放弃了。[13]

你会怎么做？

想象一下，新的雅芳订单管理系统设计得很好，非常容易使用，确保了雅芳管理团队必须采取的关键行动，为加拿大销售代表成功推出了易于使用的系统。

创新扩散理论

创新扩散理论（Diffusion of Innovation Theory）是由 E. M. Rogers 提出的，目的是解释一个新的想法或产品如何获得认可，以及如何通过一个组织的特定人群或子集扩散（或传播）。这一理论的一个关键点是，对目标群体的所有成员而言，任何创新的采用都不会同时发生；相反，这是一个旷日持久的过程，有些人比其他人更快地采用创新，见图 1-6。Rogers 定义了五类采纳者，如表 1-6 所示，每类采纳者对创新的态度各不相同。在将创新推广到目标群体时，了解目标群体的特征将有助于或有碍于创新的采用，并且应用适当的战略是很重要的。这一理论可用于规划新信息系统的推出。

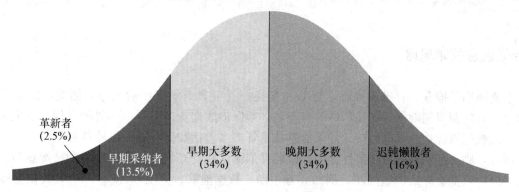

图 1-6　创新扩散理论

表 1-6　五类创新采纳者

采纳者类别	特征	采用策略
革新者	冒险者；总是第一个尝试新产品和新想法的人。	只需为他们提供进入新系统的通道，然后任由他们自由使用。
早期采纳者	其他人倾听和追随的意见领袖；意识到变革的必要性。	帮助他们开始工作。
早期大多数	听取并跟踪意见领袖。	向他们提供系统有效性和成功案例的证据。
晚期大多数	对变革和新想法持怀疑态度。	向他们提供其他有多少人尝试并成功使用新系统的数据。
迟钝懒散者	非常保守，对变革持高度怀疑态度。	让他们的同辈证明这种变化是如何帮助他们的；让他们感受到其他采纳者给他们带来的压力。

引入企业信息系统需要大量资源和程序、角色和职责、奖励系统和决策方面的重大变化，换句话说，

它代表了一个重大的组织革新。管理者们为了接受所有这些变化而削减了他们的工作。一个成功的企业信息系统需要自上而下的标准和过程，这些标准和过程精确地说明了必须如何执行交易以及如何捕获、存储和共享支持信息。因此，高级管理层有时会通过威胁对不符合要求的员工进行处罚来鼓励采用企业信息系统。

例如，美国《健康保险可携性和责任法案》（HIPAA）规定了获取、存储和共享电子医疗交易（如医疗索赔、电子汇款）的标准，以及医疗保健提供者、医疗保险计划、雇主之间的索赔状态查询。由于各组织争相满足许多 HIPAA 规则，包括对 HIPAA 安全和隐私规则的修改，有人抱怨说，实施所有 HIPAA 标准需要几年的管理时间以及数百万美元的编程费用、硬件设备和服务。为了鼓励各组织遵守这些标准并满足最后期限，美国卫生和公众服务部（DHHS）颁布法令，不遵守 HIPAA 标准的组织将没有资格因为为其患者提供的服务而获得医疗保险/医疗补助金。美国国土安全部还建立了调查程序，并对违反 HIPAA 规则的行为规定了民事和刑事处罚。处理电子保护健康信息（ePHI）的公司已经采取了强有力的措施来避免这些处罚。

尽管纽约一家医院和一所大学努力遵守 HIPAA 的规定，但为其教职员工提供机会担任该医院医生的学校被处以 480 万美元的罚款，以解决其可能违反 HIPAA 的隐私和安全规则的指控。由于缺乏技术保障，大学网络上服务器的停用导致数千名患者的 ePHI 信息可以通过互联网搜索引擎进行访问。[14]

你会怎么做？

市医院董事会被认定为不因违反 HIPAA 规则而被罚款，他们要求你的咨询小组制定一个全面的战略，向员工和承包商传达遵守 HIPAA 规定的重要性。头脑风暴沟通策略的关键要素，你可以要求医院董事会和其他管理人员采取哪些行动来加强你的战略？

■ 确保降低信息技术风险

信息技术资源用于捕获、存储、处理、更新和交换控制宝贵组织资产的信息，因此，需要采取特殊措施，确保信息及其控制机制能够经受住严格的审查，必须保护数据资产不受不必要的入侵、丢失和更改，并且必须保护个人数据以保护个人隐私权。如果信息技术资产（包括数据、软件、硬件和网络）因任何类型的灾难而无法运行，则必须制定业务连续性计划，以确保依赖这些资产的关键业务功能的持续运行。未能确保降低信息技术风险可能会导致严重问题，例如业务中断、数据泄露、员工和/或客户个人数据暴露以及法律处罚。表 1-7 列出了几个涉及管理者的与信息技术相关的风险示例。

表 1-7　信息技术风险示例

信息技术风险	示例
因自然灾害或事故无法继续作业。	火灾破坏了公司总部的信息技术资源。
对信息技术资产的蓄意攻击导致无法继续运营。	黑客对组织的网站进行拒绝服务攻击。
泄露有关组织计划、产品或服务的机密数据。	高级管理人员丢失包含关键数据的笔记本电脑。
泄露员工或客户的私人数据。	黑客访问和下载客户数据，包括账号。
违反法律规定的信息技术资产控制程序。	信息系统控制不足以满足联邦《萨班斯-奥克斯利法案》中要求公司保持财务数据完整性的具体指导方针。
违反通用会计原则。	信息系统控制冲突，导致同一个人可以启动采购订单并批准该采购订单的发票。

续表

信息技术风险	示例
违反组织规定的程序和/或会计惯例。	信息系统控制通过允许不合适的人员调整成品库存数量来规避审核。
信息技术的物理资产损失。	从公司培训机构盗窃电脑。
不恰当地使用信息技术资源，使公司处于不利地位。	员工使用公司电子邮件传播色情材料；公司受到性骚扰诉讼。
不恰当地使用信息技术资源，降低员工生产力。	员工在工作中浪费时间访问与其工作无关的网站。

艾莉梅公司为住房抵押贷款行业提供端到端业务自动化软件，大约 20% 的美国抵押贷款债务通过其系统流动。2014 年 3 月 31 日和 4 月 1 日，即当月处理期的关键结束日，该公司的贷款发放系统失灵，贷款人无法关闭贷款业务。这次中断是可疑的，引发了对旨在测试关键银行系统防御能力的网络攻击的猜测。[15]

涉及个人信息的大型数据库的数据泄露都太常见了。遭受数据破坏的组织的成本可能相当高，包括与因事故而失去赞助商的客户相关的商业机会的损失、与公共关系相关的管理公司声誉的成本以及增加的为受害者提供咨询热线和信用监控服务的客户支持成本。2014 年，Gregg Steinhafel 因严重的数据泄露事件而辞去了 Target 公司的首席执行官职务，这一事件影响了多达 1.1 亿客户，并严重损害了公司的声誉。Steinhafel 认为自己对违规行为负有"个人责任"。[16]

《萨班斯−奥克斯利法案》第 404 条 （Section 404 of Sarbanes-Oxley Act）要求，向美国证券交易委员会（SEC）提交的所有报告均应包括由首席执行官和首席财务官签署的声明，证明报告中所含信息准确无误。该公司还必须提交审计，以证明其有控制措施，以确保信息的准确性。美国证券交易委员会指控佛罗里达州一家计算机设备公司的首席执行官和首席财务官向外部审计师和投资大众隐瞒其财务报告内部控制状况。首席财务官同意支付 2.3 万美元的罚款，五年内不担任上市公司的高管和董事。同时，美国证券交易委员会正在继续起诉该公司的首席执行官。[17]

你会怎么做？

> 你是一家 12 人的小会计师事务所的新办公室经理，你刚收到一份投诉，说一名员工在上班时看淫秽作品。员工不仅浪费了公司的时间，而且如果这种行为被允许继续下去，那么他还可能面临因性骚扰而被起诉。你会采取什么措施来处理这种情况？

如果经理不参与信息技术项目怎么办

管理者不能忽视信息技术项目，因为信息技术项目失败会导致成本增加、错失机会、浪费时间和精力。在私营企业和公共服务领域，太多的金钱和时间浪费在失败、无效或浪费的信息系统上，以下只是最近信息系统失败的一小部分样本，可以通过更有效的管理参与而避免：

- 混乱、缺乏规划以及未能意识到该项目所面临的问题，这些失败的措施导致了一项为英国广播公司（BBC）制作新的内部制作工具、在线数字档案和新数据库的努力付之流水。最终，该组织的数字媒体倡议项目花费了 9 840 万英镑（1.57 亿美元），几乎没有可供展示的内容。[18]

- 盖茨基金会资助的一个有争议的 1 亿美元学生数据收集项目由一个称为 inBloom 的非营利组织运营，该项目将包含数百万在校学生的详细数据。由于项目经理未能说服教育工作者和家长们相信该系统足够安全，该项目因此中断。[19]

● 美国政府每年在信息系统上花费数十上百亿美元，仅 2013 财年就花费了 800 亿美元。政府会计办公室（GAO）对美国国防部、国土安全部以及卫生与公众服务部这三个拥有最大信息技术预算的联邦部门进行了检查，政府会计办公室发现，2008—2013 年这六年间，在同一机构内重复努力的项目上共花费了 3.21 亿美元。[20]

本章讨论了为什么管理者需要在适当的时间适度参与信息技术投资，这种参与对能够从信息技术中获得真正持久的价值至关重要。事实上，整个项目过程都需要管理者参与，而不仅仅是在某些关键时刻。表 1-8 是一张检查表，给出了建议管理者可以采取的一系列措施，以确保他们适当地参与组织的信息技术。每个问题的正确答案都为"是"。

表 1-8　管理者检查表

推荐措施	是	否
您是否参与了识别和评估应用信息技术的潜在机会？		
您是否努力在您的业务领域顺利引入和采用了信息技术？		
您是否使用适当的资源来识别和减轻信息技术的相关风险？		
您是否了解成功实现每种类型的信息技术（个人、团体和企业）需要不同程度和类型的组织变革？		

剩余内容概述

第 2 章：战略规划描述了如何通过定义关键业务目标和目的，将这些目标和目的传达给多功能团队，然后确定与业务需求明显一致的潜在业务项目组合来制定有效的战略规划。当然，还需要进一步完善这些功能以将投资组合缩小到应该执行的项目，并为这些项目提供足够的资源。战略规划过程使用雪佛龙公司（Chevron）的产品进行展示。雪佛龙是一家全球重要的信息技术公司，因其高效地利用信息技术来支持业务目标而备受推崇。

第 3 章：项目管理对项目管理过程进行了有益的概述。本报告符合美国国家标准项目管理协会的知识体系。本章介绍了 9 个项目管理知识领域，包括范围、时间、成本、质量、人力资源、通信、风险、采购和集成。业务经理可以在整个项目生命周期中扮演许多角色，包括倡导者、发起人、项目经理、变更代理和最终用户。本章确定了项目失败的常见原因，并为如何避免这些问题提供了宝贵的建议。

第 4 章：业务流程和信息技术外包讨论了外包的主要业务原因，并确定了许多问题和潜在的陷阱。本章还列出和描述了选择外包公司并成功将工作移交给新组织的有效过程，还介绍了常见的外包场景，包括云计算、软件即服务（SaaS）和第三方软件的使用。

第 5 章：企业和信息技术治理描述了公司的执行管理层用来确保从信息技术中实现真正的价值并确保适当管理相关风险的职责和实践。本章涵盖了实现这些目标的两个框架：信息技术基础设施库（ITIL）和信息及相关技术的控制目标（COBIT）。内容包括行业和政府标准、业务连续性规划和外包安排监督等相关问题。

第 6 章：协作工具涵盖了电子通信系统的基础知识，重点关注会议、桌面共享、企业内容管理、企业社交网络、共享工作区、网络会议和维基。您将了解这些不同协作工具的优点和缺点，以及管理者如何理解和处理相关业务问题。

第 7 章：电子商务讨论了如何使用电子商务方法购买和销售商品和服务、与客户互动以及与商业伙伴和政府机构合作。电子商务包括多种形式，包括企业对企业（B2B）、企业对消费者（B2C）、消费者对消费者

（C2C）和政府对公民（G2C）。本章还介绍了移动商务，它是一种使用智能手机和平板电脑等移动设备进行电子商务的方法。本章旨在帮助管理者了解和处理与电子商务使用相关的许多商业、法律和伦理问题。

第 8 章：企业系统解释了什么是企业系统，确定了与企业系统实现相关的几个好处，概述了实现企业系统的最佳实践方法，并讨论了未来的趋势。本章还解释了管理者在成功实现企业系统中扮演的关键角色。

第 9 章：商业智能和大数据讨论了帮助企业收集和分析数据以改进决策的广泛应用，包括数据提取和数据清理、数据仓库和数据挖掘、在线分析处理（OLAP）、信息可视化业务活动监控和仪表盘。本章还定义了"大数据"和分析，并讨论了与大数据相关的复杂性和相关问题，还概述了管理者在开发和使用这些系统中的作用。

第 10 章：知识管理描述了组织如何使用知识管理来识别、选择、组织和传播组织记忆中的重要信息。遗憾的是，在许多组织中，这些信息和专业知识大多是非结构化的，并且是非正式的交流。在本章中，你将学习实践社区、社交网络分析、Web 2.0 技术、业务规则管理系统和企业搜索。本章还介绍了如何识别和克服知识管理挑战，其中包括一套销售和实施知识管理项目的最佳实践。

第 11 章：网络犯罪与信息技术安全对几种不同类型的网络犯罪和网络犯罪的动机进行了识别和讨论，本章还讨论了管理者在使用信息技术实现组织效益时需要考虑的安全问题。基于良好的商业实践，本章提出了一种实现可信计算的总体多层策略，以提供安全、私有和可靠的计算体验。

第 12 章：信息技术的伦理、法律和社会问题简要概述了伦理，并确定了管理者在使用信息技术实现组织效益时需要考虑的关键法律和社会问题。本章从管理者需要了解这些主题的角度讨论了伦理问题、法律问题和社会问题。

重要术语

革新管理连续体模型	信息技术（IT）	《萨班斯-奥克斯利法案》第 404 条
决策支持系统（DSS）	组织间信息系统	交易处理系统（TPS）
创新扩散理论	IT 基础设施	技术接受和使用的统一理论
企业信息技术	IT 组织	网络会议
企业系统	在线学习系统	维基
集团信息技术	个人信息技术	信息系统

本章摘要

- 管理者必须构建业务机会和竞争威胁的框架，以便其他人能够理解它们，确定它们的优先级，并评估建议的解决方案。
- 生产力的真正提高需要对业务实践进行创新，然后使这些改进的流程自动化以利用信息技术功能。
- 管理者是确保信息技术创新获得回报的关键；他们必须领导一种全面的方法，包括鼓励接受变革、解决业务流程和组织结构的变化、解决新员工的角色和期望方面的问题以及建立新的衡量标准和奖励系统。
- 当涉及信息技术时，管理者有三个关键责任：识别应用信息技术的适当机会，为信息技术的成功引进和采用铺平道路，减小信息技术应用的相关风险。

- 最有效的信息技术用户能够从信息技术投资中获得最大价值，这些投资符合组织的战略需求，并且管理和执行良好。
- 四个机构因素：更好的技术工人、更高的团队合作水平、重新设计的流程和新的决策权，能够提高信息技术的使用绩效。个人信息技术可以在没有其他因素的情况下实现使用信息技术的目的，集团信息技术允许其他有利因素随着时间的推移而出现，企业信息技术需要用新技术部署完善。
- 管理者必须帮助其他人克服对变革的自然阻力，以便在整个组织内接受和使用新的系统和工作流程。
- 革新管理连续体模型描述了构建组织革新承诺所需的关键活动，并提供了指导引进新系统的每个阶段的管理行动的路线图。
- 技术接受和使用的统一理论确定了四个直接决定用户接受和使用技术的关键因素：有用性、易用性、管理期望以及支撑设施。
- 创新扩散理论确定了五类采用者，每一类都有不同的创新态度。在将创新推广到目标群体时，了解目标群体的特征将有助于或有碍于创新的采用，然后应用适当的战略是很重要的。
- 管理者必须能够保证组织财务报告内部控制的有效性，保护客户数据的安全和隐私，实施覆盖信息技术资产的可行连续性计划，并降低使用信息技术的风险。

问题讨论

1. 回顾你在本章中所读到的内容，如果期待能够成功地学好这门课程，请确定三个你在本学期想要达到的学习目标。

2. 确定并简要讨论最近与之交流的企业或组织间系统的示例。

3. 根据你自己的经验和阅读，找出并简要讨论一个在信息技术方面投入巨大资金但结果却相对较少的组织的例子，确定并简要讨论一个与之相反的例子。你认为两者的区别是什么？

4. 一个组织应该在信息技术上花费多大比例的收入？解释理由。

5. 人们抵制革新的基本原因是什么？如何克服这种阻力？

6. 管理期望是什么？它如何影响对新信息技术的接受？

7. 制定一个时间表，确定实施一个主要企业系统的革新管理连续体模型的各个阶段应该发生的大致时间。假设项目将持续18个月，并具有以下关键的里程碑：

- 3个月完成系统定义
- 7个月完成系统设计
- 12个月完成系统建设
- 16个月完成系统测试
- 18个月开始系统交割

8. 考虑创新扩散理论，你可以招募哪些类别的采纳者来帮助获得新信息系统的认可？你具体会问这些不同类别的采纳者什么问题？哪些类别的采纳者实际上可能阻碍新信息系统的推出？如何才能避免这种情况？

9. 确定管理者可以采取的六项关键行动，以提高最终用户对新信息系统和相关工作流程的接受度和使用率。

10. 信息技术或业务经理是否应负责确定和定义成功引进和采用新信息技术系统的任务？

需要采取的行动

1. 你是营销部门的新员工，刚收到经理的一条模糊短信，要求你"参与"一项重大的新的管理信息系统。你怎么回应？

2. 你是一个中型组织的人力资源部成员，该组织正在实施一个新的组织间系统，该系统将影响员工、客户和供应商。你的经理要求你与系统开发团队合作，为项目创建一个通信计划。他想在两小时内与你会面，回顾你对沟通计划关键目标的想法。这些目标应该是什么？

3. 你是信息技术开发团队的最新成员，该团队签约为小型零售链实施企业资源计划系统。在项目的初始启动会议之后，你会惊讶地发现没有人代表客户。会议结束后，你在走廊上遇到了项目经理。你会说什么？

基于 Web 的案例

重新审视电子边境项目

2003 年，英国移民和国籍局（IND）制定了电子边境项目的初步工作计划。2004 年，英国政府与 IBM 签署了一份为期三年的合同，以交付项目信号量，这是电子边境项目的第一个交付成果。在接下来的几年里，成立了新的政府机构，如联合边境行动中心和国家边境目标定位中心，以实施电子边境项目。Raytheon 和其他信息技术公司获得了建造信息技术基础设施的私人合同。

对于这个项目在 11 年的实施历史中哪里出了问题做过在线研究和调查，政府机构和私营公司采取的行动已经详细记录在了文档中。

2014 年 8 月，英国内政大臣特蕾莎·梅（Theresa May）终止了 Raytheon 公司建造移民计算机系统的合同后，英国法院下令内政部支付 2.24 亿英镑违约金。解释你为何认为在违约方面法院支持 Raytheon 公司。

然后，做些研究以发现参与该系统开发的政府机构是否从电子边境项目的失败中吸取了教训。进一步研究以评估新的边境系统计划是否足够强大，以保护英国公民免受迫在眉睫的恐怖主义的威胁。

案例研究

沃尔玛重组其供应链管理系统

20 世纪 80 年代中期，沃尔玛创始人山姆·沃尔顿和公司首席执行官大卫·格拉斯提出了一个革命性的想法。在此之前，传统的实体商店都在进行一个古老的买卖商品的过程。商店会从供应商那里订购产品，把产品卖给顾客，在库存减少时再订购更多产品，等等。未售出的产品将退回供应商或打折出售。在正常时期，门店员工会进行库存盘点，以检查所有产品的供应水平。沃尔玛在这一过程中已经是技术领先者。早在 1977 年，沃尔玛就已经部署了一个公司范围内的计算机网络，用于从供应商处订购和重新订购产品。1983

年，该公司实施条形码系统扫描销售点（POS）数据。第二年，公司员工开始使用手持设备重新订购商品。该设备可以扫描标签，提供对货架上商品的描述，并显示有关先前订购数量的信息。

但是沃顿和格拉斯想超越这一点，他们想利用沃尔玛的技术引进一种全新的方式，让商品进出他们数量快速增长的商店。这种新方法被称为供应商管理库存（VMI）。沃尔玛不会让其员工跟踪货架上的商品，而是将其销售和库存数据提供给供应商，供应商随后会发出补货请求并将商品发送给沃尔玛。这种新的数据驱动的供应链系统提高了库存率，降低了实际仓储成本，并帮助商店对客户的需求做出更快的响应。此外，该系统还将与沃尔玛供应商补货相关的大部分成本和责任转移到了沃尔玛供应商身上。

为了提供采购和客户行为的历史数据，沃尔玛于 1990 年创建了一个数据仓库雏形，并于 1992 年创建了零售链数据库系统。该公司花了 40 亿美元在这个系统上，并花了数年时间来完善它。到 1996 年，供应商可以通过互联网访问零售链，零售环节成为供应链成功的典范。现在，沃尔玛的供应商使用零售链来审查每天每个商店每件商品的订单需求。

沃尔玛还开发了独特的交叉对接系统。交叉对接允许供应商或制造厂为单个商店包装的产品进行装运，这样商店装运就可以轻松地从进货码头移动到出货码头，而无须首先移动到仓库中的存储位置。交叉对接发生在距离每个商店平均 130 英里的配送中心，产品在 24 小时内从一个装货码头流向另一个装货码头。在交叉对接过程结束时，商品重新包装并发送到零售店。

沃尔玛将其节省的成本转嫁给了客户，推动沃尔玛成为全球最大的零售商。1993 年到 2001 年，沃尔玛从每周进行 10 亿美元的交易变成每 36 小时进行 10 亿美元的交易，而现在，沃尔玛在短短 28 小时内就完成了 10 亿美元的交易。该公司在 27 个国家的 11 000 多家门店拥有 220 多万名员工，每周为超过 2 亿客户提供服务。

2013 年，零售业巨头沃尔玛的持续成功受到了威胁，因为它开始遭受"空架"综合征的严重折磨。曾经依赖沃尔玛作为一站式低价零售解决方案的客户出现缺货迹象，无法在商店内找到他们需要的产品。彭博社的新闻报道了这一情况，人们开始怀疑这个曾经可靠的零售业巨头到底遭遇了什么。最后在 2014 年，沃尔玛承认正在努力改善其库存供应。事实证明，2008 年至 2014 年间，沃尔玛允许沃尔玛及其姐妹连锁店山姆会员店的美国员工减少 20 000 名，同时开设了 650 多家新店。在零售连锁店，没有足够多的工人把商品搬运到合适的货架上。

Richard Reynoso 是沃尔玛三年多的夜间存货员，他向一位调查此事的记者解释说，他和同事经常不得不在指定部门之外工作。每天晚上，他可能都要在五金、体育用品、汽车或玩具部门重新进货。Reynoso 解释说："有些人不知道应该把东西放哪里，所以商品最终会到处乱丢，或者就是他们没有足够的时间把商品放在正确的位置上。"

沃尔玛最近承诺增加工时，承认其在美国的低劳动力投资是一个重大问题。此外，该公司还试图抑制库存增长，以降低成本，减少货架上滞销商品的数量。近年来，库存的增长超过了销售的增长，使得这个零售业巨头的利润在减少。

沃尔玛正在努力更好地管理库存，其措施之一就是计划推出一个新的全球补货和库存控制系统。全球补货系统（GRS）将为零售链提供更好的预测引擎，并帮助沃尔玛简化库存。主要目标是提供"及时"库存，以便产品在被补充之前尽可能短时间地存放在货架上。该系统目前正在沃尔玛的一些大供应商那里进行测试。该公司希望，这一新的制度加上增加的工时，将有助于它克服最近的库存闲置困境。

与此同时，一些批评人士认为沃尔玛的零售链计划及其库存管理方法是沃尔玛完全控制供应商的一种手段。"沃尔玛提供分享其软件项目的核心，"Frontline 公司的 Sam Hornblower 写道，"是对供应商的浮士德式的讨价还价：使用我们的零售链项目，按照我们的新规则行事，我们将成为您超越梦想的销售之门。或者拒绝，这将被排除在美国主导的零售连锁之外。事实上，通过共享零售链，沃尔玛获得了对供应商的控制权，并有效地渗透到了其执行决策中。"

事实上，掌握零售链的学习曲线是一条陡峭的曲线，尤其是对于那些对 POS 数据分析缺乏专业知识的公司而言。小型供应商通常会花费数千美元进行培训，新的供应商需要经过培训才能有效地使用系统，还需要成立零售链用户组，以支持零售链用户。此外，联系沃尔玛的补货经理对供应商来说是一个挑战，重新订购系统虽然是自动化的，但运行得并不完美，每个沃尔玛补货经理平均负责 75 个供应商和 700 个产品。因此，当流程出错时，供应商很难与沃尔玛联系以使订单回到正轨。

然而，零售链和未来全球补货系统提供的机会是诱人的。规模小、精干但精通技术的公司可以在每周内接触到这家一站式零售业巨头的 2 亿名顾客。

问题讨论

1. 概述沃尔玛可以使用的策略，包括鼓励供应商不仅接受新的全球补货系统和流程，而且真心地拥抱这种新事物。实施这些策略需要采取什么措施？

2. 写一段话放在电子邮件中发送给所有供应商，解释为什么使用新的全球补货系统和流程会对他们有利，并激励他们接受新的项目。

3. 确定几个可以采取的措施，以缓解供应商向沃尔玛新系统的过渡。沃尔玛为什么值得花费时间和精力去这么做？

4. 在使用新的全球补货系统时，沃尔玛能做些什么来为供应商提供更多支持？

5. 除了建立新的全球补货系统，沃尔玛还必须做些什么来改善其供应状况以及与供应商的关系？对沃尔玛来说，维持良好的供应商关系有多重要？

资料来源：Wailgum, Thomas, "45 Years of Wal-Mart History: A Technology Time Line," CIO, October 17, 2007, www. cio. com/article/2437873/infrastructure/45-years-of-wal-mart-history--a-technology-time-line. html; "Wal-Mart Company Statistics," Statistic Brain, August 31, 2014, www. statisticbrain. com/wal-mart-company-statistics/; "History Timeline," Walmart, http://corporate. walmart. com/our-story/history/history-timeline, accessed October 10, 2014; Traub, Todd, "Wal-Mart Used Technology to Become Supply Chain Leader," Arkansas Business, July 2, 2012, www. arkansasbusiness. com/article/85508/wal-mart-used-technology-to-become-supply-chain-leader? page=all; Matthews, Christopher, "10 Ways Walmart Changed the World: Data-Driven Management," Time, June 29, 2012, http://business. time. com/2012/07/02/ten-ways-walmart-changed-the-world/slide/data-driven-management/; Dudley, Renee, "Wal-Mart Sees $3 Billion Opportunity Refilling Empty Shelves," Bloomberg News, March 28, 2014, http://www. bloomberg. com/news/articles/2014-03-28/wal-mart-says-refilling-empty-shelves-is-3-billion-opportunity; Dudley, Renee, "Wal-Mart's New U. S. Chief Faces Empty Shelves, Grumpy Shoppers," Bloomberg News, July 25, 2014, www. bloomberg. com/news/2014-07-24/wal-mart-s-new-u-s-chief-facing-empty-shelves-grumpy-shoppers. html; Souza, Kim, "Biggest Lessons Listed for New Wal-Mart Suppliers," The City Wire, November 20, 2013, www. thecitywire. com/node/30601#. VAN_1sVdUrU, accessed August 31, 2014.

注 释

开篇案例资料来源：

"UK Terror Threat Level Raised to 'Severe'," BBC News, August 29, 2014, www. bbc. com/news/uk-28986271; "Why Projects Fail—British Home Office," Calleam Consulting, August 18, 2014, http://calleam. com/WTPF/?p=6773; Vine, John, "Exporting the Border? An Inspection of e-Borders October 2012-March 2013," Independent Chief Inspector of Borders and Immigrations, October 2013, http://icinspector. independent. gov. uk/wp-content/uploads/2013/10/An-Inspection-of-eborders. pdf; Glick, Bryan, "Government Finally Ends E-Borders Programme," Computer Weekly, March 12, 2014, www. computerweekly. com/news/2240216029/Government-finally-scraps-e-Borders-programme.

[1] "Designed for the Point of Care," VisualDx, www. visualdx. com/features/how-it-works, accessed

August 18，2014.

［2］ "Training and Career Development," Avanade，www. avanade. com/en-us/about-avanade/careers/life-at-avanade/people-and-culture，accessed August 18，2014.

［3］ "Heritage Log Homes Builds Strong Customer Relationships with GoToMeeting," Citrix，https://l1. osdimg. com/online/dam/pdf/en/case_studies/manufacturing/GoToMeeting_Heritage_Log_Homes_Case_Study. pdf?_ga＝1. 14800694. 1073788373. 1408478528，accessed August 19，2014.

［4］ "Who Uses Trac?" Trac，http://trac. edgewall. org/wiki/TracUsers，accessed August 25，2014.

［5］ Kass，Kelly，"Creating a Whirlwind of Connectivity for IBM Employees," Simply-Communicate. com，www. simply-communicate. com/case-studies/ibm/creating-whirlwind-connectivity-ibm-employees，accessed August 25，2014.

［6］ "Know Your Customers: How a Premier US Railway Company Takes Charge with CRM," Microsoft，www. microsoft. com/en-us/dynamics/customer-success-stories-detail. aspx?casestudyid＝395000000081，accessed March 13，2014.

［7］ "Walmart's Secret Sauce…How the Largest Survives & Thrives," Integrated Marketing Solutions，March 13，2013，www. imsresultscount. com/resultscount/2013/03/walmarts-secret-sauce-how-the-largest-survives-thrives. html.

［8］ Mishra，Uday，"Supply Chain Management in Retail," www. slideshare. net/ukmishra85/scm-in-retail?related＝1，accessed August 25，2014.

［9］ "IT Spending and Staffing Benchmarks 2014/2015," Computer Economics，www. computereconomics. com/page. cfm?name＝it%20spending%20and%20staffing%20study，accessed August 24，2014.

［10］ J. P. Kotter and L. A. Schlesinger，"Choosing Strategies for Change," Harvard Business Review 57，pages 106－114，March/April 1979.

［11］ D. R. Conner，Managing at the Speed of Change: How Resilient Managers Succeed and Prosper Where Others Fail，Villard Books，pages 147－160，2006.

［12］ Viswanath Venkatesh，Michael G. Morris，Gordon B. Davis，and Fred D. Davis，"User Acceptance of Information Technology," MIS Quarterly，Volume 27，no. 3，pages 425－478，September 2003.

［13］ "Why Projects Fail—Avon," Catalogue of Catastrophe，Calleam Consulting，January 21，2014，http://calleam. com/WTPF/?＝6248.

［14］ "Data Breach Results in ＄4. 8 Million HIPAA Settlements," U. S. Department of Health and Human Services，May 7，2014，www. hhs. gov/news/press/2014pres/05/20140507b. html.

［15］ Swanson，Brenda，"Was Ellie Mae Attack the Work of Cyberterrorists?," Housingwire，April 4，2014，www. housingwire. com/blogs/1-rewired/post/29571-was-ellie-mae-attack-the-work-of-cyberterrorists.

［16］ Dignan，Larry，"Target CEO Departure Watershed for IT，Business Alignment," ZDNet，May 5，2014，www. zdnet. com/target-ceo-departure-watershed-for-it-business-alignment-7000029069.

［17］ U. S. Securities and Exchange Commission，"SEC Charges Company CEO and Former CFO with Hiding Internal Controls Deficiencies and Violating Sarbanes-Oxley Requirements," July 30，2014，www. sec. gov/News/PressRelease/Detail/PressRelease/1370542561150＃. U_3uMixMtjq.

［18］ "'Confusion' Led to BBC Digital Project Failure," BBC，January 28，2014，www. bbc. com/news/entertainment-arts-25925357.

［19］ Strauss，Valerie，"＄100 Million Gates-Funded Student Data Project Ends in Failure," Washington Post,

April 21，2014，www. washingtonpost. com/blogs/answer-sheet/wp/2014/04/21/100-million-gates-funded-student-data-project-ends-in-failure/.

［20］Gallagher，Sean，"De-Dupe Time：GAO Finds ＄321 Million in Redundant Government IT Spending，"Ars Technica，September 17，2013，http：//arstechnica. com/information-technology/2013/09/de-dupe-time-gao-finds-321-million-in-redundant-government-it-spending/.

第 2 章

战略规划

风险承担与战略规划

> "最大的风险是不承担任何风险……在一个变化非常迅速的世界里，唯一能保证失败的策略就是不冒险。"
>
> ——马克·扎克伯格，脸谱网（Facebook）创始人兼首席执行官

苹果公司的创新商业战略

2011年8月，当史蒂夫·乔布斯辞去苹果公司首席执行官的职务时，全球市场的苹果公司股价下跌了7%。几个月后，乔布斯死于癌症，苹果公司股价再次受到影响。为什么一个在全球拥有数万名员工的公司失去了一个人会有如此极端的反应？史蒂夫·乔布斯为苹果公司创造了一个愿景，这是一个战略计划，它推动苹果公司进入了市场领导者的地位，并使之保持数十年。

史蒂夫·乔布斯和史蒂夫·沃兹尼亚克于1976年创立了苹果公司，他们将第一台个人台式电脑引入市场。面对来自IBM生产和销售的个人电脑（PC）的竞争，苹果公司率先推出了其他创新产品，如鼠标、桌面和用户可以点击的图标，而不必使用键盘输入命令。在维护市场地位的斗争中，苹果公司最终开始生产激光打印机、硬盘和其他硬件来补充其台式电脑。然而，到了20世纪90年代，两位创始人都在经历了一系列权力斗争后离开了公司，而苹果正遭受着管理不善的折磨。苹果公司高估了对PowerBook笔记本电脑的需求，然后大大低估了对Power Macintosh笔记本电脑的需求，导致10亿美元的订单未完成。

随着乔布斯1997年重返苹果，苹果重新制定了其业务战略，将重点放在台式机和便携式计算机市场的创新上。苹果在1998年发布了iMac，然后在2001年发布了极其成功的iPod。苹果恢复了其创新的声誉，并在2004年开设了在线iTunes商店，2007年推出了iPhone。2008年，苹果开设了在线应用商店，并发布了MacBook。2010年，苹果推出了iPad，迅速占领了平板电脑市场的80%以上。

然而，到2012年，一些分析人士注意到，苹果的竞争对手的创新已经开始将消费者从苹果产品的生态系统中拉出来。为了应对这种侵蚀，苹果发布了iPad Mini，以防止亚马逊的Kindle Fire和谷歌的Nexus 7

蚕食其消费市场。然而，一些人认为苹果可以在其早期的创新上继续前行一段时间。超过五分之一的 iPhone 用户表示，他们使用苹果产品线，不仅是因为苹果产品质量上乘，而且因为苹果将音乐、视频和其他数据等设备集成在一起，可以通过 iCloud 无缝地从一个苹果设备共享到另一个苹果设备。不过，iPhone 的市场份额开始下降。

2014 年，苹果发布了屏幕尺寸更大的 iPhone 6，以与三星和其他智能手机产品竞争。就在苹果发布 iPhone 6 的同一天，苹果首席执行官蒂姆·库克悄悄地补充说，他还必须向观众展示"另一件事"，当消费者为此欢呼时，库克宣布，传闻已久的苹果顶级机密苹果手表（Apple Watch）将于 2015 年上市，这使得本次发布会达到一个高峰。库克暗示："这将改变人们对手表的期望。"有了这一点，库克似乎说服了消费者，共同创立苹果的这个男人的去世并不意味着苹果创新商业战略的崩溃。

学习目标

阅读本章时，请自问：

- 什么是有效的战略规划过程？谁需要参与其中？这种过程的可交付成果是什么？
- 信息技术规划如何与总体战略规划相关联，从而使业务目标和信息技术活动能够很好地协调一致？

本章定义了战略规划，并概述了良好的规划的有效过程。本章提供了雪佛龙的一个有效的信息技术规划实例。

为什么管理者必须理解战略规划和信息技术之间的关系

自从计算机时代开始以来，对企业和信息技术主管的各种调查都强调需要提高企业和信息技术之间的一致性，这是企业的首要任务。在这种情况下，一致性意味着信息技术部门及其资源将重点放在支持业务战略计划中定义的关键目标的工作上，这意味着信息技术和业务经理对组织的发展方向有一个共同的愿景，并就其关键战略达成一致。这一共同愿景将指导信息技术部门雇佣具有正确技能和能力的合适人员，选择合适的技术和供应商进行探索和开发，安装合适的系统，并将重点放在那些需要使组织更接近它的愿景和使命的项目上。信息技术员工对组织其他部门的影响将是非常积极的，信息技术团队将被视为一个受人尊敬的业务合作伙伴。

如果一个信息技术部门与业务的关键目标不一致，则很难获得管理者对其工作的支持，许多工作都将达不到目标，并且不会被组织的其他成员很好地接受。

战略规划

战略规划（strategic planning）是一个过程，它帮助管理者识别期望的结果，并制定可行的计划，通过利用可用的资源和能力来实现其目标。战略计划必须考虑到组织及其周围的一切都在变化：消费者的好恶变化；老竞争对手离开，新竞争对手进入市场；原材料和劳动力的成本和可用性随着基本经济状况（利率、国内生产总值增长、通货膨胀率）的变化而波动；行业和政府监管的变化程度。

以下是战略规划中经常提到的一系列好处：

- 提供一个框架和一个明确定义的指导，指导整个组织的各级决策。
- 通过将这些资源集中在商定的关键优先事项上，确保能够最有效地利用组织的资源。
- 使组织能够积极主动地利用机会和趋势，而不是被动地对它们作出反应。
- 使所有组织单位能够参与并共同努力实现一组共同的目标。
- 为判断组织和人员的绩效提供了一套极好的措施。
- 改善管理层与董事会、股东和其他利益相关方之间的沟通。

在一些计划流程不成熟的组织中，战略计划是一个年度流程，它可以产生用于编制年度支出预算和资本预测的结果。这个过程集中在内部，集中在各个部门的个人需求上。在规划过程中更为先进的组织可以根据形势分析、竞争评估、对组织外部因素的考虑以及对战略选择的评估制定多年计划。

一个组织的首席执行官必须对该组织的领导和运作方式做出长期决定，并对战略规划负最终责任。下属、下级经理和顾问通常会收集有用的信息，执行大部分基础分析，并提供有价值的输入。但首席执行官必须彻底理解所做的分析，并积极参与制定高级业务目标和定义战略。首席执行官也必须被视为所选战略的拥护者和支持者，否则公司的其他人不太可能"接受"这些战略，并采取必要的行动使其实现。

有多种战略规划方法，包括基于问题的、有机的和基于目标的。**基于问题的战略规划**（issues-based strategic planning）首先确定和分析组织面临的关键问题，制定解决这些问题的战略，并确定与这些战略一致的项目和倡议。**有机战略规划**（organic strategic planning）定义了组织的愿景和价值观，然后确定了在坚持价值观的同时实现愿景的项目和举措。

基于目标的战略规划（goals-based strategic planning）是一个多阶段的战略规划过程，首先进行形势分析，以确定组织的优势、弱点、机会和威胁。接下来，管理层通过定义其使命、愿景、价值观、目标和目的来为组织设定方向。态势分析和方向设定阶段的结果用于定义战略，使组织能够完成其任务，然后确定并执行倡议、程序和项目，以使组织能够实现目标和目的。对这些正在进行的努力进行评估，以确保它们保持在实现组织目标的轨道上。基于目标的战略规划的主要阶段是：（1）分析形势；（2）确定方向；（3）定义战略；（4）部署计划（见图2-1）。

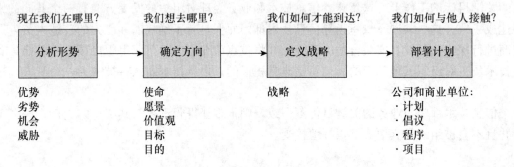

图2-1 基于目标的战略规划过程

📖 分析形势

组织的所有级别和业务部门都必须参与评估其优缺点。准备一个总结公司发展的历史视角是开始这一步战略规划的一个很好的方法。接下来，收集大量有关内部流程和运营的数据，包括来自客户和供应商的调查数据以及组织的其他目标评估。对收集到的数据进行分析，以确定和评估公司在多大程度上满足了当前的目标和目的，以及其当前战略的有效性。这个过程确定了公司的许多优点和缺点。

战略规划需要仔细研究组织周围的外部环境，并评估组织在其中的位置。这一分析首先从组织竞争的行业开始：市场规模是多少？它的增长或收缩有多快？什么是重要的行业趋势？

接下来，组织必须收集和分析有关其主要客户、竞争对手和供应商的事实，目的有两个：清晰地描绘出公司未来必须解决的重要战略问题，揭示出公司与竞争对手的竞争地位。在这一步中，组织必须先行从客户、供应商和行业专家那里得到一些信息，他们可以提供比员工更客观的观点。组织成员应该准备好倾听他们不喜欢的事情，但这可能会提供巨大的改进机会。确定未满足的客户需求是未来增长的基础，这一点至关重要。

评估行业竞争性质最常用的模型是**迈克尔·波特的五力模型**（Michael Porter's Five Forces Model）（见图 2-2）。

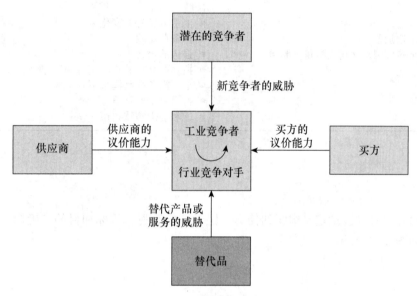

图 2-2　波特的五力模型

以下基本因素决定了一个行业的竞争水平和长期盈利能力：

1. 新竞争对手的威胁将提高竞争水平。行业进入壁垒决定了新竞争对手的相对威胁，这些壁垒包括进入该行业所需的资本以及客户转向竞争对手的成本。

2. 替代产品的威胁会降低行业竞争对手的盈利能力。在这种威胁中，买家的意愿以及替代品的相对成本和性能是关键因素。

3. 买方的议价能力决定了价格和长期盈利能力。当行业中买家相对较少但卖家较多时，或者当提供的产品基本相同时，这种议价能力更强。

4. 供应商的议价能力会显著影响行业的盈利能力。供应商在一个拥有许多买家、只有少数几个主要供应商的行业中，或在一个不代表供应商关键客户群的行业中，具有强大的议价能力。

5. 竞争对手之间的竞争程度在竞争对手规模相同或产品差异不大的行业中较高。

许多组织还执行竞争性财务分析，以确定其收入、成本、利润、现金流和其他关键财务数据如何与竞争对手相匹配，准备这种比较所需的大部分信息都可以从竞争对手的年度报告中轻易获得。

内部评估和外部环境的分析可以总结为**优势、劣势、机会、威胁（SWOT）矩阵**（Strengths, Weaknesses, Opportunities, Threats (SWOT) matrix），如表 2-1 所提供的可口可乐的 SWOT 矩阵。[1] SWOT 矩阵是一种简单的方法，用来说明公司哪些地方做得好、哪里可以改进、有哪些机会以及哪些环境因素威胁着公司的未来。在通常情况下，内部评估确定了大多数优势和劣势，而外部环境分析揭示了大多数机会和威胁。这项技术基于这样一个假设：一个有效的战略源于一个公司的优势和机会的最大化，以及它的劣势和威胁的最小化。

表 2 - 1　可口可乐的 SWOT 分析

优势	劣势
<ul><li>全球价值最高的品牌（778 390 亿美元）</li><li>占据全球最大的饮料市场份额</li><li>强大的市场营销和广告</li><li>最广泛的饮料分销渠道</li><li>强大的客户忠诚度</li><li>供应商的议价能力</li><li>企业的社会责任</li></ul>	<ul><li>重点关注碳酸饮料</li><li>单一产品组合</li><li>收购导致的高负债水平</li><li>负面报道</li><li>品牌失败或许多品牌收入不多</li></ul>
机会	威胁
<ul><li>瓶装水消费增长</li><li>健康食品和饮料需求增加</li><li>新兴市场（尤其是金砖四国）饮料消费量不断增长</li><li>通过收购实现增长</li></ul>	<ul><li>消费者偏好的变化</li><li>水资源短缺</li><li>强势的美元</li><li>披露产品标签负面信息的法律要求</li><li>毛利润和净利润率下降</li><li>百事可乐的竞争</li><li>饱和的碳酸饮料市场</li></ul>

确定方向

　　战略规划的方向确定阶段包括定义组织的使命、愿景、价值观、目标和目的。确定这些将有助于确定适当的战略和项目，如图 2-3 所示。

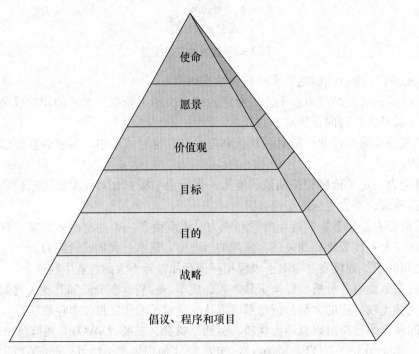

图 2 - 3　战略规划金字塔

愿景和使命

高级管理层必须制定一份愿景/使命声明（vision/mission statement），传达组织的总体愿望，以通过不断变化的目标、目的和战略来指导它。组织的愿景/使命声明为做出决定和采取行动奠定基础，最有效的愿景/使命声明能够激励并要求员工努力实现目标。这些陈述一旦形成，就很少改变。一份有效的声明由三部分组成：一份使命声明、一个理想未来的愿景和一套核心价值观。

使命声明（mission statement）简要地定义了组织现有的基本目的，它通常以一种具有挑战性的方式来表述，以达到激励员工、客户和股东的目的。例如，谷歌的使命是"整合全球信息，使其具有普遍的可访问性和实用性"。[2]

组织的**愿景**（vision）是对组织未来目标的简明陈述。以下是良好愿景的专用标志：

- 推动和激励。
- 易于沟通，易于理解，令人难忘。
- 具有挑战性，但可以实现，并使组织走向伟大。

核心价值观（core values）确定了一些被广泛接受的原则，这些原则指导人们在组织中的行为和决策。

目标

目标和目的这两个术语经常互换使用。在本讨论中，我们将两个定义区分开——**目标**（objective）被定义为一个组织必须满足以实现其愿景和使命的迫切业务需求的声明。

约翰·霍普金斯大学医学院位于马里兰州的巴尔的摩，是一家价值 65 亿美元的全球医疗保健组织，拥有 6 家学术和社区医院以及 4 个医疗和外科中心。该组织雇用了 41 000 多名全职教职员工，每年有超过 280 万门诊病人就诊。[3] 这个组织已定义了其使命、愿景、价值观和目标，如表 2-2 所示。[4]

表 2-2　约翰·霍普金斯大学医学院的使命、愿景、价值观和目标

使命：通过制定医学教育、研究和临床护理方面的卓越标准，改善社区和世界的健康。
愿景：约翰·霍普金斯大学医学院推动发现的边界，改变医疗保健，促进医学教育，并为人类创造希望。我们将一起履行医学的承诺。
价值观： ● 卓越和发现 ● 领导和正直 ● 多样性和包容性 ● 尊重和分享
目标： ● 吸引、参与、发展和留住世界上最好的人。 ● 通过推进和整合发现、创新、翻译和传播，成为生物医学研究的典范。 ● 在安全科学、教学以及提供以病人和家庭为中心的护理方面，成为全国的领先者。 ● 在医生以及生物医学家的教育和培训方面处于世界领先地位。 ● 成为一个以学术为基础、整合了医疗服务和融资体系的典范。 ● 财务上创造可持续的成功并保证持续的绩效提升。

目的

目的（goals）是为了实现目标而必须达到的特定结果。事实上，几个目的可能与一个目标相关联。目标陈述了必须完成什么，相关的目的指定了如何确定目标是否得到满足。

目的跟踪过程实现组织的目标进度，它们帮助管理者确定是否正在实现一个特定的目标，结果由目的的实现程度决定，并提供一个反馈循环。根据实际结果和期望结果之间的差异，可能需要对目标、目的和战略以及正在进行的实际项目进行调整。

一些组织鼓励它们的管理者设定一些大的、粗糙的、大胆的目的（BHAGs），这需要在组织的产品或服务上取得突破才能实现。这样的目的"可能令人望而生畏，也可能有风险，但它的挑战令人振奋，并可以创造出巨大的前进动力"[5]。

2012年4月，脸谱网以10亿美元收购了一家成立两年的照片共享服务公司Instagram，当时许多行业分析师认为这是一项轻率的投资。[6] 然而，从那时起，Instagram的使用量迅速增长，并且该应用程序在微视频市场占据了很大的份额。脸谱网通过实现Instagram与脸谱网成功集成的目标，扩大了公司的移动产品，同时淘汰了用户关注的竞争对手。[7]

使用所谓的SMART目的是管理顾问长期以来所提倡的。[8] SMART目的的主要优点是易于理解、易于跟踪，并为组织贡献真正的价值。缩写SMART代表：

- S——具体的。具体的目的比模糊的目的更容易被理解和实现。具体的目的使用动作动词并指定谁、什么、何时、何地和为什么。
- M——可度量的。可度量的目的包括数字或描述性的度量，定义诸如数量、质量和成本等标准，以便确定实现目的的进度。
- A——可实现的。可实现的目的应该是雄心勃勃而现实可行的，那些完全无法达到或低于标准绩效的目的是毫无价值的，并且是令人沮丧的。
- R——相关的。相关的目的应该对本部门的使命做出强有力的贡献，否则为什么要付出努力呢？
- T——有时间限制的。应设定达到目的的时间限制，这有助于确定分配给实现目的的优先级。

你会怎么做？

你刚刚被一家大型零售店的客户服务机构聘用，担任初级职位。新员工入职培训的第一天，培训师将与你的班级分享下列组织目的，她要求你确定哪些目的可以考虑作为SMART目的，你的回答是什么？

- 在下一年内达到100%的客户满意度。
- 将客户服务提高50%。
- 在6月30日之前，将客户对错误定价商品的投诉从每天12件减少到每天3件以下。
- 客户总是对的。

对于每一个目标，约翰·霍普金斯大学医学院都定义了SMART目的。表2-3显示了这个组织的财务目标以及与这些目标相关的目的。

表2-3　约翰·霍普金斯大学医学院财务目标以及与这些目标相关的目的

目标：
● 创造可持续的成功并保证持续的绩效提升。
○ 确保财务运营、绩效指标和结果支持战略优先事项以及各个实体的要求。
○ 确定新的和扩大现有的收入来源，实施符合三方使命的运营效率，并承诺降低医疗成本。
○ 建立一个透明的财务报告系统，供所有组织成员使用并被所有组织成员理解。
目的： 到2016年6月，每年净营业收入增加1.5亿美元。

定义战略

战略（strategy）描述了一个组织将如何实现其愿景、使命、目标和目的。选择一个特定的战略，组织或机构将从上到下集中和协调其资源和活动，以完成其使命。事实上，制定一套战略，以在整个组织内赢得坚定的支持者，所有这些都与使命和愿景相一致，是组织成功的关键。

在制定战略时经常使用的主题包括"增加收入"、"吸引和留住新客户"、"提高客户忠诚度"和"减少向市场交付新产品所需的时间"，等等。在选择替代战略时，管理者应考虑每项战略对收入和利润的长期影响、涉及的风险程度、所需资源的数量和类型，以及潜在的竞争反应等。在制定策略时，管理者利用 SWOT 分析的结果，同时需要考虑以下问题：

- 我们如何才能最大限度地利用我们的优势并充分发挥它们的潜力？
- 我们如何才能减少或消除我们的劣势的负面影响？
- 哪些机会是我们组织的最佳机会？
- 我们如何利用这些机会？
- 我们的优势能使我们充分利用这个机会吗？
- 我们的劣势会削弱我们利用这个机会的能力吗？
- 我们如何防御威胁以实现我们的愿景/任务、目标和目的？
- 我们能把这个威胁变成一个机会吗？

亚马逊公司已经做出了一个战略决定，它计划探索使用无人机运输的可能性，以获得真正的技术优势，而竞争对手依赖的是效率较低的地面运输。由于亚马逊近 86% 的包裹重量不到 5 磅，无人机可以成为理想的快速运输工具。[9] 这种策略有可能吸引新客户并增加企业收入。

你会怎么做？

约翰·霍普金斯大学医学院致力于创造一种文化，在这种文化中，通过行动、激励和问责来倡导多样性、包容性、礼貌性、合作性和职业精神。你是财务组织内一个由三人组成的团队的成员，该团队在首席财务官的指导下正在制定一套战略，以支持约翰·霍普金斯大学医学院的财务目标和目的。首席财务官要求团队中的每个成员发言五分钟，就两个主题提出自己的想法：(1) 是否应该从财务组织外部招聘任何资源来帮助确定和评估替代策略？(2) 应该如何评估潜在战略？对此，你会怎么说？

部署计划

战略计划定义了一个组织的目标，建立了一些 SMART 目的，并制定了如何实现这些目的的战略。然后将这些目标、目的和战略传达给组织的业务部门和职能部门，使每个人都"立场一致"。然后，各个组织部门的经理可以制定更详细的倡议、程序和项目，这些倡议、程序和项目与公司的目标、目的和战略同步。协调过程能够确保可以利用组织的优势，利用新的机会，修复组织的弱点，并将潜在威胁的影响降至最低。

组织内执行战略规划的程度取决于授予这些单位的自治权的程度，以及各单位负责人的领导风格和能力。由于这些原因，在创建业务部门战略计划时所需的工作量、所用的流程和创造力水平在整个组织中可能会有很大的差异。

开发和销售铁路系统、设备和服务的阿尔斯通运输公司赢得了一份合同，为运营其英国西海岸干线的维珍铁路提供服务。[10] 阿尔斯通为维珍铁路提供了 52 辆高速（125 英里/小时）的潘多利诺列车。然而，列车最初太不可靠，因为维护问题，在任何一天都有太多的列车停运。[11] 在一天之内，52 列火车中只有 38 列可用，但需要 46 列才能达到服务水准。这种情况正在影响阿尔斯通与维珍铁路的关系，如果不加以改善，就可能会影响合同续签。阿尔斯通运输主管实现并制定了改善与维珍铁路关系的关键目标：

- 满足可用性目标并提高可靠性
- 不增加成本
- 为客户提供更大的价值

阿尔斯通的领导们随后采用了一个"接球"流程，将这些目标部署到公司的其他员工身上。管理团队在整个管理链中来回"抛出"一些目的，包括高级管理层、运营领导、仓库和生产管理层。通过这一过程，阿尔斯通确定了超过 15 个潜在的改进项目以支持这些目的，从而提高了列车可用率——从 72% 提高到了 90%，同时保持了人员数量和成本不变。阿尔斯通因服务质量的提高，提前三年赢得了维珍铁路维修合同的续签。[12]

制定信息技术组织战略

信息技术部门的战略规划必须明确这些技术、供应商、能力、人员、系统和项目，组织将在这些技术、供应商、能力、人员、系统和项目中进行投资，以支持公司和业务部门的目标、目的和战略。信息技术战略规划受到新技术创新（例如，越来越强大的移动设备、能够从数字文件生成三维对象的高级打印机、通过互联网访问共享计算机资源、能够分析大量的结构化和非结构化数据）以及组织内外其他人的创新思维的强烈影响（见图 2-4）。

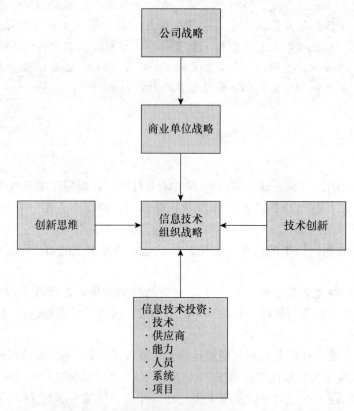

图 2-4 制定信息技术组织战略和确定信息技术投资的驱动因素

信息技术部门的战略规划过程和影响它的因素取决于组织中其他人对组织的看法。信息技术部门可以被视为成本中心/服务提供商、业务合作伙伴/商业同行，也可以被视为游戏规则改变者（见表 2-4）。

表 2 - 4 信息技术战略规划层次

	成本中心/服务提供商	业务合作伙伴/商业同行	游戏规则改变者
战略规划重点	内向型	以业务为中心	外向型
信息技术目的	降低信息技术成本；改进信息技术服务	控制信息技术成本；扩展信息技术服务	进行信息技术投资以提供新产品和服务
战略	对业务部门的战略规划作出反应	执行信息技术项目以支持业务计划	利用信息技术来获得竞争优势
典型项目	消除冗余或无效的信息技术服务	实施公司数据库和/或企业系统	为客户提供与组织互动的新方式

在最近进行的一项对 722 位首席信息官的调查中，38％的人表示，他们认为自己的信息技术部门被视为一家成本中心/服务提供商，有望降低信息技术成本并改善信息技术服务。[13] 此类组织的战略规划过程通常是内向型的，其重点是确定如何做目前正在做的事情，但要更便宜、更快、更好。

特拉华州的信息技术部门被视为成本中心/服务提供商，本组织的主要战略举措之一是整合信息技术资源，并消除各国家机构内的冗余职能和资源，其目的是显著改善客户服务并降低成本。[14]

接受调查的大多数首席信息官（约 52％）认为，他们的信息技术部门被视为业务合作伙伴/商业同行，他们希望能够控制信息技术成本并扩展信息技术服务以支持业务计划。[15] 这些组织的战略规划过程是基于了解下一年的集体业务计划，并确定这些计划对信息技术部门在新技术、供应商、能力、人员、系统和项目方面意味着什么。

西雅图市的信息技术部门在预算减少的限制下运作，但仍在不断努力扩大其服务范围，并利用最新的技术成果。它采用了移动计算等新技术，以改善市政府与其成员之间的互动，并在移动设备中支持城市服务。该组织还寻求机会通过互联网（云计算）访问共享的计算机资源来作为一种实用工具，以在有意义的地方获得优势和效率。[16]

只有 10％的受访首席信息官表示，他们的信息技术部门被同事视为一个改变游戏规则的组织，这个部门被要求领导产品创新工作并开拓新市场。[17] 此类组织的战略规划过程是外向型的，包括与客户、供应商会面，并引导信息技术顾问和供应商回答"我们想成为什么样的人?""我们如何创造竞争优势?"这样的问题。[18] 在这些组织中，信息技术不仅是实现业务定义目标的一种手段，而且是实现没有信息技术就无法实现的新业务目标的催化剂。

GAF 是一家价值 30 亿美元的私营性质的商业和住宅屋顶制造商。GAF 的信息技术员工定期与外部客户合作，向他们学习，并帮助教育潜在的客户，向他们解释为什么他们应该与 GAF 进行生意上的合作。[19] 通过一次次的合作，GAF 更好地了解了客户的需求，由此开发了一款移动应用程序，允许承包商拍摄潜在客户的房子的照片，然后使用该照片，让潜在客户在他们自己的房屋的仿真场景下预览不同的 GAF 木瓦样式和颜色。该应用程序是该公司的一个游戏规则改变者，因为它帮助 GAF 承包商展示了 GAF 木瓦的美丽，并消除了阻碍销售成功的最大障碍之一，即回答了"在我的房子上它看上去会是什么样的?"这样的问题。[20]

无论如何看待信息技术部门，如果信息技术员工具有业务经验，并且能够以业务术语（而不是技术术语）与业务经理交谈，那么在信息技术战略规划和其他业务之间实现良好协调的可能性都会大大增加。信息技术员工必须能够识别和理解业务需求，并制定有效的解决方案。首席信息官尤其必须能够很好地沟通，并且能够接触到其他公司的高管。然而，实现业务和信息技术之间的一致性的整个重任不能仅仅落在信息技术部门肩上。

确定信息技术项目和方案

在成熟的计划组织中，信息技术员工通过与各种业务经理的互动以及观察其他信息技术组织和竞争对手，不断地为潜在项目收集想法。他们还了解新的信息技术发展，并考虑创新和新技术如何应用于他们的公司。当信息技术组织的成员审查和考虑公司目标、目的和战略时，他们可以生成许多关于支持公司目标和目的的信息技术项目的想法。他们还认识到需要信息技术项目来帮助其他公司实现其业务目标。通常，经验丰富的信息技术经理被指派为与业务部门的联络人，以便更深入地了解每个业务部门及其需求。从而，信息技术经理能够帮助识别和定义满足这些企业的需求所需的信息技术项目。

大多数组织发现，按类型对各种潜在项目进行分类是很有用的。一个这样的分类系统如表2-5所示。

表2-5 项目分类示例

项目类型	定义	与项目类型相关的风险因素
重大突破型	创造一种竞争优势，使企业能够获得比竞争对手更高的投资回报。	高成本；非常高的失败风险和潜在的业务中断。
增长型	为公司创造可观的新收入或利润。	高成本；高失败风险和潜在的业务中断。
革新型	以新的方式探索技术（或新技术）的使用。	可以通过设置成本限制、确定结束日期和定义成功标准来管理风险。
升级型	升级现有系统以提供满足新业务需求的新功能。	存在升级范围可能扩大的风险，这会使成本和进度难以控制。
维持型	实现对现有系统的改造，以便在不同的技术环境中进行操作（例如，硬件、操作系统或数据库管理系统中的基础更改）。	存在使系统在新技术环境中工作可能需要进行重大返工的风险；系统性能有降低的可能性。
基本强制型	需要满足法律实体或监管机构的要求。	存在错过法定完成日期的风险；可能难以确定实际效益；成本可能会飞涨。

信息技术项目和方案的优先顺序

通常来说，一个组织确定的信息技术相关项目和方案会超出它拥有的员工和资源所能及的范围，这就需要一个确定优先顺序并确定最终预算、人员配备和时间安排的迭代过程，以确定将启动哪些项目以及何时执行这些项目。许多组织创建了一个由业务部门主管组成的信息技术投资委员会，以审查潜在项目并从几个不同的角度对其进行评估：

1. 首先，也是最重要的，是每个可行的项目必须与特定的组织目的相关联。这些关系必须清楚地表明，执行每个项目将有助于实现重要的组织目标（见图2-5）。

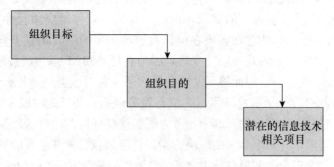

图2-5 项目必须与目标和目的相关联

2. 组织是否可以衡量方案的业务价值？会有有形收益还是无形收益？**有形收益**（tangible benefits）可以直接计量，并有货币价值。例如，可以计算一个方案完成前后的员工数量，货币价值是员工成本的减少，如工资、福利和管理费用。**无形收益**（intangible benefits）不能直接计量，也不容易用货币来量化。例如，由于方案实施而带来的客户满意度的提高很重要，但是这一点很难衡量，也不容易转化为货币价值。

3. 哪些成本（如硬件、软件、人员、顾问等）与项目相关？项目实施多年后总成本可能是多少？不仅要考虑初始开发成本，还要考虑总体拥有成本，包括运营成本、支持成本和维护费用。

4. 对初步成本和效益进行权衡，以确定该项目是否具有吸引人的回报率。遗憾的是，在项目的早期阶段，成本和收益可能没有被很好地理解，而且许多有价值的项目没有易于量化的收益。

5. 风险是另一个需要考虑的因素。管理者必须考虑到项目未能实现预期效益的可能性；实际成本将明显高于预期；技术将在项目完成前过时；技术太"尖端"，无法实现预期效益；或者业务情况发生变化，建议的项目可能不再必需。

6. 有些项目需要其他项目提供支持。例如，在升级订单处理应用程序之前，可能需要新的客户数据库。因此，必须考虑一些项目顺序的问题。

7. 组织是否有能力承担这个项目？信息技术部门是否具备成功执行项目的技能和专业知识？组织是否愿意并能够进行必要的变更以获得其全部价值？

有效的战略规划——雪佛龙的例子

前面几节内容描述了基于目的的战略规划过程。以下部分提供了一个基于目的的战略规划过程的完整案例，目标公司是雪佛龙。

背景

雪佛龙是世界上最大的能源公司之一，业务遍及全球 100 多个国家。公司业务涉及油气行业的各个方面，包括其产品的勘探和生产、精炼、营销和运输。雪佛龙还参与化学品制造和销售、地热能源、采矿作业和发电。

雪佛龙可以追溯到 1879 年在洛杉矶北部皮科峡谷发现的石油，这一发现导致了太平洋海岸石油公司的成立，该公司后来成为加利福尼亚州的标准石油公司。经过 20 世纪的几次收购，该公司最终在 1984 年收购海湾石油公司之后变更为雪佛龙公司。当时该公司与海湾石油公司的合并是美国历史上最大的一次企业并购，几乎使该公司在全球的原油和天然气储量翻了一番。雪佛龙 2001 年与德士古合并，2005 年收购优尼科公司。如今，雪佛龙总部位于加利福尼亚州圣拉蒙，员工约 64 500 人，其中包括 3 200 多名加油站员工。

雪佛龙拥有五大业务，包括上游、下游和化工、天然气和中游、技术、可再生能源和能源效率。上游业务进行勘探并生产原油和天然气；下游和化工业务包括炼油业务，以及生产和销售燃料、润滑油、石化产品和添加剂的业务；天然气和中游业务通过提供基础设施和服务，将上下游和化工企业与市场连接起来；技术业务包括三家公司：能源技术公司、技术风险投资公司和信息技术公司，负责开发和部署雪佛龙所有业务的技术解决方案；可再生能源和能源效率业务负责开发潜在的可再生能源，包括太阳能和先进的生物燃料，该业务旨在提高雪佛龙运营的能源效率，并为美国雪佛龙客户提供更节能的解决方案。

雪佛龙通过勘探和收购继续扩张。2013 年，公司探井成功率为 59%，在 10 个国家发现了原油和天然气。

形势分析

雪佛龙的形势分析基于对其优势、劣势、机会和威胁的识别。

优势
雪佛龙的形势分析显示其拥有以下优势。

财力雄厚——雪佛龙有着强劲的财务业绩历史，在过去5年和10年中，雪佛龙的股东总回报率几乎达到15%，领先于其竞争对手。2013年的销售和运营收入为2 200亿美元，净收入为210亿美元，每股11.09美元。同年，雪佛龙获得了13.5%的资本回报率和15%的股东权益回报率。见表2-6。

表2-6　部分雪佛龙财务数据（以十亿美元计）

财务结果	2013年	2012年	2011年	2010年
销售及其他营业收入（美元）	220 156	230 590	244 371	198 198
净收入（美元）	21 423	26 179	26 895	19 024
年末总资产（美元）	253 753	232 982	209 074	184 769
股东权益（美元）	149 113	136 524	121 383	105 081
经营活动提供的现金（美元）	35 002	38 812	41 098	31 359
年末普通股价格（美元）	124.91	108.14	106.40	91.25
股本回报率	15.0%	20.3%	23.8%	19.3%
资本回报率	13.5%	18.7%	21.6%	17.4%

雪佛龙存在于能源行业的各个阶段——雪佛龙的业务范围已从一家管道石油公司扩大到一家高度多元化的企业集团，以期适应不断变化的世界能源市场。该公司已成为从石油和石化产品扩展到煤炭、塑料、保险和房地产市场的综合企业。

广阔的地理位置——雪佛龙是一家全球能源公司，在近30个国家开展了大量业务活动。

高石油储量替代率——石油储量替代率是指在某一年内，相对于该年的石油和天然气产量，增加到公司探明储量基础上的探明储量。探明储量位于地表以下，尚未开采，但据信在经济、技术和法律上都具有开采和交付市场的可行性。从长期来看，一家公司的储备替代率必须至少达到100%才能继续经营下去；否则，它最终会耗尽石油。雪佛龙的三年平均石油储备替代率为净石油当量产量的123%。

在美国处于领先地位——雪佛龙是美国第二大综合能源公司，其产品在美国的8 000多个雪佛龙和德士古零售站销售。该公司也是美国航空燃料的主要供应商。

劣势

雪佛龙的形势分析显示其劣势主要体现为以下几点。

深陷于厄瓜多尔环境灾难——德士古公司在厄瓜多尔运营期间，据称将180亿加仑有毒废水直接倒入地表溪流和河流中。雪佛龙于2001年收购了德士古，2011年2月，厄瓜多尔一家法院命令雪佛龙公司支付80亿美元的倾销赔偿金。2014年3月，一名美国地区法院法官裁定，厄瓜多尔原告的首席美国律师使用"腐败手段"在厄瓜多尔获得了裁决。法官没有就环境损害的根本问题作出裁决。虽然美国的裁决不影响厄瓜多尔法院的裁决，但它阻止了雪佛龙在美国法院收取损害赔偿金的努力。这件事仍悬而未决，并使雪佛龙得到了许多负面宣传。

精炼产品销售压力——2014年，美国炼油厂和搅拌机推迟购买生物柴油，直到环保署发布其2014年可再生燃料标准。这给生物柴油制造商造成了严重压力，导致价格下降。

机会

雪佛龙的形势分析显示其拥有以下机会。

未来发展的计划投资——雪佛龙预计，2013年至2017年，公司将启动15个项目初创企业，每个项目的投资额将超过10亿美元。

战略收购和协议——雪佛龙继续通过勘探和收购为其储量增加资源。

威胁

雪佛龙的形势分析显示其面临以下威胁。

生产成本和资本支出上升——石油、天然气和其他能源的需求正在急剧增长，预计到 2035 年，全球能源消耗将增长 40% 以上。然而，石油和天然气公司的现有油田产量较低，开发新油田所需的成本和资本投资高于预期。例如，雪佛龙的澳大利亚 Gorgon 项目的成本最初在 2009 年估计为 370 亿美元，到 2013 年，估计成本上升到 520 亿美元，2014 年又上升到 540 亿美元。由于成本上升，雪佛龙最终搁置了其价值 100 亿美元的 Rosebank 北海项目（估计包含相当于 2.4 亿桶石油）。

温室气体排放法规——化石燃料的使用导致了地球大气中温室气体（GHGs）的增加，其中主要是二氧化碳（CO_2）。部分原因是监管力度加大，雪佛龙必须继续在可再生能源和替代能源以及能源效率方面进行全球投资，目的是改变公司长期的能源组合。

不断变化的经济、监管和政治环境——雪佛龙的业务，尤其其上游业务，可能会受到其运营所在国家不断变化的经济、监管和政治环境的影响。有时，某些政府试图重新谈判合同或向公司收取额外费用。国内动乱、暴力行为或者政府与雪佛龙或其他政府之间紧张的关系也可能影响公司的运营或投资。这些发展有时会严重影响公司的运营和业绩。

商品价格风险——油气公司价值的主要决定因素是储量、生产水平和评估时的商品价格。因此，雪佛龙的估值往往对商品价格的变化非常敏感。事实上，2014 年，原油价格大幅下跌，导致雪佛龙的利润和股价下跌。

表 2-7 总结了雪佛龙的 SWOT 分析。

表 2-7　雪佛龙的 SWOT 分析总结

优势	劣势
● 财力雄厚 ● 存在于能源行业的各个阶段 ● 广阔的地理位置 ● 高储备替代率 ● 在美国处于领先地位	● 深陷于厄瓜多尔环境灾难 ● 精炼产品的销售压力
机会	威胁
● 未来发展的计划投资 ● 战略收购和协议	● 生产成本和资本支出上升 ● 温室气体排放法规 ● 不断变化的经济、监管和政治环境 ● 商品价格风险

确定方向

本节讨论雪佛龙的愿景、使命、价值观、目标和目的。雪佛龙的高级管理人员已经制定了一份明确的愿景/使命声明和一套企业价值观，这些价值观在几年内基本保持不变，表 2-8 列出了这些内容。

表 2-8　雪佛龙的使命、愿景、价值观

使命：雪佛龙石油的使命是以"雪佛龙方式"开展业务，即"以正确的方式取得成果"。
愿景：因其员工、合作伙伴和表现而成为全球最受人尊敬的能源公司。
价值观：这一愿景意味着雪佛龙的员工 ● 安全地提供对全球经济可持续发展和人类发展至关重要的产品； ● 是具有卓越能力和承诺的人和组织； ● 是值得选择的合作伙伴； ● 赢得所有利益相关者、投资者、客户、东道国政府、当地社区和员工的赞赏，不仅是为了实现我们的目标，而且是为了如何实现这些目标； ● 提供世界一流的性能。

目标

雪佛龙的收入和利润分别从 2011 年的 2 440 亿美元和 270 亿美元下降到 2013 年的 2 200 亿美元和 210 亿美元。公司的一个关键管理目标是在未来几年增加收入和利润。为了支持其寻找更多油气田来增加产量以创造收入增长的目标，该公司将在未来几年每年投资超过 400 亿美元。

目的

雪佛龙管理层为 2014 年及以后制定了若干与增长相关的措施，包括：

- 减少初次勘探和开始生产之间的时间间隔。
- 在接下来的四年里，雪佛龙将投资超过 10 亿美元，启动执行 15 个项目。
- 继续通过勘探和目标收购增加投资组合。
- 保持或提高探井成功率，目前为 59％。
- 继续在人身安全方面保持领先地位，人身安全用导致的需要一段时间不工作的伤害来衡量，目标是零事故，并在所有安全措施方面实现世界一流的绩效。

定义策略

雪佛龙在企业层面的五大战略是：

- 创造股东价值并从运营中获得持续的财务回报，这将使雪佛龙超越竞争对手。
- 投资于人力资源，以增强组织能力，培养一支能够以正确方式取得成果的全球人才队伍。
- 通过严格应用卓越运营和资本管理系统以及严格的成本管理，实现卓越运营。
- 通过利用竞争优势从现有资产中获得最大价值并抓住新机会，实现盈利增长。
- 以零安全和操作事故为目标，实现世界一流的运营绩效。这包括过程安全、人身安全与健康、环境、可靠性和效率的系统管理。

此外，每个主要业务都有一个关键战略。

- 上游——在核心领域实现盈利增长，建立新的传统职位。
- 下游和化工——提供有竞争力的回报，并在整个价值链中增加收益。
- 天然气和中游——应用卓越的商业和功能，使上下游和化工企业取得成功。
- 技术——通过技术区分表现。
- 可再生能源和能源效率——投资于可盈利的可再生能源和节能解决方案。

部署计划

雪佛龙的战略计划将传达给全世界的所有业务部门，鼓励每个部门执行自己的战略计划流程，以确定将实现公司目标的计划、规划和项目。雪佛龙专注于提高其从传统和非常规资源中发现、开发以及生产原油和天然气的能力的技术。

确定项目和方案

Louie Ehrlich 于 2008 年被任命为雪佛龙信息技术公司的首席信息官和总裁。雪佛龙公司被认为是一个"游戏变革者"，专注于"加速洞察力、自动化运营和联结不同的人"。Ehrlich 认为，通过成为选择信息技术投资的专家，雪佛龙公司将成为"最大的游戏变革者"，雪佛龙可以帮助区分公司的业绩，该公司希望雇用在计算机科学、管理信息系统或者相关技术或商业领域拥有学士或硕士学位的信息技术专业人员，寻找具有协作工作风格、享受团队合作环境、面向解决方案和结果驱动、能够将情况转化为可扩展解决方案并具有高度集成性的候选人。

雪佛龙信息技术公司通过开发和支持联结不同的人、想法、流程和数据的信息技术来支持雪佛龙的所有业务，公司的主要应用包括"智能"油气田、自动化和可视化技术以及技术网络。

世界上易于取得的石油和天然气供应量正在下降。为了获得新的供应，雪佛龙必须继续钻得更深，并承受更大的压力。在这些更具挑战性的环境中，该公司依靠信息技术来促进生产。雪佛龙使用分布式传感器、高速通信和复杂的数据分析技术来监控和微调远程钻井作业。传感器和计算被用于捕获和监测与地震和钻孔活动、环境读数、生产利用率、运输、库存水平和需求相关的数据，实时数据用于在问题发生之前做出更好的决策和预测，这个工业术语是指"digital oil field"（数字油田），雪佛龙公司称之为"i-field"，该公司估计，一个完全优化的 i-field 可以提高 8% 的生产率和 6% 的整体回收率。该行业的趋势是向更便宜的计算机和通信技术以及数据传感器和分析软件扩散。

项目和方案的优先顺序

雪佛龙拥有一个信息技术治理委员会，负责决定战略方向、定义资源限制和设置项目优先级。治理委员会已将识别可行项目的责任委托给当地业务部门，每个项目都需要业务发起人。发起人必须与信息技术决策者一起审查投资决策标准清单，然后，业务发起人和信息技术决策者决定项目是否可行以及是否有价值。项目理念将由治理委员会审查，然后在项目执行开始前，将其反馈给雪佛龙相应业务部门的业务发起人和信息技术决策者，以便进一步澄清和定义（如有必要）。以下是战略规划过程中确定的一些计划的简要说明：

- 为了识别新的石油矿床，雪佛龙必须能够快速处理地震数据。为了做到这一点，该公司利用声波在海底深处创造出地球的图像。然后，高性能计算机搜索这些图像，以找到可能存在石油的地方。雪佛龙不断升级用于收集大量数据并尽快处理这些数据的硬件和软件。
- 许多对油气田数字化至关重要的软件创新都发生在石油服务公司，如 Halliburton 和 Schlumberger，以及包括微软和 IBM 在内的大型 IT 公司。雪佛龙与这些公司合作进行试点项目，评估新的软件和技术，以获得最先进的解决方案。
- 作为雪佛龙 i-field 项目的一部分，全球"任务控制"中心已经被建立了 8 个，旨在提高公司 40 个最大的能源项目的绩效。每个中心都被分配了一个特定的目的，例如使用实时数据做出钻井决策。雪佛龙估计，这些中心每年可以为公司节省 10 亿美元。
- 雪佛龙继续致力于通过在公司的大部分管道中使用建模技术来改进泄漏检测。复杂的计算机模型允许雪佛龙使用实时操作数据来定位管道泄漏并避免重大事故。
- 雪佛龙的信息技术部门运营着一个称为 NetReady 的网络，这是一个连接全球超过 50 000 台台式机的网络，允许雪佛龙员工通过一个共同的网络平台进行协作和交流。
- 数字成像有助于雪佛龙在产油后更好地管理油田。新的成像技术甚至可以显示石油是如何在储层中流动的，并告诉雪佛龙是否需要钻更多井来提取剩余的石油。
- 信息技术部门负责提供网络运营和安全，采购和部署硬件，并为公司制定全球技术标准和战略。

资料来源："Chevron 2013 Annual Report；Chevron 2011 Annual Report，" Chevron，www. chevron. com/annualreport/2013/documents/pdf/Chevron2013AnnualReport. pdf，accessed September 4，2014；Gallant，John，"Chevron's CIO Talks Transformation and Why IT Leaders Should Smile，" *Computerworld*，April 12，2012，www. computerworld. com/article/2503109/it-management/chevron-s-cio-talks-transformation-and-why-it-leaders-should-smile. html；King，Rachael，"Gaming Chips Help Chevron Find Oil，" *CIO Journal*，November 6，2012，http://blogs. wsj. com/cio/2012/11/06/gaming-chips-help-chevron-find-oil/；Farfan，Barbara，"Company Mission Statements—Complete List of World's Largest Retail Missions，" *About Money*，http://retailindustry. about. com/od/retailbestpractices/ig/Company-Mission-Statements/BP-Values-and-Mission-Statement. -1NI. htm，accessed September 5，2014；"EPA's Delay on RFS Hurting Biodiesel Producers，" *BIC Magazine*，August 21，2014，http://bicmagazine. com/epa-rfs-delay-biodiesel；Kaiser，Mark J. and Yu，Yunke，"Part 1：Oil and Gas Company Valuation，Reserves，and Production，" *Oil and Gas Financial Journal*，February 1，2012，www. ogfj. com/articles/print/volume-9/issue-2/features/part-1-oil-and-gas-company. html；"Form 10-Q for ChevronCorporation，" *Yahoo! Finance*，August 6，2014，http://biz. yahoo. com/e/140806/cvx10-q. html；Keulen，Pim，"Shell vs. Chevron：An Analysis of 2 Completely Different Strategies，" *Seeking Alpha*，February 24，2014，http://seekingalpha. com/article/2043123-shell-vs-chevron-an-analysis-of-2-completely-different-strategies；Choudhury，Nilanjan，"Oil & Gas Stock Roundup：Chevron，Shell Outlines Strategy Update，" Zacks，March 18，2014，www. zacks. com/stock/news/126739/Oil-amp-Gas-Stock-Roundup-Chevron-Shell-Outlines-Strategy-Update；Leber，Jessica，"Big Oil Goes Mining for Big Data，" *MIT Technology Review*，May 8，2012，www. technologyreview. com/news/427876/big-oil-goes-mining-for-big-data/；"Exxon Mobil Corporation Announces 2013 Reserves Replacement Totaled 103 Percent，" Exxon，February 21，2014，http://news. exxonmobil. com/press-release/exxon-mobil-corporation-announces-2013-reserves-replacement-totaled-103-percent；Griffith，Saul，"Oil Majors' Reserves of Oil and Gas in 2013，" *Value Walk*，April 14，2014，www. valuewalk. com/2014/04/oil-majors-reserves-oil-gas-2013/；"The Global Oil Industry：Supermajordämmerung，" *Economist*，August 3，2013，www. economist. com/news/briefing/21582522-day-huge-integrated-international-oil-company-drawing；Findlay，Keith，"Chevronto Axe 225 Aberdeen Jobs，" *Energy Voice*，July 16，2014，www. energyvoice. com/2014/07/chevron-axe-255-aberdeen-jobs/.

你会怎么做？

你是雪佛龙人力资源部门的一名经验丰富、受人尊敬的成员，经常被要求就人事事宜提供建议。因此，当你接到信息技术部门员工的电话，询问你对两位候选人的意见，以填补上游业务部门信息技术决策者的空缺时，你并不感到惊讶。

信息技术决策者扮演着与上游业务发起人合作的关键角色，为业务部门定制信息技术战略计划，并帮助确定和评估哪些潜在项目应配备人员和资源。信息技术决策者必须对雪佛龙的运营方式有一个很好的了解，并对其如何推动公司向前发展表示赞赏。你对 Kendall Adair 和 Bud Fox 两位候选人都很熟悉，他们两人都曾在几个简短的具体项目中共事过。

Kendall 在她的祖国澳大利亚、刚果、哈萨克斯坦和阿根廷工作了 10 年，就在这段时间里，她从佛罗里达大学获得了地质学在线学士学位。五年前，当雪佛龙开始试验其全球任务控制中心时，Kendall 被招募来帮助定义业务需求和评估各种原型。第一个任务控制中心完成后，她被选为运营经理。Kendall 的领导能力和表现都很出色，然而，众所周知的一点是，她在会议上因为发表激烈的辩论以支持自己的观点而经常会情绪激动。

Bud Fox 在雪佛龙公司的 10 年中迅速崛起。他获得了斯坦福大学计算机科学、地质和环境科学本科学位（以优异成绩毕业）和哈佛大学工商管理硕士学位。Bud 领导了一系列信息技术项目，包括使用建模技术进行泄漏检测，以及使用高性能计算机和分析技术评估地震数据。他的决策都是明智而深思熟虑的，因而受到了很好的重视。

过去三年中，上游业务部门的业务发起人 Ken Wilson 是新的信息技术决策者最密切合作的人。他有严格的财务管理背景，但没有实际的现场经验。然而，他是一个天才，知道如何与合适的人合作，以确定各种项目的经济可行性。他有一种随和的管理风格，人们发现与他合作很容易。

你会推荐哪位候选人？为什么？

表 2-9 中为业务经理提供了一套建议措施清单，以确保其部门遵循有效的战略规划流程，其中每个问题的正确答案都为"是"。

表 2-9　管理者检查表

建议措施	是	否
信息技术团队的努力是否与组织的战略和目标一致？		
业务经理是否清楚地传达了组织的愿景/使命、目标、目的、战略和措施？这种沟通是否有助于每个人定义实现组织目的所需的行动？		
您是否有一个有效的流程从关联诸多因素的替代策略中进行选择？这包括每个策略对收入和利润的长期影响、所涉及的风险程度、所需资源的数量和类型，以及潜在的竞争反应。		
您的组织是否制定了跟踪所选战略进展的措施？		

续表

建议措施	是	否
您的组织是否有有效的方法来确定潜在项目并制定其优先级？		
您的组织是否在项目进展过程中对项目的结果进行了衡量和评估，并进行了必要的调整？		
如果结果不符合预期，您的组织是否愿意取消项目？		

重要术语

核心价值观	使命声明	优势、劣势、机会、威胁（SWOT）矩阵
目的	目标	有形收益
基于目的的战略规划	有机战略规划	愿景
无形收益	战略规划	愿景/使命声明
基于问题的战略规划	战略	迈克尔·波特的五力模型

本章摘要

- 战略规划是一个过程，帮助管理者识别期望的结果，并制定可行的计划，利用现有的资源和能力实现目标。
- 基于目标的战略规划分为六个阶段：分析形势、确定方向、定义战略、部署计划、执行计划和评估结果。
- 分析形势包括从内部寻找组织的优势和劣势，从外部寻找机会和威胁。
- 内部评估和外部环境的分析经常被总结成优势、劣势、机会、威胁（SWOT）矩阵。
- 确定方向包括定义组织的使命、愿景、价值观、目标和目的。
- SMART 目标是具体的、可度量的、可实现的、相关的和有时间限制的。
- 定义战略包括描述一个组织将如何实现其使命、愿景、目标和目的。
- 部署计划包括传达组织的使命、愿景、价值观、目标、目的和战略，以便每个人都能帮助定义实现组织目标所需的行动。
- 信息技术部门通常采用三种策略规划方法之一：成本中心/服务提供商、业务合作伙伴/商业同行或游戏规则改变者。
- 信息技术战略规划受企业和业务部门战略规划以及技术创新和创新思维的影响。
- 信息技术战略将为技术、供应商、能力、人员、系统和项目确定方向。

问题讨论

1. 你认为一个组织的战略规划在多大程度上受到 CEO 的愿景、个性和领导能力的影响？做一些研究，选择一个你认为是一个强大的、有魅力的领导者的 CEO，找出他制定的战略规划的一个例子，简要总结这个规划的显著影响。

2. 确定一个会引发重新定义组织愿景/任务说明需求的事件。

3. 如果一个组织在进行 SWOT 分析时不能识别任何机会，这意味着什么？如果它不能识别任何威胁怎么办？

4. 你如何区分组织的劣势和对组织的威胁？你如何区分优势和机会？

5. 集思广益地讨论一种可能用来收集数据的方法，以确定竞争组织的优劣势。确定资源、特定工具或技术，以获得有用的见解。

6. 你是否建议组织设置 BHAGs？为什么？从一个真实的组织中找出一个 BHAG 的例子，这个 BHAG 完成了吗？

7. 讨论部署组织的战略规划意味着什么。为什么部署很重要？概述一个在六个国家开展业务的中型组织部署战略规划的有效方法。

8. 在比较两个潜在的信息技术项目时，一个项目的经济回报率为 22％，但与任何确定的战略目标都没有直接关系。另一个项目没有明显的实际效益，但对一个重要的战略目标作出了强有力的贡献。你支持哪个项目？解释原因。

需要采取的行动

1. 你是一个新的小组织的战略规划会议的主持人，这个小组织是 6 个月前从一个大得多的组织分离出来的。在为期两天的非现场会议的第一天结束时，首席执行官和参与会议的四名高级经理似乎筋疲力尽。当团队讨论他们的结果时，你会惊讶于他们的目标和目的是多么的保守和缺乏灵感。你会怎么做？

2. 你是一家中型制造商的财务部门的成员，是财务部门和信息技术部门之间的联络人，负责预算审查。信息技术部门刚刚完成了年度战略规划和预算编制过程，他们的计划包括 1 000 万美元的预算（比去年增加了 6％），已经提交给你，供最近聘用的首席信息官审查。坦率地说，你不了解计划，也看不到提议的项目与组织的战略目标之间的紧密联系。首席信息官打电话要求与你会面，讨论他的计划和预算。你怎么回应？

3. 你很高兴自己和其他四名信息技术部门的新员工一起坐在首席信息官的办公室里。首席信息官欢迎大家来到公司，并坚定地与大家握手。她希望你们能给公司带来一些令人兴奋的新想法。然后，她将话题转到几周后召开的高级信息技术经理的为期三天的年度战略规划非现场会议上。首席信息官表示，她担心高级管理人员根本没有时间了解最新的技术发展，这种知识缺乏可能会限制他们的战略思维。她问："我们可以做些什么来快速更新与我们公司和行业相关的技术发展情况？有什么想法吗？"你的心在跳动，很明显她想让你试着回答这个问题。你会说些什么？

基于 Web 的案例

乔布斯与库克
史蒂夫·乔布斯是一位强有力的、有魅力的领导者，他是苹果公司的共同创办人，并推进公司获得了许多成功。一些人认为，2011 年担任首席执行官的蒂姆·库克的领导风格更倾向于合作。研究比较两位 CEO 的领导风格。（你可能想看 2013 年的电影《乔布斯》，这部电影讲述了史蒂夫·乔布斯从大学辍学生到苹果 CEO 的故事。）你认为哪位 CEO——乔布斯或库克——制定并执行了最有效的战略规划？你能找到什么证据来支持你的观点？

案例研究

战略规划：选择一个公司
选择一个你感兴趣的公司并记录它的战略规划，包括以下内容：
- 一个 SWOT 分析
- 愿景、使命、目标、目的和战略
确定两个与此规划相一致的信息技术相关项目，推荐实施两个项目中的一个。

注 释

开篇案例资料来源：

Satariano，Adam，"Apple Shares Drop After Steve Jobs Resigns," Bloomberg News，August 24，2011，www. bloomberg. com/news/2011－08－25/apple-shares-decline-after-steve-jobs-resigns-as-chief-execu-tive-officer. html；"Apple Inc. ," *CNN Money*，http：//money. cnn. com/quote/profile/profile. html?symb＝AAPL，accessed September 12，2014；"Apple Computer，Inc. History," Funding Universe，www. fundinguni-verse. com/company-histories/apple-computer-inc-history/，accessed September 12，2014；Canada，Alonzo，"Take a Lesson from Apple：A Strategy to Keep Customers in Your Ecosystem," *Forbes*，November 12，2012，www. forbes. com/sites/jump/2012/11/12/take-a-lesson-from-apple-a-strategy-to-keep-customers-in-your-e-cosystem/；Edwards，Jim，"Steve Jobs Turned Out to Be Completely Wrong About Why People Like the iPhone," *Business Insider*，September 12，2014，www. businessinsider. com/steve-jobs-was-wrong-about-big-phones-2014-9♯ixzz3D8lm75VG；Risen，Tom，"Apple Watch on Sale in 2015," *U. S. News and World Report*，September 9，2014，www. usnews. com/news/articles/2014/09/09/tim-cook-apple-watch-onsale-in-2015.

［1］"SWOT Analysis of Coca-Cola," *Strategic Management Insight*，February 23，2013，www. stra-tegicmanagementinsight. com/swot-analyses/coca-cola-swot-analysis. html.

［2］"Company Overview," Google，www. google. com/about/company/，accessed September 3，2014.

［3］"About Johns Hopkins Medicine," Johns Hopkins Medicine，www. hopkinsmedicine. org/about/，accessed September 17，2014.

［4］"Johns Hopkins Medicine Strategic Plan（revised June 2013）," Johns Hopkins Medicine，www. hopkinsmedicine. org/strategic_plan/vision_mission_values. html.

［5］Collins，James and Porras，Jerry，*Built to Last：Successful Habits of Visionary Companies*（New York：Harper Collins Publishers，1994，1997），page 9.

[6] Raice, Shayndi and Ante, Spencer, E., "Insta-Rich: $1 Billion for Instagram," *Wall Street Journal*, April 10, 2012, http://online. wsj. com/news/articles/SB10001424052702303815404577333840377381670.

[7] Kuittinen, Tero, "On Oculus Rift and Facebook's Grand Acquisitions," *BGR*, March 26, 2014, http://bgr. com/2014/03/26/facebook-oculus-rift-acquisition-analysis/.

[8] Doran, George T., Miller, Arthur, Cunningham, J., "There's a S. M. A. R. T. Way to Write Management's Goals and Objectives," *Management Review*, Volume 70, no. 11, pages 35–36, 1981.

[9] Mikoluk, Kasia, "Business Strategy Examples: Four Strategies Businesses Use to Make Money," Udemy (blog), January 7, 2014, www. udemy. com/blog/business-strategy-examples/.

[10] "About Us," Alstom Transport, www. alstom. com/microsites/transport/about-us/, accessed October 21, 2014.

[11] "Our Trains," Virgin Trains, www. virgintrains. co. uk/trains/, accessed October 21, 2014.

[12] "'Unreasonable Ambition' Puts Alstom on the Fast Track for Growth," Op Ex Review, December 2012, Issue 5, www. tbmcg. com/misc_assets/newsletter/opex_1212_cover_story. pdf.

[13] Nash, Kim S., "State of the CIO 2014: The Great Schism," *CIO*, January 1, 2014, www. cio. com/article/2380234/cio-roletate-of-the-cio-2014-the-great-schism/cio-role/state-of-the-cio-2014-the-great-schism. html.

[14] "Statewide Information Technology 2012—2014 Strategic Plan," Delaware Department of Technology and Information, http://dti. delaware. gov/pdfs/strategicplan/Delaware-Statewide-IT-Strategic-Plan. pdf, September 2012.

[15] Nash, Kim S., "State of the CIO 2014: The Great Schism," *CIO*, January 1, 2014, www. cio. com/article/2380234/cio-roletate-of-the-cio-2014-the-great-schism/cio-role/state-of-the-cio-2014-the-great-schism. html.

[16] "City of Seattle Enterprise Information Technology Strategic Plan 2012—2014," City of Seattle, www. seattle. gov/Documents/Departments/InformationTechnology/RFP/SOHIPRFPAppendixCEnterpriseITStrategicPlan20122014. pdf, accessed September 16, 2014.

[17] Nash, Kim S., "State of the CIO 2014: The Great Schism," *CIO*, January 1, 2014, www. cio. com/article/2380234/cio-roletate-of-the-cio-2014-the-great-schism/cio-role/state-of-the-cio-2014-the-great-schism. html.

[18] May, Thornton, "A Strategy for Strategy: Figuring Out How to Figure Out What IT Should Do Next," *Computerworld*, September 2, 2014, www. computerworld. com/article/2600346/it-management/a-strategy-for-strategy-figuring-out-how-to-figure-out-what-it-should-do-next. html.

[19] Nash, Kim S., "State of the *CIO* 2014: The Great Schism," *CIO*, January 1, 2014, www. cio. com/article/2380234/cio-roletate-of-the-cio-2014-the-great-schism/cio-role/state-of-the-cio-2014-the-great-schism. html.

[20] "GAF Creates First Ever Virtual Home Remodeler App with 'Instantaneous' Roof Mapping Feature," GAF, www. gaf. com/About_GAF/Press_Room/Press_Releases/65077248, accessed September 3, 2014.

第 3 章

项目管理

项目管理的本质

"第一，要有一个明确的、清晰的可实现的理想；一个目的，一个目标。第二，要有达到目的的必要手段：智慧、金钱、物质和方法。第三，全力以赴，使用所有手段达到目的。"

——亚里士多德，古希腊哲学家和科学家

英国广播公司（BBC）数字媒体计划

2007 年，英国广播公司（BBC）发起了数字媒体计划（DMI），这是一个旨在数字化整个组织的媒体制作和媒体资产管理的信息技术项目。最初估计耗资 8 000 万英镑（1.28 亿美元），DMI 计划引入一个从原始影片到成品节目的无磁带工作流，并让 BBC 工作人员立即通过桌面访问整个 BBC 档案。据预测，数字媒体计划将为该公司每小时节省 2.5％的媒体制作成本，到 2015 年将带来 1 亿英镑（1.6 亿美元）的收益。2008 年，英国广播公司与西门子公司达成协议，西门子将是其长期的技术合作伙伴；然而，该合作关系在 2009 年破裂，两家公司都不对失败承担直接责任。相反，两家公司发表声明说："自 DMI 项目开始以来，媒体环境发生了很大变化，两家公司都在讨论未来的发展方向。英国广播公司和西门子已经达成协议，允许英国广播公司在内部完成该项目。"DMI 被称戏为"Don't Mention It"项目，并委托给英国广播公司的首席技术架构师和执行制片人。

然而，一旦进入内部，数字媒体计划就遇到了一系列障碍，落后于进度，IT 团队努力让最终用户承诺确定的项目需求和优先级。"在整个项目过程中，团队告诉我，项目面临的最大的单一挑战是企业要求的需求变化，"前首席技术官约翰·林伍德说。这样做的结果就是项目范围不断波动。

此外，技术团队试图采用一种灵活的开发方法，这样软件将被一点一点地开发出来，业务部门在开发过程中可以改进和探索每一个升级版本。然而，林伍德声称，业务部门不想花时间来测试这些不同的版本。最终，信息技术团队只需通过最少的业务单元测试来开发主要的系统组件。与此同时，该项目的进度越来越落后于最初的计划。此外，英国广播公司没有指派任何人负责或授权监督业务部门采用该计划，剥夺了数字媒体计划有效的项目集成管理。由于从基于磁带的生产和资产管理过渡到数字生产和资产管理需要工作流程的重大转变，因此，对采用数字媒体计划和集成数字媒体计划到业务部门进行管理是至关重要的。

2013 年 5 月，英国广播公司宣布将取消整个数字媒体计划，并解雇其首席技术官。2014 年 1 月，英国国家审计署（NAO）发布了一份关于该项目的深入报告，最初计划包括：档案数据库、存储音频和视频内容的虚拟仓库、生产工具、生产报告、音乐报告系统、允许文件在 BBC 工作人员之间自由交流的媒体基础设施、企业服务等七个部分。在这七个部分中，只有音乐报告系统已经成功建立和部署。根据英国国家审计署的报告，数字媒体计划花费了 9 840 万英镑（1.57 亿美元），耗时 6 年，使 BBC 仍然需要依靠其原始的磁带生产和资产管理系统。

学习目标

阅读本章时，请自问：

- 什么是项目管理？有效的项目管理过程的关键要素是什么？
- 有效的项目管理过程如何提高项目成功的可能性？

本章阐述项目管理的重要性，并概述一个经过实践检验的成功的项目管理过程。

为什么管理者必须理解项目管理

项目是组织大部分工作的完成方式。无论是什么行业，无论组织是营利性公司还是非营利性组织，无论其大小，也无论是跨国公司还是地方型公司，良好的项目管理都是一种积极的力量，能够使组织从其努力中获得成果。

遗憾的是，与信息技术相关的项目并不总是成功的。Standish 集团跟踪信息技术项目的成功率已经 20 多年了。由于改进了方法、培训和工具，信息技术项目的成功率随着时间的推移得到了有效提高。尽管如此，仍有大约 61% 的信息技术项目面临失败或重大挑战，如计划延迟、预算超支和缺少必需的功能。[1] 项目管理研究所还发现，为了使项目与组织的战略保持一致，组织应该做什么与他们能够完成什么之间存在差距，这造成的结果是，44% 的战略举措都失败了。[2] 本章提供的信息和指导将帮助你避免信息技术项目面临失败和挑战。

研究人员加里·哈默尔（Gary Hamel）和 C. K. 普拉哈拉德（C. K. Prahalad）定义了"核心竞争力"（core competency）这一术语，其含义是指一家公司能够做得很好、能够为客户带来利益、竞争对手难以模仿并且能够广泛地应用于许多产品和市场的能力。[3] 如今，许多组织都将项目管理视为其核心竞争力之一，并将其更好地管理项目的能力视为一种超越竞争对手并为股东和客户带来更大价值的方式。因此，他们花费了大量的精力来确定潜在的项目经理，然后对他们进行培训，助其发展。对于许多管理者来说，他们有效管理项目的能力是他们在组织内成功的关键。

什么是项目

项目（project）是为创造独特的产品、服务或结果而进行的临时性努力。每个项目都试图实现特定的业务目标，并受到某些限制，例如总成本和完成日期。如前所述，组织必须始终明确业务目标、目的和项目之间的联系；而且，项目必须与业务战略一致。例如，一个组织可能有一个业务目标，通过提供持续高水平的超过客户期望的服务来改进客户服务。启动一个项目，通过消除除基本服务以外的所有服务来降低客户服务领域的成本，这与该业务目标不一致。

在任何时候，一个组织可能会有几十个甚至数百个活动项目，旨在取得广泛的成果。项目不同于业务活动，业务活动是一次又一次重复执行的行动。项目是不重复的，一旦达到项目目标或项目被取消，项目就会明确地结束。项目有各种不同的规模和复杂程度，如下面的一些例子所示：

- 一位高级主管领导了一个项目，这个项目旨在公司合并后整合两个组织。
- 一家消费品公司实施了一个项目来推出一种新产品。
- 一位运营经理领导了一个项目，将公司的部分运营外包给合同制造商。
- 一家医院执行了一个项目，在医生的智能手机上加载一个应用程序，使他们能够在任何地方访问患者数据。
- 一家计算机软件制造商完成了一个项目，以改进服务台技术人员的日程安排，并减少电话支持服务的呼叫方的等待时间。
- 一位员工助理领导了一个项目来计划年度销售会议。
- 经理完成了一个项目，将部门预算输入一个预格式化的电子表格模板。

项目变量

五个高度相关的参数——范围、成本、时间、质量和用户期望——定义了一个项目，如果项目的这些参数中的任何一个发生了更改，则其他参数中的一个或多个参数必须发生相应的更改。下面简要讨论这些参数。

范围

项目范围（project scope）是项目中包含哪些任务和不包含哪些任务的定义。项目范围是其他项目因素的关键决定因素，必须仔细定义以确保项目满足其基本目标。一般来说，项目范围越大，就越难满足成本、进度、质量和利益相关者的期望。

例如，加利福尼亚州的案件管理系统是一个主要的信息技术项目，它的目的是使加利福尼亚州的法院操作自动化，使整个州的公共系统取代 70 个不同的遗留系统。在项目开始时，计划人员预计该系统将耗资 2.6 亿美元。法庭官员在这项工作上花费了 5 亿美元后终止了该项目。今天，据估计，如果项目顺利完成，将花费近 20 亿美元。虽然造成这种资源浪费的因素有很多，但一个主要原因是项目管理者对项目范围的控制不充分，他们在项目的整个生命周期内批准了 102 项要求和范围的变更。[4]

成本

项目成本包括所有资本、支出，以及与项目建筑、运营、维护和支持相关的内部交叉费用。资本这一项是用于购买组织资产负债表上显示的资产并在资产使用寿命内折旧的资金，资本这一项的使用寿命通常至少为几年。建筑物、办公设备、计算机硬件和网络设备都是资本资产的例子。如果计算机软件每单位成本超过 1 000 美元，使用寿命超过一年，并且不用于研究和开发，那么它也可以被归类为资本项目。

支出这一项是指在购买后不久就要消耗掉的不可扣除项目。与信息技术项目相关的典型费用包括使用外部劳动力或顾问、差旅和培训等。不符合资本分类标准的软件被分类为支出。

许多组织使用内部交叉费用系统来计算分配给项目的员工的成本。例如，一个经理的满负荷成本（工资、福利和管理费用）可能设定为每年 12 万美元，赞助组织的预算是交叉结算每个经理全职在此项目工作的费用。（**赞助业务部**（sponsoring business unit）是受项目影响最大的业务部门，其预算将涵盖项目成本。）因此，如果一名经理以 75% 的精力在一个项目上工作五个月，其交叉费用为 12 000×0.75×5/12＝37 500 美元。交叉费用的合理性在于，能够就是否应将员工分配给项目工作或运营活动做出合理的经济决策。如果员工被分配到一个项目，那么交叉费用有助于组织确定哪个项目最具经济意义。

组织有不同的流程和机制来编制预算和控制这三种类型的成本：资本、支出和内部交叉费用，一种类型的成本的预算资金不能用于支付与另一种类型的成本有关联的项目。因此，一个预算中剩余大量资本的项目不能使用可用的美元支付支出项目，即使支出预算超支。

表3-1总结了与信息技术相关的项目的各种常见成本，并进行了分类。

表3-1 典型的信息技术相关项目成本

开发成本			
	资本	内部交叉费用	支出
员工相关支出			
员工的努力		×	
相关差旅费			×
相关培训费			×
承包商和顾问费用			×
信息技术相关的资本和支出			
软件许可证（符合资本支出条件的软件购买）	×		
软件许可证（不符合资本支出条件的软件购买）			×
计算硬件设备	×		
网络硬件设备	×		
数据录入设备	×		
总开发成本	×	×	×

时间

项目的时间安排通常是一个关键限制。例如，在大多数组织中，必须安排涉及财务和会计的项目，以避免与季度末账簿关闭相关的操作发生冲突。通常，项目必须在某个日期完成，以满足重要的业务目标或政府授权。

CGI是加拿大的一家提供咨询、系统集成、外包和解决方案的公司，该公司于2012年12月获得了一份3 600万美元的合同，用于建设佛蒙特州健康连接州健康交易所。[5] 该项目的工作很快就落后于进度，CGI未能满足佛蒙特州的21个绩效期限的一半以上，因此，州政府和CGI于2013年8月签订了一份修订后的8 400万美元的合同，以完成该项目。[6] 佛蒙特州健康连接网站于2013年10月根据需要启动，以满足美国《平价医疗法案》的要求，但这个网站存在严重缺陷，用户无法编辑他们的信息，该网站不适用于小型企业。尽管在发现有缺陷后有人打电话要求卸载CGI，但州政府官员决定继续与CGI合作完成该网站。2014年4月，州政府和CGI签署了另一项协议，该协议规定了交付缺失功能的新时间表，并因CGI错过了截止日期对其进行了罚款。[7] 然而，CGI未能在5月之前实现允许用户编辑其信息的功能，国家再次延长了截止日期，而不评估任何处罚。[8] CGI未能达到修订的最后期限，2014年8月，州政府与CGI解约，并宣布将把剩余工作移交给新的承包商。最后，佛蒙特州向CGI支付了6 670万美元，用于完成8 400万美元合同的工作。[9],[10] 美国最大的医疗保险公司UnitedHealth集团旗下的明尼苏达州医疗技术公司Optum取代了CGI。[11]

你会怎么做？

你是Optum项目负责人，负责实施佛蒙特州健康连接州健康交流。你的经理刚刚给你发了一条短信，问你是否认为有必要向佛蒙特州官员汇报是什么导致了CGI项目失控，你怎么回答？

质量

项目的**质量**（quality）可以定义为项目满足其用户需求的程度。交付信息技术相关系统的项目的质量可以根据系统的功能、特性、系统输出、性能、可靠性和可维护性来定义。例如，苹果在上市前几天就售出了一千万台新款 iPhone 6 和 iPhone 6 Plus。遗憾的是，新的 iPhone 同时存在硬件和软件问题，导致设备无法满足用户的功能和性能预期。苹果新推出的 iOS 8 移动操作系统没有附带早已承诺的 HealthKit 应用程序，HealthKit 是一款辅助健康和健身的 APP。此外，用户发现 iPhone 6 Plus 过于柔韧，一些用户抱怨手机长时间放在口袋里会弯曲。然后，当苹果发布旨在解决 HealthKit 问题的 iOS 8 更新时，一些用户抱怨更新导致他们的 iPhone 失去了打电话的功能。[12] 未能满足用户的功能和性能需求，影响了新 iPhone 6 的首次推出。

用户期望

当一个项目开始时，利益相关者将形成期望或已经有了期望——关于项目将如何进行以及它将如何影响他们。例如，根据以前的项目经验，新信息技术系统的最终用户可能期望他们在接受培训之前不会参与系统。但是，项目经理可能会遵循一个更为互动的开发过程，该过程要求用户帮助定义系统需求、评估系统选项、试用系统原型、开发用户文档以及定义和执行用户验收测试。

另一个例子是，最终用户可能期望参加每周的项目状态会议，直接听取进度报告。但是，项目经理可能没有考虑让他们参加状态会议，甚至可能没有对每周会议作出计划。

两个例子都说明了利益相关者和项目成员之间可能存在的期望的显著差异。确定重点利益相关者和团队成员的期望对项目的成功至关重要；如果存在差异，必须解决它们，以避免将来的问题和误解。

五个项目参数：范围、成本、时间、质量和用户期望都是密切相关的，如图 3-1 所示。举个例子，如果允许完成项目的时间减少，则可能需要增加项目成本、降低项目质量和范围以及改变项目利益相关者的期望，如图 3-2 所示。

图 3-1　定义项目的五个参数

图 3-2　修订项目定义

47

什么是项目管理

项目管理（project management）是将知识、技能和技术应用到项目活动中，以满足项目要求。项目经理必须提供满足特定范围、成本、时间和质量目标的解决方案，同时管理**项目利益相关者**（project stakeholders）——参与项目的人员或受其结果影响的人员——的期望。

艺术活动的本质是，凭借高度的创造力和自由去从事任何艺术家所感知的。另外，科学活动包括遵循既定的惯例和严格遵守法律。在这些定义下，项目管理的一部分可以被视为一门艺术，因为项目经理必须运用不同项目甚至不同团队成员的直观技能。项目管理的"艺术"还包括销售技巧和心理学，以说服其他人需要改变，并且这个项目是正确的。

项目管理也是科学的一部分，因为它使用经过时间验证的、可重复的过程和技术来达到项目目的。因此，对成功的项目管理来说，一个巨大的挑战是，认识到何时作为一个艺术家并依靠自己的直觉，而不是何时作为一个科学家并应用基本的项目管理原则和实践。以下部分涵盖了与项目管理科学相关的九个领域。

项目管理知识领域

根据美国项目管理协会的规定，项目经理必须协调九个专业领域：范围、时间、成本、质量、人力资源、通信、风险、采购和集成，如图3-3所示。

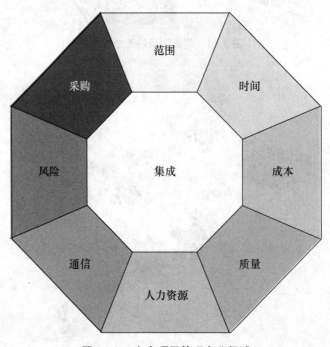

图3-3　九个项目管理专业领域

范围管理

范围管理（scope management）包括定义作为项目的一部分必须完成的工作，然后控制工作在商定的范围内。关键活动包括启动、范围规划、范围定义、范围验证和范围变更控制。

功能分解（functional decomposition）是一种常用的技术，通过识别信息系统将影响的业务流程来定义信息系统的范围。图 3-4 显示了库存管理系统的功能分解图示例。**进程**（process）是一组逻辑相关的任务，用于实现定义的结果。进程通常是为响应特定事件而启动的，它需要输入来创建输出。通常，进程会生成反馈，用于监控和优化进程。

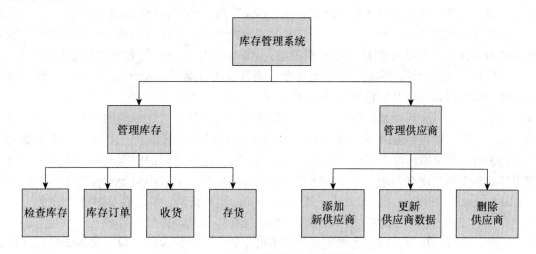

图 3-4　功能分解用于定义系统范围

要创建功能分解图，需要从系统的名称开始，然后标识要执行的最高级别的进程。每个过程都应该有两个单词的"动词-主语"名称，它清楚地定义了过程。接下来，将这些高级进程分解为低级子进程。通常，三个或四个分解级别足以定义系统的范围。

为了避免与项目范围变更相关的问题，应该在项目开始之前定义一个正式的范围变更过程，项目经理和关键业务经理应该决定他们是允许在项目期间的任何时候进行范围变更、只在项目的早期阶段进行范围变更，还是根本不允许进行范围变更。这里需要管理者进行一个权衡，允许范围变更的灵活性越高，项目越有可能满足用户对特性和性能的需求；然而，项目将更难在不断变化的时间和预算限制内完成，因为很难达到一个变化的目标。

变更过程应该捕获正在请求的变更、请求者以及原因的清晰定义。如果项目团队决定在项目期间不允许任何范围变更，那么每个新请求的范围变更都与其他请求的变更一起归档。一旦原始项目完成，就可以审查整个请求的范围变更集，并且项目团队可以决定将实施哪些（如果有的话）变更以及何时实施。通常，启动一个项目来实现许多相关的变更要比启动几个独立的项目便宜。然后可以考虑后续项目来实施建议的更改。必须确定项目的范围、成本、进度和效益，以确保其定义良好且值得进行。

如果项目团队决定在项目期间允许范围变更，那么必须允许付出时间和精力评估范围变更将如何影响成本、进度、质量和期望等相关项目变量。项目团队必须就对项目的影响与实现范围更改的好处进行权衡，并且必须决定是否实现范围变更。当然，实现一个特定的范围变更可能有其他选择，并且必须权衡每一个变更的优缺点。仅仅研究范围变更所需的时间可以为原始项目增加相当大的成本和时间。项目经理和重点利益相关者应正式批准或拒绝每个范围变更。

时间管理

时间管理（time management）包括确定项目利益相关者可接受的可实现的完工日期，制定可行的项目进度计划，并确保项目及时完工。成功的项目时间管理要求确定项目团队成员和/或其他资源必须完成的特定任务；对这些任务进行排序，考虑到任何任务相关性或确定的截止日期；估计完成每个任务所需的资源量，包括人力、材料和设备；估计完成每个任务所用的时间；分析所有这些数据以创建项目进度计划；控制和管理项目日程的更改。

项目越大，计划不周就越有可能导致重大问题。管理良好的项目使用有效的计划工具和技术，包括进度计划、里程碑和截止日期。**项目进度计划**（project schedule）用于确定必须完成的项目活动、预期的开始日期和结束日期，以及分配给每个任务的资源。在规定的期限内完成一个项目需要一个项目进度计划，避免返工，并确保人们知道该做什么和何时做。**项目里程碑**（project milestone）是完成项目主要部分的关键日期，例如（对于编程项目）程序设计、编码、测试和发布。**项目截止日期**（project deadline）是整个项目应该完成和运行的日期，组织可以期望开始获得项目的好处。

在系统开发项目中，每个活动都被分配一个最早的开始时间和最早的完成时间，每个活动还分配了**松弛时间**（slack time），即活动可以在不延迟整个项目的情况下延迟的时间量。一个项目的**关键路径**（critical path）包括所有活动，如果被延迟，那么整个项目将会被延迟。这些活动的空闲时间为零。关键路径活动的任何问题都将导致整个项目出现问题。为了确保关键路径活动按时完成，项目经理使用某些方法和工具（如GanttProject、Microsoft Project、ProjectLibre 或 Webplanner）来帮助计算这些关键项目属性。

虽然系统开发的步骤看起来很简单，但大型项目可能会变得复杂，需要数百或数千个独立的活动。对于这些系统开发工作，正式的项目管理方法和工具是必不可少的。一种称为**项目评估和评审技术**（Program Evaluation and Review Technique，PERT）的形式化方法为一个活动创建了三个时间估计：最短的可能时间、最可能的时间和最长的可能时间。然后应用一个公式来确定单个 PERT 的时间估计。**甘特图**（Gantt chart）是用于计划、监视和协调项目的图形工具，它本质上是一个列出活动和截止日期的网格。每次任务完成时，都会在适当的网格单元中放置一个标记，例如一条变暗的线，以指示任务的完成。

工作分解结构的开发是有效时间管理所需的关键活动。**工作分解结构**（work breakdown structure，WBS）是完成项目所需工作的概要。首先，将项目划分为需要执行的各个阶段或活动组；然后，识别与每个项目阶段相关联的任务。一项任务通常需要一周或更短的时间来完成，并产生一个特定的可交付的有形输出，如流程图或最终用户培训计划。然后对每个阶段中的任务进行排序。最后，识别出任何**前置任务**（predecessor tasks），这些任务必须在以后的任务开始之前完成。例如，在程序被编码、编译和调试之前，不能开始对程序代码单元的测试。接下来，必须确定 WBS 中的每个任务需要多长时间。

因此，构建一个 WBS 允许你详细地查看项目，以获得必须执行的所有工作的完整图片。WBS 的开发是定义不包含在 WBS 中的项目工作范围的另一种方法，不在 WBS 中的工作不在项目范围之内。

表 3-2 显示了一个项目的 WBS 样本，该项目的目的是在仓库中建立无线网络，并在叉车上安装 RFID 扫描设备，以跟踪库存。表 3-2 中项目的三个阶段是"定义仓库网络"、"配置叉车"和"测试仓库网络"。图 3-5 以甘特图的形式显示了相关计划，图表中的每个条形图指示每个主要活动（粗黑线）和任务（细线）的开始和结束日期。

表 3-2   工作分解结构（WBS）

	任务	持续时间（天）	开始	结束	前置任务
1	完成仓库网络	28	2016-05-06	2016-06-14	

续表

	任务	持续时间（天）	开始	结束	前置任务
2	定义仓库网络	25	2016-05-06	2016-06-09	
3	进行调查	3	2016-05-06	2016-05-10	
4	订购射频设备	14	2016-05-11	2016-05-30	3
5	安装射频设备	6	2016-05-31	2016-06-07	4
6	测试射频设备	2	2016-06-06	2016-06-07	5
7	配置叉车	19	2016-05-06	2016-06-01	
8	为卡车订购 RFID 扫描仪	12	2016-05-06	2016-05-23	
9	在卡车上安装 RFID 扫描仪	5	2016-05-24	2016-05-30	8
10	测试 RFID 扫描仪	2	2016-05-31	2016-06-01	9
11	测试仓库网络	28	2016-05-06	2016-06-14	
12	制定测试计划	2	2016-05-06	2016-05-09	
13	进行测试	3	2016-06-10	2016-06-14	6，10，12

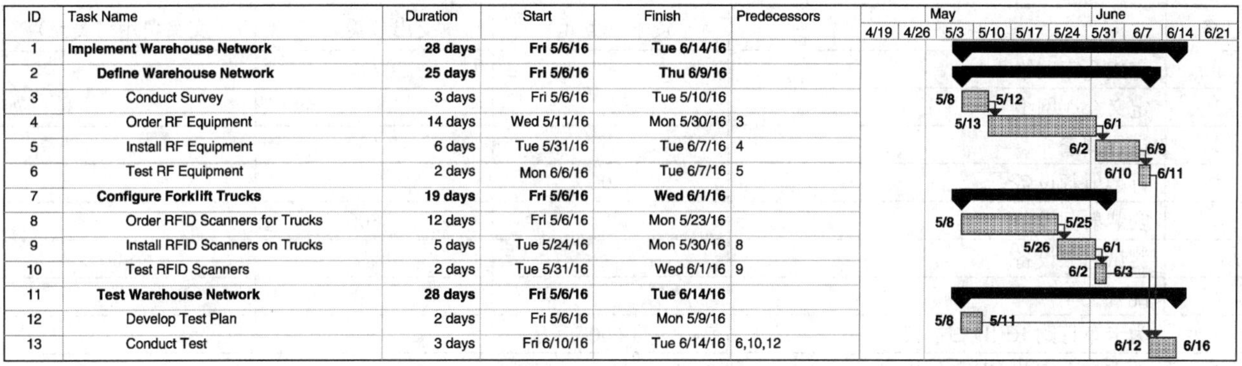

ID	Task Name	Duration	Start	Finish	Predecessors
1	**Implement Warehouse Network**	**28 days**	**Fri 5/6/16**	**Tue 6/14/16**	
2	**Define Warehouse Network**	**25 days**	**Fri 5/6/16**	**Thu 6/9/16**	
3	Conduct Survey	3 days	Fri 5/6/16	Tue 5/10/16	
4	Order RF Equipment	14 days	Wed 5/11/16	Mon 5/30/16	3
5	Install RF Equipment	6 days	Tue 5/31/16	Tue 6/7/16	4
6	Test RF Equipment	2 days	Mon 6/6/16	Tue 6/7/16	5
7	**Configure Forklift Trucks**	**19 days**	**Fri 5/6/16**	**Wed 6/1/16**	
8	Order RFID Scanners for Trucks	12 days	Fri 5/6/16	Mon 5/23/16	
9	Install RFID Scanners on Trucks	5 days	Tue 5/24/16	Mon 5/30/16	8
10	Test RFID Scanners	2 days	Tue 5/31/16	Wed 6/1/16	9
11	**Test Warehouse Network**	**28 days**	**Fri 5/6/16**	**Tue 6/14/16**	
12	Develop Test Plan	2 days	Fri 5/6/16	Mon 5/9/16	
13	Conduct Test	3 days	Fri 6/10/16	Tue 6/14/16	6,10,12

© Cengage Learning

图 3-5　描述项目任务开始和完成的甘特图

成本管理

　　成本管理（cost management）包括制定和管理项目预算。这个领域涉及资源规划、成本估算、成本预算和成本控制。如前所述，必须为三种类型的成本——资本、支出和内部交叉费用——中的每一种建立单独的预算，一个预算中的资金不能用于支付另一种类型的成本。

　　成本估算的一种方法是使用工作分解结构来估算和完成与每个任务相关的所有成本（资本、支出和交叉费用）。这种方法可能需要做相当多的细节性工作，例如确定分配给任务的每个资源的小时费率并将其乘以资源将处理该任务的小时数，估计每个单位的供应成本并将其乘以所需的单位数，等等。如有可能，应允许完成任务的人员估计时间和相关成本，这种方法有助于他们更好地理解他们期望完成的任务，在定义如何完成工作方面给予他们一定程度的控制，并获得他们对项目进度计划和预算的"认可"。你可以根据必须执行的任务的顺序和每个任务的持续时间来开发项目持续时间，你还可以合计每个任务的成本，以制定项目总预算的估计。整个过程如图 3-6 所示，结果预算如表 3-3 所示。

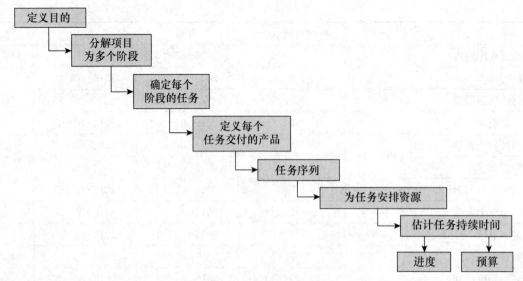

图 3-6 工作分解结构的发展引领着计划和预算的制定

表 3-3 项目预算

任务		资本（美元）	支出（美元）	交叉费用（美元）
1	完成仓库网络			
2	定义仓库网络			
3	进行调查		2 400	
4	订购射频设备	9 000		
5	安装射频设备		7 800	
6	测试射频设备			960
7	配置叉车			
8	为卡车订购 RFID 扫描仪	12 500		
9	在卡车上安装 RFID 扫描仪			2 400
10	测试 RFID 扫描仪			1 200
11	测试仓库网络			960
12	制定测试计划			
13	进行测试			1 440
	总成本	21 500	10 200	6 960

　　例如，假设一家公司计划为其应付账款进程实施一个新的软件包，公司必须在计算机硬件（资本）上花费 15 万美元，并向软件供应商支付 2 万美元，作为开发软件的时间和人工成本（费用），供应商还必须为软件包许可证（资本）支付 12.5 万美元。此外，一名业务经理将花费六个月的全职时间领导大家实施这项工作，经理满负荷工作的 6 个月的成本（例如每年 12 万美元）必须计入会计机构的交叉费用预算，交叉费用共计 6 万美元。

你会怎么做？

　　新的仓库库存控制系统将使用最近安装的无线网络和安装在叉车上的 RFID 扫描设备来跟踪仓库中的库存。因为五个人的项目团队的三个关键成员直到下星期晚些时候才可以见面，你一直在推迟与项目团队的会议，这个会议会制定一个进度计划和成本估算。首席财务官正在和你通电话，她需要日期、工作量估计和资金估计来完成明年的资本和人员配置预测，并确保有这个项目的预算。你会说什么？

质量管理

质量管理（quality management）确保项目能够满足所承担的需求，这个过程包括质量计划、质量保证和质量控制。**质量计划**（quality planning）包括确定哪些质量标准与项目相关，以及如何满足这些标准。**质量保证**（quality assurance）包括持续评估项目进度，以确保其符合确定的质量标准。**质量控制**（quality control）包括检查项目结果，以确保其符合确定的质量标准。

在开发与信息技术相关的系统时，系统测试中发现的大多数缺陷的来源可以追溯到具体需求的错误。因此，大多数组织都非常重视准确地捕获和记录系统需求，并在项目过程中仔细管理用户需求的变化。评估系统需求有效性的一个有用的检查表包括以下问题[13]：

- 需求是否描述了客户实际需要的东西？
- 需求定义正确吗？
- 需求是否与其他需求一致？
- 是否完全定义了需求？
- 需求是否可验证（可测试）？
- 需求是否可追溯到用户的需要？

惠普的质量中心、Jama 软件公司的 Jama 和 Systems and Proposal Engineering 公司的 InnoSlate 是需求管理软件的三个例子。

人力资源管理

人力资源管理（human resource management）是指最有效地利用参与项目的人员，包括组织规划、人员获取和团队开发。项目经理必须能够建立一个项目团队，该团队的成员必须具备适当的技能和经验，然后培训、发展、指导和激励他们有效地执行项目。

项目经理可以指派团队的所有成员，也可以选择所有精英成员或部分团队成员。应根据团队成员在项目所需技术方面的技能、他们对项目影响的业务领域的理解、他们在项目特定领域的专业知识以及他们在团队中良好工作的能力来选择团队成员。通常，必须做出妥协。例如，最好的学科问题专家可能无法与其他人一起工作，这对项目经理来说是一个额外的挑战。

经验丰富的项目经理已经认识到，组建一个有效的团队来适应一个困难的目标本身就是一个挑战。为了让团队达到高水平的绩效，需要付出相当大的努力，并愿意在整个团队中做出改变。描述团队如何发展和参与的一个有用的模型是由 Bruce Tuckman 首先提出的**组建－风暴－规范－执行模型**（forming-storming-norming-performing model，见图 3 - 7）。[14]

在组建阶段，团队开会了解项目，就基本目标达成一致，并开始处理项目任务。团队成员表现得很好，在避免任何冲突或分歧的同时，尽量彼此和睦相处。团队成员彼此独立地工作，专注于自己的角色或任务，而不了解其他人正在尝试做什么。团队的项目经理在组建阶段倾向于高度指导并告诉成员需要做什么。如果团队仍处于这一阶段，就不太可能表现良好，而且它将永远不会为问题制定突破性的解决方案，也不会有效地解决一系列相互冲突的优先事项和约束。

当团队意识到团队成员之间存在意见分歧并允许这些想法竞争以供考虑时，团队已经进入了风暴阶段。团队成员会提出这样的重要问题："我们真正应该解决什么问题？""我们怎么能一起工作？""我们将接受什么样的项目领导？"团队可能会争论和斗争，所以这对每个人来说都是一个不愉快的时刻。一个缺乏经验的项目经理不知道发生了什么，可能会放弃，感觉到团队永远不会有效地合作。项目经理和团队成员在探讨他

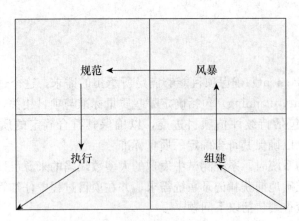

图 3-7 Tuckman 的组建-风暴-规范-执行模型

们之间的差异时必须彼此宽容，项目经理可能需要继续高度指导。

如果团队在风暴阶段幸存下来，则可能进入规范阶段。在这个阶段，每个团队成员都会放弃他们预想的判断和意见，那些认为有必要控制团队的成员放弃这种冲动。团队成员互相调整自己的行为，开始互相信任。团队可能决定制定一组团队规则或规范，以指导他们如何合作。团队合作实际上开始了。项目经理可以不那么直接，并且可以期望团队成员对决策承担更多责任。

有些队伍从规范阶段进入执行阶段。在这一点上，团队表现得很好。团队成员能力强，积极性高，对项目的各个方面都很了解。他们相互依赖，并开发出一个不需要项目经理的有效决策过程。预期会有不同意见，团队已经制定了一个有效的流程，以确保每个人的想法和意见都得到听取。工作做得快，质量高。过去似乎无法解决的问题现在有了"明显"的解决方案。团队的效率远远超过了每个成员的贡献之和。项目经理鼓励参与式决策，团队成员做出大部分决策。

无论团队处于哪个阶段，当面临要完成的工作的重大变化、项目领导层的变化或团队构成的重大变化时，通常都会回到模型中较不先进的阶段。在考虑项目变更时，项目经理和业务经理必须认识并考虑到这一重要动态。

人力资源管理的另一个关键方面是让项目团队和赞助业务部为项目的成功承担同等的责任。项目团队成员必须认识到，他们自己不可能使项目成功。他们必须确保业务经理和最终用户深入参与项目并发挥积极作用。项目团队必须积极专注于最终用户，为他们提供信息，做出明智的选择，并坚持让他们参与重大决策。业务部门必须继续参与项目、挑战建议、提出问题和权衡选项。不能简单地坐下来，"这个项目让他们做去吧"。关键用户需要被确定为项目团队的一部分，负责开发和审查可交付成果。实际上，有些组织要求项目经理来自赞助业务部。其他组织向信息技术相关项目分配联合项目经理，一个来自信息技术部门，另一个来自业务部门。

除了开发团队之外，每个项目都应该有一个由代表业务和信息技术部门的高级经理组成的**项目指导小组**（project steering team），为项目提供指导和支持。指导小组成员的数量应该受到限制（3～5 个），以简化决策过程，并减轻安排这些忙碌的高管的法定人数的努力。项目经理和开发团队的选定成员应根据需要与指导团队会面，通常在每个项目阶段结束时或每隔几个月。指导团队的三个关键成员包括**项目负责人**（project champion），他是一位受人尊敬的经理，对项目成功充满热情，并消除了项目成功的障碍；**项目发起人**（project sponsor）是受项目影响最大的业务部门的高级经理，并且确保项目确实能够满足其组织的需求；还要确保项目的适当的信息技术人员配备并确保项目使用批准的技术和供应商的信息技术经理。这些作用在图 3-8 中做了进一步的解释，并在表 3-4 中进行了概述。

许多项目还利用关键资源，这些资源不是分配给项目团队的，而是分配给提供有价值的输入和建议的人员的。**学科问题专家**（subject matter expert）是在项目的某个重要方面提供知识和专业知识的人。例如，会计系统项目在定义新系统的强制性控制特征时，可能会征求内部审计组成员的建议。**技术资源**（technical resource）本质上是对项目有价值的信息技术主题的学科问题专家。例如，会计系统项目可以向数据库管理系统专家（公司内部或外部）寻求建议，以最小化某些关键业务事务的处理时间。

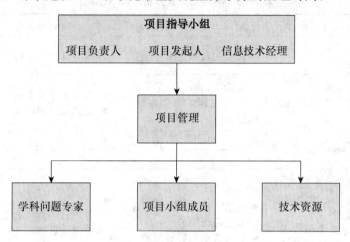

图 3-8　项目指导小组

表 3-4　项目指导小组职责

项目负责人	项目发起人	信息技术经理
备受尊敬的高级经理，对项目成功充满热情。	项目影响最大的事业部高级经理。	备受尊敬的信息技术经理。
确保项目目的和目标与组织目的和目标一致。	确保业务部门的期望和需求得到明确的传达和理解。	确保项目配备适当的信息技术人员。
说服其他高级管理人员了解该项目的优点，以获得他们对资金和员工的批准。	确保项目解决方案真正可行，并符合业务和最终用户的要求。	确保建议纳入项目的技术和供应商与信息技术战略一致。
作为项目的发言人和联系人以赢得其他人的支持。	努力克服抵抗变革的障碍，并准备使组织接纳新的系统和做事情的方式。	
确定并消除项目成功的障碍。	确定业务部门的工人，以全职或兼职方式分配给项目。	
解决项目经理无法控制的任何问题。		
向项目团队提供建议和咨询。		
随时了解重大项目活动和进展。		
对项目范围、预算和进度变更的所有请求进行最终批准。		
签署批准书，以进入每个后续项目阶段。		

通信管理

通信管理（communications management）包括及时有效地生成、收集、传播和存储项目信息，包括通信规划、信息分发、绩效报告和管理通信，以满足项目利益相关人员的需求。重点利益相关者包括项目指导团队、团队本身、最终用户以及可能受项目影响的其他人（潜在的客户或供应商）。

在制定沟通计划时，项目经理应认识到，不同的利益相关者在项目中有不同的信息需求。表 3-5 所示的利益相关者分析矩阵是识别和记录这些需求的一个有用工具，该矩阵确定了利益相关者的利益、他们的信息需求，以及管理与项目相关联的倡导者、发起人、项目团队成员和关键最终用户的沟通的重要事实，项目经理应在分析中将他或她的经理包括在内。根据对这些数据的分析，确定每个利益相关者的首选沟通形式和频率。

表 3-5 利益相关者分析矩阵（示例）

主要利益相关者	Ray Boaz	Klem Kiddlehopper	John Smith	叉车司机
组织	项目负责人、供应链副总裁	项目发起人和仓库经理	经验丰富的叉车司机	15 个不同的司机
有用的事实	● 很有说服力 ● 深得首席执行官的信任	● 冒险家，野心十足 ● 不管怎样，都会按计划推进	● 有五年开叉车的经验 ● 受到同行的尊重	缺少使项目成功的强烈动机
感兴趣的程度	高	高	中	低
影响程度	高	中	高	低
管理关系的建议	● 需要对其足够尊重，并且在相处方面要正式些 ● 用商业术语交流，永远不要使用技术；不要惊讶	● 这是一个糟糕的听众，经常会忘记细节 ● 把要说的内容写出来	● 必须让 John 对这个项目保持热情	● 不要忽略这些人 ● 参加临时换班会议
信息需求	● 投资回报率、预算和时间表	● 计划和潜在的运作之间的冲突	● 计划，尤其是培训时间安排 ● 安全和生产力问题	● 计划，尤其是培训时间安排 ● 安全问题
信息媒介、格式和时间	● 两周一次的面对面会议	● 每周电子邮件通信 ● 每两周面对面交流	● 新闻稿 ● 随遇而安	● 每周部门会议的简要更新

如果项目团队不能招募到项目负责人或发起人，问题可能是管理层没有清楚地看到项目的收益大于其成本，或者项目似乎与组织目标和战略背道而驰。没有负责人或发起人的潜在项目不太可能获得所需的资源，这是有充分理由的。没有负责人和发起人，任何项目都不能启动。

风险管理

根据墨菲定律的一个变种，一句流行的格言说："事情会出错，而且是在最糟糕的时候。"**项目风险**（project risk）是一个不确定的事件或条件，如果它发生，就会对项目目标有积极或消极的影响。已知风险是可以识别和分析的风险，例如，在创建一个新的信息技术相关系统（包括购置新的计算硬件和/或网络硬件）时，已知风险可能是硬件到达安装站点所需的时间比预期的时间长。如果硬件延迟几周，就可能会对项目完成日期产生负面影响。可以定义应对措施来完全避免某些已知风险，并且可以制定应急计划来解决不可避免的已知风险（如果发生）。当然，有些风险是无法预料的。

经验丰富的项目经理的一个特点是他们遵循一个经过深思熟虑和系统化的**风险管理**（risk management）过程来识别、分析和管理项目风险。在确定了潜在风险之后，他们制定了完全避免这些风险的计划。当不可避免的风险发生并成为一个问题时，项目团队已经定义了一个替代的行动方案，以尽量减少对项目的影响。他们不浪费时间执行备份计划。未知风险不能直接管理；但是，一个经验丰富的项目经理将在项目预算和进度计划中建立一些应急措施，以允许其发生。

虽然缺乏经验的项目经理意识到事情可能会出错，但他们无法识别和解决已知风险，也无法为未知风险建立应急措施。因此，当项目出现挫折时，他们通常不确定要做什么，至少是暂时不确定。在他们急于应对风险时，他们可能无法实施最佳的行动方案。

项目经理需要领导一项严格的工作来识别与项目相关的所有风险，项目团队、业务经理和最终用户应该参与这项工作。这些资源可以包括经验丰富的项目经理和组织风险管理部门的成员。如表 3-6 所示，在识别和定义每种风险后，组织应尝试根据风险发生的概率以及风险确实发生时对项目的影响对风险进行分类，概率和影响可分为高、中和低，如表 3-7 中的示例所示。

表 3-6　项目风险识别

风险	例子
R1	所需的新服务器延迟两周以上到达安装站点。
R2	业务压力使重要的最终用户无法在需要时开发用户验收测试。
R3	业务压力使最终用户无法在预定的培训时间内使用。
R4	一台或多台最终用户计算机的内存或 CPU 容量不足，无法有效地（或根本无法）运行新软件。
Rn	……

表 3-7　项目风险评估示例

		对项目的影响		
		低	中	高
风险发生的概率	高	R10		R2，R3
	中	R5，R6	Rn	R1
	低	R8，R11	R7，R9	R4

深灰色＝高风险/高影响；需要风险管理计划。
浅灰色＝中高风险和影响；推荐风险管理计划。
无阴影＝低或中风险和影响；不需要风险管理计划。

然后，项目团队需要考虑哪些风险需要通过某种风险管理计划来解决。通常，团队可以忽略发生概率低、潜在影响低的风险，具有高发生概率和高潜在影响的风险需要分配风险所有者。**风险所有者**（risk owner）负责制定风险管理策略并监控项目，以确定风险是否即将发生或已经发生。一种策略是采取措施完全避免风险，另一种策略是制定备份计划。风险管理计划如表 3-8 所示。

表 3-8　风险管理计划

风险	描述	风险所有者	风险策略	当前状态
R2	业务压力使重要的最终用户无法在截止日期前开发用户验收测试。	Jon Andersen，业务领域的最终用户经理。	为了避免这个问题，可以提前三周开始开发用户验收测试，仔细监控进度。	已经确定了重要用户并开始开发测试。
R3	业务压力使最终用户无法在预定的培训时间内使用。	Jon Andersen，业务领域的最终用户经理。	为了避免这个问题，在终端用户参加培训时，雇用和培训四名临时工人来填补他们的空缺。	需要的四个临时工人已经雇用了三个，他们定于下周开始参加培训。
R1	所需的新服务器延迟两周以上到达安装站点。	Alice Fields，负责硬件采购的团队成员。	与供应商确定一个固定的交货期限，设备每延迟一天，将罚款很多。	卖方已签署了带有罚款条款的合同，同意每周二和周五提供装运状态更新。

与一个项目相关的最大风险之一是，大量时间、能源和资源可能会被消耗，而价值却很低，无法作为回报。为了避免这种潜在风险，一个组织必须确保有一个强有力的理由来完成一个项目。项目必须与组织战略和目标有直接的联系，如图 3-9 所示，在这个例子中，假设一个组织因为客户不满意而失去了销售，需要设定改善客户服务的目标，目标是提高现有客户的保留率。该组织已将其关键战略之一定义为将客户服务提

高到世界一流水平，一个与这个策略相一致并且能够交付结果以实现这个目标的项目显然与组织的目标相一致。

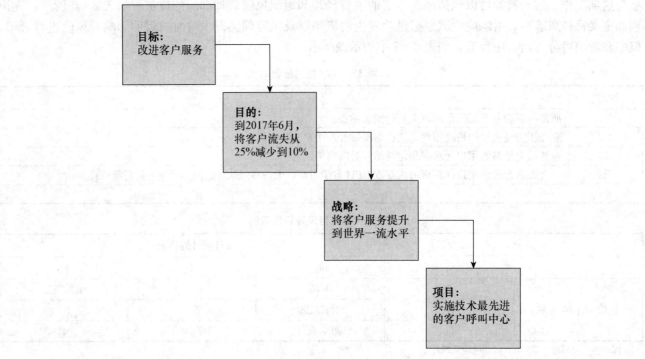

图 3-9 项目必须与组织目标和战略紧密相连

- 目标——改进客户服务。
- 目的——到 2017 年 6 月，通过在 90 秒内响应 95％的客户查询，将客户流失从每年 25％减少到的 10％，但对同一问题的复查不到 5％。
- 战略——将客户服务提升到世界一流水平。
- 项目——实施技术最先进的客户呼叫中心，提供"24/7"服务和训练有素的员工。

风险管理软件与项目调度软件集成，能够反映各种风险对项目进度计划和成本的潜在影响，比如 Intelex 的 Risk Management、Barbecana 的 Full Monte 和 Intaver Institute 的@Risk，利用这种软件可以对项目里程碑和预算做出更实际的估计。

采购管理

采购管理（procurement management）涉及从执行机构以外的来源为项目采购货物和/或服务。此活动分为以下过程：

- 计划采购和收购——这一过程决定了需要什么以及何时需要。
- 计划承包——这一过程记录产品和服务的要求，并确定潜在供应商。
- 要求卖方回复——这一过程从潜在供应商处获得投标书、信息、建议或报价。
- 选择卖方——在此过程中，需要审查报价，确定首选供应商，并开始谈判。
- 合同管理——这个过程需要管理合同的各个方面以及买方和供应商之间的关系。该过程包括跟踪和记录供应商的绩效、管理合同变更以及采取任何必要的纠正措施。
- 合同终止——这一过程完成并结算所有合同条款，包括解决任何未清项。

自制或购买决策是计划采购过程中的关键决策。**自制或购买决策**（make-or-buy decision）包括比较内部生产与外包给定产品或服务的利弊。除了成本外，在这个决定中要考虑的两个关键因素是：（1）"我们是否有足够数量的员工，具备在可接受的质量水平和要求的期限内交付产品或服务所需的技能和经验？"（2）"我们是否愿意投入管理时间、精力和资金，以确定、招聘、培训、发展和管理具有从事这类工作的技能的人员？"第 4 章我们将进一步讨论外包问题。

合同是一项具有法律约束力的协议，定义了买方与供应商关系的条款和条件，包括授权谁做什么、谁承担什么责任、成本和付款条件、违约时的补救措施以及修改合同的过程。合同分为三大类型：

- **固定价格合同**（fixed-price contract）——对于这种类型的合同，买方和供应商同意一个明确定义的产品或服务的总固定价格。例如，购买大量具有特定功能和特点的笔记本电脑通常涉及固定价格合同。

- **成本补偿合同**（cost-reimbursable contract）——此类合同要求向供应商支付一定金额，该金额包括供应商的实际成本加上额外金额或利润百分比。有三种常见的成本补偿合同。在成本加成费用或成本加成成本合同中，供应商将获得所有允许成本的补偿，并将成本的一部分作为费用来收取。在成本加成固定费用合同中，供应商将获得所有允许成本的补偿，并获得固定费用。在成本加成奖励费合同中，供应商将获得所有允许成本的补偿。此外，如果供应商达到规定的性能目标，则需支付预定费用。例如，供应商的硬件必须在特定日期之前接收、安装和运行，在此类合同中，买方承担着为工作支付更多费用的风险，但通过达到或超过其目标而获得回报。如果供应商不能提供服务，它们会面临利润降低的风险，但可以因其卓越的性能而获得奖励。

- **时间和材料合同**（time and material contract）——在这种类型的合同下，买方支付供应商完成合同所需的时间和材料。合同包括商定的各种材料的小时费率和单价。然而，每种材料的确切小时数和确切数量尚不清楚。因此，当合同被批准时，合同的真实价值没有定义。如果管理不仔细，时间和材料合同实际上可以激励供应商延长项目时间，以最大限度地提高它们的费用。

糟糕的采购管理可能导致严重的项目问题，甚至导致项目被彻底取消。

项目集成管理

项目集成管理可能是最重要的知识领域，因为它需要吸收其他八个项目管理知识领域。**项目集成管理**（project integration management）需要协调所有适当的人员、资源、计划和努力，以成功完成项目。项目集成管理包括七个项目管理过程：

1. 制定项目章程，正式确认项目的存在，概述项目目标及其实现方式，列出关键假设，并确定主要角色和责任。

2. 制作一份初步的项目范围声明，以确定并就要完成的工作达成共识。在项目的整个生命周期中，范围说明将变得更加完整和详细。

3. 制定项目管理计划，描述项目的总体范围、进度和预算，该计划协调所有后续项目规划工作，并用于项目的执行和控制。

4. 按照项目管理计划指导和管理项目执行。

5. 监督和控制项目工作以达到项目的绩效目标。这一过程需要定期根据项目任务衡量工作和支出，确认何时与计划或预算发生重大偏差，并采取纠正措施以便重新与计划保持一致。

6. 通过管理项目过程中可能影响其范围、进度和/或成本的变更，执行综合变更控制。

7. 通过获得利益相关者和客户对最终产品的接受情况，在确认已作出最终付款后终止所有预算和采购订单，并从项目中获取可能对未来项目有用的知识，从而成功地终止项目。

作为一家擅长项目集成管理的公司的例子，我们考察一下 Atos 公司。Atos 是一家国际信息技术服务公司，在超过 52 个国家拥有 76 300 名员工，2013 年的年收入为 86 亿欧元（110 亿美元）。该公司交付的信息技术系统使 2014 年索契冬季奥运会在俄罗斯顺利举行。Atos 主要负责奥运会的项目集成、咨询、系统集成、运营管理、信息安全和软件应用开发。通过以往奥运会的经验（自 2002 年盐湖城以来，Atos 一直是冬夏两届奥运会的全球信息技术合作伙伴），Atos 制定了有效的项目管理流程。该公司花了四年多时间对部署到 30 个不同场馆的大约 10 000 台设备进行配置、测试和重新测试。Atos 协调了数百个分包商的工作，以提供可靠的信息技术基础设施和信息技术服务，支持这一全球广受关注的体育赛事。索契冬季奥运会项目的有效协调使得定制软件、数千台工作站和笔记本电脑、数万部电话、数百台服务器以及多个操作中心和数据中心能够有效、高效地协同工作。[15]

表 3-9 中的管理者检查表为业务经理提供了一组操作建议，以提高其组织项目的成功率。每个问题的正确答案都为"是"。

表 3-9 管理者检查表

推荐操作	是	否
项目范围、成本、时间、质量和用户期望是否被视为高度相关的变量，换句话说，改变一个变量是否会影响另一个变量？		
内部交叉费用系统是否用于计算分配给项目的员工的成本？		
项目范围是否有明确的定义和管理？		
是否准备了详细的工作分解结构来定义项目进度计划和成本？		
项目的估计成本是否得到了合理的定义和控制？		
项目团队是否执行质量计划、质量保证和质量控制？		
是否强调定义用户需求？		
项目经理是否采取行动组建和维持有效的工作团队？		
项目团队和赞助组织是否对项目的成功承担同等责任？		
是否为该项目确定了项目负责人和项目发起人？		
是否为项目定义了所有关键利益相关者的沟通计划？		
项目经理是否遵循了经过深思熟虑和系统化的风险管理流程来识别、分析和管理项目风险？		
做这个项目有明显的很强的合理性吗？项目是否与组织战略和目标有直接联系？		
是否有管理项目采购的流程？		
是否定义了七个项目集成管理过程的责任？		
是否正在执行七个项目集成管理过程？		

重要术语

通信管理	项目评估和评审技术（PERT）	质量保证
核心竞争力	项目	质量控制
成本管理	项目负责人	质量管理
成本补偿合同	项目截止日期	质量计划
关键路径	项目集成管理	风险管理
固定价格合同	项目管理	风险所有者
组建-风暴-规范-执行模型	项目里程碑	范围管理
功能分解	项目风险	松弛时间

甘特图	项目进度计划	赞助业务部
人力资源管理	项目范围	学科问题专家
自制或购买决策	项目发起人	技术资源
前置任务	项目利益相关者	时间和材料合同
过程	项目指导小组	时间管理
采购管理	质量	工作分解结构（WBS）

本章摘要

- 大约 61% 的信息技术项目面临挑战或失败，大约 44% 的战略举措都失败了。
- 如今，许多组织已将项目管理视为其核心能力之一。
- 组织必须始终明确业务目标、目的、战略和项目之间的联系。
- 项目是为创造独特的产品、服务或结果而进行的临时性努力。
- 五个高度相关的参数——范围、成本、时间、质量和用户期望——定义了一个项目，如果更改了这些项目参数中的任何一个，则必须在一个或多个其他参数中进行相应的更改。
- 项目范围是指项目中包括哪些工作和不包括哪些工作的定义。
- 项目成本包括与项目建筑、运营、维护和支持相关的所有资本、费用和内部交叉费用。
- 项目的时间安排通常是一个关键的制约。
- 项目质量可以被定义为项目满足其用户需求的程度。
- 项目管理是将知识、技能和技术应用到项目活动中，以满足项目要求。项目经理必须尝试提供满足特定范围、成本、时间和质量目标的解决方案，同时管理项目利益相关者、参与项目的人员或受其结果影响的人员的期望。
- 根据项目管理机构的说法，项目经理必须协调九个专业领域，包括范围、时间、成本、质量、人力资源、通信、风险、采购和集成。
- 范围管理包括定义作为项目一部分的必须完成的工作，然后控制工作在商定的范围内。
- 功能分解是一种通过识别信息系统将影响的业务进程来定义信息系统范围的常用技术。
- 时间管理包括确定项目利益相关者可接受的可实现的完工日期，制定可行的项目进度计划，并确保项目的及时完工。
- 成本管理包括制定和管理项目预算。
- 质量管理确保项目能够满足所承担的需求。
- 人力资源管理是指最有效地利用参与项目的人员。
- 组建-风暴-规范-执行模型描述了团队是如何形成和发展的。
- 每个项目都应该有一个由代表业务和信息技术组织的高级经理组成的项目指导团队，为项目提供指导和支持。指导团队的三个关键成员是项目负责人、项目发起人和信息技术经理。
- 通信管理包括及时有效地生成、收集、传播和存储项目信息。
- 风险管理是一个试图识别、分析和管理项目风险的过程。经验丰富的项目经理遵循经过深思熟虑和系统化的风险管理流程，以避免风险或将其对项目的负面影响降至最低。
- 采购管理涉及从组织外部采购项目的货物和/或服务。
- 项目集成管理是项目管理的一个重要知识领域，涉及租赁、范围界定、规划、执行、监控和控制、变更控制和项目终止。

问题讨论

1. 在网上做调查，找出信息技术项目相对于所有类型的组织项目的成功率。哪一个成功率更高？你为什么这么认为？

2. 项目范围是什么意思？如何定义项目范围？

3. 项目负责人和项目发起人的角色如何区分？对一个项目的成功来说，二者之中一个会比另一个更重要吗？

4. 提出一个关于为什么组织不应在评估项目的经济可取性时包括内部交叉费用的论点，再提出一个他们为什么应该这样的论点。你在使用交叉费用方面的最终立场是什么？

5. 质量保证和质量控制有什么区别？

6. 描述理想的项目发起人为确保项目的成功应该采取的三个具体行动。

7. 项目时间管理和个人时间管理有区别吗？有人能"擅长"其中一个而不"擅长"另一个吗？解释你的回答。

8. 讨论你所属的高效（或无效）团队的团队动态。你能解释为什么团队使用组建-风暴-规范-执行模型能够表现得那么好（或那么差）吗？

9. 什么样的行为表明业务组织没有完全参与项目，而是希望项目团队使项目成功？这种态度有什么危险？

10. 在一个项目中，团队成员分布在全球，并且不能在一个地点进行实际的会面。确定在这个项目上执行项目集成管理的一些挑战。如何克服这些挑战？

11. 想象一下，你正在雇用一家公司来为你的公司完成大量但还未确定的项目工作，你喜欢哪种合同形式？为什么？

12. 如果有一个项目团队成员更喜欢在问题发生时对其作出反应，他或她认为风险管理是浪费时间，因为未来无法预测，你会如何应对？

需要采取的行动

1. 你正在与管理的项目的项目发起人通电话，他告诉你，他接受这个角色是不情愿的，现在，在这个为期八个月的项目开始的两个月里，作为项目发起人，他正在考虑退出，他看不到这个角色的必要性，并且他要忙于其他工作。你怎么回应？

2. 你和来自赞助组织的一小部分经理刚刚完成了对贵公司重要项目的范围、进度和成本的定义。你估计这个项目需要 12 个人，为期大约 10 个月，花费大约 250 万美元。你刚收到经理的一封电子邮件，坚持要将项目进度缩短三个月，因为高级管理层对该项目的改进失去了耐心。他承诺在下个月内"开放"四个额外的资源分配给你的项目。你怎么回应？

3. 当你的项目团队"回绝"你的请求，该请求要求他们安排一整天的场外工作，与你一起制定风险管理计划时，你对此感到很惊讶。他们说他们太忙了，根本没时间参加这项活动。此外，他们还认为，如果发生了不可预见的事情，你有责任对此作出反应。你对你的团队如何回应？

基于 Web 的案例

重新审视英国广播公司（BBC）数字媒体计划

英国国家审计署（NAO）审查公共支出时，报告了英国广播公司（BBC）数字媒体计划项目的备忘录中的几个关键发现。首先，内部团队受到了严峻的挑战，即项目开始工作时已经落后于计划 18 个月。其次，技术团队在整个项目中发布了不符合最终用户期望的版本，并削弱了对项目的信心。再次，英国广播公司更注重技术发展，而不是鼓励全组织范围内采用新的变化了的工作流程。最后，NAO 总结道，数字媒体计划缺乏对项目规模、风险和复杂性的治理安排。

在线研究以确定数字资产管理软件的能力。什么是最高评级的数字资产管理软件产品？谁在使用这个软件？

考虑到 NAO 的调查结果以及你对现有现成产品的调查发现，英国广播公司采用这些现有产品的集合会不会更明智？为了获得业务部门的合作，将这些产品集合纳入其工作进程，需要采取哪些行动？

案例研究

Webcor：建筑行业的砖混业务收购

Webcor 建筑公司成立于 1971 年，是加利福尼亚州最大的建筑公司之一，也是美国最大的绿色建筑公司之一。Webcor 致力于创新实践，因其屡获殊荣的建筑、历史修复和地震修复工作而备受关注。随着 WebCor 从多户住宅扩展到商务办公室、室内、零售、公共工程、停车场以及教育和医疗设施等，该公司首先在旧金山开设了办事处，然后在圣迭戈、洛杉矶和阿拉米达开设了办事处。该公司与日本大型建筑公司大林组株式会社的合并使该公司在檀香山设立了一个新的办事处，以接触环太平洋地区的客户。

随着建筑材料和方法的创新，Webcor 在一个通常考虑、接受和采用信息技术进步比较缓慢的行业中利用了尖端的信息技术。早在 1984 年，Webcor 就将 Apple 桌面集成到其工作进程中。2011 年，Webcor 在其公共部门建筑项目中对虚拟设计和建筑做出了重大承诺，采用 Vico 软件的 5D 虚拟构建应用程序，Webcor 可以估算成本、计划项目和提高项目管理效率。有了这个软件，Webcor 可以带领客户通过一系列虚拟场景，让他们从一开始就做出重要的设计决策。Webcor 虚拟建筑主管 Frank Haase 解释说："我们收集了过去项目和分包商的真实数据的知识库，这些知识库与集成 5D 方法相结合，为我们提供了前所未有的所有项目的规划和管理能力。从这种方法中获得的精确信息，无论在施工前规划中还是在正在进行的施工作业中，都有助于我们尽早解决问题，并迅速做出基于事实的决策。"使用该软件，Webcor 还可以预测整个建筑设计和施工过程中发生的变更的时间安排和成本影响。

许多观察家问的一个大问题是，"Webcor 的建设者是如何说服其员工采用新技术的？"考虑到最终用户的潜在阻力，采用该系统的决定涉及相当高的风险，正如 Webcor 首席信息官 Vince Sarrubi 解释的挑战复杂性，"蓝领企业倾向于专注于完成任务、满足最后期限，以及尽其所能减少时间损失。新技术意味着物理工作实践的改变，这可能意味着错过了最后期限。这些工人生活在物质世界，多年来一直在手动练习他们的技艺。有一种心态是'埋头工作，埋头苦干，把工作做好''如果没有坏掉，就不要修它'。"

那么，Webcor 是如何取得成功的呢？首先，Sarrubi 并不是唯一一个领导公司内部创新信息技术应用的人。Webcor 将创新作为其优势之一，其最高管理层一直坚定地致力于技术创新。公司首席执行官 Andy Ball 是虚拟建筑项目的带头人，他坚持说："改变从来都不是一件容易的事，它会给人带来情感上的损失，也会给人带来经济上的损失。最初，它降低了生产率，以便在生产率上有显著的提高。所以，所有这些事情都是在对抗变革，但是如果你不接受变革，又不向前推进，你就只会向后退，因为它每天都在发生。"Webcor 的管理层了解创新的风险和优势，并对其进行充分投资。

在高层管理团队的坚定支持下，Sarrubi 采用了两种策略来说服他的蓝领员工采用技术创新。首先，Sarrubi 寻找并雇用他称之为技术"啦啦队"的年轻大学毕业生，他们更具合作精神，并且他们很早就将技术作为一种在更短的时间内产生更高质量工作的手段。Sarrubi 透露："一旦年长的工人看到一个'绿角'——一个使用技术来管理工作的新建筑工人，年长的高级主管就开始看到技术的好处，开始跳上马车。"这一策略成功地说服了老员工采用 Box，这是一个基于云的存储平台，用于存储公司的架构图和财务文档。云技术促进了 Webcor 及其分包商的低成本协作和电子文档管理。只需支付少量费用，工人就可以使用 Box 应用程序和 iPad 访问图纸和三维模型、报告问题、提交检查，并将问题或更改通知所有利益相关者。

Sarrubi 回忆了 Webcor 是如何采用 Box 技术的："我们的企业采用 Box 是从一个工作站点的试用中发展出来的，开始个别采用、大面积使用、智能化采用……突然之间，从一个小组测试项目开始，在几周内就发展成了有近一百个 Box 用户。根本原因就是公司内口口相传的员工口碑。"

除了啦啦队的方法外，Sarrubi 还确保使用新技术"和使用亚马逊一样容易"。成本、可扩展性和投资回报率是公司做决策时考虑的重要因素，但最终用户偏好也是决定公司采用哪种技术的关键因素。当在不同的技术解决方案之间作出决定时，Sarrubi 告诉 Webcor 的高层管理人员"穿上用户的靴子走一英里"，他认为这将导致最佳的信息技术选择。

问题讨论

1. Webcor 如何利用技术支持施工领域的项目管理？

2. 列出信息技术经理可以从 Webcor 建筑那里学到的关于成功采用新技术的主要经验。

3. Webcor 购买了一个名为 PlanGrid 的应用程序在 iPad 上标记建筑蓝图，PlanGrid 可以在工人离线时使用，稍后与 Box 平台上的文件同步。Webcor 经常采用这种方法购买应用程序，然后构建应用程序编程接口（API），将这些程序连接到其主要的企业系统。这个信息技术开发过程的优点和缺点是什么？

4. 如何开发整个信息技术系统本身，而不是采用已经开发的解决方案并使用 API 集成它们，从而改变 Webcor 鼓励信息技术采用的能力？

5. 企业在自己开发定制信息技术系统时面临哪些障碍？在什么情况下这样做是合理的？

资料来源：Webcor Builders, www.webcor.com, accessed October 5, 2014; "Webcor Builders Standardizes on Vico Office for Virtual Construction," Vico Software, June 9, 2011, www.vicosoftware.com/0/webcor-builders-standardizes-on-vico-office-for-virtual-construction/tabid/250240/Default.aspx; Florentine, Sharon, "Construction Company CIO Builds a Better Business with the Cloud," *CIO*, August 1, 2014, www.cio.com/article/2459507/leadership-management/construction-company-cio-builds-a-better-business-with-the-cloud.html; "Webcore Builders Named as 2014 Contractor of the Year," Market Watch—PR Newswire, August 6, 2014, www.marketwatch.com/story/webcor-builders-named-as-2014-contractor-of-the-year-2014-08-06; Geron, Tomio, "Webcor Moves Construction Industry to the Cloud," *Forbes*, August 21, 2013, www.forbes.com/sites/tomiogeron/2013/08/21/webcor-moves-construction-industry-to-the-cloud/; Green, Laura, "Andy Ball Leads Webcor Builders into a New Age of Construction," *Smart Business*, September 1, 2011, www.sbnonline.com/article/andy-ball-leads-webcor-builders-into-a-new-age-of-construction/.

注　释

开篇案例资料来源：

Rushton, Katherine, "BBC Ditches Siemens from £80m DMI Scheme," *BBC*, December 10, 2009, www. broadcastnow. co. uk/news/broadcasters/bbc-ditches-siemens-from-80m-dmi-scheme/5008953. article; Glick, Bryan, "The BBC DMI Project—What Went Wrong?" ComputerWeekly. com, February 5, 2014, www. computerweekly. com/news/2240213773/The-BBC-DMI-project-what-went-wrong; Glick, Bryan, "Lack of Business and IT Engagement Led to BBC DMI Failure, Say MPs," ComputerWeekly. com, April 10, 2014, www. computerweekly. com/news/2240217918/Lack-of-business-and-IT-engagement-led-to-BBC-DMI-project-being-a-complete-failure-say-MPs; "Digital Media Initiative, Memorandum prepared by the Comptroller and Auditor General presented to the BBC Trust, National Audit Office, British Broadcasting Corporation—Digital Media Initiative," January 2014, www. nao. org. uk/wp-content/uploads/2015/01/BBC-Digital-Media-Initiative. pdf.

[1] "CHAOS Manifesto 2013: Think Big, Act Small," The Standish Group, www. versionone. com/assets/img/files/CHAOSManifesto2013. pdf, accessed June 11, 2014.

[2] "PMI's Pulse of the Profession," Project Management Institute, www. pmi. org/Learning/Pulse. aspx, accessed September 20, 2014.

[3] Hamel, Gary and Prahalad, C. K. , "The Core Competence of the Corporation," *Harvard Business Review*, Volume 68, no. 3, pages 79-93, May-June 1990.

[4] Krigsman, Michael, "California Abandons $2 Billion Court Management System," Zdnet, April 2, 2012, www. zdnet. com/blog/projectfailures/california-abandons-2-billion-court-management-system/15363.

[5] Brino, Anthony, "CGI to Build Vermont's HIX," *Government Health IT*, December 20, 2012, www. govhealthit. com/news/vermont-sign-hix-it-contract-cgi.

[6] Stein, Andrew, "Builder of State's Health Care Exchange Misses Key Deadlines," vtdigger. org, September 27, 2013, http://vtdigger. org/2013/09/27/builder-states-health-care-exchange-misses-key-deadliness/.

[7] Goswami, Neal, "State, CGI Sign Amended Contract with New Timetable and Penalties," Vermont Press Bureau, April 3, 2014, www. vermontpressbureau. com/state-cgi-sign-amended-contract-with-new-timeline-and-penalties/.

[8] True, Morgan, "CGI Misses Vermont Health Connect Deadline Again," *VermontBiz*, May 21, 2014, www. vermontbiz. com/news/may/cgi-misses-vermont-health-connect-deadline-again.

[9] Remsen, Nancy, "Health Site Contractor Misses Deadline, Again," Burlington Free Press, June 10, 2014, www. burlingtonfreepress. com/story/news/local/2014/06/06/health-site-contractor-misses-deadline/10090537/.

[10] Parker, Bruce, "Vermont Fires Creator of Its 'Unacceptable,' Glitchy ObamaCare Site," Fox News, August 5, 2014, www. foxnews. com/politics/2014/08/05/vermont-fires-creator-its-unacceptable-glitchy-obamacare-site/.

[11] Browning, Lynnley, "Thanks for Nothing: Obamacare Website Bunglers Fired," *Newsweek*, August 6, 2014, www. newsweek. com/thanks-nothing-obamacare-website-bunglers-fired-263205.

[12] Fitzpatrick, Alex, "Apple Has an iPhone Headache, but It Won't Last Long," *Time*, September 24, 2014, http://time. com/3426561/apple-iphone-6-plus-ios-8-problems/.

[13] Brown, James, "6 Things to Remember When Projects Spiral Out of Control," SAP Community Network, September 27, 2013, http://scn. sap. com/community/it-management/blog/2013/09/27/6-things-to-remember-when-projects-spiral-out-of-control.

[14] Tuckman, Bruce, "Developmental Sequence in Small Groups," *Psychological Bulletin*, Volume

63，pages 384-389，1965.

[15] "Lead Integrator Atos Successfully Completes Delivery of World's Biggest IT Sports Contract for Sochi 2014 Games," Atos, February 24，2014，http://webcache. googleusercontent. com/search?q=cache：lcukDP1ZdWYJ：http://atos. net/en-us/home/we-are/news/press-release/2014/pr-2014_02_24_02. html.

第 4 章

业务流程和信息技术外包

外包的价值

> "你不能用昨天的方法做今天的工作，明天就开始工作。"

——乔治·W. 布什，美国前总统

Salesforce.com 及其基于云的成功做法

关于云这个想法已经酝酿了很长时间。自 20 世纪 50 年代和 60 年代以来，有远见的人提出了一个单一的全球网络，人们可以通过这个网络访问程序和数据，这个想法现在被称为云计算。（对于云计算，服务提供商组织拥有和管理基础设施，云用户被称为租户，通过互联网访问共享硬件资源的部分。）然而，尽管互联网在 20 世纪 90 年代已经成为一股革命力量，但是直到 1999 年全世界也只有一小部分人口——只有 4% ——可以上网。尽管如此，同年，一家名为 Salesforce.com 的创新信息技术公司推出了第一个基于云的服务。顾名思义，该公司提供了客户关系管理（CRM）系统，旨在帮助公司管理客户遇到的所有方面，包括营销、销售、分销、会计和客户服务。Salesforce 的新功能是允许公司通过互联网访问其产品和服务。到 2004 年，Salesforce 上市时，公司拥有 13 900 名客户，有 227 000 名用户访问了其在美国、欧洲、日本和澳大利亚的 CRM 服务。

最终，大多数大型信息技术公司开始提供各种基于云的服务。2006 年，亚马逊推出了提供存储和计算服务的亚马逊网络服务，后来推出了弹性计算云（EC2），允许个人和小公司租用运行自己应用程序的服务器。2006 年，谷歌推出了谷歌应用程序，其中包括基于浏览器的应用程序，如日历、共享文档和存储数据的共享驱动器。不久之后，微软也跟风了。令人惊讶的是，这些信息技术巨头并没有将 Salesforce 打垮，部分原因是 Salesforce 专门提供软件即服务（SaaS），这是一种软件交付方法，为用户提供远程访问软件的 Web 服务。而三大巨头（亚马逊、谷歌和微软）最初提供的是基础设施即服务（Iaas），通过网络向客户提供服务器、存储设备和网络组件。

Salesforce 仍然专注于使其 SaaS CRM 产品成为市场上最好的产品。通过收购其他公司，该公司能够利用新兴技术（如基于 Web 的会议、在线协作工具和移动技术）进一步增强其 CRM 产品的功能。2008 年，

Salesforce 推出了 Force.com，这是一个平台即服务（PaaS），使客户能够构建自己的 CRM 应用程序。随着推特和脸谱网的普及，Salesforce 收购了自己的面向销售的社交网络，并在 2012 年收购了一个完整的社交营销平台。2013 年的收购使 Salesforce 能够增强其业务数据分析和自动化能力。然后，Salesforce 以 3.9 亿美元收购了 RelateIQ，这使得公司有能力处理所谓的"大数据"——庞大而复杂的数据。这些创新促使《福布斯》杂志在 2014 年将 Salesforce 命名为"世界上最具创新性的公司"。

1999 年，Salesforce 发出了"终结软件"的口号，建议企业在不久之后都通过 SaaS 云平台来满足其软件需求。事实上，到 2014 年，SaaS 产品占 CRM 市场的 41%，Salesforce 是全球 CRM 市场的领导者，占 30.3%，其次是微软，占比 22.8%，IBM 占比 22%。尽管 Salesforce 对终结软件的愿景可能还没有完全实现，但企业越来越多地将其非必要的信息技术业务功能外包给基于云的企业，Salesforce 为这场信息技术管理革命铺平了道路。

学习目标

阅读本章时，请自问：
- 管理者如何确定哪些业务流程适合外包？
- 如何确保外包项目的成功？

为什么管理者必须了解外包

外包是一种常用的管理策略，可以用于降低成本、提高组织关注度和提升能力。许多外包合同都是高知名度、多年期、数百万美元的交易，需要组织的董事会批准。遗憾的是，外包项目经常遇到一系列挑战，包括质量问题、法律问题、对客户关系的负面影响以及数据和安全泄漏。这些并发症的后果可能非常严重，以至于许多外包工作最终被认为是失败的。因此，风险非常高，可能出现重大业务挫折。

如果预先警告领导这项工作的业务经理潜在的问题，那么外包项目成功的可能性会大大增加。这些经理必须能够选择适合外包的项目和活动，并避免那些不适合外包的项目和活动，他们还必须遵循有效的外包流程，以将风险降至最低并确保成功。

在某些情况下，未能将最佳实践应用于外包业务的组织的绩效显著下降，从而使其外包业务的未来价值面临风险。

什么是外包和离岸外包

外包（outsourcing）是一种安排，其中一家公司与另一家组织签订合同，向其提供公司员工可以提供的服务。当工作人员位于另一个国家时，这种安排被称为**离岸外包**（offshore outsourcing）。无论是哪种方式，外包业务职能或流程的控制责任都由服务承包公司和外包服务提供商共同承担。外包可以覆盖大项目和小项目。一家公司可能会将一个巨大的、数百万美元的项目外包出去，或者一个承包商可能会被雇用来承担产假工人的责任。在某些情况下，公司的整个信息技术运营（包括规划、业务分析，以及网络和工作站的安装、管理和服务）外包给一家公司。

1989 年，柯达以 10 年 2.5 亿美元的价格将其数据中心业务外包给了 IBM。虽然柯达的这份信息技术合同肯定不是第一笔外包交易，但这项合同的规模和广度足以引起全世界的关注。[1] 很快，许多拥有大型和经验丰富的信息技术组织的大型公司，如杜邦、摩根大通和施乐，都开始采用外包。

如今，外包的形式多种多样，绝不局限于信息技术外包（ITO）。也不是只有大公司才使用外包，很多中小型组织已经转向外包以满足它们的需求。许多组织与服务提供商签订合同，以处理完整的业务流程，如会计和财务、客户服务、人力资源，甚至是研究和开发，这被称为业务流程外包（BPO）。它们还外包业务流程中的某些部分，如福利管理、索赔处理、客户呼叫中心服务和工资单处理，合同通常包括支持 BPO 的信息技术部分。

外包可以涉及将当前操作中使用的硬件、软件、设施和设备销售给外包服务供应商，然后，外包供应商使用这些资产将服务交付给客户。根据所涉及资产的价值，此次出售可能导致服务提供商向客户支付大量现金。通常，在内部执行工作的员工会被调职，成为服务提供商的员工。例如，西班牙的 Banco Popular 最近与 IBM 签订了一份为期 10 年的外包合同，以管理该银行的信息技术基础设施。作为合同的一部分，41 名 Banco Popular 的员工成为 IBM 的员工。[2]

更高级的外包阶段包括评估组织业务活动的各个方面，通过利用资源并在全球任何地方提供功能，以利用外包商的最佳实践、业务联系、能力、经验、知识产权、全球基础设施或地理位置。能够提供这些服务的外包公司被称为**全球服务提供商**（global service provider，GSP），它比单纯提供低成本员工扩充服务的外包公司更能满足更高层次的需求。GSP 提供高价值服务，例如执行某些**核心业务流程**（core business process），并在世界各地创造新的收入机会。核心业务流程提供了宝贵的客户利益，很难被竞争对手模仿，并且可以在许多产品和市场上广泛利用。有效地操作这些流程需要组织工作人员的独特知识和技能。核心流程通常对组织的客户有直接影响，是主要的成本驱动因素，或者是提供服务的必要因素。[3] 例如，本田的核心业务流程是发动机的设计。本田能够利用这一过程来开发各种高质量的产品，包括 ATV、汽车、割草机、船用发动机、摩托车、个人船艇、踏板车、吹雪机和卡车。

外包在拉丁美洲最为常见，有 51％的组织采用这种策略；北美占 43％，亚太占 42％，欧洲占 36％。[4] 信息技术、法律、房地产和设施管理是三个最常见的外包功能。表 4-1 按业务职能确定了最常见的外包任务，并提供了外包这些类型的任务的被调查组织的百分比信息。[5]

表 4-1 最常见的外包任务

业务职能	此业务职能部门执行的被调查组织外包任务的百分比	常见的外包任务
信息技术	53％	软件开发
法律		电子发现（收集、准备、审查和制作用于刑事和民事诉讼的电子存储信息）
房地产和设施管理	25％	资产和租赁管理服务
财务和会计	16％	计费和税务服务
人力资源		管理、报告和工资单

外包公司已经有几百家，表 4-2 列出了 2014 年四大类顶级外包供应商，由专门收集、发布和分发客户满意度调查信息的数据研究公司外包黑皮书（Black Book of Outsourcing）编制。[6]

表 4-2 Brown Wilson 的顶级外包公司

排名	跨行业业务流程外包	全服务事务处理	购买和采购供应商	供应链管理与物流
1	埃森哲咨询公司（Accenture）	剑桥解决方案有限公司（Cambridge Solutions Limited）	Prosero	NAL 全球（NAL Worldwide）
2	IBM 全球（IBM Global）	简柏特（Genpact）	凯塔拉（Ketera）	UPS 供应链

续表

排名	跨行业业务流程外包	全服务事务处理	购买和采购供应商	供应链管理与物流
3	凯捷咨询公司（Capgemini）	Caliber Point-Hexaware	Corbus	IBM 全球（IBM Global）
4	EDS	Mphasis 业务流程外包	埃森哲咨询公司	BAX 全球（BAX Global）
5	美国优利系统公司（Unisys）	威普罗公司（Wipro）	DSSI	德勤（Deloitte）
6	佩罗系统公司（Perot Systems）	佩罗系统公司	IBM 全球	TradeBeam
7	法国源讯公司（Atos Origin）	塔塔（Tata）咨询服务公司	康奈尔外包（Connell sourcing）	威普罗公司
8	惠普	HCL	ePlus	IntegraCore
9	ACS	埃森哲咨询公司	ICG 全球（ICG Global）	PFSweb
10			Ariba	LTD 管理

为什么组织要外包？

组织决定外包有很多原因，最常被提及的原因是可以降低成本，提高公司对核心运营的关注度，提升公司的功能和服务，加快上市时间。

降低成本

外包服务提供商通常具有较低的成本结构，这是由于规模经济、专业化或专业知识，这意味着它们可以以比客户低得多的成本执行工作。此外，在发展中国家开展业务的基本成本——员工医疗、退休和失业、税收、环境和法规遵从性——远低于发达国家。这样的成本优势使规模有利于离岸外包。因此，不外包的组织可能会有更高的招聘、培训、研究、开发、营销和部署费用。这些成本必须以更高的价格传递给客户，使公司处于竞争成本劣势。

软件解决方案公司 Born to Sell 的创始人 Mike Scanlin 是一位利用离岸外包来降低成本的企业家。Scanlin 从罗马尼亚和俄罗斯聘请经验丰富、拥有计算机科学硕士学位的软件开发人员，与美国程序员每小时 150 美元的现行费率相比，该费率仅为每小时 15 美元。然而，由于语言障碍，采用这种策略的公司在传达其需求时可能会遇到困难。在 Born to Sell，沟通挑战导致一个项目比预期的完成时间长六个月。[7]

提高注意力

外包的另一个合理性是可以使组织能够专注于其最重要的优先事项。将公司关键资源的时间和精力转移到不需要公司、公司产品、公司服务和客户的独特技能或深刻了解的日常工作上，效率极低。外包"释放"了大量资源和管理工作，这些资源和管理工作可以重定向到公司内其他更具战略意义的问题上。

我们举一个例子来说明一家公司转向外包能够使其专注于核心业务，考虑 Agencyport 公司，这是一家规模小但发展迅速的软件公司，一些财产和意外伤害保险公司使用该公司开发的软件，它们的销售代理、供应商和技术合作伙伴可以在此软件中进行互动。该软件公司的快速发展使得它很难跟上必要的会计和簿记。它将这些活动外包给 Analytix Solutions，使其能够继续专注于构建其核心产品。[8]

升级功能和服务

通常，外包服务供应商可以比其客户更好地执行业务流程。外包供应商可能效率很高，拥有世界一流的能力，能够获得新的技术、方法和专业知识，而这些对于其客户获取和维护来说是不划算的。因此，外包一项功能可以提供相当大的功能和服务升级。

例如，物流服务提供商开发了一系列广泛的服务，使其客户能够通过缩短交付时间和提供管道中任何点的交付状态来提高运营有效性和效率、减少库存和增加客户服务。供应商通常可以以较低的成本提供所有这些服务，因此，许多组织将其物流业务外包给第三方物流供应商，以管理复杂的全球供应链。

汽车产品制造商奔德士（Bendix）拥有 2 200 多名员工，隶属于 Knorr-Bremse 集团。[9] 该公司将一系列物流服务外包给 Ryder，以使其运输和分销活动现代化，将国内外货运结合起来，增加交叉对接能力，改进包装。这些变化使其整个供应链成本在三年内减少了 1 200 万美元。[10]

加快上市时间

在当今竞争激烈的全球市场中，在推出新产品或新服务方面的任何延迟都会对客户满意度、品牌形象和现金流产生负面影响。引进新产品或新服务通常需要高水平的专业知识和/或组织中尚未出现的重要基础设施。在这种情况下，外包可以加速和顺利启动新产品或新服务的开发。

英国电信（BT）集团是一家电信公司，总部位于英国伦敦。该公司的一项关键业务战略是将令人兴奋的新服务引入电视市场。为此，该公司积极推出英国电信体育频道（BT Sport sports channel），播放巴克莱超级联赛（Soccer）、英杰华英超橄榄球联赛（Aviva Premiersship Rugby）、WTA（女子网球）和 MotoGP（摩托车锦标赛）等赛事，并提供更多信息和新闻。BT Sports 通过 BT 电视和网络向 BT 的宽带和 Virgin Media XL 客户提供免费服务。它也可以通过 Sky（一种数字卫星电视服务）订阅。仅因为英国电信集团将大部分技术工作外包给了埃森哲，埃森哲管理和交付了数字视频服务，所以能够在紧凑的时间内交付这种复杂、多平台、实时流媒体和视频点播数字服务。[11]

与外包相关的问题

虽然企业可以从外包中获得许多潜在的好处，但这些好处并非没有潜在的担忧和问题，任何考虑外包的组织都必须意识到这些问题并为它们制定解决方案。

与外包相关，存在五个重要的风险领域，这包括降低员工士气、质量问题、承担法律责任、对业务合作伙伴和客户关系以及满意度的负面影响，还有潜在的数据和安全漏洞。[12]

员工士气

外包的使用一直是有争议的，因为最终的结果是，一些人失业，而另一些人获得工作，往往工资更低。例如，IBM 在海外外包了如此多的工作，以至于现在在印度雇用了更多员工。在印度，IBM 的员工平均年收入为 17 000 美元，而在美国，一名高级信息技术专家年收入为 100 000 美元。

管理者必须权衡使用外包公司与投入时间和金钱来留住和发展自己的员工。在通常情况下，开始外包的公司也会裁员，这也是它们裁员的一部分。例如，德克斯媒体（DEX Media）的产品包括黄页打印目录和在线广告网络，它将大部分信息技术工作外包给 HCL Technologies，以加快新数字产品的开发，同时降低运营成本。由于这笔交易，德克斯媒体信息技术员工中约有 30％被迫失去工作。[13] 此类裁员通常会影响剩余的员工的士气，这些员工可能会变得更艰苦，并且收入减少。

质量问题

外包业务流程的一部分或全部会带来严重的风险，服务提供商会造成质量问题。例如，波音公司曾经做出了一个战略决策，对 787 "梦想客机" 的开发进行了外包，目标是将成本降低 40 亿美元，并将开发时间缩短两年。然而，开发工作逐渐超出了预算控制数十亿美元，比计划落后了三年。外包的复杂因素导致了严重的质量挑战，包括飞机锂离子电池的问题，导致飞机在交货一年多后在全球范围内停飞。[14]

法律问题

外包安排的细节记录在正式合同中，合同描述了客户和外包公司之间的责任划分，提供什么服务，必须满足什么服务水平，以及如何解决两家公司之间的问题。许多外包合同是一个历时多年、耗费数百万美元的交易，这需要董事会批准。外包合同的期限通常超过五年，因此合同的有效期可以远远超过制定合同的高管的管理期。

正如预期的那样，过早终止外包协议可能会产生昂贵的法律费用。因此，每个外包协议都包含一个终止条款，该条款定义了任何一方退出外包关系的条件。常见的终止原因包括：为方便而终止、因未能达到服务和绩效水平而终止、因重大违约而终止以及因金融危机而终止。**为方便而终止合同**（termination for convenience）使一方有权在任何时候单方面终止合同，不论是否有理由。另一方一般有权就所发生的费用和损失进行协商解决。**重大违约**（material breach of contract）是指未能履行合同，破坏了合同的核心内容，使合同的履行变得几乎不可能，并首先破坏了订立合同的目的。如果发生重大违约，另一方可以简单地终止协议，并向法院寻求因违约而造成的损害赔偿。[15]

卡尔森（Carlson）是酒店业和旅游业的主要参与者，它与IBM签订了一份为期10年、价值6.46亿美元的外包合同，以整合其多个运营业务部门的后台功能，包括Radisson and Country Inns & Suites hotel operations、TGI Fridays restaurants、Carlson Wagonlit Travel和Carlson Marketing。根据当时的首席财务官Trudy Rautio的说法，合并的目标是拥有一家"能够专注于全球增长的公司，以及一家能够专注于客户关系的公司，其中许多关系在企业中很常见"。然而，在2005年签署合同后不久，经济大衰退爆发，卡尔森开始出现财务问题，包括2007年5 300万美元净经营亏损。卡尔森不再需要IBM的外包合同，并在五年后终止了合同，声称IBM的表现有问题。此案的法官发现，尽管在合同执行过程中出现了问题，但卡尔森试图"将IBM的表现描绘成一场无法弥补的灾难的企图并没有得到证实。"法官裁定卡尔森不公正地终止了合同，并判其赔偿给IBM 1 420万美元。[16]

你会怎么做？

> 你是一个团队的一员，该团队正在为你的公司评估和选择外包服务供应商。在与一个潜在供应商的经理进行初步交谈的过程中，她说每个人都签署了公司的标准合同，此时不需要分享合同细节。你怎么回答？

对客户关系和满意度的负面影响

外包可以大大减少公司与其客户之间的直接沟通，这会阻止公司与其客户建立稳固的关系，并经常导致一方或双方不满。例如，由于客户投诉异常多，戴尔决定停止将美国的笔记本电脑技术支持电话接驳到印度班加罗尔的呼叫中心。戴尔客户抱怨在与技术支持人员交谈时存在语言障碍，并且联系高级技术人员时总是非常迟缓。客户满意度的下降非常明显，这可以通过消费者报告和技术业务研究来衡量和报告。[17]

数据安全和完整性问题

另一个关键的外包问题是维护数据安全性和完整性以防止数据安全失效。事实上，计算机安全公司Trustwave的一项研究发现，在被调查的450个数据泄露中，近三分之二的数据泄露是由一家负责信息技术系统支持、开发或维护的外包公司造成的，这些安全漏洞很容易被黑客利用。[18] Ponemon研究所的另一项研究发现，将工作外包给供应商的公司中有65%发生了涉及消费者数据的数据泄露。[19]

Supervalu是客户支付卡数据泄露的受害者，该数据泄露发生在2014年的四周时间内。其他与Supervalu签订信息技术服务合同的连锁超市也受到了影响，包括Albertsons、Acme、Jewel-Osco、Shaw's和Star Market。[20]

你会怎么做？

> 在与潜在外包服务提供商讨论的过程中，一位发言人透露，她的公司去年发生了重大安全漏洞。然而，她接着解释说，公司从这次事件中吸取了很多教训，因此实施了许多变革。在接下来的10分钟里她总结了这些变化。稍后，当你和你的评估团队中的其他人单独在一起时，一个团队成员表示，允许重大安全漏洞会使供应商丧失进一步考虑的资格。你怎么回应？

与离岸外包相关的特殊问题

考虑订立离岸外包协议的公司应意识到，必须考虑外包和离岸外包之间的主要差异。最明显的问题是，当你的外包合作伙伴可能不会讲你的语言,并且受到不同文化价值观和行业标准的指导时,如何控制和管理正在执行的工作。这一问题只因彼此距离数千英里且跨越多个时区以及面对面开会的极端困难而被加剧了。由于沟通问题和误会的机会增加,这种分离可能会造成生产力的损失。

与离岸外包相关的其他问题包括:

- 管辖权——哪个国家对争端具有管辖权,哪个国家的实体法(创造、定义和规范权利的法律部分,包括合同法)将适用于争端?管辖权问题往往很难解决,因为各方都希望适用自己的地方法律。
- 数据隐私——大多数离岸外包协议规定,客户保留其向服务提供商提交的所有数据的所有权,并对这些数据严格保密;选择离岸外包的公司必须特别谨慎,以确保他们能够控制谁拥有访问他们的数据的权限。
- 降低成本优势——中国、印度、拉丁美洲和菲律宾等发展中国家的工资增长迅速,外包给这些国家的成本优势正在降低。
- 员工流动率——根据一般的经济环境,员工流动率差异很大,但在某些国家,外包公司的员工流动率可能超过 20%。[21] 因此,你的账户或项目服务提供商的重要员工很有可能离开公司或从你的项目转移到另一个项目,从而造成重大项目中断或延误。
- 知识产权——各国在保护公司数据、版权、专利和商业秘密方面的立场分歧很大。你不仅必须考虑国家是否有保护你公司知识产权的法律,还必须确定这些法律是否被实际执行。
- 重要的技术问题——外包公司必须能够提供高水平的系统可用性和网络正常运行时间,并确保所有应用程序高效可靠地运行。高信息技术可靠性、可用性和效率是至关重要的,这样业务流程就可以及时执行,而不会出现重大的服务中断。发展中国家与服务提供商的离岸外包加剧了问题出现的潜在可能性。

信息技术外包

许多组织都将云计算作为一种外包部分或全部信息技术运营的方法。本节定义了云计算及其变体,并指出了它的一些优势以及一些潜在问题,包括与成本、可扩展性、安全性和法规遵从性相关的问题。

公共云计算

通过**公共云计算**(public cloud computing),服务提供商组织拥有并管理基础设施(包括计算、网络和存储设备),云用户组织(称为租户)通过互联网访问共享硬件资源的切片。服务提供商可以按需提供越来越多的计算、网络和存储容量,而不需要云用户进行任何资本投资。因此,对于那些计算需求因需求变化而变化很大的组织来说,公共云计算是一个很好的解决方案。亚马逊、思科系统、IBM、微软、Rackspace、威瑞森通信(Verizon Communications)和 VMware 是最大的云计算服务提供商,这些公司通常提供每月或每年的订阅服务模型;它们还可以提供培训、支持和数据集成服务。[22]

公共云计算可以是一种构建和管理用户自己的信息技术基础设施的更快、更便宜、更灵活的方法。但是,由于云用户正在使用其他人的数据中心,因此不应忽视服务级别、失控、灾难恢复和数据安全方面的潜在问题。尤其是数据安全是一个关键问题,因为在使用公共云计算服务时,你依赖其他人来保护你的数据。此外,你的组织的数据可能与另一个组织的(甚至可能是竞争对手的)数据存储在同一个存储设备上。在进入公共云计算安排之前,必须全面调查所有可能关注的问题。受严格监管和复杂监管要求约束的组织（如金融、卫生和公用事业组织）必须确保其自己的流程和应用程序以及云提供商的流程和应用程序符合要求。

如开篇案例所述，云计算可以分为三种主要的服务类型（见图 4-1）：

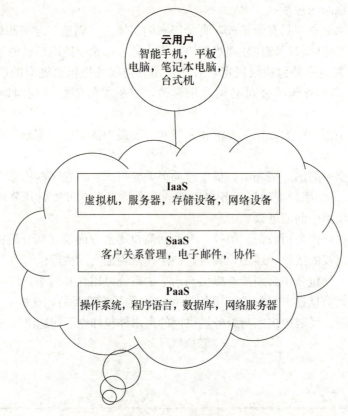

图 4-1　云计算环境

● **基础设施即服务**（infrastructure as a service，IaaS）是一种软件交付方法，组织将用于支持其数据处理操作的设备（包括服务器、存储设备和网络组件）外包出去，服务提供商拥有设备，并负责设备的安装、运行和维护。外包机构可以借阅付费或按月支付。

● **软件即服务**（software as a service，SaaS）是一种软件交付方法，它为用户提供以基于 Web 的服务远程访问软件的权限。SaaS 的定价基于每个用户每月的费用，通常比许可应用程序的成本更低。另一个优点是，由于软件是远程托管的，因此用户不需要购买和安装额外的硬件来提供更大的容量。此外，服务提供商还负责必要的软件维护和升级。

● **平台即服务**（platform as a service，PaaS）为用户提供了一个计算平台，通常包括操作系统、编程语言执行环境、数据库服务和 Web 服务器。用户可以使用提供商的工具和/或库创建应用程序或服务，用户还控制软件部署和配置。PaaS 提供商提供承载消费者应用程序所需的网络、服务器、存储和其他服务。PaaS 使应用程序开发人员能够在云平台上开发、测试和运行其软件解决方案，避免了购买和管理底层硬件和软件的成本和复杂性。

建议那些考虑迁移到云端的组织谨慎进行云服务外包，因为几乎三分之一的组织在迁移过程中遇到了重大挑战。经常出现的问题包括降低预期成本节约的复杂的定价安排和隐藏成本以及性能问题，这些性能问题会导致性能随时间发生较大变化、用户支持不佳以及停机时间超出预期。[23]

康泰纳仕（Condé Nast）是《时尚》（Vogue）、《纽约客》（The New Yorker）和《连线》（Wired）杂志以及很多其他杂志的出版商，它关闭了 6.7 万平方英尺的数据中心，并将其数据和处理业务迁移到了亚马逊网络服务公司（Amazon Web Services，AWS）。2014 年，在短短三个月的时间里，该公司迁移了 500 台服务器，1 千兆字节的存储空间，100 台数据库服务器，100 台交换机、路由器和防火墙，以及其所有对 AWS 至关重要的应用程序。康泰纳仕表示，自转型以来，运营成本降低了 40％，绩效提高了 30％～40％，创造了一个动态的环境，可以根据公司需要进行调整。旧的数据中心设施最终投入市场并出售。[24]

虚拟化

云计算的主要支持技术是**虚拟化**（virtualization），它将物理计算设备分为一个或多个"虚拟"设备（如服务器或存储设备），每个设备都可以轻松使用和管理以执行计算任务（见图 4 - 2）。服务器管理员使用软件将一个物理服务器划分为可能多达 12 个虚拟机，每个虚拟机都能够为来自给定组织的用户处理一组数据。在数百台服务器的典型云计算数据中心的部署中，使用虚拟化的公司每年可以节省数百万美元的资本和运营费用（包括能源成本）。

图 4 - 2　虚拟化

自主计算

另一种支持云计算的技术是**自主计算**（autonomic computing）或信息技术系统自我管理并适应计算环境、业务策略和操作目标变化的能力。自主计算的目标是创建自主运行的复杂系统，同时使最终用户看不到系统的复杂性。自主计算涉及四个关键功能：自我配置、自我修复、自我优化和自我保护。[25] 随着云计算环境变得越来越复杂，管理这些环境所需的熟练人员的数量也在增加，需要实现自主计算的软件和硬件来降低操作和管理复杂云计算环境的总成本。虽然这是一个新兴领域，但 IBM 的 Tivoli 等软件产品部分满足了这个需求。

私有云计算

私有云环境（private cloud enviroment）是单租户云。实施私有云的组织经常这样做，因为它们担心自己的数据在公共云中不安全。私有云有两种不同的类型：一些组织构建自己的内部私有云，另一些组织选择让服务提供商构建和管理私有云（有时称为虚拟私有云）。一般的经验法则是，每月在外包计算上花费 100 万美元或更多的公司最好是实施内部私有云。[26] 许多组织必须克服许多复杂的问题，需要深厚的技术技能和复杂的软件来构建和管理成功的私有云。例如，一个组织可以建立几个私有云，其中一个用于财务，第二个用于产品开发，第三个用于销售。每个私有云都有一组已定义的可用资源和用户，它们具有预先定义的配额，限制了该云的用户可以使用的容量。

露华浓（Revlon）是一家全球化妆品、发色、香水和护肤品公司，最近的年销售额超过 15 亿美元。[27] 该公司实施了一个内部私有云，包括 531 个应用程序，占公司计算能力的 97%。私有云帮助减少了 70% 的应用程序部署时间，而且由于虚拟化和整合，数据中心的功耗降低了 72%。此外，该公司在两年内实现了 7 000 万美元的净储蓄。[28]

混合云计算

许多信息技术行业观察家认为，对敏捷性和安全性的渴望最终将导致组织采用混合云方法。[29] **混合云**（hybrid cloud）由通过网络集成的私有云和公共云组成。组织通常使用公共云来运行安全要求不太敏感、容量需求波动很大的应用程序，但在混合云的私有部分运行更关键的应用程序，例如那些具有重要法规遵从性要求的应用程序。因此，医院可以在公共云上运行其网络会议和电子邮件应用程序，同时运行其在私有云上访问患者记录的应用程序，以满足《健康保险可携性和责任法案》（HIPAA）和其他合规性要求。

规划有效的外包流程

外包和其他任何业务活动一样，需要计划、知识和技能才能很好地执行。许多成功实施外包策略的组织都会按照多步骤流程仔细计划和执行外包工作。事实上，在这一过程中花费足够的有质量的时间被认为是外包交易成功的关键因素。该过程如图 4-3 所示，这些内容会在后面进行讨论。

建立"智能"外包战略

从任何外包活动中获得成功的结果的关键组成部分是执行层对智能外包战略的理解和支持。**智能外包**（smart sourcing）基于分析将要完成的工作，包括其相关的当前流程、所需的有效性和资源水平，以及确定未来完成该工作的最佳方式——无论是与内部员工、境内或境外外包公司，还是某种组合一起。

向智能外包转移的组织认识到，外包不仅降低了劳动力成本，还可以通过缩短新产品的上市时间、缩短解决问题所需的时间以及释放资源以实现更大的创新来实现战略竞争优势。有了对外包潜力的更全面的了解，组织可以更好地制定战略决策，决定哪些活动和项目适合外包，以及它们将雇用哪些外包公司。智能外

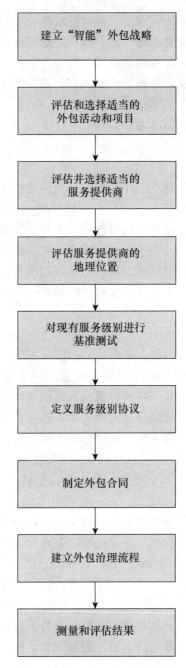

图 4-3 成功外包的多步骤流程

包要求组织与外包供应商建立真正的合作伙伴关系，这种伙伴关系必须建立在高度协作、相互信任和尊重以及共同目标共享的基础上。

评估和选择适当的外包活动和项目

许多外包项目都未能达到预期，尤其是当工作被重新定位以降低劳动力成本或清理表现不佳的业务时。一般来说，将存在严重缺陷的业务转移到成本较低的组织并不能解决根本问题。因此，组织必须仔细考虑应该为外包分配哪些流程和项目。

一个重要的外包风险是处理日益增加的管理复杂性。随着组织扩展外包流程的范围，这种风险水平也会提高。许多组织都不愿意外包那些被认为是关键任务的流程，这些流程与其他关键流程紧密相连，明显区别于竞争对手，或者会对销售产生重大影响。因此，组织在外包方面的初始经验可能使其不应该涉及关键的核心业务流程。组织可以回答以下关键问题，将核心业务流程与其不太关键的流程分开：

- 项目或过程对独特的战略差异有多重要？
- 企业在这个业务领域的竞争力和创新能力如何？
- 此业务领域中的活动的成本效益如何？
- 项目或流程提供了多少客户价值？

许多公司都是从短期、低风险的外包试点工作开始的，也许是将小企业流程的责任转移到一个看起来很有吸引力的提供长期外包合作的外包提供商身上。它们可以聘请一位经验丰富的外包顾问来帮助启动项目，提供持续的反馈，并帮助评估试点结果。一家公司可能需要有与一家服务提供商合作六个月或更长时间的经验，通过各种启动问题，才能对提供商进行公平评估。在这一初步经验之后，公司可能希望扩大其外包工作的范围。公司能够从最初的一些尝试中获得经验，目的是在以后的合作中试图不重复错误。公司还将与至少一个外包供应商有丰富的合作经验，并处于更好的位置，以了解公司在外包合作伙伴中需要什么。

评估并选择适当的服务提供商

当外包一个主要的业务流程或项目时，组织应该考虑雇用一个合作伙伴，而不仅仅是一个提供商。因此，选择最好的外包服务提供商不仅仅是基于报价最低或承诺的节约成本最多。在理想情况下，组织可以选择一个外包公司，与之建立一个强有力的战略合作伙伴关系，建立在相互持续的承诺基础上，以实现特定的业务目标。客户必须尽职尽责地仔细研究潜在合作伙伴的能力和声誉。这项研究可以通过与公司现有和以前的客户进行讨论、寻求行业贸易团体和顾问的意见、实地考察供应商的设施以及审查与公司相关的公共记录来进行。这些记录包括 Dun & Bradstreet 信贷报告、证券交易委员会（SEC）发布的文件和报告，以及贸易杂志和媒体上的文章。

寻求外包的公司还应审查任何潜在供应商的某些审计文件，以确保供应商有足够的内部控制。服务提供商必须证明其能够准确、完整地处理所有数据，并且能够控制谁可以访问客户的数据。其中一份审计文件是根据美国注册会计师协会（AICPA）审计准则委员会（ASB）制定的《**认证业务标准声明 16**》（Statement on Standards for Attestation Engagements 16，SSAE 16）编制的，该规定制定了服务公司必须如何报告合规控制的程序。SSAE 报告向用户组织的审计员提供有关服务组织中影响向用户提供的信息的控制的详细信息。用户审计员审查报告，以了解服务类组织如何与用户的财务报告系统进行交互，包括如何将信息纳入用户的财务报表。如果上市公司使用外包公司为其履行重要的财务职责，则上市公司必须使用满足 SSAE 16 标准的合格供应商。[30]

在 1 类 SSAE 16 审计业务中，服务审计员报告了管理层对服务类组织系统描述的公正性，以及控制设计的适宜性，以实现特定日期的描述中所包含的特定控制目标。2 类 SSAE 16 参与评估了控制设计在一段时间内（可能 6 个月左右）的适用性。[31] 大多数组织甚至不会考虑在没有清晰的 2 类报告的情况下使用外包服务提供商。

《**鉴证业务国际标准（ISAE）第 3402 号——服务类组织控制鉴证报告**》（International Standard on Assurance Engagements（ISAE）No. 3402，Assurance Reports on Controls at a Service Organization）旨在提供一个国际鉴证标准，允许公共会计师发布一份报告，供用户组织及其审计员在控制可能影响或成为用户组织的财务报告内部控制系统的一部分的服务类组织时使用。国际审计与鉴证准则委员会（IAASB）是国际会计师联合会（IFAC）的一部分，它是 SSAE 16 的国际等价物。[32]

考虑外包的公司需要花费大量的时间和精力彻底审查外包公司的 SSAE 16 或 ISAE 3402 审计，并确保它们了解公司的控制目标和实施，它们必须对潜在合作伙伴实施的内部控制措施的充分程度感到满意。在与外包供应商打交道时，未能分享 SSAE 16 或 ISAE 3402 审计结果应是一个警告信号。

总而言之，组织应根据几个因素选择外包公司，如表 4-3 所示。

表 4-3　评估外包合作伙伴的因素

因素
业务流程外包经验丰富
声誉
行业知识
组织流程方面的专业知识
价格
免于重大诉讼和客户投诉
财务可行性
诚信
经证明具有高度的创新性和持续改进能力
能够有效地向公司的运营基地所在国家提供服务
使用一流的工艺和技术
对外包公司的 SSAE 16 或 ISAE 3402 审计的彻底审查没有发现问题

评估服务供应商的地理位置

任何外包服务提供商，无论其业务基础如何，都可能受到经济动荡、自然灾害和政治动荡的影响。在某些地方，这些风险的可能性比其他地方更大，一定要确保你了解满足你需求的操作基础。在理想情况下，如果需要，你的外包合作伙伴可以从多个地理位置提供服务。无论外包公司是"在岸"（在你自己的国家）还是离岸，你的公司都应调查一下这些情况，以避免业务出现中断。

例如，班加罗尔人口约 1 000 万，是印度人口第三大城市，它经常被拿来与美国的硅谷相比较，因为许多高科技和外包服务提供商都在那里设有办事处，包括 Infosys、IBM、Tata Consultancy Services 和 Wipro。然而，印度的外包业是国民收入的重要来源，并且班加罗尔是恐怖组织的主要目标。班加罗尔的企业也会因骚乱以及各种政治和宗教派别之间的冲突而倒闭。此外，腐败、贿赂和企业欺诈的数量也在增加，以至于现在被认为是影响印度企业的头号风险。[33]

考虑外包供应商地理位置时的其他因素包括高速通信网络和电网的可用性和可靠性、足够多的训练有素的工人的可用性以及外包公司所在国家的法律体系在保护知识产权方面的有效性，如审查版权、商业秘密和专利。当然，当外包工作在一个语言、文化和时区差异很大的国家实施时，外包的挑战变得更大。这种考虑可能迫使企业改变其外包服务合作伙伴的初始选择。

表 4-4 总结了评估服务提供商的地理位置时应考虑的一些问题。

表 4-4　评估外包供应商的地理位置时要考虑的问题

问题
供应商是否通过使用有效的备份和备用业务恢复站点充分解决了业务中断的可能性？
供应商是否可以不受阻碍地访问高速、可靠的通信网络？
供应商是否可以使用可靠的电网？

续表

问题
供应商是否有足够的受过培训的工人？
供应商所在国家的法律制度是否支持和执行知识产权保护？

对现有服务级别进行基准测试

在签订外包合同之前，一个组织应该对其现有的服务水平进行基准测试，以便了解当前提供的服务以及相关成本。然后，该基准可用于为与外包服务提供商协商目标结果和成本建立合理的基准，然后使用商定的目标来定义合同的服务级别协议（SLA）。**服务级别协议**（service-level agreement）是一个高级摘要文档，它定义了服务以及被提供的这些服务的性能和可用性级别，其目标是通过对服务、优先级和责任的共同理解来管理客户和服务提供商之间的期望。

有效的基准测试的关键是选择正确的措施来评估过程的性能。记住，你得到了你所测量的东西。例如，呼叫中心的合理指标可能是测量客户的平均等待时间或放弃的呼叫数。测量这些参数并尝试提高性能将为公司和客户带来更好的结果。另外，为每个客户服务代理处理的平均呼叫数设置一个度量可能会导致适得其反的行为。代理可能没有完全听客户的话，可能会缩短通话时间，以便接下一个电话。

执行基准测试所需的时间和成本取决于所测量过程的大小、范围和复杂性以及所使用的度量标准的数量。聘请一家外部咨询公司进行基准测试的成本可能超过10万美元。由员工进行基准测试的成本要低得多，花费的时间也要少，因为他们已经熟悉人员和流程。但是，需要培训员工来执行基准流程，并且内部基准可能会受到偏差的影响，尤其是当进行测量的人员是内部流程的一部分时。

定义服务级别协议（SLA）

服务级别协议是客户组织和服务提供商之间总体协议的重要组成部分，因为它描述了要提供的服务级别以及用于确保服务提供商满足这些要求的措施。当服务级别协议的开发被作为客户和服务提供商之间的协作工作来完成时，它的工作效果最好。组织与服务提供商关系的持续成功取决于对谁负责、频繁和持续的沟通（无论是否存在问题），以及对外包活动对客户组织的成功的重要性的持续提醒。良好的服务级别协议执行以下功能：

- 明确识别外包协议中包含的每项服务。
- 指定服务可用的条件（如24×7×365），并概述意外发生时的性能要求。
- 为每个服务指定可度量的性能级别。
- 定义如何度量和报告每个服务的性能级别的详细信息。
- 定义客户和服务提供商在满足每个服务的性能级别方面的责任。
- 在服务提供商未达到约定的服务级别或客户未能履行其责任时定义升级流程。
- 定义要使用的安全标准和方法。
- 要求服务提供商在发现或怀疑任何未经授权的披露或数据丢失时立即通知客户。
- 定义客户审核供应商合规性和进行现场检查的权利。
- 概述根据不断变化的业务条件或新技术的可用性修改服务级别协议的过程。

经验丰富的组织越来越多地将期望的业务成果的广泛衡量纳入它们期望外包合作伙伴提供的绩效衡量中。这些措施定义了组织希望从外包计划中获得的宝贵业务利益，包括加快上市速度、减少产品或服务缺陷和返工，以及通过提高效率降低运营资本要求。

你会怎么做？

　　你是组织第一次外包工作的首席谈判代表，你的团队认为它已经确定了一个优秀的外包服务提供商，满足你的所有选择标准。你的组织坚持每六个月进行一次现场检查，但服务提供商表示这是不合理的，因为其他用户对每年一次现场检查感到满意。服务提供商认为，更频繁的检查不但耗时还具有破坏性，它们实际上通过向过多的用户公开其操作而削弱了安全级别。你将与服务提供商的首席运营官会面以解决此问题。你会如何进行这次会面？

制定外包合同

　　外包合同的制定是经验丰富的采购和法律专业人员的一项工作。尽管这里面有许多问题需要解决，但本节仅涉及少数几个。

　　资产和设施的所有权是决定外包合同成本的一个重要因素。三种基本所有权备选方案如下：

　　● 公司可以将资产所有权以及经营责任转移给外包服务提供商，供应商通常会提供这样做的经济激励，例如减少费用或现金转移以覆盖资产价值。

　　● 公司可以根据某种回租安排将资产转让给第三方（如金融服务公司）。

　　● 在供应商承担经营责任的同时，公司可以保留资产的所有权。

　　客户的财务和会计组织的经验丰富的成员必须参与各种方案的分析。在签订离岸外包协议时，确定哪个国家对任何合同纠纷都具有管辖权也很关键。当然，合同中的每一方都倾向于本国的法律规则。

建立外包治理流程

　　外包合同的治理涉及管理两个组织之间关系的正式和非正式的流程和规则。治理工作定义了程序，例如外包公司与其服务提供商之间的定期正式审查，以及在出现分歧时的明确上报程序。这些程序的目标是确保外包活动成功，即使在人员、业务需求和运营条件发生变化时也是如此。

　　治理工作需要经过专门培训的供应商关系专业人员来管理组织和外包服务提供商之间的工作关系，这些关系经理与服务提供商接洽，并协同工作以发现问题并解决问题。良好的关系经理应具有良好的沟通、解决问题的能力和谈判技巧。他们还需要对所涉及的业务流程和技术有全面的了解。同样，外包服务提供商在招聘、发展、培训和保留关系经理方面投入了多年时间，它们期望遇到可以平等地与之合作的地位、经验和知识相似的客户关系经理。

　　成功的外包关系的关键之一是客户和外包服务提供商都要指派一名服务级别协议经理，这些经理必须共同制定和监督协议。对于与提供服务级别协议所涵盖的服务相关的任何问题，服务级别协议经理都是主要联系人。服务级别协议经理与其他组织的服务级别协议经理建立良好的工作关系，并保持定期和持续的沟通。服务级别协议经理还对用于跟踪和报告服务级别的流程进行持续评估，并参与解决外包协议中任何问题的冲突解决流程。[34]

你会怎么做？

　　你刚刚被任命为公司最近批准的与 IBM 的 2.15 亿美元外包合同的服务级别协议经理，你的经理建议你与 IBM 服务级别协议经理就合同开始联系，并向你提供了他的电话号码和电子邮件。你是如何开始接触的？你会说些什么？

测量和评估结果

治理的一个关键组成部分是使用适当的度量集对外包业务流程实施持续的监控和分析，这样的计划将确定一个组织是否正在实现外包的全部好处，以及降低操作风险的程度。它还将使公司能够让其外包服务提供商根据需要实施纠正措施。在典型的合同中，如果服务提供商的性能和成本不符合服务级别协议标准，则可以评估经济处罚并终止合同。采取措施的频率和实施变更的速度取决于业务流程在实现真正业务目标方面的重要性。

对重要指标的持续跟踪和测量使组织能够将数据用作反馈，以便根据项目的结果改进外包过程中的每个步骤。

表4－5中的管理者检查表为业务经理在考虑外包时考虑的一系列建议的措施提供了依据。表中每个问题的正确答案都为"是"。

表4－5　管理者检查表

建议的行动	是	否
你知道你的组织的核心业务流程是什么吗？		
是否有一个明确的目标需要通过外包来实现，例如成本稳定、改进的重点或升级的能力？		
你是否充分考虑了与外包相关的五个关键风险领域？		
如果你正在考虑离岸外包，你是否了解所涉及的特殊问题？		
贵公司是否制定了智能外包战略？		
你的组织是否遵循与本章所述方法类似的逻辑明确的外包决策流程？		

重要术语

自主计算	重大违约	服务级别协议经理
核心业务流程	离岸外包	智能外包
全球服务提供商（GSP）	外包	《认证业务标准声明16》（SSAE 16）
混合云	平台即服务（PaaS）	软件即服务（SaaS）
基础设施即服务（IaaS）	私有云环境	为方便而终止合同
公共云计算	虚拟化	服务级别协议（SLA）

《鉴证业务国际标准（ISAE）第3402号——服务类组织控制鉴证报告》

本章摘要

- 外包是一种安排，其中一家公司与另一个组织签订合同，向其提供公司员工可以提供的服务。当工作人员位于另一个国家时，这种安排被称为离岸外包。
- 全球服务提供商提供高价值服务，包括处理某些核心业务流程，并在世界各地创造收入机会。

- 组织转向外包以降低成本，提高公司对核心运营的关注度，提升公司的能力和服务，并加快上市时间。
- 外包是一种高风险活动，它可能会降低员工士气、出现质量问题、承担法律责任、对业务合作伙伴与客户关系和满意度产生负面影响以及存在潜在的数据和安全漏洞。
- 离岸外包带来了其他问题，包括管辖权问题、数据隐私、降低成本优势、营业额、知识产权和重要技术问题。
- 许多组织都将云计算作为一种外包部分或全部信息技术运营的方法。
- 公共云计算、私有云计算和混合云计算是云计算的三种常见形式。
- 通过公共云计算，服务提供商组织拥有并管理基础设施，云用户组织通过互联网访问共享硬件资源的切片。
- 基础设施即服务（IaaS）、软件即服务（SaaS）和平台即服务（PaaS）是三种常见的云计算服务。
- 虚拟化将物理计算设备划分为一个或多个虚拟设备，每个虚拟设备都可以被使用和管理来执行计算任务。
- 自主计算使信息技术系统能够自我管理并适应计算环境、业务策略和操作目标的变化。
- 私有云计算是一个单租户云。
- 混合云计算包括通过网络集成的公共云和私有云的组合。
- 成功外包的 9 个步骤包括：（1）建立智能外包战略；（2）评估和选择适当的外包活动和项目；（3）评估和选择适当的服务提供商；（4）评估服务提供商的地理位置；（5）对现有服务级别进行基准测试；（6）定义服务级别协议；（7）制定外包合同；（8）建立外包治理流程；（9）测量和评估结果。
- 《认证业务标准声明 16》（SSAE 16）和《鉴证业务国际标准》（ISAE）第 3402 号规定了允许公共会计师发布一份报告，供服务类组织用户及其审计师使用，以实现对供应商组织专业人员的控制。

问题讨论

1. 公共云、私有云和混合云计算的一些区别和关键问题是什么？
2. 印度的商业组织选择离岸外包其部分业务流程是否合理？充分解释你的答案。
3. 在你的职业生涯中，你是否参与执行或管理核心业务流程？你在核心业务流程中的参与会如何影响你在当前雇主处的未来职业生涯？
4. 确定与外包相关的五个关键风险领域。离岸外包带来了哪些额外风险？
5. 本章概述了计划有效外包流程的流程，这个过程中的哪些步骤有助于降低外包失败的风险？这些步骤如何降低风险？
6. 为什么外包合同中的终止条款至关重要？终止合同的常见原因有哪些？
7. 智能外包是什么意思？
8. 举一个商业流程的例子，对于一家第一次涉足商业流程外包的公司来说，这个例子是合适的。举例说明不适当的业务流程。
9. 外包服务提供商和合作伙伴之间有区别吗？充分解释。
10. 良好的用户-外包服务提供商关系有哪些特点？
11. 《认证业务标准声明 16》（SSAE 16）是什么？为什么它对外包服务提供商很重要？
12. 在评估服务提供商的地理位置时，应考虑哪些因素？

需要采取的行动

1. 你在一家中型金融服务公司担任了两年理赔经理，你一直在考虑你在这家公司的未来，因为你听说这家公司将要结束一项为期五年的合同，将其理赔支付流程的服务外包给印度一家受人尊敬的公司。当你惊讶地盯着刚刚从经理那里收到的短信时，你有着复杂的感觉。这条短信是这样的："我们需要一位经验丰富的经理调到印度工作6~9个月，以确保我们的理赔处理外包项目顺利开始。对于这次机会，我想提名你。我正在参加一个会议来讨论潜在的候选人。你怎么想？"你会怎么回应？

2. 你的一个同学刚刚完成了当地银行代表的校园面试。在面试中，招聘人员讨论了是否需要合格的人员加入一个团队，该团队管理与处理所有信用卡付款的主要外包供应商的关系。你的同学刚给你发了一条短信，说你应该取消这家公司对你的面试，因为讨论的角色似乎毫无意义。你会取消面试吗？你会怎么回复你的同学？

基于 Web 的案例

Salesforce. com 的外包政策

当 SaaS、IaaS 和 PaaS 服务第一次可用时，公司、非营利性组织和政府都很谨慎，因为存在未知的风险。然而，一旦云技术的第一批采用者经历了巨大的投资回报（ROI），许多其他人就开始投身其中。今天，一些分析人士认为，业务主管现在忽略了与云计算相关的风险。这些分析人士警告说，如果一个组织选择使用公共云服务，它的数据可能会因为几个原因而不安全。首先，如本章所述，对共享计算资源（如 CPU、存储或物理设施）的联合访问意味着共享这些资源的租户可能访问和检索另一个租户的数据。其次，用于创建和管理云资源的虚拟化产品与其他信息技术系统具有相同的漏洞，客户通常不知道他们的云提供商运行的是什么虚拟化软件，不知道它的版本，也不知道它是否定期修补以保护它免受最近发现的漏洞的影响。此外，云供应商有时会在合同中加入一个条款，让公司拥有客户数据的所有权，这意味着它们可以挖掘这些数据，为自己创造额外的收入机会。

其他专家指出，依赖云服务可能会带来其他重大的不利因素。如果必须通过互联网访问所有计算服务，则不能连接到互联网可能会中断整个组织的工作流程。更糟糕的是，客户机必须依赖云供应商进行灾难恢复。其他潜在问题包括服务提供商未能满足客户的记录保留要求，以及客户定制软件、平台或服务以满足其需求的能力受到限制，这可能迫使公司重新组织其工作流系统以适应现成的云产品。

在现有的云产品中，Salesforce 是最有名的。然而，2007 年，一名 Salesforce 员工被一个网络钓鱼骗局吸引，该骗局允许攻击者访问客户的联系信息。一些客户开始收到类似 Salesforce 发票的伪造电子邮件。Salesforce 立即制止了攻击，并与执法部门及其客户合作解决问题。不过，分析师们提出了一个重要的问题：如果像 Salesforce 这样的创新 SaaS 公司可能成为此类攻击的受害者，那么规模较小的 SaaS 供应商将如何应对？

联机调查 Salesforce 关于如下方面的政策：（1）共享资源风险管理，（2）虚拟化软件，（3）服务中断，（4）灾难恢复，（5）数据所有权，（6）记录保留，（7）定制。这些政策是否邮寄、易于访问和透明？你需要问 Salesforce 供应商什么问题才能找到这些信息？

确定另一个较小的 SaaS 提供商。你能在该公司的网站上找到公司的政策吗？它是否经历过安全漏洞？对大型知名供应商和小型知名供应商的云资源外包的风险进行比较。

资料来源：Grimes，Roger A.，"The 5 Cloud Risks You Have to Stop Ignoring," *InfoWorld*，March 19，2013，www.infoworld.com/article/2614369/security/the-5-cloud-risks-you-have-to-stop-ignoring.html；Ulrey，Sue and Romes，Randy，"The Benefits and Risks of Cloud Computing," CliftonLarsonAllen，www.claconnect.com/Risk-Management/The-Benefits-and-Risks-of-Cloud-Computing.aspx，accessed October 19，2014；McMillan，Robert，"Salesforce.com Customer List Stolen," *Computer-World*，November 7，2007，www.computerworlduk.com/news/security/6058/salesforcecom-customer-list-stolen/.

案例研究

宝洁的创新外包模式

宝洁公司（Procter and Gamble，P&G）成立于 1837 年，由 William Procter 和 James Gamble 共同创立。宝洁公司引进了美国消费文化中的许多主要产品，包括象牙肥皂、吉列剃须刀、汰渍洗衣粉、佳洁士牙膏、Tampax 女性卫生产品以及帮宝适——一款改变了人们生活的尿布产品。如今，宝洁在 180 多个国家向 50 亿人（占世界人口的 70% 以上）销售其产品。

20 世纪 90 年代，宝洁在全球经历了快速增长。为了满足全球企业内部客户的服务需求，公司的全球业务服务（GBS）在哥斯达黎加、菲律宾和英国建立了三个共享服务中心，这些中心标准化了向宝洁业务部门提供某些服务的方式。这一转型使宝洁能够消除冗余活动，简化内部服务，更好地支持多个业务部门，并提高服务质量和速度。

服务标准化还允许宝洁制定一个主要的外包计划。在 A. G. Lafley 于 2000 年成为 CEO 后，他和其他公司高管决定，宝洁需要放弃传统的内部服务模式，与外包服务提供商合作，后者可以降低成本，帮助公司促进创新。

2003 年，宝洁的全球业务服务采取了似乎是一个重大的信念飞跃，将外包合同增至 42 亿美元，以支持其信息技术基础设施、财务和会计、人力资源和设施管理运营。宝洁向 IBM 寻求员工服务；向 Jones Lang LaSalle 寻求设施管理；向惠普寻求信息技术应用程序、基础设施和一些应付账款功能。这些公司都承担了宝洁员工职责的一部分，并对一些共享服务中心负责。

例如，Jones Lang LaSalle 接管了诸如建筑运营、邮件递送、安保、车队运营和餐饮等设施管理服务，它还处理战略占用服务、跟踪占用成本和项目管理。Jones Lang LaSalle 负责每年 7 000 万美元的资本预算，并负责在 60 个不同国家的 165 个地点交付 1 000 个项目，其中包括在中国建造一座办公楼，以及为宝洁在莫斯科的俄罗斯业务新建一个总部。

随着时间的推移，宝洁的战略外包合作伙伴的数量不断增加，处理每一种关系的方式也有所不同。2010 年，宝洁的全球业务服务决定推出一种称为战略联盟管理的智能外包战略，以最大限度地提高外包合同的收益。从过去几年改进的最佳实践中总结出，该计划（1）采用了与外包合作伙伴共同执行的联合业务规划流程，（2）制定了适当的措施来评估进展，（3）开发了一个联盟管理平台，将每个外包合作伙伴的所有数据、人员、报告和通信汇集在一起。

联合业务规划流程涉及全球业务服务和外包服务提供商的员工，他们共同制定目标。具体来说，团队确定了基本衡量指标（例如绩效或收入）和目标，然后创建项目和计划列表，以帮助实现这些目标。团队集体讨论创新目标和"坏问题"——可能影响业务绩效的问题。

为了评估项目，全球业务服务还采用了标准服务级别协议（SLA）度量来跟踪和聚合级别的性能。例如，聚合级别的度量可能包括对客户满意度的评级。

85

最后，宝洁全球业务服务设计并开发了一个联盟管理平台，这是一个共享的在线空间，团队成员可以访问数据、人员、绩效报告、服务级别度量、培训新闻、联合业务计划、集成联盟日历以及任何特定于合作伙伴关系的文档。全球业务服务通过指派关键角色来监督每个外包关系的管理，包括执行发起人、关系经理、交易经理、过渡经理和联盟架构师（监督外包协议的管理），从而确保问责制。这一战略联盟管理流程允许宝洁在关系协议结束时通过续约决策和向外包合作伙伴提供新举措合同来识别和奖励良好绩效。

例如，埃森哲帮助宝洁开发了 Decision Cockpit，这是一个在线门户，全球团队可以通过它实时共享和分析数据。埃森哲拥有扩展系统的知识和经验，使宝洁具有更大的灵活性。此外，通过联合规划小组，两家公司将一些经理需要审查的日报和月报数量从 370 份减少到 30 份。这项创新使一些业务部门的管理成本降低了 50%，每年节省了 400 多英里长的纸张。

由于该项目和其他联合项目的成功，宝洁希望埃森哲能够帮助巩固和增强公司的虚拟解决方案。宝洁的虚拟现实中心用于创建和测试货架、包装和店内设计。"在过去，"宝洁全球业务服务的商务智能主管 Patrick Kern 解释说，"一个消费者测试小组会进入我们配置的物理空间，就像一家杂货店一样进行购物体验。观察他们在店内的行为，然后对准一个焦点小组，我们将了解他们为什么进行选择，以及包装和货架位置如何影响他们的购买决策。你可以想象，从为不同的配置设置货架到将所有产品都放到那里，建立这些商店的成本有多高。"

虚拟解决方案大大降低了成本；然而，宝洁注意到，由于不同的外包合作伙伴实施了虚拟解决方案，服务交付高度分散。因此，宝洁授予埃森哲一份多年合同，管理宝洁的所有虚拟解决方案内容交付，使宝洁能够专注于其他创新领域。由于长期成功的合作，外包中心（一个包含白皮书、文章、网络研讨会、市场情报和外包新闻的在线存储库）授予宝洁和埃森哲 2013 年最具创新性类别的杰出卓越奖。

这就是说，宝洁将全球业务服务计划外包的决定让成千上万的美国白领失去了工作，而这些工作直到 20 世纪初还在美国。宝洁与 IBM 和微软一起，将美国的工作外包给印度和其他国家，这些国家拥有具备足够的技术专长和英语技能的劳动力。然而，2013 年，有报道称宝洁正计划"倒退"，或者将其外包的部分信息技术工作带回公司内部。一些分析人士认为，宝洁正屈服于通用汽车等的压力，迫使其遣返美国就业岗位，并促进美国就业。其他人则认为，宝洁正寻求获得对影响其市场竞争地位的关键信息技术职能的控制权。

然而，即使宝洁支持其部分信息技术职能，它也仍然坚定地致力于外包。宝洁通过使其外包合作伙伴深入到项目的各个阶段，促进了它们所称的"双赢"战略。如今，许多分析师将宝洁视为成功的外包战略的典范。

问题讨论

1. 宝洁在 20 世纪 90 年代集中和标准化全球业务服务的决定如何使其从 2003 年开始有效地开展外包业务服务？

2. 外包如何使宝洁及其战略外包合作伙伴受益？

3. 宝洁的战略联盟管理系统如何帮助它避免外包的陷阱？系统没有解决哪些风险？

4. 2013 年，宝洁在全球的销售额达到 830 亿美元。在与战略合作伙伴谈判外包合同时，这会给公司带来什么好处？小公司能否通过智能外包策略获得类似的外包成功？为什么？

5. 大公司和政府能从宝洁外包的成功中吸取什么教训？

资料来源：George, Beena, "Best Practices in Outsourcing: The Procter & Gamble Experience," IAOP, http://www. iaop. org/Download/ Download. aspx%3FID%3D1920 + &cd = 1&hl = en&ct = clnk&gl = us; accessed October 19, 2014; Vitasek, Kate and Tilman, Joseph, "Vested Outsourcing: How P&G Brought its Focus on Innovation to Facilities Management," Area Development, October 19, 2014, www. area-development. com/siteSelection/December-2013/Proctor-and-Gamble-outsources-facilities-management-32627252. shtml; "Heritage," Procter and Gamble, www. pg. com/en_US/company/heritage. shtml, accessed October 19, 2014; Putnicki, Patti, "A Virtual Hotbed of Outsourcing Innovation at Procter & Gamble," Outsourcing Center, June 3, 2013, www. outsourcing-center. com/2013-06-a-virtual-hotbed-of-outsourcing-innovation-at-procter-gamble-56443. html; "Accenture and P&G W in 'Most Innovative' Outsourcing Excellence Award for Commercial Services Collaboration," Accenture, July 1, 2013, http://newsroom. accenture. com/news/accenture-and-p-g-win-most-innovative-outsourcing-excellence-award-for-commercial-services-collaboration. htm；"Procter and Gamble 2014 Annual Report," Procter and Gamble，www. pginvestor. com/inter-active/lookandfeel/4004124/PG_Annual_Report_2014. pdf，accessed October 19，2014；Armour, Stephanie and Kessler, Michelle，"USA's New Money-Saving Export：White-Collar Jobs," *USA Today*，August 5，2003，http：//usatoday30. usatoday. com/money/workplace/2003−08−05-outsourcing_x. htm；Flinders, Karl，"Procter & Gamble Could Follow General Motors' Move In-House," *ComputerWeekly*，May 7，2013，www. computerweekly. com/news/2240183595/Proctor-Gamble-could-follow-General-Motors-move-in-house.

注　释

开篇案例资料来源：

"Salesforce. com Reaches 100,000th-Customer Milestone," Slideshare. net，www. slideshare. net/Sales-force/salesforce-timeline-3-8755593，accessed October 17，2014；Mohamed, Arif，"A History of Cloud Computing," *ComputerWeekly*，www. computerweekly. com/feature/A-history-of-cloud-computing，access-ed October 17，2014；"Salesforce. com Coverage," crmsearch，www. crmsearch. com/salesforce-com. php，accessed October 17，2014；Davis, Jesse，"A Brief History of Salesforce. com's Marketing Acquisitions," ringDNA，June 12，2013，www. ringdna. com/blog/history-of-salesforce-marketing-acquisitions；Columbus, Louis，"Gartner CRM Market Share Update：41% of CRM Systems Are SaaS-based, Salesforce Domi-nating Market Growth," *Forbes*，May 6，2014 www. forbes. com/sites/louiscolumbus/2014/05/06/gartners-crm-market-share-update-shows-41-of-crm-systems-are-saas-based-with-salesforce-dominating-market-growth/.

[1] Richard Pastore，"CIO Hall of Fame：Katherine M. Hudson," *CIO*，15 September 1997.

[2] Lee, Amy，"IBM in 10-Year Outsourcing Deal with Banco Popular," Cruxial CIO，July 1，2014，www. cruxialcio. com/ibm-10-year-outsourcing-deal-banco-popular-8769.

[3] Hamel, Gary and Prahalad, C. K.，"The Core Competence of the Corporation," *Harvard Busi-ness Review*，Volume 68，no. 3，pages 79−93，May-June 1990.

[4] "Global Survey Finds Two in Five Businesses Open to Outsourcing," Grant Thornton，May 8，2014，www. internationalbusinessreport. com/Press-room/2014/Outsourcing. asp.

[5] "2014 Global Outsourcing and Insourcing Survey Results—Executive Summary," Deloitte Consult-ing LLP，May 2014，http：//www2. deloitte. com/content/dam/Deloitte/us/Documents/strategy/us-sdt-2014-global-outsourcingInsourcing-survey_051914. pdf.

[6] "Business Process Outsourcing," The Black Book of Outsourcing，http：//blackbookofoutsourcing. com/business-processing-outsourcing/，accessed October 30，2014.

[7] Pagliery, Jose，"Even Small Companies Are Outsourcing," CNN Money，March 28，2013，ht-tp：//money. cnn. com/2013/03/27/smallbusiness/outsourcing/.

[8] "Agencyport," Analytix Solutions，https：//docs. google. com/file/d/0B0nBxfsffPxhbVhqc0dOR-TJ5TEU/edit?pli＝1，accessed October 28，2014.

[9] "Careers at Bendix," Bendix，http：//knorr-bremse-careers. silkroad. com/kbext/Careers_At_Ben-dix. html，accessed October 3，2014.

[10] Overman, Catherine，"Readers' Choice：Top 10 3PL Excellence Awards 2013," *Inbound Logistics*，July 2013，www. inboundlogistics. com/cms/article/readers-choice-top-10-3pl-excellence-awards-2013/.

[11] "BT Sport Digital Game Change," Accenture，www. accenture. com/SiteCollectionDocuments/PDF/Accenture-BT-Sport-Digital-Game-Changers. pdf，accessed October 14，2014.

［12］Bucki，James，"Top 6 Outsourcing Disadvantages," *About Money*，http：//operationstech. about. com/od/outsourcing/tp/OutSrcDisadv. htm，accessed October 4，2014.

［13］Ranii，David，"IT Staff Is Cut in Latest Dex Layoff," *News Observer*，June 3，2011，www. techzone360. com/news/2011/06/03/5551228. htm.

［14］Denning，Steve，"What Went Wrong at Boeing?," Forbes，January 21，2013，www. forbes. com/sites/stevedenning/2013/01/21/what-went-wrong-at-boeing/.

［15］"Material Breach of Contract," Nolo，www. nolo. com/legal-encyclopedia/breach-of-contract-material-breach-32655. html，accessed October 10，2014.

［16］Phelps，David，"IBM Wins ＄14. 2 Million Suit Against Carlson over Contract Cancellation," *Star Tribune*，August 8，2014，www. startribune. com/business/270404801. html.

［17］Frauenheim，Ed，"Dell Drops Some Tech Calls to India," News. Com，23 November 2003，http：//news. cnet. com/Dell-drops-some-tech-calls-to-India/2100-1022_3-5110933. html.

［18］Ashford，Warwick，"Bad Outsourcing Decisions Cause 63％ of Data Breaches," *Computer Weekly*，February 15，2013，www. computerweekly. com/news/2240178104/Bad-outsourcing-decisions-cause-63-of-data-breaches.

［19］Krenek，Robert，"Secure Your Outsourcing Practices to Prevent Data Breaches," Experian，April 15，2013，www. experian. com/blogs/data-breach/2013/04/15/secure-your-outsourcing-practices-to-prevent-data-breaches/.

［20］Woltman，Nick，"Supervalu Hit with 2nd Data Breach，Including 4 Metro Cub Foods Stores," *Pioneer Press*，September 30，2014，www. twincities. com/business/ci_26629180/supervalu-hit-second-data-breach-including-four-metro.

［21］"Global Fears Shackle India's Outsourcing Job-Hoppers," Phys Org，August 6，2012，http：// phys. org/news/2012－08-global-shackle-india-outsourcing-job-hoppers. html.

［22］"Cloud Computing Options," *PC Today*，June 2014

［23］Ramel，David，"New Research Shows 'Staggering' Failure Rates for Cloud Projects," *Enterprise Systems*，June 26，2014，http：//esj. com/articles/2014/06/26/cloud-projects-fail. aspx.

［24］Olavsrud，Thor，"Why a Media Giant Sold Its Data Center and Headed to the Cloud," *CIO*，July 15，2014，www. cio. com/article/2453894/data-center/why-a-media-giant-sold-its-data-center-and-headed-to-the-cloud. html.

［25］"Autonomic Computing," IBM，www. ibm. com/developerworks/tivoli/autonomic. html，accessed October 7,2014.

［26］Ovide，Shira and Boulton，Clint，"Flood of Rivals Could Burst Amazon's Cloud," *Wall Street Journal*，July 26－27，2014.

［27］"Revlon Fact Sheet," Revlon，www. revlon. com/about/fact-sheet，accessed October 7，2014.

［28］"Revlon，Inc. Moves to the Cloud with Juniper Networks to Increase Global Business Agility," Juniper Networks，www. juniper. net/assets/us/en/local/pdf/case-studies/3520444-en. pdf，accessed October 6，2014.

［29］"Cloud Computing Options," *PC Today*，June 2014.

［30］"SSAE 16 | Introduction to Statement on Standards for Attestation Engagements（SSAE）No. 16," American Institute of Certified Public Accountants，http：//ssae16. org/what-is-ssae-16/introduction-to-ssae-16. html，accessed October 13，2014.

[31] "Reporting on Controls at a Service Organization—SSAE No. 16," American Institute of Certified Public Accountants，www. cpa2biz. com/AST/Main/CPA2BIZ_Primary/AuditAttest/Standards/SSAEs/PR-DOVR~PC-023035/PC-023035. jsp，accessed October 13，2014.

[32] "SAS 70," http：//sas70. com/FAQRetrieve. aspx?ID＝33300，accessed October 13，2014.

[33] Singh，Gary，"Top 5 Risks with Doing Business in India," Pinkerton，May 5，2014，www. pink-erton. com/blog/india-top-risks-2014.

[34] Karten，Naomi，"Establishing Service Level Agreements," www. nkarten. com/sla. html，ac-cessed October 9，2014.

第 5 章

企业和信息技术治理

什么是公司治理

"公司的公司治理为公司的运作方式,以及公司的工作人员的角色和职责设置了舞台。"

——April Klazema,Klazema 通信的创始人和拥有者

信用卡和借记卡被盗

▣ 为什么管理者必须参与信息技术治理

2014 年 9 月 8 日,家得宝(Home Depot)公司披露其支付数据系统被黑客入侵。在公告发布后的几周内,该公司披露,黑客窃取了 5 600 万张信用卡和借记卡的相关信息,这些窃取行为在五个多月内未被发现。家得宝的防病毒软件感染了一种被称为"莫扎特"的**恶意软件**(malware)(在计算机用户不知情的情形下被安装),该软件在交易发生时通过监视支付数据系统窃取卡数据。到目前为止,调查人员还无法确定到底是谁种植了这种病毒以及如何种植。众所周知,莫扎特是 BlackPOS 的一个版本,BlackPOS 是一个俄罗斯青少年在 2012 年创建的恶意软件程序,它被用于攻击其他主要零售商,包括塔吉特(Target)、尼曼百货(Neiman Marcus)和 Michaels。

起初,最大的问题是,"黑客是如何侵入这些公司的数据系统的?"这些零售商都遵守了支付卡行业数据安全标准(PCI DSS)——信贷公司强制规定的信息技术安全措施,以确保零售商充分保护信用卡数据。事实上,自从 2004 年建立 PCI 标准以来,零售商已经花费数十亿美元来构建符合这些标准的系统。然而,一些分析人士开始质疑,在一个信息技术安全威胁迅速发展的世界里,PCI 合规性是否意味着某些不合理。事实证明,要符合 PCI 标准,零售商只需要加密存储的数据,而不需要动态数据。也就是说,PCI 标准不要求零售商加密活动交易数据,包括在销售点(POS)终端(如收银机)传递给商家的数据。BlackPOS 利用了这一弱点,因为它的发布针对的是一个又一个零售商,随着时间的推移而发展,因此尽管家得宝知道这一弱点,但它无法检测到新的变种,比如莫扎特。

事实上，在攻击发生时，家得宝正在采取措施保护其店内支付系统中的数据。该零售商在 2014 年 1 月雇用了 Voltage Security，就在塔吉特销售点系统的大规模数据窃取公开后不久，该公司便开始对其销售点的数据进行加密。遗憾的是，在攻击发生时，该项目还不完整，加密软件在家得宝的一些商店（但不是所有商店）进行了安装和测试。然而，到 9 月 13 日，在泄密事件被披露五天后，家得宝已经在美国的所有商店安装了加密软件。

显然，PCI 标准需要跟上时代，零售商也需要跟上时代。然而，技术并不是唯一的解决方案。一些分析人士指控，人为错误导致了塔吉特 4 000 万张信用卡和借记卡的数据被盗造成的损失。事件发生前 6 个月，塔吉特安装了一个由 FireEye 安全公司开发的价值 160 万美元的恶意软件检测工具。塔吉特在班加罗尔有一个小组负责监控系统，并向明尼阿波利斯的安全小组通报违规情况。据称在 11 月 30 日和 12 月 2 日发现并报告了违规行为，但塔吉特没有立即对这些内部警报采取行动。该公司一直等到 12 月 19 日才公开证实这一违约行为。

此后，消费者和银行已经对塔吉特提起了 90 多起诉讼。然而，一旦发生数据泄露，零售商、信用卡公司和银行通常会合作。例如，信用卡公司和银行向家得宝发出警告，称其商店使用的信用卡存在欺诈行为。然而，一些行业专家现在呼吁信用卡公司、银行和零售商更紧密地合作，以便它们能够防止新出现的威胁，而不仅仅是在威胁发生时或发生后才阻止。

学习目标

阅读本章时，请自问：

- 什么是信息技术治理？信息技术有效治理过程的关键要素是什么？
- 有效的信息技术治理计划如何提高组织成功的可能性？

本章定义了信息技术治理的目标，并阐明了良好治理在实现组织目标和管理风险方面的重要性。

什么是信息技术治理

公司治理（corporate governance）是一整套确定如何指导和控制管理活动的过程、习惯、规则、程序、政策和传统的措施，一个组织的董事会、首席执行官、高级管理人员和股东都参与公司治理。公司治理解决以下问题：

- 公司财务报表的编制
- 监督会计原则和政策的选择
- 建立内部控制
- 聘请外部审计师
- 董事会提名和选人
- 首席执行官和其他高级管理人员的薪酬
- 风险管理
- 股息政策

公司治理被日益关注是由于会计丑闻导致了企业破产、数百万美元的罚款和/或高级主管的入狱，比如，阿瑟·安达信（Arthur Andersen）、计算机协会、安然（Enron）、环球电信（Global Crossing）、惠普、摩根大通（J. P. Morgan）、特易购（Tesco）、泰科（Tyco）和 WorldCom 等公司。此外，负责支付高管薪酬的董事会成员因几起丑闻而受到质疑，其中维亚康姆（Viacom）的菲利普·道曼（Philippe Dauman）、甲骨文（Oracle）的拉里·埃里森（Larry Ellison）和哥伦比亚广播公司（CBS）的莱斯利·穆恩斯（Leslie

Moonves）等高管获得了一些批评人士认为的过于丰厚的报酬。事实上，理查德·格拉索（Richard Grasso）在纽约证券交易所的年薪达到 1.39 亿美元后被董事会解雇。这些例子表明，治理决策和决策者一样重要，高级管理人员必须品行端正，避免不当行为。

信息技术治理（IT governance）是一个框架，确保在考虑业务目标的同时做出信息技术决策。治理包括定义决策过程本身，以及定义决策者；谁对结果负责；以及如何沟通、衡量和监控决策结果。

一个组织的行政人员和董事会负责治理，他们通过监督审计、薪酬和收购等关键领域的委员会来履行这一职责。开明的组织认识到，信息技术治理不是信息技术管理的责任，而是执行管理的责任，包括董事会（见图 5-1）。

图 5-1　董事会和参与治理的各小组委员会

有效的信息技术治理的两个主要目标是：（1）确保组织通过对信息技术的投资实现良好的价值；（2）减轻信息技术相关风险，如图 5-2 所示。信息技术治理与财务投资组合管理类似，在财务投资组合管理中，管理者权衡回报率，并将其与每项投资相关的风险进行平衡。然后，经理做出选择，以在可接受的风险水平上实现良好的回报率。从信息技术投资中获得良好的价值需要在业务目标和信息技术计划之间保持紧密的一致。降低信息技术相关风险意味着在组织中嵌入问责制和内部控制。

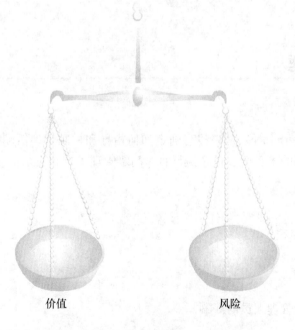

图 5-2　信息技术治理的两个主要目标

■ 确保一个组织从其对信息技术的投资中获得良好的价值

有一段时间，信息技术被简单地看作是一个独立于业务的支持功能。然而，今天，信息技术基础设施和应用程序与各种业务线和功能是如此地集成，以至于组织的许多部分在没有信息技术的情况下无法运行。这对于以电子方式将合作伙伴和客户集成到其业务流程中的组织尤其如此。如果信息技术是业务不可或缺的，并且业务经理必须扮演关键角色，那么管理者履行职责的方式——治理——必须应用于信息技术管理。高级管理人员必须带头在信息技术部门和其他部门之间建立有效的伙伴关系。

如第 2 章所述，有效的信息技术战略规划流程可以通过确保业务目的与目标以及信息技术项目的目的与目标之间的紧密一致，帮助组织从信息技术投资中获得良好的价值。只有与业务战略一致且支持业务目的和目标的信息技术项目才应考虑为其配备人员和提供资金。这些项目将实现组织的战略目标，无论是增加收入、降低成本、改进客户服务、增加市场份额还是缩短上市时间。这个过程确保了信息技术的有效性，并被用于适当的项目中。

为了使信息技术项目与业务目标保持一致，并得到适当的人员配备、资金支持和执行，这些项目必须在预算内按时交付预期的业务成果。这一过程包括应用良好的项目管理原则，如第 3 章所讨论的，以确保有效地完成工作，并以高度的可预测性实现结果。

降低信息技术相关风险

与信息技术相关的风险包括信息技术系统和流程未能满足广泛的州和联邦政府规章制度（见表 5 - 1）、黑客和拒绝服务攻击的安全风险、数据和身份盗窃的隐私风险以及由于灾难或停电导致业务中断的威胁。良好的内部控制和管理责任必须嵌入组织中，以避免与信息技术相关的风险。

表 5 - 1　美国信息技术组织必须遵守的部分规则、法规和标准的清单

法案	目的
《银行保密法》（Bank Secrecy Act）	通过要求金融机构向政府机构报告某些交易并向客户隐瞒这些交易的报告来发现和防止洗钱行为。
《巴塞尔新资本协议》（Basel II Accord）	制定加强全球资本和流动性规则的国际标准，以促进更具弹性的银行业。
《加州参议院 1386 号法案》（California Senate Bill 1386）	通过对遭遇安全漏洞的企业和政府机构施加披露要求，防止身份盗窃，这可能会使加州居民的个人信息处于危险之中；这是许多旨在保护消费者免受身份盗窃的州法律中的第一条。
《欧盟数据保护指令》（European Union Data Protection Directive）	通过限制将此类数据发送到欧盟以外被视为数据安全标准不足的地区，保护欧盟公民个人信息的隐私。
《联邦信息安全管理法案》（Federal Information Security Management Act）	通过授权年度审计，加强美国联邦政府和关联方（如政府承包商）内的计算机和网络安全。
《外国账户税务合规法案》（Foreign Account Tax Compliance Act）	确定在非美国金融机构和离岸账户中持有金融资产的美国纳税人，以便他们无法逃避美国的纳税义务。
《反海外腐败法》（Foreign Corrupt Practices Act）	阻止某些类别的人员和实体向外国政府官员支付款项，以获取或保留业务。
《金融服务现代化法案》（Gramm-Leach-Bliley Act）	保护金融机构收集和处理的个人可识别金融信息的隐私和安全。
《健康保险可携性和责任法案》（Health Insurance Portability and Accountability Act，HIPAA）	保护医疗保健过程中收集的受保护的健康信息（PHI）和电子 PHI（ePHI）数据；规范医疗保健行业内的某些电子交易。
《支付卡行业数据安全标准》（Payment Card Industry Data Security Standard）	保护持卡人数据，确保商户和服务提供商保持严格的信息安全标准。
《个人信息保护和电子文件法案（加拿大）》（Personal Information Protection and Electronic Documents Act，Canada）	管理商业交易过程中个人可识别信息的收集、使用和披露；根据欧盟数据保护指令创建。

续表

法案	目的
《萨班斯-奥克斯利法案》（Sarbanes-Oxley Act）	通过要求上市公司的年度报告包括对财务报告内部控制有效性的评估来保护投资者和消费者的利益；要求上市公司的首席执行官和首席财务官证明并报告该评估。
《美国爱国者法案》（USA PATRIOT Act）	这一广泛的法案有许多方面，其中一部分与信息技术合规有关的法案被称为《金融反恐法》（Financial Anti-Terrorism Act），旨在通过洗钱和其他金融犯罪打击恐怖主义融资。

美国通过了《萨班斯-奥克斯利法案》（第1章讨论过），要求高级管理层对其组织的财务数据和内部控制的完整性负责。该法案旨在确保内部控制措施到位，以管理财务报表的编制和文件编制。法案第404条要求首席执行官和首席财务官签署声明，证明其公司在美国证券交易委员会提交的任何文件中的信息都准确无误，并对虚假证明处以严厉惩罚。其他几个国家也通过了类似于《萨班斯-奥克斯利法案》的法律，如表5-2所示。

表5-2　旨在提高公开披露的准确性和可靠性的立法

国家	法案	颁布年份
澳大利亚	《公司法律经济改革计划（审计改革和公司披露）法案》	2004
加拿大	承诺实施强有力的经济法案（预算措施）	2002
法国	《法国金融安全法》（Loi de Sécurité Financière）	2003
德国	《德国公司治理法典》（The Deutscher Corporate Governance Kodex）	2002
印度	印度证券交易所上市协议第49条	2005
意大利	第262/2005号法律	2005
荷兰	Code Tabaksblat	2003

内部控制（internal control）是一个组织的董事会、经理和信息技术系统创建的过程，为运营的有效性和效率、财务报告的可靠性以及遵守适用的法律法规提供合理的保证。良好的内部控制的一个基本概念是谨慎地分离与关键流程相关的职责，以便职责必须由多个人执行。**职责分离**（separation of duties）对于涉及处理金融交易的任何过程都是至关重要的，因此欺诈需要两方或多方串通。例如，在设计应收账款信息系统时，职责分离要求你单独负责接收客户付款、批准注销、存放现金和核对银行对账单。内部控制在预防和发现欺诈以及保护组织资源方面发挥着关键作用，在业务运营审计过程中，经常会审查适当的职责分离。

在鲍尔州立大学，两项欺诈性投资以1260万美元的损失告终，因为学校员工未能遵守当时的内部控制。在没有其他任何人知道或批准的情况下，该大学的现金和投资管理办公室的前任主任将这笔钱投资给了两名财务顾问，两人后来都被判欺诈学校罪。[1]

你会怎么做？

你已经申请了鲍尔州立大学现金和投资总监的空缺职位，面试官刚刚简单地解释了学校发生的投资欺诈，现在请你就应该采取什么新措施来防止这种情况再次发生征求意见。你会说些什么？

高级管理人员的不当行为和不追究管理人员的责任甚至可以规避一个良好的内部控制系统。例如，位于塔尔萨的飞机维修服务提供商BizJet的四名高管被控违反《反海外腐败法》。据称，他们向外国官员行贿，以获得并保持外国政府客户的业务，包括墨西哥联邦警察局、墨西哥总统的舰队、锡那罗亚和巴拿马航空局。四位高管中的三位已经认罪，这包括前首席执行官，但是仍有一位逍遥法外。[2]

另一个例子是特易购（Tesco），这是一家总部设在英国的跨国杂货和综合品零售商。该公司最近的年销售额超过 700 亿英镑（1 128 亿美元），在全球 6 700 多家商店雇用了约 50 万名员工.[3] 2014 年，英国严重欺诈办公室（SFO）对该公司的会计错误展开正式刑事调查，此前该公司将其 2014 年上半年的利润高估了 2.63 亿英镑（4.24 亿美元）。严重欺诈办公室（SFO）只有在确定有合理理由相信这种行为可能涉及严重欺诈时，才会展开该等调查。[4]

图 5-3 给出了有效信息技术治理所需的五个关键活动。信息技术价值交付和风险管理是目标，战略一致性和信息技术资源管理是实现这些信息技术治理目标的方法，绩效衡量是管理层用来跟踪其信息技术治理工作成功程度的方法。

图 5-3　有效的信息技术治理需要五个关键活动

为什么管理者必须理解信息技术治理

利用信息技术改造企业并创造增值服务、增加收入和减少开支已成为企业的普遍目标，成功的管理者寻求机会来实现信息技术承诺的潜在利益。然而，与信息技术相关的举措很少是简单明了的，它们受到许多因素的影响：组织的愿景、使命和价值观；社区和组织的道德和价值观；无数的法律、法规和政策；行业指导方针和实践；不断变化的业务需求；以及信息技术利益相关者和公司所有者的价值观。因此，成功的管理者需要一个流程，帮助他们从信息技术投资中获得高价值，管理相关风险，并提供信息技术相关解决方案，以满足日益增长的法规遵从性要求。信息技术治理就是这样一个过程。

在拥有良好信息技术治理的组织中，信息技术组织与业务更好地协调和集成，降低了风险和成本，并帮助公司获得业务优势。缺乏信息技术治理的组织缺乏指导和领导能力，缺乏问责制，并且没有衡量信息技术相关决策的结果。信息技术治理是确保信息技术支出实现真正价值并降低信息技术相关风险的重要工具。

信息技术治理框架

信息技术组织可以使用许多经过验证的框架中的一个作为开发自己的信息技术治理模型的基础（见表 5-3），信息技术组织经常采用这些框架中的一个来"快速启动"以改进它们最关心的信息技术相关流程。Plan-Do-Check-Act 问题解决方法（在本章后面讨论）是用于质量改进的，也可用于改进信息技术相关流程。

表 5-3　信息技术治理框架

框架	开发者	概述
赞助组织委员会（COSO）2013	美国反虚假财务报告委员会下属的发起人委员会	提供有关企业风险管理、内部控制和欺诈威慑的指导；旨在提高组织绩效和治理，减少组织中的欺诈程度（www.coso.org）。
信息及相关技术控制目标（COBIT）	信息系统审计和控制协会/信息技术治理研究所（ISACA/ITGI）	为信息技术管理和治理提供一个框架，由过程描述、控制目标、管理指南和模型组成，用于评估每个过程的成熟度和能力（www.isaca.org）。
国际标准化组织（ISO）27002	国际标准化组织（ISO）	提供有关信息安全管理的最佳实践建议，供负责启动、实施或维护信息安全管理系统的人员使用（www.iso.org）。
信息技术基础设施库（ITIL）	英国政府商务办公室	在综合了国际从业人员的最佳想法的基础上，为规划和提供信息技术服务提供了一个经过验证和实用的框架（www.itil.co.uk）。
国家标准技术研究所专刊800-53（第4版）	美国商务部国家标准与技术研究院	提供联邦信息系统和组织的安全和隐私控制目录，以及选择控制以保护组织运营、组织资产、个人、其他组织以及整个美国免受各种威胁的过程（nv-lpubs.nist.gov/nistpubs/SpecialPublications/NIST.sp.800-53r4.pdf）。

此表中包含的两个最著名的框架是信息技术基础设施库（ITIL）和信息及相关技术控制目标（COBIT）。ITIL 和 COBIT 不是相互竞争的框架，而是相互补充的。ITIL 为有效的信息技术服务（如帮助台、网络安全和信息技术运营）提供了最佳实践和标准。ITIL 主张信息技术服务与业务目标保持一致，并支持核心业务流程。它可用于证明合规性和衡量改进。

COBIT 为跨越广泛的信息技术相关活动的 37 个过程提供了指导方针。COBIT 是一个有用的工具，可以提高信息技术治理的质量和可测量性，或者实施一个控制系统来改进法规遵从性。

信息技术基础设施库（ITIL）

信息技术基础设施库（IT Infrastructure Library，ITIL）是英国政府在 20 世纪 80 年代后期最初制定的一套指导方针，如今广泛用于标准化、集成和管理信息技术服务交付。信息技术基础设施库提供了一个经过验证和实践的框架，以综合国际从业人员的最佳想法为基础，规划和提供信息技术运营服务。ITIL 的一个关键原则是，信息技术服务提供商（无论是公司的内部信息技术部门还是外部信息技术服务提供商）必须清楚了解客户的业务目标和优先级以及信息技术服务在实现这些目标中所起的作用。ITIL 也是提高信息技术运营效率和信息技术客户服务质量的有用工具。

信息技术基础设施库是围绕五个阶段的服务生命周期组织的，如图 5-4 所示。[5]

1. 服务策略包括了解信息技术客户是谁，满足其需求所需的服务产品，以及开发和成功执行这些产品所需的信息技术能力和资源。

2. 服务设计确保新的和/或更改的服务被有效设计以满足客户期望。

3. 服务过渡包括遵循从构建、测试，到将满足客户期望的服务投入生产这一设计过程。

4. 服务运营持续提供服务，同时监控服务的整体质量。

5. 持续的流程改进为信息技术组织提供了一种手段，用于衡量和改进服务水平、技术以及用于服务总体管理的过程的效率和有效性。

人们可以接受培训，并就三个不同的层次在 ITIL 通过认证：基金会，从业人员和管理人员。信息技术服务管理论坛是 ITIL 用户的独立论坛，促进了 50 多个国家的信息技术服务提供商之间的信息和经验交流。[6] 美国银行、巴克莱银行、波音、花旗银行、迪士尼、礼来制药（Eli Lilly）、惠普、IBM、微软、索尼、史泰博（Staples）、辉瑞、塔吉特、丰田和沃尔玛等数千家机构都采用了 ITIL。[7]

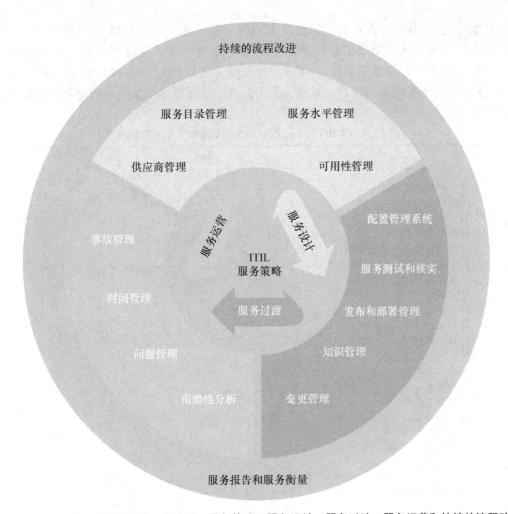

图 5-4　ITIL 流程生命周期的五个阶段：服务策略、服务设计、服务过渡、服务运营和持续的流程改进

资料来源：Ingerstedt，Anders，"ITIL and LEAN in IT Service Management,"Alite International，October 24，2014，www. alite-international. com/blog/itil-and-lean-in-it-service-management.

　　CSC 是一个使用 ITIL 向客户提供服务的组织的例子。CSC 的 76 000 名员工为其在 70 多个国家的数千名客户提供网络安全、大数据、咨询和以行业为中心的应用解决方案。CSC 总部位于弗吉尼亚州的瀑布教堂，在澳大利亚、亚洲和欧洲还有三个主要办事处。CSC 业务的核心是信息技术服务管理，公司的全球服务交付模型基于 ITIL 兼容流程。CSC 雇用具有全球经验（政府和商业）的 ITIL 认证员工，成功地使 ITIL 适应客户的目标。[8]

信息及相关技术控制目标（COBIT）

　　信息及相关技术控制目标（Control Objectives for Information and Related Technology，COBIT）是一套指导方针，其目标是使信息技术资源和流程与业务目标、质量标准、货币控制和安全需求保持一致，这些指导方针由信息技术治理研究所发布，它们为 COBIT 定义的信息技术相关流程提供度量、最佳实践和关键成功因素。COBIT 中包含的最佳实践代表了专家的共识。你可以从 www. isaca. org/COBIT/Pages/default. aspx 下载指南。

　　最初的一套 COBIT 指南是在 20 世纪 90 年代中期发布的，从那时起，COBIT 框架被改进和完善了几次；目前的 5.0 版本是在 2012 年发布的。信息技术治理研究所通过其 COBIT 指导委员会，打算不断地发展指导方针。COBIT 5.0 提出了指导信息技术治理的五个原则：（1）满足利益相关者的需求；（2）涵盖企业端到端；（3）应用单一、集成的框架；（4）实现整体方法；（5）将治埋与管理分离。COBIT 5.0 框架为 37 个信息技术相关流程提供了指导，这些流程分为五个主要领域以及两个治理和管理领域，如表 5-4 所示。[9]

表 5-4　COBIT 5.0 过程分为两个范畴和五个主要领域

范畴	领域	过程
治理	评估、指导、监控	建立和维护治理框架 确保价值优化 确保风险优化 确保资源优化 确保利益相关者的透明度
管理	计划	定义信息技术的管理框架 管理策略 管理企业架构 管理创新 管理产品组合 管理预算和成本 管理人力资源 管理关系 管理服务协议 管理供应商 管理质量 管理风险 管理安全性
管理	建立	管理程序和项目 定义需求 确定并构建解决方案 管理可用性和容量 管理组织变更启用 提供服务和支持 管理更改 管理变更接受和过渡 管理知识 管理资产 管理配置
管理	运行	管理操作 管理服务请求和事件 管理问题 管理连续性 管理安全服务 管理业务流程控制
管理	监控	衡量绩效和合规性 衡量内部控制制度 衡量是否符合外部要求

对于每个 COBIT 过程，管理过程的“成熟度级别”可以在 0～5 的范围内进行评估。尺度大致定义如下：

- 0：不存在的——管理过程根本不适用。
- 1：初始的/临时的——流程是临时的和无序的。
- 2：可重复但直观的——流程遵循规则模式。
- 3：有定义的——记录和沟通过程。
- 4：有管理的和可测量的——对过程进行监视和测量。
- 5：最优化的——遵循最佳实践并实现自动化。

组织可以使用每个流程的规模来评估多个项目：

- 确定组织的当前成熟度级别。
- 定义组织需要达到的成熟度级别。
- 确定其行业中被视为最佳实践的成熟度级别。
- 确定它们最强大的竞争对手达到的成熟度级别。

然后，组织可以使用这些信息来选择哪些流程具有改进的优先权，哪些流程可以稍后解决。

你会怎么做？

　　你是一家中型制造企业信息技术部门的经理，你的事业进展顺利，在公司工作的三年里，你得到了晋升和两次加薪。在每季度召开一次的项目审查会议后，你的经理将你拉到一边，要求你考虑成为贵公司的COBIT 主题专家。在这个角色中，你将成为公司中其他试图应用 COBIT 框架以改进其职责范围的人的资源。你将接受几周的培训，目标是成为一名经过 COBIT 认证的信息系统审计员。你会问你的经理什么问题来帮助你做出决定？

▣ 使用 PDCA 和信息技术治理框架

　　图 5-5 所示的 **Plan-Do-Check-Act**（**PDCA**）模型是一种经过验证的方法，可以应用于已确定需要改进的特定目标流程。模型中的每个步骤都有以下具体目标：

- 在 Plan 这一步，要求改进团队以确定其目标改进区域，分析当前的工作方式，并确定改进机会。
- 在 Do 这一步，Plan 步骤中决定的变更通常是在试点或有限的基础上实施的，以评估拟议变更的潜在影响。
- 在 Check 这一步，需要测量变化的结果。结果实现了吗？是否有意外的副作用？是否需要进一步改进？
- 在 Act 这一步，改进团队考虑是否值得在最近实施的变更中继续该过程。如果变更太复杂，人们无法遵循，或者它导致了微不足道的改进，那么变更可能会被中止。此时，团队将返回 Do 这一步并重新开始。因此，一个改进周期的完成成为下一个周期的开始。

　　ITIL 和 COBIT 治理框架为各种与信息技术相关的流程提供了一套优秀的最佳实践。流程改进团队可以在 Plan 这一步中使用这些最佳实践来评估其组织的当前实践并确定改进领域，最佳实践还可以为 Do 这一步和 Check 这一步的措施提供改进意见。因此，许多组织将 PDCA 和 ITIL 治理框架的使用结合起来，以在其流程改进项目中获得优异的结果。图 5-5 描述了如何将 PDCA 模型用来改进以 COBIT 框架为基准的信息技术相关流程。

　　我们已经讨论了基本的信息技术治理框架，那么我们来研究管理层的关键治理职责之一：业务连续性规划。

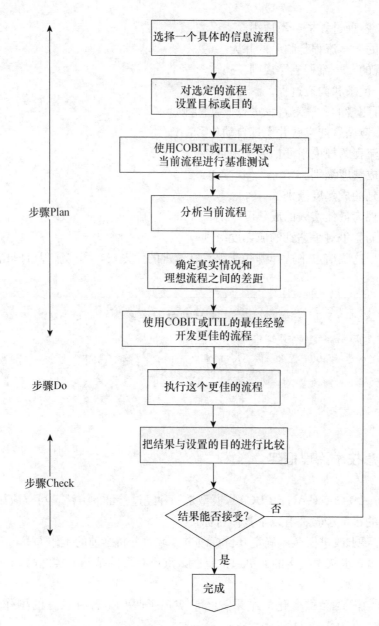

图 5-5　使用 PDCA 和 COBIT 或 ITIL 进行流程改进

业务连续性规划

灾难是指在不可接受的一段时间内，正常业务运营的意外中断。遗憾的是，潜在业务中断事件的列表似乎越来越长（见表 5-5）。无论是影响一个广阔的地理区域和数千个组织，还是仅限于一个组织的一个建筑的一层，灾难都会导致许多负面后果：

- 人员伤亡损失；

- 由于工作人员的能力或出差意愿受到干扰而无法提供工作人员；
- 对员工的不良心理影响，包括压力和士气低落；
- 建筑物、设备、原材料和成品的损坏；
- 无法运行时间敏感的流程，如订单处理、工资单、应付账款、应收账款和库存控制；
- 数据处理能力丧失；
- 失去语音和数据通信；
- 丢失必要的电子和手动记录；
- 对客户和依赖组织的干扰；
- 损害组织声誉；
- 股价下跌，借贷难度加大。

表 5-5　灾害实例

事件类型	实例
广泛的自然灾害	飓风、洪水、地震、海啸、流行病
局部自然灾害	龙卷风、风灾、滑坡、森林火灾
孤立事件	火灾、停电、关键人员死亡、反铲切断电气或通信线路
蓄意攻击	拒绝服务攻击、恐怖袭击、内乱

对最近重大灾难的调查揭示了一些必须纳入组织业务连续性规划的关键规划假设（见表 5-6）。

表 5-6　从最近的重大灾难中吸取的教训

灾害并不总是局限于有限的地理区域。
最基本的必需品（包括饮用水、电力和可通行道路）可能不可用。
可能没有必要的警察和消防服务。
员工可能在数月内或永远无法重新回到原来的工作地点。
由于缺乏建筑材料、设备和工人，恢复能力可能受到限制。
灾难的影响可能会持续数月。
组织的关键成员，包括灾难恢复团队的成员，可能会丢失。
一个组织所依赖的供应商和关键供应商也可能在努力恢复。
某些城市甚至整个国家可能不是大型企业设施的安全场所。
组织需要仔细考虑在将所有操作放在一个小的地理区域内的效率和成本节约与跨多个分散位置分配操作的附加安全性之间的权衡。
新建或扩建现有设施时，应使用防火材料、烟雾探测器、自动喷水灭火系统、宽楼梯井和安全楼层。

业务连续性规划（business continuity plan）定义了确保及时有序地恢复组织的关键、时间敏感的流程所需的人员和程序，且中断最小。在业务中断发生之前制定业务连续性规划至关重要；否则，组织可能无法足够快地作出响应以防止服务中断。**国际标准化组织标准 ISO 22301：2012**（International Standards Organizational Standard ISO 22301：2012）（"社会安全-业务连续性管理系统-要求"）规定了规划、建立、实施、运行、监控、审查、维护和持续改进文件化管理系统的要求，以确保当破坏性事件发生时，重新准备、响应并从中恢复。本标准概要见表 5-7。[10] 本标准适用于所有行业、营利和非营利性组织以及各种规模的组织。组织可以根据本标准寻求认证，并向董事会、立法者、监管者、客户、潜在客户和其他相关方证明它们在业务连续性管理方面坚持良好的做法。[11]

表 5-7　ISO 22301 标准概述

主题	行为
内容	在建立、实施和维护业务连续性管理系统（BCMS）之前，了解你的组织及其目的。 定义利益相关者的需求和期望。 确定 BCMS 的范围。 开发一个符合你需求并符合本标准的 BCMS。
领导	为组织的 BCMS 提供领导。 表明你支持组织的 BCMS。 为你的组织建立适当的 BCMS 策略。 为你的 BCMS 分配职责和权限。
计划	指定管理风险和抓住机遇的措施。 制定业务连续性目标并制定计划以满足这些目标。
支撑	通过提供必要的资源来支持你的 BCMS。 通过确保人员能胜任来支持你的 BCMS。 通过让人们了解他们的职责来支持你的 BCMS。 通过建立通信程序来支持你的 BCMS。 通过管理所有相关信息来支持你的 BCMS。
操作	执行流程计划并建立控制。 研究干扰和风险，并确定优先事项。 制定业务连续性策略以处理中断。 建立和实施业务连续性规划和程序。 进行练习并测试业务连续性规划和程序。
评价	监控、测量和评估组织的 BCMS。 设置一个初始审计程序，并使用它来评估你的 BCMS。 检查组织的 BCMS 的性能。
提升	识别不符合项并采取纠正措施。 提高 BCMS 的整体性能。

尽职调查（due diligence）是指通常谨慎或合理的一方为避免对另一方造成损害而作出的努力。不这样做可能被视为疏忽，能够展示书面的、经过测试的业务连续性规划被视为尽职调查的一部分。事实上，许多法律法规规定了业务连续性规划的要求。这些要求因国家和行业而异。然而，无论法律要求如何，全球各地的企业都感到越来越迫切地需要通过实施全面的业务连续性规划来为灾难做好准备。每周似乎都会带来一场灾难，影响到全球的某些地区，但每天也会有数百起较小的、孤立的事件，这些事件会损害一个组织在某个地方的运营能力。一个组织的主管负责准备处理一场灾难或一些较小的事件，这些事件会损害其组织的职能。

完整的业务连续性规划的范围涉及所有工人的健康和安全；最大限度地减少财务损失，包括对设施、关键数据、记录、成品和原材料的损坏；最大限度地减少对关键业务流程的中断；提供有效的与客户、业务合作伙伴和股东的沟通。一个经过深思熟虑的业务连续性规划可能意味着组织在灾难中的生存和失败之间的差异。

Lettergold Plastics 有限公司是一家英国公司，专门从事大批量定制成型，服务于各种行业和市场部门。其产品包括密封胶枪、小型饮料容器、瓶盖和密封舱。[12] 这家只有 25 名员工的小公司设定了采用 ISO 22301 的目标，以确保任何潜在业务中断的影响最小，并满足其寻求供应确定性保证的客户的要求。总经理 Andy Drummond 说："以前，恢复计划可能只存在于我的头脑中。像许多小公司一样，我们过度依赖一些个人，尤其是企业主。" ISO 22301 的实施使公司能够获得基本的公用设施，如二次供水和电力备份，并开发在其业务中使用的工业化学品的替代来源。[13]

灾难恢复计划（disaster recovery plan）是组织的业务连续性规划的一个组成部分，该计划定义了在发生灾难时恢复组织的业务信息系统资产（包括硬件、软件、数据、网络和设施）的过程。灾难恢复计划侧重于技术恢复，并确定在发生灾难时负责采取行动的人员或团队、灾难发生时这些人员将做什么，以及支持关键业务流程所需的信息系统资源。COBIT 5.0 过程称为"管理连续性"，它描述了如何创建有效的灾难恢复计划。

你会怎么做？

　　你的经理已指派你作为多功能团队的成员参与制定组织的第一个灾难恢复计划。当你和团队中的其他人一起参加初次会议时，你会听到团队中非信息技术成员的很多抱怨，他们不愿意从其他职责中抽空去做他们认为是信息技术项目的工作。你会说些什么？

　　以下内容具体描述了图 5-6 所示的制定灾难恢复计划的过程。

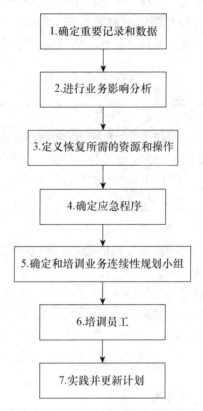

图 5-6　制定业务连续性规划的流程

1.确定重要记录和数据

2.进行业务影响分析

3.定义恢复所需的资源和操作

4.确定应急程序

5.确定和培训业务连续性规划小组

6.培训员工

7.实践并更新计划

制定灾难恢复计划的过程

确定重要记录和数据

　　每个公司都有重要的电子记录和硬拷贝数据，这些数据对管理和控制公司的现金流和其他有形资产至关重要。这些记录包括客户数据、合同、当前订单信息、应付账款数据、应收账款数据、库存记录和工资单信息。公司必须识别重要的记录和数据，然后确定它们存储和备份的位置和方式。然后，考虑到各种灾难场景，公司必须评估当前数据存储计划的充分性。

　　遗憾的是，有些方法虽然不被推荐，但已被广泛采用。一种糟糕的方法是让员工在工作日结束时将重要数据备份到家中。这样的数据很容易被盗或丢失。另一种不好的方法是将备份数据存储在街对面的一栋建筑中：影响本区域的灾难可能会清除基本数据和备份数据。

建议采用其他方法并广泛实施，例如，随着在线数据库的更新，公司可以在数百英里外的备份数据库上镜像这些更新。这种方法很昂贵，但它在发生灾难时提供了对当前数据的快速访问。另一种方法是每晚将在线数据库复制到大容量、便宜的磁存储设备上，并将它们运到另一个州的数据存储设备上。这种低成本的解决方案最大限度地降低了数据丢失超过一天的可能性。

进行业务影响分析

只有在确定了组织的独特需求之后，才能制定有效的灾难恢复计划。一个小型制造厂的需求显然与一个拥有数千名员工的金融机构的需求不同。

即使在同一个组织中，业务的不同部分也有不同的需求，控制公司现金流并为客户提供基本服务的职能被认为是最关键的，表5-8是对业务功能进行分类的一种有用方法。分类是基于识别和量化与业务功能变得不可操作相关的财务、运营和服务影响，对这一分析很重要的是要确定影响的感觉会有多快。在组织遭受严重损害之前，必须恢复业务职能的时间称为**恢复时间目标**（recovery time objective）。基于这些数据，每个业务功能都可以放在适当的类别中。这种灾难恢复计划的分类方法使人们能够专注于满足最基本功能的恢复需求。

表5-8　业务功能分类

业务功能分类	恢复时间目标	例子
AAA	这项业务功能对公司的运营极为重要，在几分钟内无法使用不会造成严重问题。	订单处理
AA	这项业务功能对公司的运营至关重要，在几小时内无法使用不会造成严重问题。	应收账款，应付账款
A	这项业务功能虽然重要，但可以在几天内无法使用而不会造成严重问题。	工资单
B	在发生重大灾难时，此业务功能可能会在几天内不可用，而不会造成重大问题。	员工招聘

定义恢复所需的资源和操作

对于所有AAA优先级业务功能，记录在恢复时间目标内恢复业务功能所需的所有资源：人数、电话、文件、办公桌、办公空间、传真机、计算机、软件、打印机等。建立一个通知列表，确定在发生灾难时需要通知哪些人，包括关键供应商、客户和媒体成员。许多组织已经建立了一个持续的语音会议，以便在灾难中使用，这样员工就可以打电话，报告他们的状态，并获得最新的信息和指示。

接下来，确定从灾难中恢复所必须执行的步骤序列。从影响单个建筑的一层楼的相对孤立的事件到设施、人员和设备的完全且广泛的损失，有几个方案需要解决。在恢复AAA优先级业务功能时要考虑的特定功能包括：

● 使用应急发电机替换不可用的公共设施。

● 应急计划，以将操作转移到另一个地点或通过备用设施运行信息技术设备。许多组织支付使用备用站点来容纳员工、存储备份文件和数据，以及在员工无法返回工作场所时操作备份设备的费用。

● 考虑备份仓库、生产和分销能力，使公司能够继续生产其产品并将其推向市场。

● 用于语音和数据通信的智能交换功能和备份网络。智能交换机可以识别网络的某一部分何时丢失，并通过备用通信路径自动将语音和数据通信重新路由到仍在工作的位置。

当AAA优先级业务功能的所有前面的任务都完成时，对所有AA优先级业务功能重复该过程，然后对所有A优先级业务功能重复该过程。

灾难恢复即服务（disaster recovery as service，DRaaS）是指由第三方服务提供商复制和托管物理或虚拟服务器以及其他必要的硬件和软件，以便在发生灾难时提供信息技术服务。许多中小型组织实施DRaaS战略，以避免与构建和维护自己的非现场灾难恢复（DR）环境相关的成本和工作量。这种方法有两个风险：第一，组织必须相信DRaaS服务提供商能够在发生灾难时真正提供信息技术服务，并满足定义的恢复时间目标；第二，该组织必须相信，在发生广泛的灾难（如飓风或地震）时，服务提供商将有能力为其所有客户提供灾难恢复服务。DRaaS 服务提供商倾向于优先考虑那些签订利润更高的合同的大客户，因此小公司可能会发现它们必须等待更长的时间才能恢复系统。

确定应急程序

应急程序规定了灾难发生时以及灾难发生后应立即采取的步骤。对这些程序进行一点规划和实践，可以最大限度地减少人员伤亡，并减少对业务及其运营的影响。最好与消防部门、警察部门和民防组织等专业急救人员一起制定这些计划。在最大可能的情况下，计算机、数据和设备备份过程应自动触发或以最少的人为干预触发。例如，文件服务器应自动检测主电源是否已丢失，以便设备可以使用电池或备用电源运行。此检测应该触发一个自动过程，将密钥文件通过网络备份到位于其他位置的服务器。

确定和培训灾难恢复小组

需要三个灾难恢复小组：控制小组、应急响应小组和业务恢复小组。这些团队的成员应该根据他们的专业知识、经验和在极端压力下良好工作的能力仔细挑选。如果人员在灾难中丢失或无法到达，则应选择和培训比实际需要的更多的成员。出于同样的原因，交叉训练是一个明智的选择。

控制小组在灾难发生时提供方向和控制，并在配备应急通信设备的安全应急操作中心进行操作。控制组收集和分析决策所需的数据，并指导应急响应小组和业务恢复小组的工作。控制小组、应急响应小组和灾难恢复小组之间必须保持通信。

对于大多数组织来说，应急小组包括消防部门、警察部门和其他急救人员。一些大型组织有自己的应急消防部门，它们的作用是帮助拯救生命和遏制灾难的影响。

业务恢复小组包括员工和非员工专家，他们在安全情况下评估现实状况，比如评估损坏的程度并决定是否或何时可以安全地重新进入受影响的工作区域。他们建议是否需要实施灾难恢复计划，这具体取决于灾难或事件的影响。

培训员工

应对所有员工进行培训，以识别和响应各种类型的灾难警报，如火灾、龙卷风、气体释放等。员工必须知道是否要撤离办公室，在地下室寻求庇护，待在原地或采取其他行动。此外，确定负责疏散指定楼层或工作区域的"楼层管理员"是一种良好的做法。这些楼层管理员在人群控制、急救、心肺复苏、除颤器操作以及帮助残疾人疏散方面接受了额外的培训。他们在灾难发生时为其他工人提供领导和指导。大多数组织每年都会进行一到两次灾难演习，以确保员工知道该做什么，并且楼层管理员也能够有效运作。演习可以模拟处理受伤工人和帮助残疾工人。

实践并更新计划

制定计划而不去实践是没有好处的。必须测试灾难恢复计划，以确保它是有效的，并且人们可以执行它。许多公司每年至少对一个 AAA 优先级系统实施一次灾难恢复计划。这种做法可能会提前宣布，以避免过度警报，但预计员工将在预期的恢复时间内执行灾难恢复计划和恢复操作。必须捕获计划未解决的问题或担忧，并对其进行修订以纳入解决方案。通过这种方式，计划不断升级，以提高效率。作为测试和升级灾难恢复计划的一部分，选择实施 DRaaS 解决方案的组织还必须与服务提供商密切合作。

组织处于不断变化的状态，因此计划必须不断更新，以应对以下变化：

- 人员及其在组织内角色的变化；
- 组织单位的收购、剥离和合并；
- 人员、组织资产和执行职能的地点的重新安置；
- 软件、硬件和其他设备的升级；
- 关键供应商和客户的变化；
- 控制小组、应急响应小组和灾难恢复小组的成员和联系信息的变化。

表5-9中的管理者检查表为业务经理提供了一组建议的操作，以改进其组织的信息技术治理。每个问题的正确答案都为"是"。

表5-9 管理者检查表

建议操作	是	否
你的公司是否具有有效的公司治理职能？		
你的公司治理职能包括信息技术治理吗？		
你的公司是否充分了解必须减小的信息技术相关风险？		
业务经理是否领导和指导信息技术治理功能？		
你的公司是否有书面的业务连续性规划？		
业务连续性规划是否考虑了从最近的灾难中吸取的教训？		
如果这些职能变得不可操作，业务连续性规划的制定是否使用了基于潜在负面影响的业务职能分类？		
人员是否接受过灾难恢复程序的培训？灾难恢复计划是否定期进行测试？		

重要术语

业务连续性规划	尽职调查	恶意软件
信息及相关技术控制目标（COBIT）	内部控制	Plan-Do-Check-Act（PDCA）模型
公司治理	国际标准化组织标准 ISO 22301：2012	
恢复时间目标	灾难恢复即服务（DRaaS）	信息技术治理
职责分离	灾难恢复计划	信息技术基础设施库（ITIL）

本章摘要

- 公司治理是一套确定如何指导和控制管理活动的过程、习惯、规则、程序、政策和传统。
- 信息技术治理是一个框架，确保在考虑业务目标的同时做出信息技术决策。
- 治理包括定义决策过程本身，决策者，谁对结果负责，以及如何沟通、衡量和监控决策结果。
- 开明的组织认识到，信息技术治理不是信息技术管理层的责任，而是执行管理层的责任，包括董事会。
- 良好的内部控制和管理责任必须嵌入组织中，以避免与信息技术相关的风险。
- 与信息技术相关的风险包括信息技术系统和流程未能满足广泛的国家和政府规章制度、安全风险、隐私风险以及业务中断的威胁。
- 信息技术治理的五个核心主题是：（1）信息技术价值交付，（2）风险管理，（3）战略一致性，（4）信息技术资源管理，（5）绩效衡量。
- 信息技术治理可以确保信息技术组织与业务保持一致和集成，降低风险和成本，并帮助公司获得业务优势。
- 组织可以使用许多框架中的一个作为开发自己的治理模型的基础。两个最著名的是信息技术基础设施库（ITIL）以及信息及相关技术控制目标（COBIT）。

- ITIL 给出了提供有效信息技术服务的最佳实践和标准。
- COBIT 为 37 个流程提供了指导，这些流程跨越了广泛的信息技术相关活动，包括信息技术相关资源和项目的规划、构建、运行和监控。
- 组织的业务连续性规划定义了确保及时有序地恢复组织的关键、时间敏感的流程所需的人员和程序，且中断最小。
- 灾难恢复计划是业务连续性规划的一个组成部分，它记录了在发生灾难时恢复组织的业务信息系统资产的过程。
- 国际标准化组织标准 ISO 22301：2012（"社会安全-业务连续性管理系统-要求"）概述了制定灾难恢复计划的过程。
- COBIT 5.0 过程称为"管理连续性"，它描述了如何创建有效的灾难恢复计划、识别重要记录和数据、进行业务影响分析、定义恢复所需的资源和操作、确定应急程序、识别和培训业务连续性规划小组、培训员工、实践并更新计划。

问题讨论

1. 为建立一个向董事会报告的信息技术治理委员会提供强有力的理由。
2. 确定并简要讨论信息技术治理的五个核心主题。
3. 在每个解决的目标和问题方面，你如何区分公司治理和信息技术治理？
4. 表 5-1 所示的规章制度对你的工作或作为学生的角色有何影响？哪一个最重要？为什么？
5. 组织内部控制系统的目标是什么？分别举出几个好的内部控制的例子和差的内部控制的例子。
6. 除了一套良好的内部控制措施外，还需要什么来保护一个组织免受欺诈？
7. ITIL 和 COBIT 有什么相似之处？它们有什么不同？
8. 业务经理理解并参与信息技术治理是否重要？为什么？
9. 你使用过 PDCA 模型吗？简要描述它是如何使用的以及取得的结果。
10. 业务连续性规划的范围是什么？它与灾难恢复计划有何不同？
11. 供应商和客户是否应该在定义组织的各种业务职能中断对业务的影响方面发挥作用？解释为什么。
12. 描述你在处理暂时中断重要业务功能或公用事业服务的灾难时的个人经验。为了对这样的事件做更好的准备，你能做些什么？

需要采取的行动

1. 你的小公司（有 20 名员工）从未制定过灾难恢复计划，但现在正考虑与一家大型信息技术公司签订 DRaaS 合同。你听到灾难恢复规划组的一位成员提到：合同签署后公司的担忧就结束了。对此你感到惊讶。你怎么回答？
2. 你是公司的高级经理，负责领导信息技术治理小组委员会。你刚刚收到一个年轻的信息技术项目经理发来的短信，上周你遇到了他。短信内容是："我们正在与 IBM 举行一次非现场会议，在对其名为'IBM 数据治理成熟度模型评估'的新服务进行审查之后，我们将签署此服务的合同。我们需要你的意见。请尽快打电话给我，我们讨论一下。"对此领域你一无所知，你该怎么回答？

3. 你被任命为组织业务连续性规划工作的项目负责人，公司里三年多没有人看过这个规划，更不用说试图执行这个规划了。高级管理层要求你"扫除灰尘并更新"计划。你刚刚阅读了另一位团队成员的电子邮件，他向你提出挑战，要你告诉他为什么要"浪费时间"做毫无意义的努力。你该怎么回答？

基于 Web 的案例

零售商是如何保护它们的系统的？它们有多成功？

信息技术经理和业务主管必须意识到不断演变的系统威胁，即使这些系统符合各种指导方针和政策。在恶意软件代码 BlackPOS 发布后的两年里，网络犯罪分子利用它从 1 亿多家主要商家的信用卡和借记卡中窃取信息。

上网了解主要零售商是如何保护它们的系统的，哪些公司正在帮助加密移动数据？哪些零售商正在采取措施加密它们的移动数据？银行和信用卡公司是否采取行动改变标准，以防范出现的新威胁？

接下来，研究最近的数据窃取事件。网络犯罪分子是否还在瞄准销售点系统中的数据？新的威胁出现了吗？如果是这样的话，它们是什么？未来为了保护零售商的数据，可以对 PCI 标准进行哪些更改？

案例研究

纽约银行梅隆公司（BNY Mellon）和其他纽约公司在灾难恢复方面取得了成功

2014 年 2 月，随着一场历史性的冰雪风暴从南部向东海岸袭来，灾难恢复准备委员会发布了一份关于企业应对此类灾难能力的黯淡报告。灾难恢复准备委员会是一个由信息技术专业人员和学术人员组成的独立组织，研究信息技术灾难恢复管理、新兴奖学金和基准测试。该集团的调查显示，超过 60％的受访公司没有完整记录的灾难恢复（DR）计划，四分之一的企业从未测试过它们的灾难恢复计划，三分之一的参与者失去了对关键应用程序、数据文件甚至大部分或全部数据中心的访问，每次持续时间长达数小时。

考虑到许多企业都经历过自然灾害导致的信息技术故障，这种结果令人惊讶。人们只需回顾桑迪飓风就可以看到大都市地区的大风暴所造成的破坏。2012 年选举日前 8 天，飓风袭击了东海岸，淹没了曼哈顿下城，包括在线新闻和政治分析网站"赫芬顿邮报"的数据中心。该网站的信息技术人员疯狂地工作，切换到公司位于新泽西州纽瓦克的备份网站。他们本应可以在主数据中心和备份站点之间使用三个独立的数据传输电路。然而，这三条线路彼此都相距很近，所以这三条线路都受到了损坏，并且在暴风雨中失效。赫芬顿邮报花了一个星期的时间，在网络流量高峰的时候把它的整个网站建立并运行起来。

撇开赫芬顿邮报的经验不谈，几家主要信息技术和关键基础设施公司对桑迪飓风的总体反应是很成功的，纽约银行梅隆公司在飓风过后的混乱中的表现尤为出色。

由亚历山大·汉密尔顿（Alexander Hamilton）于 1784 年创立的纽约银行梅隆公司是一家拥有 28.5 万亿美元资产的投资公司，也是一家"核心清算银行"，在政府和大公司签发支票、电子汇票或付款承诺后，将大量资金转移到收款人的银行。纽约银行梅隆公司每年为美国政府提供约 28 亿美元的清关资金，因此对该国的经济基础设施至关重要。在 2001 年 9 月 11 日的袭击事件发生后，银行的信息技术系统中断了几天，其办事处位于世界贸易中心的对面。该公司在场外复制了其大型机，但在中端信息技术系统上有基于磁带的备份和有线网络。

基于磁带的灾难恢复程序对于像纽约银行梅隆公司这样的大公司和小公司来说都是有问题的。首先，磁带并不总是可靠的媒介；其次，为了在灾难发生后开始恢复过程，信息技术人员必须将磁带从其存储位置运回主业务站点，主业务站点可能没有电力，甚至由于洪水或暴风雨或者其他事件造成的损坏而无法访问；最后，公司通常依赖第三方灾难恢复供应商，当大规模灾难发生时，第三方灾难恢复供应商通常很难及时为其所有客户机提供服务，供应商倾向于优先考虑更大的客户，因此较小的公司可能会发现它们必须等待更长的时间才能恢复系统。即使是像纽约银行梅隆公司这样的大公司，也可能会发现它们需要等待更长的时间才能完全恢复系统。

纽约银行梅隆公司从"9·11"事件中吸取了教训，在接下来的几年里，纽约银行梅隆公司做出了一些改变，并利用技术进步来改进其灾难恢复计划。除此之外，纽约银行梅隆公司还将其主要数据中心迁移到了美国相对稳定的地区，该地区距离其位于田纳西州的纽约总部约 800 英里，田纳西州通常不受飓风或冬季风暴的袭击。然后，纽约银行梅隆公司将其资金转移和其他核心银行应用程序的数据复制到了东海岸的两个数据中心。尽管桑迪飓风期间两个备份数据中心中的一个因断电而失败，但该站点的备份生成器启动了，公司的业务流程能够继续不间断地进行。

在飓风发生前几天，纽约银行梅隆公司还临时将其许多业务流程从纽约市转移到美国的其他州和欧洲。然而，该公司仍有 4 100 名纽约总部的员工需要远程工作，许多人通过该公司的虚拟专用网络（VPN）来完成这项工作。VPN 的峰值是 5 800 个用户——这是该公司创纪录的负载，尽管市中心地区由于洪水、停电和交通中断而不得不关闭，但其他地方的业务仍在继续。纽约银行梅隆公司的系统没有丝毫损坏。

希望加强灾难恢复系统的公司通常会寻找一些组织，如 EMC，这些组织使每个行业的服务提供商和企业都能够提供基础架构即服务（IaaS）。EMC 云计算产品和服务可帮助组织存储、管理和保护其数据和信息技术。在飓风桑迪等灾难中系统表现良好的许多公司都依赖于 EMC 产品，包括用于信息存储的 VMAX，用于存档、备份和恢复的 RecoverPoint 以及用于虚拟化的 VMware。例如，RecoverPoint 支持连续远程数据复制。

在飓风桑迪期间，EMC 不仅利用了当地的信息技术人员，还从西海岸引进了一支团队，创建了"作战室"，每周 7 天、每天 24 小时运行，以帮助纽约和新泽西州的客户断电，将其业务流程转移到客户在停机之前恢复的站点，并保持这些系统运行。10 月 28 日，在风暴来临之前，EMC 客户服务工程师 Eugene Libes 驻扎在一家市中心酒店。10 月 29 日早些时候，他的团队不停地收到客户紧急断电的请求。这些断电使客户能够安全地关闭其信息技术系统，并避免在暴风雨期间突然切断系统电源时出现错误。Libes 回忆道："我们最大的客户之一就坐在哈德逊河洪水泛滥的路上。我们有一个团队，他们到客户的网站去关闭所有电源，只是尽可能快地按下开关。当我回到车上时，水已经流到轮胎的一半了。我们跳上车，一开走，一股巨浪就冲到了街上。我们操作的时机刚刚好！"

EMC 备份和恢复系统总裁 Guy Churchyard 回忆说，在整个危机期间，那些房屋被水淹（但家人安全撤离）的工程师们一直在工作。工程师们在会议室的地板上睡了五天，用汽车电池给自己的设备充电。一位工程师在他的房子里有一台发电机，公司在那里建了一个作战室。

当被问到下次他会有什么不同行动时，Eugene Libes 说："我会联系客户，说服它们提前断电，并将操作转移到灾难恢复站点。通过提前处理所有这些问题，客户可以避免很多痛苦。利用这种方法，它们可能无法在理想的水平上运行，但这比完全下降或在最后一分钟混乱要好。"

如今，包括微软、IBM 和亚马逊在内的许多公司都提供云计算灾难恢复解决方案，它们在帮助客户成功应对最近的自然灾害方面所起的作用，突显出从无线网络到虚拟化的技术进步如何提高了灾难恢复准备。然而，许多公司仍然存在一个障碍，正如一位信息技术主管解释的那样，"每个人都希望在你的公司拥有一个强大的灾难恢复系统，直到你向他们解释它的成本。"对于像纽约银行梅隆这样的公司，一个有效的灾难恢复计划势在必行；银行大量投资于其灾难恢复系统，并每年测试四次。然而，中小型公司有时觉得它们可以比支付昂贵的灾难恢复计划更容易地承受停机时间。因此，灾难恢复准备委员会发现，许多企业对未预料到的风险毫无准备。然而，从好的方面来说，灾难恢复技术正在不断改进，而且正在开发成本较低的解决方案，以使所有人都能制定规划、测试和恢复。

问题讨论

1. 从自然灾害和恐怖袭击中吸取了哪些关于灾难恢复系统的教训？
2. 这些经验如何因公司的规模、行业、客户群和地理位置而变化？
3. 云计算灾难恢复解决方案的优势是什么？缺点和风险是什么？
4. 在与供应商和第三方打交道时，小公司能做些什么来确保在紧急情况下满足它们的需求？
5. 在桑迪飓风期间，EMC 雇用了一批超出职责范围的员工来支持其客户。然而，当备用发电机开始冒烟且大楼断电时，即使是公司最大的客户之一的系统也出现了故障。在另一个例子中，许多 Structure Tone 的员工在暴风雨中赶回家与家人团聚时，把笔记本电脑留在工作岗位上。因此，他们无法访问 VPN。两家公司都应该采取哪些措施来确保灾难恢复系统在紧急情况下有效工作？

资料来源："The State of Global Disaster Recovery Preparedness," Disaster Recovery Preparedness Council, January 2014，http://drbenchmark. org/wp-content/uploads/2014/02/ANNUAL_REPORT-DRPBenchmark_Survey_Results_2014_report. pdf；Vance, Jeff, Harvey, Cynthia, Robb, Drew, and Maguire, James, "Disaster Recovery: IT Pros Handle Hurricane Sandy," Enterprise Storage Forum, November 30, 2012, www. enterprisestorageforum. com/storage-management/disaster-recovery-it-pros-handle-hurricane-sandy-1. html; Hiner, Jason, "Video: IT Heroes of Hurricane Sandy," ZDNet, October 30, 2013, www. zdnet. com/video-it-heroes-of-hurricane-sandy-7000022612/; "Who We Are," BNY Mellon, www. bnymellon. com/us/en/who-we-are/, accessed October 28, 2014; Boulton, Clint, "How BNY Mellon Withstood Hurricane Sandy," *CIO Journal*, November 11, 2012, http://blogs. wsj. com/cio/2012/11/11/how-bny-mellon-withstood-hurricane-sandy/; EMC Web site, www. emc. com, accessed October 29, 2014; Chused, Ben, "Reflection on Hurricane Sandy and Customer Service," *EMC in Focus*, October 30, 2013, https://infocus. emc. com/ben_chused/reflection-on-hurricane-sandy-and-customer-service/.

注 释

开篇案例资料来源：

Sidel, Robin, "Home Depot's 56 Million Card Breach Bigger than Target's," *Wall Street Journal*, September 18, 2014, http://online. wsj. com/articles/home-depot-breach-bigger-than-targets-1411073571; Riley, Michael, Elgin, Ben, Lawrence, Dune, and Matlack, Carol, "Missed Alarms and 40 Million Stolen Credit Card Numbers: How Target Blew It," *Bloomberg Businessweek*, March 13, 2014, www. businessweek. com/articles/2014 - 03 - 13/target-missed-alarms-in-epic-hack-of-credit-card-data; "Hacking Timeline: What Did Target Know and When?," *Bloomberg Businessweek*, March 13, 2014, www. businessweek. com/videos/2014 - 03 - 13/hacking-timeline-what-did-target-know-and-when; Vijayan, Jaikumar, "After Target, Neiman Marcus Breaches, Does PCI Compliance Mean Anything?," *Computerworld*, January 24, 2014, www. computerworld. com/article/2486879/data-security/after-target-neiman-marcus-breaches--does-pci-compliance-mean-anything-. html; "Mozart Does Not Sound Sweet to Home Depot's Ear," September 25, 2014, idRadar, www. idradar. com/news-stories/technology/Mozart-Not-Sweet-Music-To-Home-Depot-After-Breach; "In Home Depot Breach, Investigation Focuses on Self-Checkout Lanes," *Krebs on Security*, September 14, 2014, http://krebsonsecurity. com/tag/target-data-breach/; Gonsalves, Antone, "Researcher Disputes Report BlackPOS Used in Home Depot, Target Attacks," *CSO Online*, September 12, 2014, www. csoonline. com/article/2606380/data-protection/researcher-disputes-report-blackpos-used-in-home-depot-target-attacks. html; "Customer Update on Data Breach," Home Depot, https://corporate. homedepot. com/mediacenter/pages/statement1. aspx, accessed March 12, 2015.

［1］ Slabaugh, Seth, "Ball State University Writes Off $12. 6 Million from Scam," *Indy Star*, October 18, 2014, www. indystar. com/story/news/education/2014/10/18/ball-state-university-writes-million-scam/17527977/.

［2］ Doufekias, Demme and Fleisher, Adam J., "United States: The Long Arm of The FCPA: Former BizJet CEO Arrested in Amsterdam, Pleads Guilty in Oklahoma," Mondaq, August 4, 2014, www. mondaq. com/unitedstates/x/332468/White+Collar+Crime+Fraud/The+Long+Arm+of+the+FCPA+Former+BizJet+CEO+Arrested+in+Amsterdam+Pleads+Guilty+in+Oklahoma.

［3］ "Tesco PLC Key Facts," Tesco, www. tescoplc. com/index. asp? pageid＝71, accessed October 30, 2014.

［4］ Maidment, Neil and Holton, Kate, "Britain's Fraud Office Launches Probe into Tesco Accounting," *Daily Star*, October 30, 2014, www. dailystar. com. lb/Business/International/2014/Oct-30/275852-britains-fraud-office-launches-probe-into-tesco-accounting. ashx♯axzz3I0yf9jvp.

［5］ Arraj, Valerie, "ITIL: The Basics," *Axelos*, July 2013, www. ngi-library. nl/Player/eKnowledge/itil_the_basics. pdf.

［6］ Kneller, Maggie, "Executive Briefing: The Benefits of ITIL," The Stationary Office, www. best-management-practice. com/gempdf/OGC_Executive_Briefing_Benefits_of_ITIL. pdf, accessed November 3, 2014.

［7］ Arraj, Valerie, "ITIL: The Basics," Compliance Process Partners, July 2013, www. ngi-library. nl/Player/eKnowledge/itil_the_basics. pdf.

［8］ "About Us: CSC and ITIL," *CSC*, www. csc. com/about_us/ds/71014/71073-itil, accessed October 30, 2014.

［9］ Youssfi, Karim, Boutahar, Jaouad, and Elghazi, Souhail, "A Tool Design of COBIT Roadmap Implementation," *International Journal of Advanced Computer Science and Applications*, Vol. 5, No. 7, 2014, http://thesai. org/Downloads/Volume5No7/Paper_14-A_Tool_Design_of_Cobit_Roadmap_Implementation. pdf.

［10］ "ISO 22301 2012: Translated into Plain English," Praxiom Research Group Limited, www. praxiom. com/iso-22301. htm, accessed March 18, 2015.

［11］ Tangen, Stefan and Austin, Dave, "Business Continuity—ISO 22301 When Things Go Seriously Wrong," ISO, June 18, 2012, www. iso. org/iso/news. htm?refid＝Ref1602.

［12］ "High Volume Custom Injection Moulding," Lettergold Plastics, www. lettergold. co. uk/plastics/index. html, accessed November 6, 2014.

［13］ "The Small Business Guide to Standards," BSI, www. bsigroup. com/Documents/standards/smes/bsi-small-business-guide-to-standards-en-gb. pdf, accessed November 6, 2014.

第 6 章

协作工具

关于协作

"几支技术和政治力量融合在一起，形成了一个全球性的、网络化的竞争环境，允许多种形式的合作，而不考虑地理、距离——或者，不久之后甚至连语言也不用考虑。"

——托马斯·弗里德曼（Thomas Friedman），《纽约时报》专栏作家和普利策奖获奖记者

Eagle Investment 采用统一通信

Eagle Investment Systems 是一家金融服务公司，其客户包括西北互助人寿保险、Janus 和 CIGAN 等知名公司。Eagle 为世界各地的私营和公共部门组织提供投资会计、财务数据管理和绩效衡量解决方案。该公司成立于 1989 年，在全球范围内发展壮大，与许多其他国际公司一样，其通信系统的改进需求也日益增长。

直到最近，当 Eagle Investment Systems 的员工想互相联系时，他们可以点击个人电脑，联系到公司 600 位员工中的任何一位。公司使用了 Microsoft Office Communicator（MOC）软件，这使得 Eagle 的员工可以使用他们的个人电脑给他们的同事打电话和发送即时消息；但是，如果员工想在客户那里开会，则他们必须切换到公司的语音系统。公司希望简化员工和客户之间的协作过程。Eagle 在美国、加拿大、印度、新加坡、英国、阿拉伯联合酋长国和中国设有办事处，还寻求采用高质量的视频会议，以帮助管理者监控全球项目的状态，并提供所需的背景员工，以克服经常出现在只使用语音的应用中的语言障碍。

像今天的大多数公司一样，Eagle 利用各种各样的通信技术来共享信息，包括思科的 WebEx、谷歌应用程序和微软的 MOC。Eagle 的沟通需求特别复杂，因为它的员工大约 40% 的时间都在办公室外度过，并且严重依赖平板电脑、笔记本电脑和智能手机。Eagle 并不是唯一一面临挑战的公司。许多公司发现自己正在开发自下而上的沟通策略，这些策略没有很好地整合，不能满足组织的所有需求，或者被证明效率低于预期。因此，许多顶级电信和信息技术公司竞相为其客户提供一个集成通信系统，也称为统一通信（UC），它包括作为单一通信平台被设计、销售和支持的广泛技术和应用程序。

思科通信（Cisco Communications）开发了一套 UC 产品，包括呼叫控制系统；一系列称为通信网关的灵活平台；UC 应用程序，如 Jabber、Unity Connections 和 WebEx 会议；支持客户服务的电话扩展；以及各种许可和管理选项。Jabber 提供状态信息（员工可用性状态）、即时消息、语音和视频、桌面共享和会议，这些信息在从个人电脑和 Mac 到 iPad、iPhone、Android 和 BlackBerry 等设备上始终如一。Unity Connections 允许在任何设备上进行高度安全和可扩展的语音消息传递。WebEx 会议支持大型和小型组会议的管理，使个人能够访问日历、协作、文件和桌面共享以及其他组织工具。思科 TelePresence 提供状态信息并允许高质量的实时视频流。思科积极寻求扩大支持其 UC 系统的平台和设备的范围，2014 年与谷歌合作，在 Chromebook 上提供产品。思科的目标和竞争对手一样，是提供无缝集成的通信系统。

UC 还有另一个重要优势：提高了安全性。通过将思科 UC 应用程序与思科网络集成，Eagle 能够使用该网络执行安全规则。例如，该公司可以限制谁可以在 WebEx 会议期间共享文档。鉴于许多公司面临严重的安全风险，加强通信控制是领先的 UC 供应商提供的另一个优势，如 IBM、微软、惠普、AT&T 和 Unify（以前的西门子）。

在 Eagle 实施其 UC 解决方案以增强员工和客户之间的协作之后，其员工仅在一个月内就记录了 90 000 个即时消息会话、170 个 WebEx 会议和 550 个桌面共享。Eagle 员工的高采用率反映了未来几年 UC 技术的巨大潜力。

学习目标

阅读本章时，请自问：

- 管理者如何确定哪些协作工具对于满足组织的需求最有效？
- 使用协作工具可以带来哪些好处？与使用相关的问题有哪些？

本章讨论了各种各样的协作工具，管理者可以使用这些工具来改进沟通和提高生产力。本章还讨论了使用它们的好处和一些问题。

为什么管理者必须理解协作工具

协作对于人类每一项努力的成功至关重要，从建设大城市到发动战争，再到管理一个现代化的组织。随着时间的推移，人们协作的方式已经演变：我们从面对面的手语和口头交流开始，然后通过烟雾信号、电报和电话进行远距离交流。今天，我们利用无线网络上的电子信息和网络工具，无论何时何地，只要我们愿意，我们都能立即联系到地球上的任何人。这些技术正在缩小世界范围，使任何地方的人们都能有效地交流和互动，而不需要面对面的会议。

如今，在客户所在地的现场工作人员、差旅管理人员、销售人员和服务人员无论在何时何地必须都能够访问相关的公司数据和关键信息。其组织的客户和业务合作伙伴也开始期待这种即时访问。组织使用协作工具召开会议，并向世界各地的员工、业务合作伙伴、股东和客户提供信息、培训和销售演示。正如我们在开篇案例中看到的，组织正通过允许尝试新产品、发现问题并提出改进建议寻找协作工具，使它们能够更接近客户。协作工具（包括即时消息、网络会议和桌面共享）继续帮助团队成员保持联系，并协作、高效地工作。

协作工具

表6-1总结了各种协作工具。虽然你可能在个人生活中使用过许多这样的工具，但请特别注意组织如何在内部和跨组织边界使用协作工具的示例，这些例子有助于解释为什么协作工具被广泛用于满足组织的需求。

表6-1 常用的协作工具

工具	用途
电子公告板	为员工、客户和业务合作伙伴发布信息。
博客	提供组织工作的更新，包括新产品和服务。
日历软件	确定资源可用性，安排房间和会议。
桌面共享	提供技术支持和产品演示。
即时通信（IM）	发送和接收简短的文本消息以提供更新，并询问和回答问题。
在线聊天	创建一个数字论坛（聊天室），多人可以同时彼此交流。
播客	允许数字音频内容（如培训材料和公司公告）通过互联网分发。
简易信息聚合（RSS）订阅	自动从用户最喜爱的博客中向其发送更新的帖子。
共享工作区	为项目团队成员和工作组提供对感兴趣的数字内容的轻松访问。
在线项目管理	为项目经理和成员提供一套报告项目计划和状态的工具。
网络会议	通过互联网进行协作会议和现场演示。
网络广播	通过互联网将单一来源的视频和/或音频同时广播给多人，单向通信受限。
网络研讨会	在互联网上举办研讨会，在演讲人和参与者之间进行一定程度的有限互动。
维基	允许参与者使用任何浏览器或wiki软件自由创建和编辑网页内容。
状态信息	为用户提供查看同事可用性状态（外出、忙碌、可用等）的功能。
统一通信（UC）	在单一解决方案中完全集成了数据、文本、语音和视频，包括即时消息、状态信息和视频会议。

▇ 电子公告板

电子公告板（electronic bulletin board）允许用户留言或阅读公开消息，宣布即将发生的事件、新产品、服务的变化以及使用组织的产品或服务遇到的问题的解决方案。组织经常在其网站上添加公告板功能，以吸引用户社区并增加网站流量。通常，公告板用来让访客了解与组织有关的发展情况。

通用电气（GE）运营一个电子公告板，供用户交换其工业控制和自动化硬件与软件产品的信息（http://forums.ge-ip.com）。公告板由通用电气员工监控，但任何通用电气客户都可以发布问题和回复（见图6-1）。

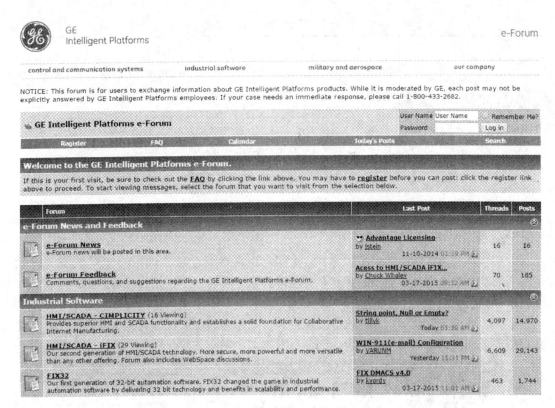

图 6 - 1　通用电气电子公告牌

资料来源：Copyright © 2000—2014，Jelsoft Enterprises Ltd.

　　发布公告到公共公告板（包括社交媒体网站）和其他协作工具的用户应该谨慎行事，因为在许多情况下，员工因发布公告而被解雇。例如，底特律一位 DTE 能源公司的员工最近因为在脸谱网页面上发布了一条带有亵渎意味的帖子而被解雇，这条帖子抱怨她的工作，那一天在底特律地区有成千上万的人失去了工作。[1]

◾ 博客

　　博客（blog）是一个网站，投稿人（"博客作者"）在其中对某一特定主题提供持续的评论。博客有时被用作个人在线日记，或者作为解决当前问题和本地新闻的方法。其他博客、网页以及与博客主题相关的其他媒体的图片和链接可能包含在文本中。在大多数博客中，读者可以发表评论。谷歌、Meltwater Ice Rocket、LJSeek 和 Technorati 等博客搜索引擎可以帮助人们找到新的博客，并帮助博客找到发布新文章和在线上传订阅的最佳位置。

　　越来越多的组织在外部使用公司博客进行品牌推广、营销或维护公共关系。通常情况下，高管或公关人员撰写这些帖子的目的是提高公司的公共形象，推广公司的产品和服务。对于一个公司来说，企业博客是一个让自己看起来更具个性和吸引力的好方法。一个成功的企业博客的关键是确保它允许讨论与读者有关的重要问题，包括对组织有潜在影响的主题。不开放和不客观会导致公司出现偏见和自私自利，从而削弱公司形象，而不是改善公司形象。企业博客也必须认识到，对博客帖子做出回应的人强烈需要感觉到有人在听取他们的意见，而一些评论人士会对他们认为轻蔑或不敏感的任何回应立即感到气馁。表 6 - 2 列出了一些广受欢迎的公司博客。

表6-2　广受欢迎的企业博客

组织	博客地址
IBM	http://asmarterplanet.com/blog/2014/08/ibms-corporate-service-corps-helping-tnc-save-rainforest.html
通用电气（General Electric）	www.gereports.com
万豪（Marriott）	www.blogs.marriott.com
甲骨文（Oracle）	www.oracle.com/us/corporate/blogs/index.html
SAP	http://blogs.sap.com
西南航空（Southwest Airlines）	www.blogsouthwest.com
全食公司（Whole Foods）	www.wholefoodsmarket.com/blog/whole-story

　　2009年，西南航空公司推出了其企业博客"NUTS ABOUT SOUTHWEST"，通过展示西南航空公司的文化和运营方式，该公司将西南航空品牌与客户更深入地联系了起来（见图6-2）。尽管这个博客内容比较平和，但西南航空还是承诺提出相反的观点，并保持其帖子有趣、多样化和平衡。该博客受到了极高的欢迎，并连续三次获得公关新闻（一个为公司、机构和非营利组织的传播和营销社区服务的每日新闻和评论网站）颁发的"最佳企业博客"奖。[2] 西南航空公司将该企业博客的价值视为其社交媒体中心，并为博客团队配备了包括机组人员在内的多名员工，因为他们是负责将客户安全、准时地送到目的地的人员。[3],[4]

图6-2　西南航空公司博客

　　越来越多的组织允许员工创建与其工作相关的个人博客。在最好的条件下，个别员工使用自己的博客寻求帮助，以一种邀请对话的方式传递信息，并邀请其他人改进或建立新的想法。当然，员工也可以使用他们的博客来批评公司的政策和决策。

　　美国宪法第一修正案保护美国人的宗教自由和言论自由，该修正案为联邦政府的潜在行动提供了保护。如果你所说的是不真实的，并且损害了组织或个人，那么该法案不适用于私人公司或个人可能采取的行动。因此，南加州的汽车俱乐部可以合法解雇27名员工，因为他们在MySpace上发布关于同事体重和性取向的帖子。[5] 另一位博主被起诉在未经版权所有者许可的情况下她的博客中包含一张受版权保护的照片。[6]

你会怎么做？

你正在和几个同事共进午餐，这时候你们讨论的话题转到了公司的博客中。你的一个朋友在信息技术小组工作，她透露她刚刚完成了一项对公司 5% 的员工的随机抽样调查，其中 73% 的人在被问及是否支持创建公司博客时回答"是"。你的朋友对结果非常热情，并计划在当天下午与她的经理联系，建议她在接下来的两个月内，花 25% 的时间为你的公司实施和推广一个公司博客。你会对你的朋友说什么？

日历软件

日历软件（calendaring software）允许人们捕获和记录预定的会议和事件。该软件使你能够检查团队成员的电子日历是否有开放的时间段，并向会议和活动参与者发送电子邮件通知和提醒。流行的日历产品包括 Google Calendar、IBM Notes、Microsoft Exchange 和 Zoho Calendar。这些软件包中的大多数都可以使你选择谁有权查看你的日历，哪些详细信息可以查看，以及他们是否可以"预订"你的可用时间。你还可以创建自动事件提醒，包括移动电话通知。

Tomball 地区医疗中心是位于得克萨斯州汤博尔的一家拥有 350 张床位的急诊医院。医院的成像和康复人员过去常常把工作日程安排贴在一个大的干擦除标记板上。现在他们转换为使用日历软件，在三个大屏幕液晶显示器上显示时间表。日历软件还通过个人电脑或移动设备，无论相关员工身在何处，都为他们提供即时访问日程安排的权限。此外，该软件还可以发送预定的电子邮件警报，提醒医生即将到来的预约。[7]

桌面共享

桌面共享（desktop sharing）包括许多技术和产品，这些技术和产品允许在一个人的计算机上进行远程访问和远程协作。**远程登录**（remote log-in）是桌面共享的一种常见形式，允许用户在离开办公室时连接到其办公室计算机上。例如，用户可能不在办公室，但需要打印一个重要文档或更新一个电子表格，以备不期而至的清晨会议使用。GoToMyPC、Join. Me 和 TeamViewer 等产品允许通过互联网从任何个人电脑、平板电脑或智能手机安全访问计算机，这些产品提供桌面远程控制、数据备份、文件共享、远程系统管理和按需客户支持。

远程登录要求远程访问软件安装在你离开时要访问的计算机上，一些产品允许你通过任何其他计算机的 Web 界面登录来访问此计算机。另外还要求在用于访问办公室计算机的计算机上安装第二个小应用程序。远程登录使技术人员可以远程访问用户的计算机以执行设置、培训、诊断和修复，所有这些服务都不需要用户或技术人员出差，也不需要来回运送计算机。此外，无须为技术人员的物理访问设置预约；技术人员和计算机用户必须简单地约定执行支持工作的时间，以避免相互干扰。这样的服务最大限度地减少了用户的停机时间，并使他们能够尽快返回生产性工作。

即时通信（IM）

即时通信（instant messaging，IM）是一种一对一的对话，其中一台计算机与另一台计算机进行通信，以交换文本、图像等。越来越多的人通过基于 Web 的即时通信应用程序发送消息，如表 6-3 所列的应用程序。[8],[9] 这些应用程序允许消费者从电脑、笔记本电脑、平板电脑和智能手机向其他设备发送信息，而无须支付无线电话或短信费用。要在即时通信应用程序中寻找的重要功能包括在 Windows 和 Mac 电脑、笔记本电脑以及 Android 和 iPhone 智能手机上工作的功能、对消息进行强加密的功能，以及在应用程序内设置和拨打电话会议的功能。

表 6-3　流行的基于 Web 的即时通信应用程序

应用程序	截至 2014 年秋季的用户数
WeChat	6 亿
WhatsApp	5.9 亿
WeChat/Weixin	4.38 亿
Viber	4 亿
Line	3 亿
Skype	3 亿
iMessage	2.5 亿
Facebook Messenger	2 亿

即时通信没有电子邮件那么正式，主要以同步通信模式使用，双方都实时发送和接收消息。尽管它通常被认为是与朋友和家人交流的社交媒介，但即时通信也是鼓励与同事和商业伙伴合作的一个很好的催化剂。它跨越多个时区和国家边界工作，鼓励员工寻找其他员工以帮助解决问题。许多基于网络的即时通信系统能够发送和接收文本、语音、群聊、照片、视频，甚至位置数据，以使其他人能够看到你的位置。由于即时通信用户不需要对传入消息作出响应，因此即时通信被认为比电话更具侵入性。

尽管"聊天"和"即时通信"这两个术语经常互换使用，但它们实际上是通过互联网进行通信的两种不同方式。**聊天**（chat）是指使用数字论坛（聊天室），多人可以同时向每个人发送文本、图像和屏幕截图进行交流。

使用基于 Web 的即时通信会引发私人或敏感信息的意外发布问题。包括巴克莱银行、花旗集团、德意志银行和瑞银在内的几家大型银行都考虑禁止即时通信，因为它们越来越担心可能出现的问题，这些问题是由错误的或误解的即兴交易评论引起的。对即时通信的不小心交流可能导致一个组织被指控在不安全的渠道上泄露敏感信息，从而使公司在多个方面面临风险。[10]

降低与即时通信相关的风险的第一步是创建一个策略，说明谁可以使用它，用于什么目的，用于什么类型的数据，以及是否允许文件附件。组织必须决定是否和如何存档对话以及存档时间。为了确保这一政策的成功，各公司必须就如何监控和执行这一政策进行沟通。

Skype 是一个电信应用程序，可以通过互联网从计算机、平板电脑和移动设备到其他设备（包括智能手机和电话）进行视频聊天和语音通话。Skype 用户还可以发送即时消息、交换文件和图像、发送视频消息和发起电话会议。Skype 可用于运行 Microsoft Windows、Mac 或 Linux 操作系统的计算机，它还可以在智能手机和平板电脑上运行，包括 Android、Blackberry、iOS 或 Windows Phone 操作系统。Skype 基于一种**免费增值模式**（freemium model）——一种将核心产品免费赠送给大量用户的商业模式，而该产品的高级版本销售给整个用户群的一小部分。使用 Skype，用户可以免费拨打电话、发送即时消息，甚至参与群视频通话，用户可以付费打电话、访问 Wi-Fi 和发送文本，还可以按需付费或购买订阅。

Viber 是一个加密能力很强的消息传递系统，因此，它已经成为中东地区技术娴熟的用户的首选通信平台，这些用户希望在政府监督下保持对话的私密性。有时候，隐私是生死攸关的问题。[11]

▣ 播客

播客（podcast）是一种通过互联网分发的数字媒体文件，使用联合源在移动设备和个人计算机上播放。

用户只需将播客下载到他们的计算机上，然后将其传输到设备上，以便在方便时收听，这种方法称为播客。

播客制作音频节目，通常以 MP3 文件的形式上传到网站。任何拥有电脑和麦克风的人都可以创建播客。播客可从许多商业广播和出版机构获得，包括报纸、电视网络、国家公共广播电台、BBC、杂志和其他信息网站。许多网站，如 Podcast Alley（www. podcastalley. com）、PodcastOne（www. podcastone. com）和 Podcast. com（www. podcast. com），根据主题、来源和其他标准对播客进行索引和订阅。

简易信息聚合（RSS）

简易信息聚合（Really Simple Syndication，RSS）是一系列数据格式，可帮助人们在任何时候向他们最喜爱的博客网站发布新帖子、更新新闻标题、新工作列表或在指定网站发布新信息时自动接收源。RSS 内容是使用称为 RSS 阅读器的软件读取的，内容分发者联合一个 Web 提要，允许用户通过将提要的链接输入阅读器或通过在启动订阅过程的浏览器中单击 RSS 图标来订阅它。RSS 阅读器被编程为定期自动检查所有订阅的提要，以查找新内容并下载找到的任何更新，此过程允许用户了解感兴趣的主题。例如，《福布斯》提供包含故事标题和简短描述的 RSS 源，每个标题都直接链接到福布斯主页（www. forbes. com）上的一篇完整文章。

RSS 提要和聚合器的功能使它们对希望保持信息畅通的业务经理具有吸引力，RSS 提要的另一个应用程序是为公司范围内的公告创建一个公共通道。一些 RSS 阅读器包括 Feedreader、RSSOwl 和 QuiteRSS。

共享工作区

共享工作区（shared workspace）是由 Web 服务器托管的区域，在该区域中，项目成员和同事可以共享文档、模型、照片和其他形式的信息，以使彼此了解项目或共同感兴趣的主题的状态。Box、eXo 平台、Producteev 和 SharePoint 是提供此功能的一些软件产品。在组织开始使用共享工作区软件之前，它需要计划如何使小组和项目团队能够最好地使用它。该计划需要包括一组用于存储数据的类和命名约定（分类法）；决定应使用软件的哪些功能和组件以及由谁使用；以及分配和培训一个人来支持每组用户。

Clements Rettich 是一名商业顾问，其远程指导需要使用电话、即时通信和共享工作区。他的客户都是忙碌的人，他们需要在方便的时候灵活地按自己的步调工作。使用基于 Web 的共享工作区，Clements 和他的客户可以随时访问文档并协作使用它们。他使用 Google Groups 作为共享工作区，因为它是免费的，有各种各样的工具，而且是基于网络的。[12]

在线项目管理

组织通过项目团队完成大部分工作，项目团队的成员通常分布在全国乃至世界各地。团队成员需要一套合适的工具在不同地点进行沟通、协作和协调工作，项目经理需要一套正确的工具来捕获项目状态、识别未完成的任务和团队问题、创建新的任务和子任务（包括依赖项）、设置日期和截止日期、分配资源、分配职责，以及通知团队成员新的工作分配。

在线项目管理工具还可以使项目经理创建一个共享工作区，该工作区成为项目的一站式资源，包括有关项目状态的信息和工具，如文档库、协作工具、日历、通讯簿、维基、论坛和项目搜索。这些工具通过使用版本控制、文档锁定、审计跟踪、注释、更改通知等，使团队成员和其他涉众能够对项目文档进行实时协作。

提供这些功能的一些更流行的在线项目管理软件包括 Atlassian Confluence、Mavenlink、Podio、Projectplace、ProWorkflow、Smartsheet、ToDo 和 Wrike。

Behr Process 公司是一家建筑涂料和外部木材护理产品供应商，拥有一支十余人的营销团队，专注于新产品的发布、网站开发和专业承包商市场的公关活动。[13] 该团队的一个主要职责是在美国和加拿大的 500 多个家得宝门店规划和推广营销活动。[14]

市场营销团队决定，他们需要一个在线项目管理工具来取代他们使用的基于电子表格的方法，但成功率有限。安装工具后，团队开发了一个标准模板，供每个人用于跟踪他们的活动。这使得审查和合并单个项目报告变得容易。该工具还具有一个主仪表板，通过该仪表板，团队经理可以查看从每个团队成员的报告中自动提取的关键数据摘要。在线项目管理工具的使用大大提高了营销团队和管理层之间的协调性，从而提高了资源利用率，最终使客户更加满意。[15]

网络会议，网络研讨会和网络广播

网络会议是通过互联网进行协作式实况会议或演示的一种方式。在网络会议中，每个参与者坐在自己的计算机旁，通过互联网与其他参与者连接。使用每个与会者计算机上下载的应用程序或要求与会者输入联机地址以加入会议的基于 Web 的应用程序，可以进行网络会议。

网络会议通常作为服务出售，该服务托管在 Web 服务器上，由供应商控制。服务可按每分钟使用量或每月固定费用提供。一些供应商将其会议软件作为许可产品提供，允许大量使用会议的组织在自己的服务器上安装该软件。大多数网络会议服务都支持以下功能：

- 交互式多媒体演示；
- 通过网络摄像头或数字摄像机进行实时视频；
- 全景视频；
- 有源扬声器指示灯；
- 应用程序共享——一个人在桌面上共享文档或电子表格并将应用程序的控制权传递给会议中的其他人的能力；
- 公共事件页；
- 个人录音；
- 虚拟临时会议室；
- 带批注的白板，允许演示者和与会者突出显示或标记幻灯片演示文稿上的项目；
- 实时问答会话的文本聊天；
- 民意测验和调查，允许演讲者向听众提出有多种答案选择的问题。

表 6-4 给出了一些最受欢迎的网络会议服务。[16]

表 6-4　顶级网络会议服务的比较

服务	月成本（美元）	应用程序共享	投票	最大参与人数
Onstream Media	49	是	是	500
Intercall	39	是	是	100
GlobalMeet	49	是	是	125
Adobe Connect Pro	42	是	是	1 500
ClickMeeting	30	是	是	1 000
ReadyTalk	49	是	否	150
WebEx	49	是	否	100
GoToMeeting	39	是	否	100

网络广播（Webcast）是一种网络会议的形式，它使用流媒体技术通过互联网从单个内容源向许多听众或观众同时广播视频和/或音频。网络广播可以现场或按需分发。从本质上讲，网络广播允许有限的单向通信，所以它就像是在互联网上"广播"。网络广播允许通过电子邮件或传真向演示者发送问题。

网络研讨会（Webinar）也是网络会议的一种形式，实质上是通过网络交付的研讨会。在大多数情况下，网络研讨会都有一个演讲者（或多个演讲者），并且在演讲者和参与者之间提供一定程度的有限交互，例如，尽管可能会关闭此功能，但会向演讲者提出问题。表 6-5 列出了 2013 年的一些营销网络研讨会。[17]

表 6-5 2013 年 5 次营销网络研讨会

网络研讨会主题	网址
"Guy Kawasaki 关于建立社交媒体关注点的 10 条建议"	www. pinterest. com/hubspot/wonderful-webinars
"超越内容营销：直接进入内容战略"	http://moz. com/webinars/beyond-content-marketing-jump-into-content-strategy
"搞砸登录页面的 10 种方式（以及处理方法）"	http://webinar. unbounce. com/10-landing-page-mistakes
"如何在 11 次 A/B 测试中实现 33% 的提升"	http://copyhackers. com/webinar-recording-copy-hackers
"提高推特受众参与度的十大方法"	http://blog. hootsuite. com/improve-audience-engagement

总而言之，网络会议本质上是高度协作的，通常涉及更小的个人群体，他们共同制定计划、解决问题或传播信息。网络研讨会由演讲者领导，缺乏协作性，并且有一个教育参与者的目标。它们可能涉及问答环节，但通常不涉及更多的双向交流。网络广播是一种通过音频和/或视频进行单向通信的方式。

美国工资协会（American Payroll Association）为其成员举办了为期一周的年度会议，他们是各种行业的工资专业人士。由于该协会的 22 000 名会员中的许多人都没有足够的时间离开办公室参加会议，因此它创建了一个网络广播，其中包括一个在线与会者参加教育研讨会的样例。约 3 100 名会员免费参加了网络广播，时间超过 90 天。[18]

国家培训（National Training）为希望成为专业拖拉机拖车驾驶员和重型设备操作员的人提供培训。该公司利用网络研讨会向预备学生宣传其卡车驾驶和重型设备培训计划，并利用网络会议采访不在公司某个现场代表附近的潜在学生。一旦入学，学生将通过远程学习和广泛的实践训练相结合进行培训。桌面共享用于解决学生电脑故障和修复课程软件中的任何故障。此外，国家培训通过使用共享工作空间将员工和学生聚集在一起，帮助项目毕业生找到工作。[19]

你会怎么做？

你的经理把你拉到一边，因为你们两个都要离开营销总监的演讲会，他说，"我很困惑，你能解释一下播客、网络会议、网络广播和网络研讨会之间的区别吗？"你会说些什么？

▢ 维基（wiki）

维基（wiki）是一个协作网站，允许用户使用任何 Web 浏览器自由创建和编辑网页内容。维基支持超链接，并具有创建新页面和内部页面之间交叉链接的简单文本语法。可以用所有类型的公司数据构建维基，例如电子表格、文本文档、幻灯片、PDF 以及任何其他可以在浏览器中显示的数据。维基百科（Wikipedia）是最著名的维基之一，它是互联网上最大的免费内容百科全书，有超过 76 000 个活跃的贡献者，用 285 种语言撰写了超过 3 100 万篇文章。截至 2014 年 11 月，维基百科的英文版文章已经超过 470 万篇。[20]

尽管维基软件通常带有内置的版本控制，以便对维基文档的每次更改都记录了更改者，但维基允许用户确定内容的相关性，而不是依赖于一个中央文档控制组。如果需要，恢复到维基的早期版本会相对容易。下面的列表展示了企业维基的一些好处：

- 企业维基很容易链接到有用的企业信息系统，如电话簿和人员目录。
- 企业维基的使用减少了公司内部的电子邮件流量，使所有相关信息都能由从事某个特定项目的人共享。此外，维基还减少了对冗长的通信组列表的使用，这些列表用过多和不相关的消息来加重收件人的负担。
- 可以基于用户的角色或组织建立维基访问权限和角色，以便未经授权的人无法查看或编辑某些页面。
- 维基提供了一个建立共识的工具，因为它能让人们表达他们对特定主题的看法。
- 维基允许用户为各种项目、问题和想法构建和组织有用的新数据源。例如，你可以构建一个维基，它定义公司内常用的缩写词。

可以通过组织管理的维基引擎软件或托管软件即服务（SaaS）订阅（服务提供商在其服务器上存储所有数据）创建和交付维基。维基引擎是允许用户通过浏览器创建和协作编辑网页的软件。DoKuWiKi、Medi-aWiki、MoinMoin、MojoMojo、PhpWiki、XWiki 和 MediaWiki 是流行的维基引擎。

通常，一个组织为维基贡献者提供一个简单的说明页面，解释在哪里发布与不同部门、特定产品和服务等相关的文章。为了保持一致性，大多数组织还为维基页面提供样式指南。预先设定一些标准要比以后清理杂乱的页面容易得多。组织有时也会选择对谁可以访问哪些维基以及如何访问进行控制。例如，一些维基可能只对一组管理人员可用，而公司内的任何人都可以访问和编辑其他维基。如果公司的维基包含通知工具，在用户对其感兴趣的维基文档进行更改时通知用户，那么公司的维基也会更有效。

摩根士丹利（Morgan Stanley）是一家金融咨询公司，服务于全球 40 个国家的公司、机构、政府和投资者，雇员近 56 000 人。[21] 该公司实施了一个公司维基，其中包含约 350 GB 的内容，涵盖 50 万个主题，每月浏览量超过 400 万次。维基主要由信息技术组织的成员使用，用于查看硬件和软件操作手册的在线版本以及内部软件产品文档，并支持团队内的信息共享。这种方法有助于确保用户无论在哪里始终都可以访问最新的信息。[22]

■ 状态信息

状态信息（presence information）使用户能够查看同事的可用性状态（外出、忙碌、可用等）。知道同事是否有空为一个组织提供了几个省时的好处，如果员工不在，同事会知道在回复电子邮件和/或即时消息时有延迟，而打给不在的人的电话会自动转到另一个分机或语音邮件。

■ 统一通信（UC）

在过去的几年中，许多组织从各种供应商那里积累了各种各样的协作工具，创造了一个用户必须熟悉各种协议和通信过程才能进行协作的环境。这样的环境会导致高培训、硬件、软件和支持成本。[23] **统一通信**（unified communications，UC）系统是一个组织可能能够降低这些成本的一种方式，是一种将数据、文本、语音和视频完全集成到单个解决方案中的通信系统，该解决方案包括即时通信、日历、状态信息和视频会议（见图 6-3）。

采用统一通信解决方案消除了对多个通信系统和供应商的需求，从而简化了通信过程，在许多情况下，还大大降低了电信、硬件、软件和支持成本。转换为统一通信还可以使组织的通信系统更容易外包给第三方服务提供商。一个组织必须认识到，对于那些可能拒绝从一组熟悉的工具转换出来的工人来说，从一组协作工具（每种工具都可能是"同类中最好的"，即使它们没有很好地集成）转移到统一通信上是一个重大的变化；然而，回报可能是成本较低，并最终改善工人之间的协作。

AT&T、Avaya、AVST、思科、戴尔、IBM、Solgari、Star2Star 和 Unify 只是许多统一通信供应商中的一小部分。一些统一通信供应商将在你的场所安装它们的设备和软件；一些则在云中运行。

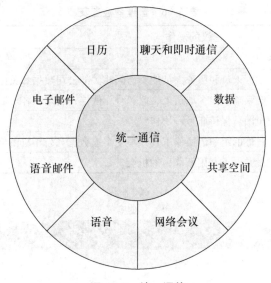

图 6-3　统一通信

Nilfisk-Advance 是一家丹麦清洁设备制造商，产品包括街道清扫器、地板清洁机、真空吸尘器和高压清洗机。该公司之前从四个主要供应商处采用了多个内部通信系统，以支持其在 43 个国家的 5 000 名员工。当公司决定用一种更便宜、更有效的方式来支持跨国家的团队协作时，这就转变成了一个统一通信系统。认识到通信技术不是公司的核心竞争力，于是它决定将业务外包给第三方。统一通信的改变主要是通过减少差旅费用来节省成本，因为员工现在利用视频会议来减少现场会议的数量。高级管理层已经注意到了改进后的协作，项目运行更快、更平稳。只有一个供应商和一个服务级别协议（SLA）来管理通信管理，而不是多个SLA 来控制来自不同供应商的多个技术平台，通信管理变得更加简单。[24]

你会怎么做？

你的经理是首席财务官，她态度很坚定地希望结束"巴别塔"，因为她说，整个公司使用的协作工具过多。她希望确保以尽可能低的总成本改进通信安全，并计划建议公司将其所有协作工具的管理和支持外包给统一通信服务提供商。她召集了一组直接下属参加会议，解释自己的立场。她现在停下来，要求小组提供意见。你会说些什么？

Microsoft Office 365 是一组基于云的软件和服务，为其订户提供 Office 应用程序和协作功能。对于消费者，该服务允许在运行 Microsoft Windows 或 Mac OS X 的计算机上使用 Microsoft Office 应用程序（Word、Excel、PowerPoint 等），在 Microsoft 的云存储服务 OneDrive 上提供存储空间，并每月授予 60 分钟的 Skype 服务。对于业务和企业用户，其他功能包括托管版本的 Exchange Server、Lync、SharePoint 和 Office Web Apps 提供的电子邮件和协作工具，以及与社交网络服务 Yammer 的集成。[25] Microsoft Office 365 还支持共享日历以及在从几乎任何位置（包括通过移动设备）都可以访问和编辑的文档上协同工作。

丹麦啤酒公司嘉士伯（Carlsberg）集团是世界第四大啤酒生产商，拥有 40 000 名员工。其旗舰品牌嘉士伯及其波罗的海、乐堡和凯旋品牌在欧洲最受欢迎。[26] 公司已实施了 Microsoft Office 365 云协作工具，包括用于电子邮件和日历的 Microsoft Exchange Online、用于网络会议和即时通信的 Lync Online，以及作为员工社交网络平台的 Yammer Enterprise。嘉士伯使用 Office 365 使其员工更容易通过移动设备相互交流和与客户互动，从而改进服务并降低成本。[27]

表 6-6 中的清单提供了一组使用协作工具的建议。每个问题的正确答案为"是"。

123

表6-6　管理者检查表

建议的操作	是	否
你的公司是否使用协作工具来接近客户？		
你的公司是否使用协作工具使主管、销售人员和服务人员能够访问相关的公司数据和关键信息？		
你的公司是否使用网络工具召开虚拟会议，并向全球员工、业务合作伙伴、股东和客户提供培训？		
你的公司是否使用协作工具来帮助虚拟团队保持联系和协作？		
你的公司是否有标准和准则来确保通过你的组织的协作工具共享的个人数据和公司机密信息的隐私？		
你的公司是否积极跟踪协作技术的发展并寻求利用新能力的机会？		

重要术语

博客	即时通信（IM）	共享工作区
日历软件	播客	统一通信（UC）
聊天	状态信息	网络广播
桌面共享	简易信息聚合（RSS）	网络研讨会
电子公告板	远程登录	免费增值模式

本章摘要

- 协作对于现代组织的有效运作是必不可少的，它使任何地方的人都能有效地沟通和互动。
- 电子公告板允许用户为员工、客户和业务合作伙伴发布信息。
- 博客允许员工更新组织工作、新产品和服务，以及解决客户经常遇到的问题的方法。
- 日历软件允许员工确定资源可用性并安排房间和会议。
- 桌面共享是提供技术支持和产品演示的有效手段。
- 即时通信（IM）使人们能够发送和接收简短的文本消息，以提供更新、询问和回答小问题。
- 在线聊天允许一个人创建一个数字论坛（聊天室），多人可以同时彼此交流。
- 播客使数字音频内容（如培训材料和公司公告）能够通过互联网分发。
- 简易信息聚合（RSS）订阅会自动向订阅者发送他们最喜爱的博客中更新的帖子。
- 共享工作区为项目团队成员和工作组提供了对感兴趣的数字内容的轻松访问。
- 在线项目管理为项目经理和成员提供了一套报告项目计划和状态的工具。
- 网络会议提供了一种通过互联网进行协作会议和实时演示的方法。网络广播是通过互联网将视频和/或音频从单一来源同时广播给多个人，并且单向通信有限。网络研讨会是一种网络会议，即通过互联网召开的研讨会。
- 维基允许人们使用任何浏览器或维基软件自由创建和编辑网页内容。
- 状态信息工具使用户能够查看同事的可用性状态（外出、忙碌、可用等）。
- 统一通信（UC）是将数据、文本、语音和视频完全集成到包含即时消息、状态信息和视频会议的单一解决方案中。

问题讨论

1. 你如何定义协作？组织内部的协作水平如何影响其成功？从你自己的经验中描述一个有效协作的例子。

2. 你如何区分网络广播和网络研讨会？描述一个场景，其中使用网络广播是适当的；描述一个场景，其中使用网络研讨会是合适的。

3. 确定并简要讨论在使用公司博客进行品牌推广、营销或维护公共关系时应遵循的三个建议。

4. 在发布到公司博客中时，可能会出现哪些潜在的法律和隐私问题？讨论在发布到公司博客中时如何受到第一修正案的保护。

5. 即时通信和聊天有什么区别？与使用电子邮件相比，这些服务有哪些优势？使用即时通信和聊天产生了哪些潜在的法律和隐私问题？

6. 在线项目管理软件的哪些功能对你管理项目最重要？描述你认为最有价值的具体能力。

7. 在建立公司维基之前，应该商定什么标准？为什么这些标准很重要？

8. 什么是状态信息？它有何用？

9. 什么是统一通信（UC）？它的主要好处是什么？在实施 UC 解决方案时会出现什么问题？

10. 什么是共享工作区？如何将其用于协作？在为项目团队或工作组设置共享工作空间之前，需要建立什么标准或准则？

需要采取的行动

1. 你被要求起草关于即时通信的公司使用规定，该规定应鼓励使用即时通信和聊天，同时提供有用的指导，以避免潜在问题。关于这个规定你会说些什么？

2. 你是组织的状态信息服务的新任命的服务经理，这项服务是三个月前实施的，但没有得到有效的使用。近 50% 的员工不知道如何使用它，而其中大多数员工坚持在工作时间内"不可用"沟通。如何更好地利用这项服务？

3. 人力资源组织的部门负责人在内部博客网站上发布了一条信息："我被要求与信息技术组织合作，授权我们所有员工创建自己的个人博客，以提高公司内部的开放性和沟通能力。我很感谢你对这项计划的意见和建议。"作为贵公司人力资源部门的新成员，你会怎么回答？

基于 Web 的案例

重新审视全球通信

选择你感兴趣的小型、本地公司或大型跨国公司，研究一下这家公司，以确定它如何使用统一通信。你能为这家公司定义任何具体的统一通信要求吗？许多技术公司，如 AT&T、思科、惠普、IBM、微软和 Unify，现在都提供统一通信产品套件。上网研究市场上的统一通信产品，创建一个表，比较这些产品套件中的任意三个。你会为你的公司选择哪个产品套件？为什么？在本公司实施统一通信会涉及哪些成本和风险？

案例研究

凯洛格（Kellogg）公司实现了公司范围内的协作工作区

1906 年，凯洛格公司发布了其第一个产品——烤玉米片。尽管许多人仍然认为，当提到凯洛格时，这家谷物公司的广告吉祥物还是老虎托尼，然而事实上，公司拥有几十个品牌和制造商，并向全球 180 多个国家运送数百种产品。公司现有员工 3 万多人。2010 年，这些员工使用 2 000 多个不同的传统应用程序、网站和数据库系统进行交流和协作。就在那时，该公司的执行领导层决定聘请世界上最大的信息技术咨询公司之一——Infosys，为所有员工创建一个高度可扩展的门户网站，称为 K Connect，它只有一个 URL 和登录系统。Infosys 和凯洛格使用 Microsoft SharePoint 构建了 K Connect，并在 17 个不同的国家/地区部署了这款产品，它能够支持多种语言。为了培训员工如何利用共享工作空间，Infosys 开发了一系列培训课程，从"午餐和学习"聚会到正式课程，再到凯洛格内部闭路电视网络上播放的演示文稿。

微软的 SharePoint 为凯洛格提供了许多促进协作的功能。首先，它为员工可能需要访问的所有报告、白皮书和其他信息提供了一个中央存储库。使用 K Connect，凯洛格员工可以阅读、收听或观看公司新闻，并查找有关公司政策和程序的信息。SharePoint 还为共享文档提供单一的联机门户。项目经理可以建立单个项目站点，团队成员可以在其中共享文档、管理任务和更新项目日程。如果需要，多个员工可以同时处理一个文档。SharePoint 保留文档版本的记录，这样，如果文档被错误更新或删除，员工可以恢复到以前的版本。凯洛格员工可以通过选择与哪些同事共享文档以及指定允许其同事对文档执行哪些操作（如仅查看或编辑）来控制对文档的访问。同事可以在协作处理文档时在线聊天，并且可以从台式机、笔记本电脑和移动设备访问文档。通过 SharePoint，项目经理还可以创建网站邮箱，以便所有与项目相关的电子邮件直接过滤到邮箱中，从而消除了对团队成员搜索拥挤的收件箱以查找与项目相关的来往信件的需要。同事之间也可以通过 newsfeed 进行交流，这是一个微博，允许用户交换一些小的内容元素，比如短句、个人图片或视频链接，所有这些都很容易搜索到。项目经理还可以向 SharePoint 添加应用程序、构建网站、使用 Excel 挖掘和分析项目数据以及创建和查看可视化演示文稿。

SharePoint 还可以与微软企业的其他产品（如 Office 365）一起使用，K Connect 将这些附加服务用于提高员工敬业度。通过 K Connect，公司收集员工对他们的想法和关注的反馈，以期改进业务流程并激励员工。该网站还允许员工共享页面。

对于凯洛格来说，K Connect 的创建降低了公司通信的管理开销，它还允许公司在收购公司后迅速整合新员工。收购了快餐公司 Pringles 后，凯洛格的企业和门户合作高级总监 Linda Stephens 回忆说，"K Connect 帮助我们（这些员工）立即成为凯洛格家族的一员。他们甚至还没有我们的电脑，但他们可以访问我们的内部资源和员工目录。"

提供协作和管理工具的 SharePoint 和其他在线门户的潜力是巨大的。到 2011 年，微软报告说，78％的财富 500 强企业都在使用 SharePoint。如今，该产品每年为微软这家信息技术巨头带来数十亿美元的收入。与此同时，许多竞争对手正在进入这个市场，包括那些在基于 Web 的共享工作空间中提供产品以补充或改进的公司。该行业的增长反映了地理位置分散的全球公司不断增长的需求，以寻找有效的合作方式。

问题讨论

1. 除了标准的项目管理工具之外，SharePoint 和类似产品还有哪些优势？

2. SharePoint 如何利用电子邮件和社交媒体（其 newsfeed）？与群发邮件相比，依靠即时通信或微博等工具有哪些优点和缺点？

3. 部署 SharePoint 时，公司可能面临哪些法律和安全风险？

4. 哪些额外的软件功能将有助于改善公司内部的协作？

5. 凯洛格的信息技术部门和业务部门在定制软件和为员工开展培训方面与 Infosys 密切合作，为什么这是部署成功的关键？

资料来源："Kellogg's New Intranet Portal Makes Collaboration G-r-reat!" Infosys，February 2013，www. infosys. com/industries/consumer-packaged-goods/case-studies/Documents/enterprise-collaboration. pdf；"Better Days, Brighter Tomorrows: 2012 Corporate Responsibility Report," Kellogg，www. kelloggcompany. com/content/dam/kelloggcompanyus/corporate _ responsibility/pdf/2012/2012 _ Kelloggs _ CRR. pdf；"Sharepoint," Microsoft，http://products. office. com/en-us/sharepoint/collaboration，accessed November 17，2014；Low, Lafe, "SharePoint 2010: The First 10 Years," *TechNet*，April 2011，http://technet. microsoft. com/en-us/magazine/gg981684. aspx；Pettey, Christy, "Gartner Symposium/ITxpo 2013 Q&A: What is the Future for Microsoft SharePoint?" Gartner，October 10，2013，www. gartner. com/newsroom/id/2605118.

注 释

开篇案例资料来源：

"Global Workforce Collaborates from One Interface," Cisco，www. cisco. com/c/en/us/products/collateral/unified-communications/7800-series-media-convergence-servers/case_study _ c36-704918. html，accessed November 13，2014；"Products and Services," Cisco，www. cisco. com/c/en/us/products/index. html，accessed November 13，2014；Diana, Alison, "Cisco Puts WebEx on Chromebooks," *Network Computing*，March 18，2014，www. networkcomputing. com/unified-communications/cisco-puts-webex-on-chromebooks/d/d-id/1127777，"About Eagle," Eagle Investment Systems，www. eagleinvsys. com/about-eagle，accessed November 17，2014.

[1] "DTE Employee Fired After Expletive-Filled Post on Her Facebook Page," *myFOXDetroit. com*，November 22，2013，www. myfoxdetroit. com/story/24038309/dte-employee-fired-after-explitive-filled-post-on-facebook.

[2] "The International Business Awards"，www. stevieawards. com/pubs/iba/awards/408_2651_21435. cfm，accessed December 9，2014.

[3] "About Nuts About Southwest," *Southwest Airlines*，www. blogsouthwest. com/about/.

[4] "About Nuts About Southwest," *Southwest Airlines*，www. blogsouthwest. com/about/.

[5] "Fired for Blogging," NOLO，www. nolo. com/legal-encyclopedia/fired-blogging-29762. html，accessed November 17，2014.

[6] Loren, Roni, "Blogger Beware: You CAN Get Sued for Using Photos You Don't Own on Your Blog," BlogHer，January 9，2014，www. blogher. com/bloggers-beware-you-can-get-sued-using-photos-your-blog-my-story.

[7] "Tomball Regional Medical Center Replaces Dry Erase Board with Office Tracker Scheduling," Office Tracker，www. officetracker. com/html/tomballmedicalsuccess. html，accessed November 8，2014.

［8］Smith，Craig，"How Many People Use Skype，WhatsApp，WeChat，Line，Kik，and Other Top Chat Apps，" *Digital Market Ramblings*，August 23，2014，http：//expandedramblings. com/index. php/ how-many-people-use-chat-apps/.

［9］Reilly，Richard Byrne，"Viber Now Has 400M Users，& Many Are Using the Service to Survive in the War-Torn Middle East，" Venture Beat News，July 30，2014，http：//venturebeat. com/2014/07/30/ viber-now-has-400m-users-many-are-using-the-service-to-survive-in-the-war-torn-middle-east/.

［10］White，Thad，"The Problem with Instant Messaging：Apps in the Enterprise，" *Blackberry Business Log*，July 25，2014，http：//bizblog. blackberry. com/2014/07/instant-messaging-enterprise/.

［11］Reilly，Richard Byrne，"Viber Now Has 400M Users，& Many Are Using the Service to Survive in the War-Torn Middle East，" Venture Beat News，July 30，2014，http：//venturebeat. com/2014/07/30/ viber-now-has-400m-users-many-are-using-the-service-to-survive-in-the-war-torn-middle-east/.

［12］Rettich，Clemens，"Searching for a Shared Virtual Workspace?，" Lifehack，www. lifehack. org/ articles/technology/searching-for-a-shared-virtual-workspace. html，accessed December 9，2014.

［13］"About Behr，" Behr，www. behr. com/consumer/about-us，accessed November 17，2014.

［14］"Behr：Increasing Marketing Efficiencies & Collaboration，" Smartsheet，www. smartsheet. com/ customers/behr，accessed November 17，2014.

［15］"Behr：Increasing Marketing Efficiencies & Collaboration，" Smartsheet，www. smartsheet. com/ customers/behr，accessed November 17，2014.

［16］"2015 Best Web Conferencing Review，" *Top Ten Reviews*，http：//web-conferencing-services. toptenreviews. com/，accessed November 14，2014.

［17］Grieser，Stefanie，"The Top 5 Online Marketing Webinars of 2013，" *Unbounce*，December 19，2013，http：//unbounce. com/online-marketing/the-top-5-online-marketing-webinars-of-2013/.

［18］Sorrells，Mitra，"How an Association's Virtual Conference Provides Service to Members Who Can't Travel，" *BizBash*，March 12，2013，www. bizbash. com/how_an_associations_virtual_conference_ provides_service_to_members_who_cant_travel/new-york/story/25537#. VGUejyxMtjo.

［19］"National Training Drives Success in Vocational Education with Citrix Solutions"，www. gotomeeting. com/online/meeting/hd-video-conferencing-resources/customer-stories/national-training/#. VGYYACxMtjo，accessed November 14，2014.

［20］"Wikipedia：About，" Wikipedia，http：//en. wikipedia. org/wiki/Wikipedia：About，accessed November 15，2014.

［21］"Morgan Stanley Company Profile，" *Yahoo*! *Finance*，November 20，2014，http：//biz. yahoo. com/ic/15/15970. html.

［22］Imazu，Hideyo，"TWiki Success Story of Morgan Stanley：A Globally Replicated Intranet TWiki with 30,000 Users，500,000 Topics，Across 3 Regions，" *Twiki*，September 28，2011，http：//twiki. org/ cgi-bin/view/Main/TWikiSuccessStoryOfMorganStanley#Preface.

［23］"Enterprise Collaboration，" *PC Today*，July 2014.

［24］"Manufacturing Success Story：Nilfisk-Advance Cuts Costs and Boosts Teamwork with Managed UC Service，" Unify，accessed November 8，2014.

［25］"What Is Office 365 for Business?，" Microsoft，http：//office. microsoft. com/en-001/business/ what-is-office-365-for-business-FX102997580. aspx，accessed November 8，2014.

［26］"Carlsberg at a Glance，" Carlsberg，www. carlsberggroup. com/Company/Strategy/Pages/Facts.

aspx，accessed November 8，2014.

［27］Finnegan，Matthew，"Carlsberg Taps Office 365 to Connect 20,000 Global Employees," *Computerworld UK*，September 18，2014，www. computerworlduk. com/news/it-business/3572742/carlsberg-taps-office-365-to-connect-20000-global-employees/.

第 7 章

电子商务

电子商务如何运作

"我们将客户视为受邀参加派对的客人，我们是主人。"

——杰夫·贝索斯（Jeff Bezos），亚马逊网站（Amazon.com）的创始人

阿里巴巴打开了通往世界上最大的国内零售市场的大门

2014 年 9 月，中国电子商务公司阿里巴巴（Alibaba）在纽约证券交易所（NYSE）创造了历史，通过首次公开发行股票筹集了 250 亿美元，这不仅在美国，而且在世界各地的任何市场，都是历史上最大的首次公开募股（IPO）。

对于那些一直跟踪公司进展的人来说，它在 IPO 上取得的巨大成功可能并不是一个大惊喜。阿里巴巴已经占领了世界上增长最快的网上购物市场——中国市场的 80%。2013 年，该公司销售的产品和服务超过了亚马逊和 eBay 的总和。其交易额从 2010 年的 740 亿美元增至 2013 年的 2 950 亿美元，预计到 2017 年将增至 7 130 亿美元。它是全球第四大科技公司，市值为 2 510 亿美元，仅次于苹果、谷歌和微软。

马云（Jack Ma）于 1999 年创立了阿里巴巴，创立之初有 18 名员工，他们都在自己的公寓工作。马云大学入学考试不及格，承认对科技知之甚少。然而，他已经建立了一个由几个非常成功的网站组成的公司，包括阿里巴巴的主要企业对消费者电子商务网站天猫（Tmall）。另一个阿里巴巴网站淘宝（Taobao）是像 eBay 一样的一个消费者到消费者的电子商务网站。支付宝（Alipay）处理在线支付，阿里云（Aliyun）像亚马逊、微软等一样提供云服务，阿里云应用商店出售移动应用程序。阿里巴巴还拥有社交媒体、游戏和搜索网站；然而，与阿里巴巴在中国最大的竞争对手腾讯（Tencent）和百度（Baidu）相比，它们仍然是小玩家。

阿里巴巴的批评者坚持认为，假冒商品和盗版的安卓应用程序将继续在阿里巴巴网站上销售。此外，谷歌声称阿里巴巴的移动操作系统整合了谷歌安卓操作系统的元素，但没有将操作系统建立为开源，从而违反了使用条款。与最近在纽约证交所首次公开募股更相关的是，马云将阿里巴巴基金投资于有利于他个人以及

一群有影响力的投资者的交易。阿里巴巴在开曼群岛注册成立，以吸引被限制投资于中国实体所拥有的某些类型公司的外国投资者。然而，只有中国实体才能拥有许多中国公司的股份。因此，如果阿里巴巴投资于中国公司，它会通过马云或其中国籍商业伙伴进行。尽管阿里巴巴已经在向美国证券监管机构提交的文件中解决了对这些交易的担忧，但一些治理专家担心，业务和个人影响力的模糊以及缺乏透明度可能会损害阿里巴巴的少数股东，他们可能不得不处理股价下跌或其他由拥有多数股份的人做出的糟糕或不明智的决定所带来的影响。

然而，当纽约证交所于 2014 年 9 月 19 日上午开盘时，投资者对这种缺乏透明度的现象并不担心。对于大多数投资者来说，更令人担忧的是，随着全球在线购物市场从个人电脑市场扩展到移动世界，阿里巴巴是否能够保持其主导地位。中国的电子商务销售额预计将在 6 年内超过美国、英国、德国、法国和日本的总和。今天，在中国每六个交付的包裹中就有一个是来自阿里巴巴网站的交易。问题是，阿里巴巴能否在未来保持这种优势地位。

学习目标

阅读本章时，请自问：

- 精心挑选的电子商务机会能带来什么好处？
- 业务经理如何识别和利用这些机会？
- 构建电子商务网站必须解决哪些问题？

本章提供了一些组织有效利用电子商务的例子，并强调了管理者在识别和领导实施适当的电子商务机会方面的重要作用。在讨论了管理者理解电子商务的重要性之后，本章继续讨论了几种电子商务形式，确定了电子商务的关键成功因素，并定义了与电子商务相关的许多优势和问题。

为什么管理者必须理解电子商务

电子商务涉及通过电子网络进行商品和服务的货币交换，包括组织的许多面向外部的过程，这些过程涉及客户、供应商和其他业务伙伴，如销售、营销、订单受理、交付、商品和服务采购，以及客户服务（见图 7-1）。

电子商务使组织和个人能够建立新的收入流，建立和加强与客户和业务合作伙伴的关系，并提高运营效率（见表 7-1）。电子商务对当今的商业至关重要，正如我们在阿里巴巴的开篇案例中看到的，成功的电子商务商业模式的运作对于一些组织的生存至关重要。对于许多其他组织来说，与电子商务相关的收入是巨大的，而且还在增长。

20 世纪 90 年代末，有许多与网络相关的企业的糟糕想法被提出，并在与网络经济相关的所有事物的"非理性繁荣"浪潮中得到资助。在许多情况下，这些新业务忽略了传统的业务模式，这些模式建立在为客户提供基本价值、实现卓越运营以及产生超过成本的收入的基础上。相反，许多公司不正确地强调增加市场份额，而很少考虑利润。由于他们把注意力放在错误的事情上，当数百家网络公司倒闭时，这真的不是什么意外。据估计，2000 年 3 月至 2002 年 10 月，网络泡沫的破灭使科技公司市值损失了 5 万亿美元。[1] 虽然许多早期的互联网公司都消失了，但许多知名公司继续将电子商务元素纳入其业务运营。

要取得成功，业务经理必须了解他们的客户及其运营市场的基本原理。然后，他们必须在这些基本原则的基础上经营业务。如果要将电子商务纳入其业务，业务经理需要清楚地了解互联网与传统业务活动场所的区别，以便他们能够采用适合互联网的业务模式。

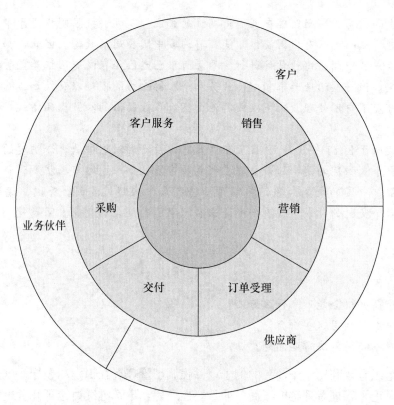

图7-1 电子商务的范围

表7-1 电子商务的好处

好处	如何实现
建立新的收入流	• 扩大消费者的地域分布
创建和加强与客户和业务伙伴的关系	• 提高客户参与度 • 提高最初线下购买的客户的忠诚度 • 增加通过多种渠道建立忠诚度的机会
提高运营效率	• 降低客户获取成本 • 降低每次销售的运营成本 • 减少支持和服务现有客户的费用

电子商务的形式

电子商务有多种形式，包括企业到企业（B2B）、企业到消费者（B2C）、消费者到消费者（C2C）和电子政务（e-gov）。电子商务的每一个模型都将在下面的章节中讨论。

■ 企业到企业（B2B）电子商务

企业到企业（business-to-business，B2B）电子商务是企业之间通过计算机网络进行的商品和服务交换。

2013 年，美国 B2B 交易产生的收入估计为 5 590 亿美元，这比 B2C 的收入大约高出了 1~2 倍。[2] 目前运营的 B2B 网站形式多样，包括私有商店、客户门户、私有公司市场和行业共同电子集市。

私有商店

许多组织已经建立了网站，为它们的每个主要客户提供私有商店的功能。进入**私有商店**（private store）需要买方输入公司识别码和密码，以便以预先商定的价格（通常基于确定的年度最低采购量）从选定的产品中进行采购。

固安捷（Grainger）是一家财富 500 强的工业供应公司，销售维护、维修和运营（MRO）用品，如紧固件、照明、材料搬运设备、电机、管道、安全用品和工具。它于 1995 年启动了公司网站，并于 1996 年开始接受在线订单（www. grainger. com）。固安捷的产品线从那时起已经扩展到 100 多万个修理零件和其他产品。[3] 与固安捷有协议的公司员工可以以公司独有的折扣价格购买设备和用品。此外，许多公司还与固安捷建立了自动再订购、紧急服务和库存管理服务（见图 7-2）。

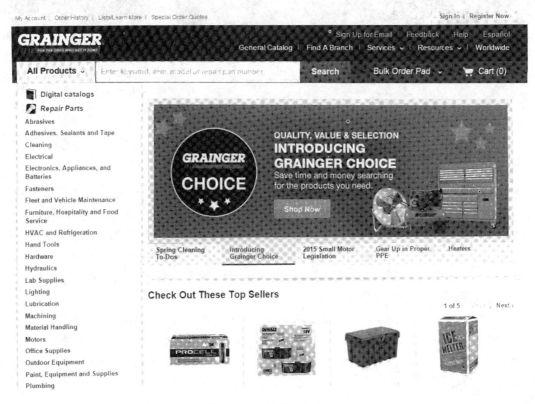

图 7-2 格兰杰私有商店

资料来源：www. grainger. com.

客户门户

客户门户是提供额外客户服务的私有商店，而不仅仅是下单。2012 年汉胜（Hamilton Sundstrand）公司与古德里奇（Goodrich）公司合并后成立的联合技术航空航天系统（UTC Aerospace Systems）公司是世界上最大的技术先进的航空航天和国防产品供应商之一。联合技术公司在全球拥有约 42 000 名员工，最近的年销售额为 140 亿美元。[4] 在古德里奇名称下，公司运营一个客户门户（https://customers. goodrich. com/portal/site/public），将古德里奇商业售后市场产品和服务整合到一个单一的网站上，可随时从世界任何地方在线访问。古德里奇的客户和员工可以使用客户门户从古德里奇业务部门电子商务网站搜索 50 多万个部件、下订单、检查订单状态和查询项目的交货期。访问图 7-3 所示的古德里奇站点，查看此客户门户的功能和益处。

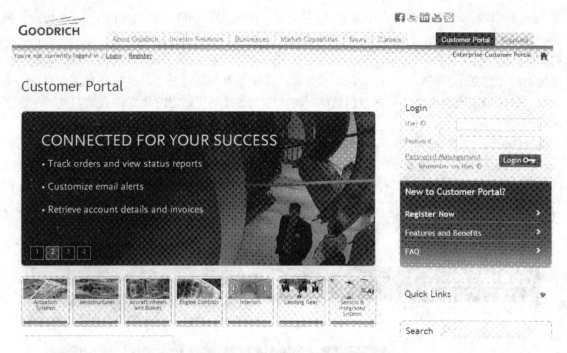

图7-3　古德里奇客户门户

资料来源：www. customers. goodrich. com/GoodrichEnterprise/en/US/adirect/goodrich.

私有公司市场

如今，企业很少生产设备的所有部件，如电器、飞机、汽车、计算机、发动机、房车和电视，所有这些都变得越来越复杂。相反，这些项目通常由部件组成，这些部件内置在共同创建最终产品的部件中。B2B 交易的很大一部分发生在供应零部件的原始设备制造商（OEM）和销售最终产品的公司之间。与 OEM 供应商开展业务的一些公司包括汽车行业的通用汽车、福特和丰田；飞机行业的波音和塞斯纳；个人电脑行业的戴尔和惠普；电视行业的索尼、菲利普和三菱。这些公司中的每一家都与数十家甚至数百家原始设备制造商打交道，这些原始设备制造商的零部件组成最终产品。

通常，从许多小供应商那里购买商品和服务的大型制造商会建立一个**私有公司市场**（private company marketplace），通过一个网站来管理它们的采购功能。供应商必须通过公布一份价格表来投标提供货物和服务，并按照该价格表向制造商出售其各种产品。制造商将该定价与其他供应商的投标进行比较，以选择每个项目的中标供应商。然后，选定的供应商必须以适合载入制造商电子采购系统的电子格式提供产品价格和描述信息数据。

电子采购软件（e-procurement software）允许公司创建具有搜索能力的电子目录。然后，制造公司内的授权采购员使用目录来确定所需的产品和服务。电子采购软件还可以自动化采购流程的关键功能，包括创建、审核和批准采购订单，并以电子方式将这些采购订单发送给供应商。更先进的电子采购系统可以支持使用谈判价格购买商品和服务。谈判可以通过某种形式的反向拍卖过程（供应商竞相提交一套产品或服务的最低出价）和/或报价请求过程（买方描述需要满足的业务，并邀请潜在供应商提交创造性的、低成本的解决方案）。

普惠飞机发动机公司是一家拥有全球服务业务的美国航空航天制造商，它每年生产 1 000 多台用于商业和军用航空的飞机发动机。这些发动机的大约 80% 的零部件外包给几十个国家的约 400 家合作伙伴和供应商。普惠公司使用 B2B 交易在其供应商网络中传达订单、发货和其他数据。[5]

行业共同电子集市

在许多情况下，公司规模不够大，或者没有足够的购买力要求供应商通过私有公司市场与它们打交道。

在这种情况下，一个特定行业中的几家公司可能会联合起来创建一个**行业共同电子集市**（industry consortia-sponsored marketplace），以获得其所有成员的私有公司市场的优势。

Avendra 是一个行业共同电子集市，服务于酒店相关行业，它利用约 5 500 名客户的购买力，与约 800 家供应商协商最佳交易。[6] Avendra 为客户提供广泛的采购计划，提供食品和饮料、制服、亚麻布、肥皂和洗发水、办公用品、清洁用品和厨房设备等。Avendra 的项目涵盖了超过 40 亿美元的年度采购，为买家节省了大量成本。[7] Avendra 还宣扬其为供应商带来了诸多好处，包括[8]：

- 改进了沟通产品描述和可用性的方法；
- 接触酒店及相关行业的新客户；
- 通过更好的报告和改进的信息访问增强了客户服务；
- 标准化和简化了业务流程；
- 增加了销售额。

企业到消费者（B2C）电子商务

企业到消费者（business-to-consumer，B2C）电子商务是企业组织和个人消费者之间的商品和服务交换。最早也是最成功的 B2C 零售商之一是亚马逊网站（Amazon. com），它于 1995 年开始上线在线书店，2013 年的净收入为 2.74 亿美元，销售额为 740 亿美元。[9] 如今，大多数大型实体零售企业（实体店经营者）至少已经尝试了某种程度的 B2C。在美国，B2C 的销售额已从 2005 年占零售总额的 2.4% 增长到 2014 年的近 6.4%。[10] 美国 B2C 销售额以每年近 17% 的复合增长率增长，销售额从 2007 年的 2 360 亿美元增长到 2014 年的 5 210 亿美元。[11] 正如我们在开篇案例中看到的，其他一些国家的在线购物市场开始超过美国。全球管理咨询公司 A. T. Kearney 根据 9 个变量对最具吸引力的 B2C 市场进行了排名，这些变量包括选择的宏观经济因素（例如，在线市场规模），以及调查消费者采用的技术、购物行为和基础设施的因素。根据 A. T. Kearney 的统计，表 7 - 2 显示了前十大市场及其吸引力得分（百分制）。[12]

表 7 - 2　十大最具吸引力的 B2C 市场

国家	在线市场吸引力得分
中国	84.0
日本	83.3
美国	82.8
英国	75.7
韩国	72.2
德国	70.4
法国	65.2
巴西	50.9
澳大利亚	50.8
加拿大	49.7

B2C 网站必须专注于吸引潜在客户，将他们转化为客户，并保留他们以获得更多的未来销售，这些长期以来都是实体零售商的必要目标。然而，现在，购物者使用在线工具和数据以成为更明智的购物者。许多购物者在去商店购物前会在网上研究产品，很多人也会在购买前查看在线同行评论。

实体零售商发现，它们必须修改店内操作和程序，以满足基于在线购物体验的购物者的新期望。现在，当一个商店的位置没有商品时，消费者希望销售人员简单地走到一台电脑前，找到一个有存货的商店。许多消费者不再有耐心在大商店周围搜索特定的商品，因此像巴诺（Barnes & Noble）这样的零售商正在一些商店中安装售货亭，允许人们搜索库存、定位商品和订购缺货商品。

在过去的十年里，许多大型零售商已经建立了高效的在线网站。它们的电子商务策略的一部分是通过允许顾客在当地商店提货而不是等待其发货来吸引网上购物者进入它们的实体店。把顾客带进商店可以增加销售量。

一家实体店只能根据商店的大小储存商品。随着网上电子目录的使用和大型、高效的配送中心的使用，可以提供的产品数量大幅增加，从而使客户有更多的选择。这种电子目录方法是由一种新的价值主张推动的，这种价值主张被称为"**长尾**"（the long tail），即那些销售量低的产品可以共同占据竞争对手的市场份额，或超过目前相对较少的畅销产品，但前提是分销渠道足够大。

全渠道零售（omnichannel retailing）是在所有营销渠道（如移动互联网设备、计算机、实体店、电视、广播、直邮和目录）中应用相同的业务战略，每个渠道使用相同的客户信息数据库、产品、价格、促销，等等。（全渠道零售可以与多渠道零售形成对比，多渠道零售是针对不同渠道的不同策略的应用。）零售商使用全渠道方法跟踪所有渠道的客户互动，并在所有零售渠道中使用一致的商品和促销活动。一个成功的全渠道零售策略需要在零售商网站和实体店的客户交互之间进行紧密集成。如果在线购买商品的客户需要访问商店，他们就必须能够获得卓越的客户支持，反之亦然。

梅西百货（Macy's）是迈向全渠道零售业的领导者之一，该零售商开发了多个移动应用程序，包括"我的钱包"（My Wallet）应用程序，它在线存储和管理梅西百货的产品和支付选项。梅西百货的其他应用程序允许购物者在推特或 Instagram 上拍摄一个物品的图片并与朋友分享，接收有关销售和活动的文本，查找他们购物的商店中没有的物品的颜色和大小，以及与个人设计师预约。梅西百货的策略包括一个电视宣传活动，鼓励观众下载这些应用程序。

消费者到消费者（C2C）电子商务

消费者到消费者（consumer-to-consumer，C2C）电子商务是个人货物和服务的交易所，由第三方提供便利。Craigslist 是一家为 70 个国家的 700 多个城市建立了本地分类广告网站和论坛的公司，用户每月发布超过 8 000 万条新的分类广告和超过 200 万条新的工作清单。仅在美国，每月就有 6 000 多万人使用 Craigslist。[13] 成功使用 Craigslist 要求个人或组织将其广告放在 Craigslist 类别下，这将最能吸引目标受众的商品或服务。

eBay 是另一个网上拍卖和购物网站，个人和组织每天从中购买和销售数百万电器、汽车、收藏品、设备、家具和其他物品。2013 年，eBay 的市场交易额为 760 亿美元，活跃用户达 1.5 亿。[14] eBay 支持拍卖风格的物品，卖家在特定日期和时间提供一个或多个物品供出售，出价超过卖方规定的底价的最高投标者购买该货物。eBay 还支持固定价格论坛，允许卖家指定"一口价"，同意立即支付该价格的买方以该价格购买该商品，不涉及投标。eBay 商业模式从物品的登录者/卖家支付的费用中获得收入。PayPal 可以用来发送和接收 eBay 交易的在线支付，也为这些交易收取费用。虽然一些美国电子商务网站和 eBay 卖家不在国外发货，但这需要大量的文件工作，外国买家已经找到了解决问题的方法。他们使用私人货运服务，在美国地址接收货物并将其发送给买方。

电子政务商务

电子政务（e-government，e-gov）商务涉及政府机构利用信息技术（如广域网、互联网和移动计算）来改变政府与公民（G2C）、政府与企业（G2B）之间以及政府各部门之间（G2G）的关系。对于超过三分之一的联邦服务用户来说，网站是接入机构的最频繁的接口，这一比例超过了下面两个渠道（电话占 19%，办公室访问占 11%）的总和。[15] 表 7-3 列出了最常访问的电子政务 G2C 网站。

表 7-3　常用的电子政务 G2C 网站

电子政务网站	描述
www. Benefits. gov	为公民提供单一访问点，以定位信息并确定政府福利和服务的潜在资格。
www. healthcare. gov	为政府资助的医疗保健项目提供信息和注册选项。
www. USAJobs. gov	提供有关联邦政府内部就业机会的信息。
Business. USA. gov	提供从小企业管理局获取政府服务和信息的单一接入点，以帮助国家的小企业开展业务。
Grants. gov	作为中央仓库，提供 26 个联邦拨款机构每年超过 5 000 亿美元的 1 000 多个不同的拨款计划的信息。
USA. gov	作为美国政府各种形式的官方中心网站，网站包含税务表格、小企业表格、社会保障表格、退伍军人福利和联邦应急管理局表格。
USCIS. gov	提供有关美国公民提供的服务和移民服务的信息，包括公民身份、合法永久居留权、家庭和就业相关移民、就业授权和跨国收养。
IRS. gov	使税务申报人能够下载纳税申报表，获得有关申报的常见问题的解答，并以电子方式提交纳税申报表。

电子政务的主要目标之一是通过提供快速便捷的商业法律、政府法规、表格和机构联系方式，节省在遵守法规方面的时间和资金。其他期望的好处包括更好地向公民提供政府服务，改善政府与企业和行业的互动，使公民更容易获得信息，以及更高效的政府管理。

遗憾的是，在美国，公民对电子政务 G2C 网站的质量并不完全满意。美国公民对联邦网站的满意度在 2013 年的美国顾客满意度指数（ACSI）基准中下降到 72（从 0 到 100）。事实上，除了互联网服务提供商，联邦政府在指数中落后于所有行业，只有 65。所有私人和公共网站的 ACSI 全国顾客满意度总和为 76.7。[16]

县和地方政府也曾尝试实施电子政务网站，例如，辛辛那提市的网站 www. cincinnati-oh. gov/cityofcincinnnati/为企业、城市居民和计划访问该市的人提供了方便的信息访问。

美国联邦总务署（GSA）负责通过管理政府资产、提供最大收购价值、保护历史财产和实施技术解决方案来改善政府的工作场所。该机构是几项电子政务 G2B 倡议的管理合伙人，旨在通过以下项目提高政府运营的效率和效力[17]：

- GSA Advantage! 是一个在线购物和订购系统，提供数千个承包商以及数以百万计的产品和服务。
- eBuy 是一个在线报价请求（RFQ）工具，旨在帮助提交各种商业产品和服务的报价请求。
- GSA eLibrary 是最新合同授予信息的在线来源。
- eOffer/eMod 是一个基于 Web 的应用程序，允许供应商以电子方式准备和提交其 GSA 合同报价和合同修改请求。

移动商务

移动商务（mobile commerce，m-commerce）是指使用移动设备（如平板电脑、智能手机或其他便携式设备）购买和销售商品和/或服务。移动商务可用于支持所有形式的电子商务——B2B、B2C、C2C 和 G2C。2013 年，全球移动商务预计将达到 1 400 亿美元左右。[18]

. Mobi

在世界范围内，数字手机的数量超过了个人电脑和电视的总和。大多数移动电话现在都具有完整的互联网功能，然而，这些移动电话有许多限制，使得查看标准网页变得困难。当然，主要的限制是观看屏幕的大小。.mobi 是一个顶级域名，由国际互联网名称和编号分配公司（ICANN）批准，并由 mTLD 全球注册管理，它的目标是将互联网提供给移动设备。它与移动运营商、手机制造商和内容提供商合作，以确保为移动电话设计的.mobi 目的地与移动设备一起快速、高效和有效地工作。实现这一点的一种方法是开发和发布一组样式指南，其中包含开发移动内容和服务的强制性和推荐的最佳实践。

移动票务

移动票务（mobile ticketing）是从移动设备订购、支付、获取和验证门票的一种手段，门票以带有特殊条形码或字母数字代码的文本信息的形式发送到移动设备，用户将其手机呈现给场馆的票务收集者以获得入场券。移动票务为消费者提供了极大的便利，他们现在可以等到最后一分钟才购买门票，而无须担心门票是否会及时到达。移动票务还可以增加活动发起人和票务供应商的收入，它们可以在最后一分钟售完门票，甚至可以在最后一秒钟出售无人认领的门票。移动票务用于航空公司、公共汽车、公共交通、电影院、音乐会或商务活动和贸易展览行业。

CVent 是一家提供移动应用程序的公共软件即服务（SaaS）公司，拥有两个事件移动应用程序开发商，一个是 CrowdTorch，专注于与消费者相关的事件，另一个是 CrowdCompass，专注于与业务相关的事件。CVent 在大约 100 个国家拥有客户，这些客户使用其软件来计划活动、查找场地、管理会员数据、创建移动应用程序、发送调查以及制定战略会议管理计划。[19] ShowClix 和 myZone 是另外两家提供票务解决方案的移动活动公司，通过帮助全球活动组织者管理票务运营，为其提供支持，包括在线和电话票务销售、票房管理、现场活动运营和活动推广。

基于位置的服务

基于位置的服务（location-based service）是一个计算机程序，它使用位置数据来控制它的特性和它提供的信息。一些基于位置的服务是基于查询的，允许用户查找本地地图和方向、本地交通和天气信息，甚至朋友或同事的下落信息。基于位置的服务也可以基于推送的方式提供信息、广告，如果有的话，还可以提供本地商品和服务（例如，"今天在主街的 Izzy's 停下来吃午饭，每次订购可享受 2.00 美元的折扣"）。加利福尼亚州芒廷维尤警察局使用基于位置的服务来跟踪警察的位置，官员可根据情况选择加入或退出申请。这种服务在追捕情况下很有价值，因为它使其他警员能够跟踪和支持追捕中的警员。[20]

手机银行

银行、经纪公司和其他金融机构对使客户能够使用移动设备访问账户信息、在不同账户间提取和转账、购买股票和债券非常感兴趣。通过**手机银行**（mobile banking），客户可以使用移动设备访问余额信息、支付账单、转账，并找到附近的 ATM 或银行中心，包括美国银行、摩根大通和富国银行在内的许多银行都提供这种服务。

Web 2.0 和电子商务

Web 2.0 是一个描述技术变化（见表 7-4）和网站设计的术语，用于增强网络上的信息共享、协作和功能。Web 2.0 的出现极大地改变了公司与客户互动的方式。事实上，企业到消费者（B2C）电子商务网站设计者必须利用 Web 2.0 保持竞争力。访问 eBay 等充满推荐、用户评论和评级的网站的消费者希望其他电子商务网站提供类似的功能。虽然许多企业到消费者（B2C）组织清楚地了解如何使用 Web 2.0，但许多企业到企业（B2B）组织仍在努力找出如何将这些功能合并到其网站中。

表 7-4　Web 2.0 功能的部分列表

Web 2.0 功能	如何使用
博客	使客户以不同的方式了解组织；允许双向通信。
论坛	创建开放或中继论坛以启用组织网站上的讨论。
聚合	结合各种来源和形式的内容，为网站访问者创建多媒体消息。
多产品比较	为网站访问者提供有价值和高度需要的信息。
新闻通讯	允许用户在线注册、创建多个订户组和管理新闻稿问题。
页面注释	允许访问者对网站上发布的内容发表评论。
播客	向客户提供高质量的信息。
民意测验	允许公司通过即时投票从访问者处收集信息；立即显示结果。

在向网站添加 Web 2.0 功能之前，你必须确定要完成的任务。你是否试图为当前用户创建更具吸引力的在线体验？你想获得新用户吗？你想了解更多关于网站访问者的信息吗？你是否希望吸引和奖励最忠诚的客户？此外，你必须认识到，许多 Web 2.0 功能都要求零售商放弃控制权，允许访问者对零售组织及其产品和服务说好话、说坏话或不关心。

电子商务的关键成功因素

许多因素有助于电子商务成功运营，包括确定适当的电子商务机会，获得必要的组织能力，将潜在客户引导到一个网站，提供良好的客户在线体验，为客户提供未来购买和退货的激励，提供及时且高效的订单处理，提供各种简单且安全的支付方式，顺利且高效地处理退货，以及提供有效的客户服务。

确定适当的电子商务机会

由于各种因素，包括组织缺乏电子商务技能、如何改变业务流程和政策以促进电子商务的不确定性，以及需要在与信息技术相关的硬件和软件方面进行新的投资，电子商务举措可能具有风险和挑战性。在开始这样一个冒险的旅程之前，组织必须仔细考虑每个潜在的电子商务计划如何适应其整体业务战略。与其他业务计划一样，需要定义具体的、可实现的目标和基于时间的度量。以时间为基础的具体、可实现的目标的一个例子是："在启动后的 12 个月内，将直接广告成本降低 5%。"那些目标和目的与组织的目标不匹配或似乎不可行的计划应该被拒绝或重新定义。

获得必要的组织能力

一个组织可能缺乏在其最初的电子商务活动中取得成功的技能和经验，或者组织文化可能会使人们对变革产生强烈的抵制。高级管理层必须对本组织是否具备足够的技能、足够的经验以及成功开展电子商务活动所需的企业文化进行客观评估。通常，组织会选择雇用或与经验丰富的资源签订合同，以帮助评估和领导早期电子商务项目的实施，而不是自己进行。在建立和运行一个电子商务网站时必须做出的两个关键决定是：（1）谁将建立该网站；（2）谁将运营（托管）该网站。

建立一个电子商务网站所需的努力和技能可能会因网站访问者的数量、提供的产品和服务的数量和类型、接受的支付方式以及各种其他系统要求而大不相同。为了支持《平价医疗法案》，联邦政府将 Health-Care.gov 网站的建设外包给了几家承包商，这些公司用了三年多的时间并收取了数亿美元来建设这个关键网站，尽管如此，但该网站一上线就表现非常糟糕。[21] 在另一个极端，电子商务网站从 3dcart、BigCommerce、Shopify、Volusion 和 Weebly 等公司构建软件和服务，可以在几天内用于构建功能强大的电子商务网站。这些公司通过上传有关产品的图片和信息以及配置网站来处理不同的运输方式、付款方式和结账选项，帮助建立一个在线商店。其中一些公司还提供网络托管。

IBM WebSphere Commerce、Insite Commerce、Oracle Commerce 和 SAP Commerce 平台提供了功能强大、可定制的电子商务平台，可与组织的企业资源计划（ERP）和客户关系管理（CRM）、会计、人力资源和后端系统整合以提供定价、库存水平、订单状态和付款信息。这些框架还可以支持诸如仅限客户的门户、分层定价、敏感产品购买的客户验证和快速订单输入机制等复杂功能。

网站托管（Web site hosting）涉及存储、服务和备份一个或多个网站的文件。网站托管服务将组织的网站文件存储在连接到互联网的 Web 服务器计算机上。当用户输入 URL（如 www. cengage. com）时，他们将连接到保存站点文件的 Web 服务器；然后服务器将数据传输回用户的计算机，允许用户查看站点的页面。网站托管职责通常包括与管理 Web 服务器和互联网连接相关的任何内容，包括其软件、安全性、支持、可靠性、速度、维护和灾难恢复。数百家公司提供网络托管服务，包括 Arvixe，DataYard，Go. Daddy，Rackspace，Web. com 和 Weebly。

网站托管服务可以提供专用的硬件或虚拟专用服务器，其中多个组织共享硬件和互联网连接，但另外还具有独立的虚拟化软件。共享服务器环境比专用服务器便宜；但是，它可能无法提供所需的安全性、性能和可靠性级别。

经营自己网站的个体工商户必须支付自己的高速互联网连接费用，购买或租赁网络服务器，并雇用受过培训的一批专家来管理和维护整个安排。当一个从零开始、没有经验的员工建设或托管一个网站时，外包这项工作往往是有意义的。通过明智地选择外包公司，与承担这一责任相比，一个组织通常可以更快、更便宜、更可靠地启动一个高质量的电子商务网站。

■ 将潜在客户引导到你的网站

成功的电子商务网站必须能够吸引潜在客户，以便将其转化为客户，搜索引擎的有效使用对于吸引潜在客户访问网站至关重要。搜索引擎是一个维护数十亿网页索引的软件，它使用该索引快速显示那些"最符合"用户搜索词的网页的 URL。为了执行匹配过程，许多搜索引擎，如谷歌、雅虎和必应（Bing）使用一种叫作爬虫的软件来为网站打分，一个网站的得分取决于该网站与搜索词的相关性，取决于链接流行度、密度、页面内容中关键字的频率、引用该网站的其他网站的数量以及许多其他因素。网站设计者还可以指定与特定网页关联的某些关键字。搜索引擎按得分降序列出提供匹配的页面的 URL，然后，用户可以单击显示的 URL 访问这些站点。

许多研究表明，搜索引擎返回的搜索结果中排名靠前的位置可以提供比邮件广告或广播电视广告更高的投资回报。因此，许多组织在**搜索引擎优化**（search engine optimization，SEO）上投入了大量时间和金钱，以确保当潜在客户输入与其产品或服务相关的搜索词时，它们的网站显示在搜索引擎结果的顶部或接近顶部。如果一个组织了解一个特定的网络爬虫如何对其发现排名，那么它可以尝试通过修改其网页上的文本或者指定更多或不同的关键字来提高其评级。

有机列表（organic list）是一种搜索引擎结果类型，用户可以根据其内容和关键字的相关性获得潜在网站的列表。网站也可以对关键词短语进行竞价，使其网站出现在列出的结果中。出价越高，它们的广告出现在结果页面的位置越靠前。然后，每次点击列表时，网站所有者都要支付额外的小额费用。由于支付费用而出现的搜索引擎结果称为**付费搜索列表**（paid listings）。付费搜索列表的批评者抱怨，这种做法导致搜索结果与搜索引擎用户的相关性很小。

谷歌试图根据页面内容、指向该页面的链接的相关性以及其他标准快速返回高度相关的结果。谷歌还允许公司为自己的网站付费，使其出现在搜索结果页面的顶部，但它明确地将付费搜索列表与有机列表进行了区分。

一个组织还可以通过使用网页横幅广告将潜在的客户吸引到其网站，这些广告会显示一个图形并包含一个到广告商网站的超链接。一些公司参与一个协调广告共享的横幅交换网络，以便其他网站显示一个公司的广告，而该公司的网站显示其他交换网络成员的广告。另一种方法是找到吸引相同目标受众的网站，并向这些网站支付费用，以获得横幅的位置。公司也可以使用横幅广告网络，如谷歌或 Conversant。横幅广告网络充当网站和广告商之间的中间人。

有关将潜在客户引导到你的网站的不同策略的优缺点，请参见表 7 - 5。

表 7-5　引导潜在客户访问你的网站的策略

策略	优点	缺点
搜索引擎优化	无额外的现款成本。	需要特殊的专业知识；对结果列表中的位置进行激烈的竞争。
付费搜索列表	可以确保你的网站出现在指定搜索词的结果页面上。	额外的广告费用；如果一个网站与用户的搜索词没有关联，用户可能就会不满意。
横幅广告	放置横幅广告的几种选择：加入横幅交换网络，在吸引相同目标受众的网站上为发布广告付费，使用横幅广告网络。	用户可能会对横幅广告视而不见。

提供良好的客户在线体验

大多数网站的最终目标是增加销售，提高客户满意度和对组织的忠诚度。为了实现这些目标，公司必须创建一个网站，迫使客户重复返回。在设计网站的整个过程中，应成立针对典型消费者的可用性焦点小组和进行测试，以确保实现这些目标。必须采取几个步骤来提供良好的客户在线体验，其中的几个关键步骤包括：

- 设计主页，使其具有信息性和视觉吸引力，以吸引你的目标客户。
- 确保导航非常直观。
- 提供一个简单的搜索工具，用实际产品的缩略图返回搜索结果。
- 提供产品和服务比较工具，以便客户更好地了解有竞争力的产品和供应商。
- 使用可用的客户配置文件数据制定适当的产品和服务建议。
- 突出的特点是组合了向上销售和交叉销售，以及热点项目和清关项目。
- 使用简单明了的语言，不要用行话。
- 谨慎使用粗体和斜体文本。
- 允许有足够的空白，这样页面就不会过于密集地显示文本和图形。

为客户提供未来购买和退货的激励

成功的电子商务网站能够吸引客户反复回购。事实上，能否让客户反复回购是使生意兴隆和失败的关键，如果访问者不返回你的网站，他们就不会被你的产品或你展示产品的方式所吸引。

让访问者返回你的网站的一个关键策略是将其设计为一个**黏性网站**（sticky Web），这样访问者就可以与你的网站进行接触，并希望在那里花费时间。如果网站总是包含新鲜、有趣和有用的内容，例如由一个有效的博客或论坛提供的内容，访问者就会希望返回，这样可以围绕你的品牌建立一个社区，并鼓励访问者对你的产品有积极的感触。

要求客户查看最近购买的商品也可以将客户吸引回你的网站，并提供另一个展示相关产品或客户可能感兴趣的其他商品的机会。下订单后发送确认电子邮件不仅使客户对在线采购更为满意，而且提供了展示相关物品或为其他采购提出建议的另一个机会。为你的网站创建一个脸谱网页面，可以让那些与你的品牌打交道的客户喜欢你的页面，并鼓励人们返回你的网站。

提供及时且高效的订单处理

在设计一个及时、高效的订单处理系统时，必须考虑许多组件和流程，必须保证足够的库存。为了快速完成订单，必须安全地存储和访问项目。产品可以存放在托盘、箱子、货架上，也可以简单地放在地板上。系统和流程必须能够从供应商处快速且准确地接收交货。准确的库存计数和以某种程度的准确性进行销售预测的能力也是至关重要的，这使得管理层能够在提供高订单完成率的同时最小化库存水平（以及相关成本）。分销流程必须能够满足客户对交付时间和成本的期望。通常，这意味着可能会提供几种不同的交付解决方案，从一周的地面运输到隔夜空运。当然，所有这些都是从准确捕获客户订单和交付信息开始的。

　　ComfyRobes.com 是一个电子商务网站，存放世界各地的浴袍，并随时准备发货。公司将订单处理外包给第三方，以避免间接成本，提高订单处理的速度和准确性。ComfyRobes.com 保持对其处理操作的控制和可视性，可以在下单后数小时内发出所有浴袍。当 ComfyRobes.com 在其产品线中加入对多个国际市场具有吸引力的浴袍时，外包公司具备处理跨境运输的专业知识和流程，使 ComfyRobes.com 能够快速将新产品推向市场。[22]

你会怎么做？

　　贵公司生产销往美国各地的紧固件（螺钉、螺栓、锚、大头钉等）。在过去的五年里，该公司经营着一个客户可以下单的网站，但许多客户经常抱怨，使用该网站时大多数客户都是通过电话或传真下单的，这使得操作很困难。现在要求你查看网站并制定改进建议列表，你将如何开始？你能给出一些什么建议？

提供各种简单且安全的支付方式

　　你有没有去过只接受现金、支票和信用卡的商店？对我们大多数人来说，这样的限制会影响我们的购买量，并阻止我们再次光顾。如果你走进一家只接受一种信用卡的商店（尤其是当不是你所拥有的信用卡时），你可能会有类似反应。网站需要接受各种简单和安全的支付方式，以增加销售并鼓励重复业务。

　　世界范围内使用信用卡和借记卡支付在线消费的比例从 2007 年的 85％下降到 2017 年的预测值，这个值仅为 58％。[23],[24] 这种趋势预计会持续下去，因为 PayPal 和数字现金等替代支付方式的使用将增加。为了保持竞争力，网站必须准备处理这些更新的支付类型。

　　安全的网站使用加密和身份验证来保护在线交易的机密性。默认情况下，最常用的计算机 Web 浏览器（包括 Chrome、Internet Explorer、Firefox、Safari 和 Opera）将在你进入或离开安全站点时通知你。但是，如果你关闭了这些通知，浏览器也会提供视觉提示，通常锁定的挂锁会出现在浏览器窗口的下角。

　　Web 网站安全最常用的协议是**安全套接层**（Secure Sockets Layer，SSL），它可以用来验证用户所连接的网站是否就是它所声称的那样。SSL 还加密和解密网站和用户计算机之间的信息流。因此，任何窃听"对话"的黑客都只会收到难以理解的胡言乱语。

　　消费者与安全网站交互的最大风险不是信用卡数据在传输过程中被截取，而是零售商存储这些数据的数据库可能会受到损害。在过去的几年里，每年都有数十起这样的事件发生，其中大量的信用卡数据从零售机构的数据库中被盗。ACME Markets，Goodwill Industries，家得宝，Jimmy John's，Michaels Stores，Neiman Marcus 和 P. F. Chang 是一些主要的零售商和餐馆，它们在 2014 年遭受了信用卡违约的打击。[25]

　　美国运通（American Express）、发现金融服务（Discover Financial Services）、JCB、万事达卡（MasterCard Worldwide）和 Visa 国际组织（Visa International）成立的 PCI 安全标准委员会正在采取一种确保信用卡数据安全的方法。其**支付卡行业数据安全标准**（Payment Card Industry (PCI) Data Security Standard）是一个多方面的安全标准，要求零售商实施一套安全管理政策、程序、网络架构、软件设计和其他保护持卡人数据的关键措施。它还要求零售商当与持卡人发生争议时，将某些卡数据存储长达 18 个月，零售商可能因未能满足本标准的各种实施期限而被罚款。

另一种实现安全在线交易的方法是使用智能卡。**智能卡**（smart card）在大小和形状上与信用卡相似，但它包含一个嵌入式微芯片，可以处理指令和存储数据，以用于各种应用，如电子现金支付、患者信息存储和提供对安全区域的访问。微芯片可以在支付卡上存储与磁条相同甚至更多的数据。因此，智能卡上不需要显示姓名或卡号，这使盗贼更难使用。智能卡在欧洲的银行和医疗保健应用中被大量使用；在美国，智能卡的使用是有限的，主要是因为在广泛的基于磁条的基础设施上需要进行大量投资。

国际支付品牌 Europay、MasterCard 和 Visa（EMV）共同制定了 EMV 标准规范，用于使用智能卡验证借记卡和信用卡交易。该规范涵盖了相应的卡接受设备（终端）及其支持的应用程序，其目标是确保多个支付系统通过符合 EMV 规范的终端和卡审批流程进行正确的连接。

联系人智能卡在卡的正面有一个联系人区域，用于与支付终端进行连接。非接触式智能卡没有接触区，而是有一个嵌入式电路，允许它们与非接触式读卡器无线连接。非接触式智能卡不符合 EMV 标准，但是已经被包括伦敦地铁在内的多个收费系统和公共交通运营商使用。

EMV 金融交易被认为比传统的信用卡支付更安全，因为它使用高级加密算法来提供信用卡认证。遗憾的是，智能卡处理比同等的磁条事务需要更长的时间，部分原因是需要额外的处理来解密消息。此外，许多 EMV 卡和终端的实施需要输入个人识别码（PIN），而不是签署纸质收据，以确认持卡人的身份。

在美国，许多银行和金融服务公司不愿意对认证施加额外的要求，因为它们不想在结账过程中增加额外的步骤（和时间）。未来，系统可能会升级为使用生物识别技术（通过测量和分析人眼视网膜、指纹或语音模式等人体物理特征以实现安全目的的技术）；但是，目前这种方法对于零售应用来说并不经济。

一些基于移动设备使用的支付系统正在出现，这些支付系统的主要区别包括客户安全水平、每次使用收取的费用以及客户购买数据是否与零售商共享。Apple Pay 于 2014 年推出，是一种无线支付系统，消费者可以使用 iPhone 6、iPhone 6 Plus 或 Apple Watch 在某些零售商处购买商品。你只需将 Apple 设备放置在支持近场通信协议的无线支付终端上，然后在设备上使用 Touch ID 完成购买。Apple pay 的安全优势是不在零售商的服务器上存储客户信用卡数据。相反地，Apple pay 将信用卡信息以加密形式存储在手机内的芯片上。你的实际信用卡或借记卡号码不会与零售商共享，也不会随付款一起传输。Apple pay 与美国银行的大部分主要信用卡和借记卡合作，包括美国运通、美国银行、大通银行、万事达卡、维萨卡和富国银行。Apple Pay 可用于成千上万家接受非接触式支付的商店，包括 Aeropostale，American Eagle，Bi-Lo，雪佛龙，Foot Locker，梅西百货，麦当劳，Meijer，耐克，United Food Stores 和沃尔格林。如果你的 iPhone 丢失或被盗，你可以使用 Apple 的"查找我的 iPhone"应用程序暂停 Apple Pay 或将你的设备彻底清除。[26]

与此同时，一个名为商业客户交易所（MCX）的零售商联盟，包括百思买、CVS、唐恩都乐、劳氏公司、来德爱和沃尔玛等零售商，计划推出一个名为 Current C 的竞争支付网络，该网络将直接从消费者的银行账户或商店资助的信用卡中提取资金，而不是像 Apple Pay 那样向银行信用卡收费。这将允许零售商避免向信用卡公司支付所谓的"刷卡费"——每次消费者用信用卡支付。Current C 还将使零售商能够获取有关消费者购买的数据，以帮助零售商做出更好的营销和销售决策。[27] MCX 合作伙伴被禁止接受 Apple pay 等竞争性手机钱包。[28]

你会怎么做？

你是一家快速增长的体育用品零售商的业务发展小组的成员，年收入为 1.5 亿美元。贵公司经营 10 年，在美国西南部经营着二十多家商店。该公司计划在未来五年内每年增加两家门店，该公司接受美国运通、万事达卡和维萨卡的银行信用卡和借记卡。你被要求就公司是否应该开始接受移动支付确定一个立场，并且如果接受的话，它是否应该与 Apple Pay，Current C 并存，或等待以观察事情的进展情况。你会推荐什么？为什么？

顺利且高效地处理退货

在线零售商应该通过提供足够的产品信息来尽可能减少退货情况，这样消费者就可以清楚地知道他们在购买产品时会有什么期望。写得好的产品描述、缩略图（或更大的图片）以及客户写的产品评论不仅可以增加产品销售，而且可以消除退货。在线零售商还应该避免用包括惩罚性补货费用的退货政策或只提供有限选择的补偿方法来激怒客户。严格的退货处理可以带来暂时的节省，但会牺牲长期的客户忠诚度和未来的销售。为了简化退货流程，一些零售商允许客户通过首选的包裹递送服务（如美国邮政服务、联合包裹服务和联邦快递）退回在线购买的商品。客户按照简化的流程联系服务，并安排及时取件和归还。

拥有店铺且同时经营网上销售的零售商（click-and-mortar retailers）——那些同时在实体店和电子商务网站上销售商品的消费者应该充分考虑允许消费者将在线购买的商品退回实体店。消费者希望能够通过任何渠道进行退货和交换，不管他们是如何购买产品的；然而，许多零售商不可能做到这一点，即使消费者将在线购买的产品退回商店时，也可能会在商店购买其他商品。

提供有效的客户服务

由于网站每天24小时开放，许多在线客户希望能够在白天或晚上的任何时候获得客户服务。如果一个组织不能24小时提供某种程度的客户服务，这些业务可能会流向竞争对手。通常采用某种形式的自动化系统来提供至少某种程度的全天候服务。例如，如果客户需要订单交付状态信息，他们就可以自动定向到提供交付服务的公司的网站，一旦到达该站点，客户只需输入一个订单号，即可获得有关当前交货状态的信息。

许多网站提高了它们接受客户电子邮件查询的能力，如订单状态、售后信息或产品信息。为了维护消费者的利益和忠诚度，必须准确及时地处理此类查询。呼叫中心客户服务代表的拥有店铺并同时经营网上销售的零售商必须有所有店内和网络交易的准确和最新的信息，使它们能够回答问题和提供帮助。

在通常情况下，网站会为客户提供多种联系方式，包括客户服务电子邮件、即时通信、实时网络聊天、自动化系统、直接电话呼叫甚至虚拟会议。根据最近的一项调查，消费者喜欢通过以下渠道获得帮助：电话（61%）、电子邮件（60%）、实时聊天（57%）、在线知识库（51%）和"点击呼叫"支持自动化（34%）。[29]

电子商务的优势

电子商务的使用带来了许多好处。有趣的是，这些优势并不是片面的，有些优势是卖方的（见表7-6），有些是买方的（见表7-7），有些是整个社会的（见表7-8）。这些好处中的大部分都是可能的，因为网上销售的产品在全球范围内的曝光率以及电子商务减少与销售和采购相关的时间和成本的能力。

表7-6 电子商务对卖方的优势

网络的全球覆盖使组织能够将其产品和服务呈现给世界市场。
网络的全球范围也使组织更容易探索新的商业机会和新的市场成为可能。

续表

企业可以通过实施按订单生产的流程来获得竞争优势，这些流程可以实现产品和服务的廉价定制，从而精确地满足单个客户的需求。
在线广告的使用使组织能够以比传统的印刷媒体或电视广告更具成本效益的方式接触目标受众。
公司可以一周 7 天、每天 24 小时营业，以获取潜在的销售机会。
当买家访问你的网站时，可以通过有针对性的在线促销来增加在线销售。
组织可以获取有关其客户的宝贵数据，这些数据可用于实现目标市场细分并支持客户关系营销。
组织有机会与客户进行互动，从而提高客户忠诚度。
通过网站获取订单的每次销售的直接成本比通过更传统的方式（如面对面订单或纸质订单）低。
一个网站可以作为一个信息工具，把有见识的顾客吸引到商店，节省营销材料的费用，并吸引供应商。
潜在客户可以在网上进行调查和比较，以便销售人员能够与更多的知情客户打交道。

表 7-7　电子商务对采购组织和消费者（买方）的优势

电子商务为买家提供了从全球供应商处购买产品和服务的能力，从而在供应商、成本、质量、服务和功能方面提供了更广泛的选择。
购物比较工具可以使产品比较和评估更容易、更有效。
买家可以在网上搜索和购买制造商的产品，也可以快速方便地找到离他们最近的商店或授权经销商。
可从联邦快递、UPS、USPS 等处获得基于不同交货速度的运输成本即时报价。
买家可以在自己家或办公室方便的情况下，在白天或晚上的任何时间购物。
对于可以通过互联网交付的项目，如游戏、电子书、音乐、软件和视频，交付成本和时间都大大减少。
买家可以查看他们的订单历史以及订单和交付状态。

表 7-8　电子商务对社会的优势

消费者可以待在家里或办公室里，而不是去商店购物。这减少了交通拥堵、燃油消耗、空气污染和二氧化碳排放。
发展中国家的消费者有机会购买以前无法获得的服务和产品。
消费者的选择范围更广，这会鼓励竞争。

电子商务相关问题

尽管电子商务有许多与之相关的优势，但管理者必须理解，它也有信息技术局限性和潜在问题，如果不认识到这一点，就可能会导致公司对其电子商务计划抱有过于乐观的期望，或未能落实关键的保障和措施。

■ 客户担心他们的个人数据可能被盗或不当使用

电子商务网站可以通过网站注册、问卷调查和订单发布流程收集大量有关潜在客户和客户的数据。长期以来，消费者一直担心在线数据是否受到阻止未经授权的用户或黑客的访问的保护。基于最近消费者数据泄露的广泛影响，这些担忧逐渐强烈。从事电子商务的组织必须建立强有力的保护措施来保护它们的客户，它们必须表现出以安全可靠的方式操作的能力，以培养客户对它们的信任，如果不这样做，就可能严重损害已建立的企业的良好声誉。

根据最近对 1 925 名美国消费者的一项调查，大多数人对他们个人信息的安全性仍然相当有信心，33%的受访者选择了"我有顾虑，但总体感觉很安全"，13%的人选择了"完全信任，我感觉非常安全"。另外，近 50%的人说，如果公司允许他们的个人数据被窃取，就没有办法重新赢得他们的信任。[30]

📖 文化和语言障碍

网站设计者必须避免造成文化和语言障碍，文化和语言障碍会使网站对任何潜在用户群都不那么有吸引力或有效。如果你用自己的语言与潜在客户交谈，他们就会更愿意购买你的产品和服务。因此，网站越来越多地向访问者提供在初始主页上选择其祖国的选项；此选项提示网站显示一个版本，该版本旨在为来自该国的人提供正确的语言或区域方言、打印字符以及符合文化特色的图形和图片。这种设计方法通常被称为"全球思考，本地行动"。许多公司提供网页翻译服务和软件，包括 Berlitz，BeTranslated，Capita Translation 和 SYSTRAN。

你会怎么做？

贵公司总部设在美国，在德国、巴西和中国开设了新的销售办事处，以扩大其在全球的销售范围。高层管理者正在努力修改公司的网站，以便访问者可以指定他们的国家并以他们的母语查看网站的自定义版本。一位经理获得了每个国家 5 000 美元的报价，将现有网站的语言翻译成德语、葡萄牙语和中文普通话。从事这项工作的公司使用软件翻译程序在数小时内完成这项工作，这将使该公司能够在几天内建立新的网站。有人要求你对修改后的网站的快速部署发表意见，你会说些什么？

📖 难以集成网络的和非网络的销售和库存数据

通过多个渠道开展业务的组织通常难以看到其业务的整个范围，这是因为它们使用独立的、非集成的系统和数据库来捕获和记录每个销售渠道的订单和库存信息。网络订单可能会被拒绝，因为根据分配给网络销售的库存量，某个项目似乎缺货。然而，如果同时考虑到网络和店内采购的总库存，可能会有大量库存。连接来自网络和非网络渠道的库存和订单状态数据需要大量额外的成本和精力。

表 7-9 中的清单为贵组织的电子商务活动提供了一套有用的建议，每个问题的正确答案为"是"。

表 7-9　管理者检查表

你的组织的 Web 开发工作是否专注于这些基本活动？	是	否
确定适当的电子商务机会。		
将潜在客户引导到你的网站。		
提供良好的客户在线体验。		
为客户提供购买和退货的激励。		
及时、高效地完成订单。		
提供各种简单、安全的付款选择。		
处理退货顺利且有效。		
提供有效的客户服务。		

重要术语

. mobi	基于位置的服务	私有公司市场
企业到企业（B2B）	手机银行	私有商店
企业到消费者（B2C）	移动商务	搜索引擎优化（SEO）
拥有店铺且同时经营网上销售的零售商		移动票务
安全套接层（SSL）	消费者到消费者（C2C）	全渠道零售
智能卡	电子商务	有机列表
黏性网站	电子政务	付费搜索列表
长尾	电子采购软件	支付卡行业（PCI）
Web 2.0	行业共同电子集市	数据安全标准
网站托管		

本章摘要

- 电子商务涉及通过电子网络进行商品和服务的货币交换，包括组织的许多面向外部的过程，这些过程涉及客户、供应商和其他业务伙伴，如销售、营销、订单接收、交付、商品和服务采购，以及客户服务。

- 电子商务使组织和个人能够建立新的收入流，建立和加强与客户和业务合作伙伴的关系，并提高运营效率。

- 为了将电子商务纳入其业务，管理者必须了解其客户及其运营市场的基本情况，清楚了解互联网与传统商业活动场所的区别，并采用适当的商业模式连接到互联网。

- 电子商务有多种形式，包括企业到企业（B2B）、企业到消费者（B2C）、消费者到消费者（C2C）和电子政务（e-gov）。

- 现在有几种形式的 B2B 网站正在运作，包括私有商店、客户门户、私有公司市场和行业共同电子集市。

- 在美国，B2B 收入比 B2C 收入大约高出 2 倍。

- B2C 网站必须专注于吸引潜在客户，将他们转化为客户，并保留他们以获得更多的未来销售。这些长期以来都是实体零售商的必要目标。

- 许多零售商正在转变为全渠道零售业务模式，该模式在所有营销渠道中应用相同的业务战略，每个渠道使用相同的客户信息数据库、产品、价格和促销。

- 消费者到消费者（C2C）电子商务是个人之间的商品和服务交换，通常由第三方提供便利。

- 电子政务（e-gov）涉及政府机构利用信息技术来改变政府与公民（G2C）、政府与企业（G2B）以及政府各部门（G2G）之间的关系。

- 移动商务（m-commerce）是指使用平板电脑、智能手机或其他便携式设备等移动设备购买和销售商品和/或服务。

- Web 2.0 是一个描述技术和网站设计变化的术语，旨在增强网络上的信息共享、协作和功能；Web 2.0 的出现极大地改变了公司与客户互动的方式。

- 许多因素有助于使电子商务运营成功，包括：确定适当的电子商务机会，获得必要的组织能力，将潜在客户引导到你的网站，提供良好的客户在线体验，为客户购买和退货提供激励；提供及时且高效的订单处理，提供各种简单且安全的支付选择，平稳且高效地处理退货，提供有效的客户服务。

- 电子商务的使用带来了许多好处，对卖方、买方和整个社会都有好处。

- 使用电子商务有几个潜在的问题，包括客户害怕丢失个人数据、文化和语言障碍，以及难以整合来自不同销售渠道的库存数据。

问题讨论

1. 你如何定义电子商务？它包含哪些业务流程？你认为，对于一个与客户互动的零售组织来说，电子商务运营的三个主要商业利益是什么？一个制造企业希望通过电子商务与供应商互动来获得哪些不同的好处？

2. 为了有效地将电子商务纳入其业务，业务经理必须掌握哪些基本的业务基础？

3. B2B 私有商店与 B2B 客户门户有什么不同？私有商店与典型的 B2C 电子商务网站有何不同？

4. 什么样的公司可能会雇用一个私有公司市场？什么样的公司可能会参与一个私有公司市场？私有公司市场与行业共同电子集市有什么不同？

5. 电子采购软件执行哪些业务功能？

6. 按国家确定三大最具吸引力的 B2C 市场。为什么这些国家对 B2C 电子商务如此有吸引力？

7. 你认为美国在线零售额占总零售额的比例会继续上升吗？为什么？

8. 实体零售商如何以及为什么需要修改其店内操作和程序以满足消费者的新期望？

9. 描述新的价值主张，即长尾。你能举个例子吗？

10. 比较和对比全渠道零售和多渠道零售。

11. 定义 C2C 电子商务。私人转发地址在 C2C 电子商务市场中扮演什么角色？

12. 访问三个电子政务 G2C 网站，确定哪个网站最能满足预期用户的需求，证明你的选择是正确的。

13. Web 2.0 如何增强电子商务购买体验？

14. 网站托管如何使组织在网络销售方面变得容易？

需要采取的行动

1. 你是一个成立 10 年、正在快速成长的零售商营销组织的新成员，该组织的年销售额为 27 亿美元，在南部 6 个州有 85 家商店。你是从梅西百货公司借调来的，加薪幅度不错，而且有机会影响你新雇主的电子商务计划。自 2006 年以来，这家零售商一直不愿在自己的网站上参与 B2C 电子商务。"其他人都在这样做，所以我想我们也应该"一直是公司的态度。结果令人失望，几乎没有额外的销售收入来抵消外包网站托管的成本。该网站目前被视为该公司多渠道营销方法中的另一个链接。你确信未来电子商务在你的公司可能会发挥更大的作用，并要求与市场营销副总裁谈几分钟，提出你的想法。你会怎么说？

2. 你是一家准备推出首个电子商务 B2C 网站的制造公司的高级营销经理。新网站的目标是吸引新市场的新客户，并在运营的第一年年底将销售额提高至少 5％。首席执行官要求你为董事会准备一个 10 分钟的会议，讨论新网站的基本业务运营原则。你已经决定在哪些流程（例如，客户订购、销售和客户服务）将保持不变以及为了应对新的 B2C 客户需要更改什么方面介绍原则。首席执行官让你今天下午到她的办公室，预听一下你的演讲。准备一个简短的大纲，强调什么将保持不变，什么必须改变。

3. 你的组织的第一个网站是在六个月前发布的，但管理层已经称之为一场彻底的灾难。该网站未能刺激额外的销售，并已证明是不可靠的，服务中断频繁，情况太糟糕了。消费者经常打电话给客服中心投诉。你是客户服务部经理，当营销部经理上午 10 点打电话邀请你吃午饭时，你当时很惊讶。她想讨论一下你对如何扭转局面的看法。你将如何准备这次会议？你建议采用什么方法来更好地定义现有网站的问题？

基于 Web 的案例

阿里巴巴的电子商务战略与问题

2013 年，美国通过移动设备实现的零售额增长了 188％，达到约 650 亿美元。移动商务在发展中国家的增长速度将更快，因为越来越多的手机为那些负担不起个人电脑和有线互联网接入的人提供更便宜、更实惠的互联网接入。例如，在中国，为了保持竞争力，电子商务巨头必须瞄准移动商务。上网研究阿里巴巴及其主要竞争对手腾讯的移动商务战略。你能了解它们的计划吗？这些计划是否足够容易和透明以使投资者能够做出正确的决策？

鉴于阿里巴巴对在线支付系统和云服务的投资，中国的银行已经游说其政府限制阿里巴巴对金融服务市场等市场的征服，这些银行认为这应该是它们的专属领域。中国政府安抚这些银行的决定将影响阿里巴巴的运营和利润。为了提高透明度和降低投资者风险，投资者应该通过阿里巴巴的网站访问哪些信息？这种缺乏透明度的做法将如何影响西方对中国信息技术巨头的投资？

资料来源：Smith, Cooper, "Mobile Retail Explodes—Phones and Tablets Are Driving One-Fourth of All E-Commerce," *Business Insider*, March 18, 2014, www.businessinsider.com/e-commerce-insider-the-mobile-retail-boom-2014-3.

案例研究

在线杂货店：豆荚（Peapod）的第一个边界；亚马逊的最后一个边界

20 世纪 50 年代和 60 年代，随着冰箱在家庭中的普及率不断提高，包装和食品储存技术的改进，需要送奶工的日子在北美逐渐结束，因为家庭可以很容易地在超市买到牛奶、奶油、黄油和鸡蛋，然后把它们储存在家里。把主食送到家里的日子基本上已经过去了……直到 20 世纪 90 年代，忙碌的上班族父母一直在寻找方法避免每周或每两周去超市，这使得对杂货店电子商务的需求不断增长。

然而，杂货电子商务行业面临着其他在线供应商没有遇到的障碍，例如仓储易腐货物的成本和物流，以及通过最有效的路径提供广泛的货物选择。Webvan 是早期试图占领这个市场的雄心勃勃的公司之一，它决定建立自己的信息技术基础设施来克服这些障碍。数百名工程师设计了自动完成客户订单的软件算法。Webvan 的奥克兰配送中心设计有 5 英里长的传送带，每天可运送 10 000 个集装箱。配送中心配有传送带，在订单完成之前，它将每个请求的商品都存放在适当的货柜中。定制的信息技术系统还确保物品有库存、计划交付路线以减少驾驶时间，并确认客户已收到订单。Webvan 由硅谷的高管和在超市交易方面没有经验的投资者共同创立和资助，它对如何在一个以低利润率著称的行业中取得成功几乎一无所知。不切实际的是，该公司承诺以低价提供高质量的产品。随着该公司扩展到芝加哥、亚特兰大和西雅图，它承诺每个城市投入 5 000 万美元建设必要的基础设施，包括部署其系统的昂贵仓库。不到两年，公司就因超支破产了。

相比之下，豆荚公司的起步规模较小，而且该公司开始考虑电子商务早于大多数公司。1989 年，安德鲁·帕金森（Andrew Parkinson）和托马斯·帕金森（Thomas Parkinson）两兄弟创立了豆荚公司，并为伊利诺斯州埃文斯顿（离芝加哥最近的北郊）提供服务。该公司向使用拨号调制解调器下订单的客户提供豆荚公司软件，与当地杂货连锁店 Jewel 合作，这两兄弟和其他家庭成员打包并交付了每一份订单。1991 年，随着消息的传播和需求的增加，豆荚公司扩展到了芝加哥和其他郊区。1993，豆荚公司与 Safeway 合作，开始为旧金山市场服务。1996 年，豆荚公司推出了自己的网站，并扩展到波士顿市场。两年后，公司在纽约长岛开了一家分公司。与 Webvan 一样，豆荚公司也建立了自己的仓库，但始终与超市合作；如今，豆荚公司与 Stop&Shop 和 Giant Food Stores 合作。与 Webvan 不同，豆荚公司从未自动完成订单处理过程。相反，它的包装工经过精心训练，能够手工采摘、挤压和闻到易腐物品。但该公司也必须克服自身面临的挑战，例如，当客户开始抱怨他们收到了错误的彩色纸巾时，豆荚公司必须在其订单上创建自己的代码，并在每个包装上添加标签，以确保包装商选择正确的颜色。今天，豆荚公司服务 23 个城市社区，是最大的在线杂货店。

瞄准豆荚公司，一个大玩家盯上了在线食品杂货市场：在西雅图，亚马逊生鲜（AmazonFresh）于 2007 年开始在西雅图上线测试，它逐渐向南传播到洛杉矶、圣迭戈和旧金山。2014 年，这家合资企业跨越了整个美洲大陆，在纽约建立了业务，并计划扩展到美国其他城市。虽然豆荚公司在过去的三十年里已经经受住了竞争，但亚马逊有着雄厚的财力，并且不怕为了抢占市场份额而赔钱。事实上，持有亚马逊 Prime（一种每年只需 99 美元的无限制第二天送货服务）订阅的纽约市民已经开始享受免费的杂货配送。2015 年，亚马逊生鲜接触了其吸引到的客户，并要求他们以每年 299 美元的费用升级到 Prime Fresh，以便继续使用杂货服务。考虑到亚马逊目前的平均配送费是每次 8～10 美元，该公司希望每周下订单的客户将看到年费是合理的。

为什么如此合理？这并不是因为亚马逊想要进军低利润的零售业，亚马逊并没有真正将其定位于与豆荚公司竞争，相反，亚马逊正准备与沃尔玛竞争。随着沃尔玛进军在线零售市场，亚马逊正试图将自己打造成一站式在线购物体验。亚马逊用户平均每年花费 500 美元，但亚马逊 Prime 会员平均每年花费超过 1 200 美元。亚马逊希望在亚马逊生鲜的消费者身上经历类似的现象。亚马逊已经在全国和世界各地拥有 89 个巨大的处理中心，它正在自动化其装运过程，因此每个订单最多可在两个半小时内完成。然而，亚马逊有一个特殊的一小时配送率。

豆荚公司密切关注其竞争对手，并正准备迎接即将到来的抗争，因为亚马逊生鲜正扩展到新的大都市地区。豆荚公司 的 30% 的业务现在都是移动业务，看到移动业务的增长，豆荚公司知道未来的成功就在于此。豆荚公司和亚马逊都为 iOS 和 Android 开发了移动应用程序，允许客户通过智能手机订购。豆荚公司不断改进其移动应用程序，允许客户根据自己独特的饮食需求选择食物，如无麸质或犹太洁食。豆荚公司将长期致力于改善客户服务，以此作为对这家一站式在线购物巨头的防御。

问题讨论

1. 豆荚公司的策略与 Webvan 的策略有什么不同？是什么让豆荚公司更成功？
2. 豆荚公司的策略与亚马逊有什么不同？
3. 豆荚公司和亚马逊的目标客户群是否相同？你希望每家公司吸引和维持哪些客户？
4. 一站式零售业和亚马逊的一站式在线战略有什么相似之处？
5. 你希望亚马逊在一站式战略上取得成功吗？豆荚公司能存活吗？五年后，每家公司的市场份额会是多少？解释你的答案。

资料来源：Relan, Peter, "Where Webvan Failed and How Home Delivery 2. 0 Could Succeed," Tech Crunch, September 27, 2013, http://techcrunch. com/2013/09/27/why-webvan-failed-and-how-home-delivery-2-0-is-addressing-the-problems/; "The Greatest Defunct Web Sites and Dotcom Disasters," CNET UK, June 5, 2008, www. cnet. com/news/the-greatest-defunct-web-sites-and-dotcom-disasters/; "Two Peas in a Pod," Industry Today, Volume 3, Issue 1, http://industry-today. com/article_view. asp? ArticleID＝FDQ_F57, accessed December 1, 2014; Privitera, Alexandra and Stevens, Mark, "AmazonFresh: What's in the Bag?," CNBC, October 21, 2014, www. cnbc. com/id/102103709＃; McCorvey, J. J. "Amazon-Fresh Is Jeff Bezos' Last Mile Quest for Total Retail Domination," Fast Company, August 5, 2013, www. fastcompany. com/3014817/amazon-jeff-bezos; Tam, Donna, "Peapod Who? Online Grocer Shows Amazon, Walmart How It's Done," CNET, November 2, 2013; "Peapod: Our Company," Peapod, www. peapod. com/site/companyPages/our-company-overview. jsp, accessed December 2, 2014.

注　释

开篇案例资料来源：

Mac, Ryan, "Alibaba Claims Title for Largest Global IPO Ever with Extra Share Sales," Forbes, September 22, 2014, www. forbes. com/sites/ryanmac/2014/09/22/alibaba-claims-title-for-largest-global-ipo-ever-with-extra-share-sales/; "What Is Alibaba?," Wall Street Journal, http://projects. wsj. com/alib-aba/, accessed November 28, 2014; Matteson, Scott, "10 Things You Should Know About Alibaba," Tech Republic, September 23, 2014, www. techrepublic. com/blog/10-things/10-things-you-should-know-about-alibaba/; Osawa, Juro, "Alibaba Founder's Recent Deals Raise Flags," Wall Street Journal, July 7, 2014, http://online. wsj. com/articles/alibaba-founder-jack-mas-recent-deals-raise-flags-1404760656.

[1] "Will Dotcom Bubble Burst Again?" Los Angeles Times, July 17, 2006.

[2] Sankaran, Ajith, "B2B E-Commerce: A Trillion-Dollar Reality Check," The Future of Commerce, August 13, 2014, www. the-future-of-commerce. com/2014/08/13/b2b-e-commerce-a-trillion-dollar-reality-check/.

[3] "Grainger History," Grainger, http://pressroom. grainger. com/phoenix. zhtml? c＝194987&p＝irol-corporatetimeline, accessed November 1, 2014.

[4] "Company," UTC Aerospace Systems, http://utcaerospacesystems. com/Company/Pages/company. aspx, accessed December 2, 2014.

[5] "Albertelli Speaks at Aerospace and Defense International Trade Summit," Pratt & Whitney, September 22, 2014, www. pw. utc. com/Speeches/Story/20140922-0930/.

[6] "Our History," Avendra, www. avendra. com/whoweare/OurHistory/Pages/default. aspx, accessed December 1, 2014.

[7] "What We Do," Avendra, www. avendra. com/whatwedo/Pages/default. aspx, accessed December 1, 2014.

[8] "Supplier Partners," Avendra, www. avendra. com/whoweworkwith/supplierpartners/Pages/default. aspx, accessed December 1, 2014.

[9] "Amazon.com, Inc.," www. marketwatch. com/investing/stock/amzn/financials, accessed December 1, 2014.

[10] "Quarterly Retail E-Commerce Sales 3rd Quarter 2014," U. S. Census Bureau News, November

18，2014，www. census. gov/retail/mrts/www/data/pdf/ec_current. pdf.

［11］Ben-Shabat，Hana，Moriaty，Mike，and Nilforoushan，Parvaneh，"Online Retail Is Front and Center in the Quest for Growth," A. T. Kearney，www. atkearney. com/consumer-products-retail/ideas-insights/featured-article/-/asset_publisher/KQNW4F0xInID/content/online-retail-is-front-and-center-in-the-quest-for-growth/10192，accessed December 1，2014.

［12］Dusto，Amy，"China and Japan Have the Most E-Commerce Potential," November 18，2013，www. internetretailer. com/2013/11/18/china-and-japan-have-most-e-commerce-potential.

［13］"Craigslist About Factsheet," Craigslist，www. craigslist. org/about/factsheet，accessed December 4，2014.

［14］"eBay Unaudited Supplemental Operating Data," eBay，files. shareholder. com/downloads/ebay/3695857234x0x160230/D11C904B-4EEA-4821-9C42-D0228F676BAD/eBay_Metrics. pdf，accessed December 4，2014.

［15］"Citizen Satisfaction for Federal Government Falls as Users Encounter Difficulties with Government Websites," Press Release Federal Government，January 28，2014，www. theacsi. org/news-and-resources/press-releases/press-2014/press-release-federal-government-2013.

［16］"Citizen Satisfaction for Federal Government Falls as Users Encounter Difficulties with Government Websites," Press Release Federal Government，January 28，2014，www. theacsi. org/news-and-resources/press-releases/press-2014/press-release-federal-government-2013.

［17］"Doing Business with the GSA," U. S. General Services Administration，www. gsa. gov/portal/category/100000，accessed December 5，2014.

［18］Weissman，Saya，"The State of Mobile in 5 Charts," *Digiday*，April 1，2014，http://digiday. com/brands/linmobileees-state-mobile-5-charts.

［19］"Company Overview," CVent，www. cvent. com/en/company，accessed December 8，2014.

［20］"Mountain View Police Department First to Trial Polaris Wireless Altus Blue Force Tracking Application," Polaris Wireless，www. polariswireless. com/mountain-view-police/，accessed December 8，2014.

［21］Vinik，Danny，"The White House Briefly Considered Scrapping Healthcare. gov Altogether After Disastrous Site Launch," *Business Insider*，December 1，2013，www. businessinsider. com/disastrous-obamacare-website-launch-2013-12♯ixzz3LiMH9oOC.

［22］"Increasing Customer Satisfaction by Outsourcing Fulfillment to Webgistix," Webgistix，http://webgistix. com/documents/pdf/casestudy_comfyrobes_full. pdf，accessed December 13，2014.

［23］Schneider，Gary，*Electronic Commerce*，7th edition，Copyright 2007 Course Technology，p. 495.

［24］Schneider，Gary，*Electronic Commerce*，11th edition，Copyright 2015 Cengage Learning，p. 484.

［25］McGarvey，Robert，"10 Biggest Data Breaches of 2014 (So Far)," *Credit Union Times*，October 6，2014，www. cutimes. com/2014/10/06/10-biggest-data-breaches-of-2014-so-far.

［26］Yamshon，Leah，"The Ultimate Guide on How and Where to Use Apple Pay," MacWorld，November 18，2014，www. macworld. com/article/2834669/the-ultimate-guide-on-how-and-where-to-use-apple-pay. html.

［27］"MCX Unveils a New Express Checkout—CurrentC," Merchant Customer Exchange，www. mcx.

com，accessed December 6，2014.

［28］Issac，Mike，"Apple Pay Rival MCX Open to Other Technology,"*New York Times*，October 29，2014，www. nytimes. com/2014/10/30/technology/rival-says-it-may-adopt-apple-pays-system. html.

［29］Thornton，Kendall，"18 Interesting Stats to Get You Rethinking Your Customer Service Process,"*Salesforce Blog*，August 14，2013，http://blogs. salesforce. com/company/2013/08/customer-service-stats. html.

［30］Humphries，Daniel，"Survey：Consumer Confidence in the Security-Breach Era,"*Intelligent Defense*，June 11，2014，http://intelligent-defense. softwareadvice. com/consumer-confidence-security-breach-era-0614/.

第 8 章

企业系统

实施企业系统的挑战

"企业系统的实施可能具有侵入性、破坏性，甚至会适得其反，造成相当大的支出、扭曲业务流程变化的可能性，以及员工头脑中的不确定性。令人欣慰的是，虽然没有神奇药丸可以保证实现过程快速、无痛和成功，但制造商可以采取一些步骤在不存在灾难性失败的风险的情况下确保 ERP 价值。"

——Jim Fulcher，"Five Big Improvements in Just Five Months，"
Manufacturing Business Technology，August 2007.

可口可乐：通过本地分销的全球影响力

每天，在全球 200 多个国家的大约 1 600 万个零售网点销售超过 19 亿份可口可乐产品，这是一个令人印象深刻的壮举。然而，更令人印象深刻的是，可口可乐产品从未经过几百英里到达目的地。可口可乐的供应链依赖于当地销售的产品，该公司为 500 多个品牌直接向 1 000 万个零售店提供浓缩饮料，可口可乐的 250 个装瓶合作伙伴利用该公司的浓缩液生产、销售和分销装满该公司产品的容器，从而为另外 600 万家门店提供服务。

为了完成这项艰巨的任务，可口可乐长期以来依赖于一个供应链管理系统，这是一个管理所有涉及原材料采购、原材料转化为成品以及成品仓库和交付的活动的信息系统。可口可乐的供应链比大多数公司都要复杂，因为其客户的需求因许多因素而不同，包括业务类型（例如，餐馆与大型零售店）、产品线（例如，有些产品需要冷藏，而另一些则不需要冷藏）和地理区域，这些不同的需求需要对供应链进行细分。"细分（segmentation）是基于客户的需求或产品属性。"可口可乐装瓶投资集团供应链开发副总裁兼供应链总监 Steve Buffington 解释说："我们越来越明白，我们必须在本地运营中建立不同类型的供应链。"

为了更好地促进细分和提高效率，可口可乐需要一个供应链绩效管理应用程序，该应用程序将提高其庞大供应链中实时信息的一致性。2010 年，可口可乐聘请了 ITC 信息技术公司——一家在供应链信息系统开发方面有经验的公司——来帮助开发必要的应用程序。通过与 ITC 合作，可口可乐为新系统确立了指导原则：在整个供应链中必须使用相同的指标，重点关注不需要手动输入或干预数据的指标；应用程序必须包含饮料行业制定的指标标准；应用程序必须提供一致的供应链报告，以确定适应新业务目标或市场变化所需的生产调整。公司的目标是在公司的三个部门——可口可乐北美公司、可口可乐国际公司和装瓶投资集团——获得一致性，并与其装瓶合作伙伴建立更紧密的供应链合作关系。

ITC 分三个阶段开发了该应用程序。第一阶段，它通过验证可口可乐北美公司系统的功能性、可扩展性和灵活性来说明概念验证。第二阶段，称为基础阶段，涉及度量和报告系统的发展。最后一个阶段确定了长期指标，并纳入了一个持续改进这些指标的系统。

2011 年，可口可乐在可口可乐北美公司发布了其新的供应链绩效管理应用程序的第一个原型，系统会实时报告计划、生产和客户服务领域的绩效得分。该系统在提高供应链效率方面非常成功，公司决定在全球范围内实施。2014 年，可口可乐宣布，通过优化供应链，预计未来两年将节省 10 亿美元。公司正把这些节省的资金投资于品牌建设和广告活动上。因此，新的供应链管理系统通过促进生产和降低可在其他地方投资的成本来帮助公司成长。

学习目标

阅读本章时，请自问：

● 管理层在企业系统软件和供应商的选择、实施和运营中扮演什么角色？

● 企业系统实施过程中可能出现的问题是什么？如何避免这些问题？

如今，企业正从一系列非集成的事务处理系统转向高度集成的企业系统，这些系统执行日常业务流程并维护相关记录。这些系统支持与供应链管理、客户关系管理和产品生命周期管理相关的广泛的业务活动。虽然最初人们认为这些系统只对非常大的公司具有成本效益，但现在即使是中小型公司也在实施这些系统，以降低成本、加快上市时间并改进服务。本章解释了企业系统是什么，确定了与企业系统实现相关的好处，并概述了成功实现这些系统的有效方法。

什么是企业系统

如第 1 章所述，企业系统用于确保高效、准确地处理业务事务，并确保最终用户和所有业务领域的经理都可以访问生成的信息。企业系统使用一个关键运营和规划数据的数据库，该数据库可与组织内的授权用户共享，甚至与组织外的业务合作伙伴共享，从而消除了由于多事务处理过程系统而导致的信息丢失和不一致的问题，多事务处理过程系统仅支持组织中的一个业务功能或一个部门。企业系统的例子包括支持供应链流程的企业资源计划系统，如订单处理、库存管理和采购；支持销售、营销和客户服务相关流程的客户关系管理系统；以及产品生命周期管理系统，支持产品设计、创建、制造、服务、支撑和最终产品退市的所有方面。

企业资源计划

企业资源计划（enterprise resource planning，ERP）系统是一套集成的程序，用于管理公司的重要业务运营。ERP 系统的目标是实现对业务数据的轻松访问，并创建高效、简化的工作流程。（在这种情况下，业务流程是一组协调和相关的活动，它们接受一种或多种类型的输入，并为流程的客户创造价值输出。）这是通过构建一个单一的数据库来实现的，该数据库由多个软件模块访问，如图 8‑1 所示。

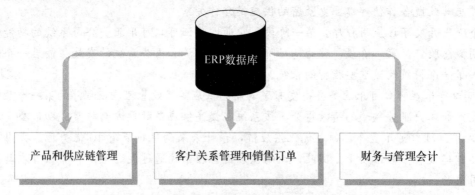

图 8‑1 企业资源计划（ERP）系统

有效的 ERP 系统使不同组织单位的人员能够根据系统内分配的权限级别访问和更新相同的信息。例如，当销售组织捕获有关新订单的数据时，财务、生产计划、装运、仓库操作以及任何其他需要访问记录的人员都可以立即获得这些信息。通过共享数据，无论是在小型的、基于本地的组织中，还是在大型的跨国组织中，ERP 软件都能够实现业务流程的标准化和简洁化。

从一个软件制造商处使用共享数据库和核心软件模块的方法与许多组织过去采用的方法大不相同。无数组织使用来自多个供应商的计算机硬件和软件产品，这些产品在其各个功能单元中被实施。例如，采购部门可能有一个运行采购订单处理软件的专用服务器，该服务器创建一个未结采购订单数据库，其他部门无法访问该数据库。应付账款组织可能有自己的专用服务器运行应付账款软件，该软件创建一个单独的采购订单、接收报告和供应商发票数据库。在这种环境下，采购过程仍然涉及采购订单和相关文件（如供应商报价、变更单、接收报告和发票）的常规邮件或传真交付。因此，采购部门数据库和应付账款部门数据库中的信息极有可能不一致。缺乏一致性会导致混乱和重复工作，使采购、应付账款、收货、库存控制、物料管理和采购等方面的工人无法有效地运作。

每个行业都有不同的业务实践，使其与众不同。为了解决这些差异，ERP 供应商提供专门定制的软件模块，以满足特定行业的需求，如消费包装品制造、高等教育、公用事业、银行、石油天然气、零售和公共部门。作为全球领先的 ERP 软件供应商之一，SAP 提供了各种各样的 ERP 软件包，这些软件包主要针对特定行业。表 8‑1 显示了与制造业有关的 SAP R/3 ERP 包的主要软件模块，表 8‑2 列出了与用于高等教育的 SAP R/3 ERP 软件包相关的主要软件模块。

表 8‑1 适用于制造业的 SAP R/3 ERP 软件模块

软件模块	描述
财务会计	记录所有的总分类账账户交易；生成外部报告的金融声明。
控制	通过将生产成本分配给产品和成本中心来分析组织的盈利能力，支持管理决策。
工作流	自动化 SAP ERP 软件中的各种活动；执行任务流分析，并在员工需要采取行动时通过电子邮件提示他们。
工厂维护	管理维修资源，计划工厂设备的预防性维护。
物料管理	管理从供应商处采购原材料以及从库存到在制品的原材料后续处理；还管理成品到客户的运输。
销售和分销	维护并允许访问客户信息、定价、装运信息和计费程序；还记录销售订单和计划交货。
生产计划	计划和安排生产并记录实际生产活动。

续表

软件模块	描述
质量管理	计划和记录质量控制活动，如产品检验和材料认证。
资产管理	管理固定资产采购和相关折旧。
人力资源	帮助员工招聘、雇用和培训；还包括工资和福利工具。
项目体系	支持新研发（R&D）、建设和营销项目的规划和控制。

表 8-2 适用于高等教育机构的 SAP R/3 ERP 软件模块

软件模块	描述
学生生命周期管理	支持招聘、招生、注册、学术咨询、课程管理、学生会计和学术计划管理。
捐赠和基金管理	帮助组织竞争和管理各种赠款计划和捐赠，包括提案制定和提交、预算、奖励、支出和工资、报告、更新和计划评估。
财务管理、预算和计划	支持主动的财务规划、实时预算可视性和合并财务报告；还支持财务管理、计费、争议解决、募捐、应收款和应付款。
关系管理、机构发展和招生管理	为内部和外部参与者提供个性化的多渠道沟通，如潜在学生、捐助者、高中指导顾问、资助组织、当前学生和校友。
治理与合规	使组织能够收集、记录、评估、补救和证明内部控制过程和保障措施。
人力资本管理	支持员工的招聘、培训、发展和保留；还支持管理、工资单、时间管理和法律报告。
采购	支持计划驱动和即席采购，进行准确的支出分析，确保符合采购最佳实践。
企业资产管理	管理从业务规划和采购到部署，以及从以可靠性为中心的维护到处置和更换的资产生命周期。
商业服务	简化管理流程，提高房地产管理和项目组合管理的效率。
绩效管理	帮助跟踪和管理跨运营领域的绩效，包括学生管理、学生事务、人力资源、财务和运营。

大多数 ERP 软件包的设计都会使组织不必执行整个软件包，公司可以根据业务需要选择要安装的模块。许多组织选择购买一些软件模块，但是延迟实现其他软件模块，直到获得必要的资源。

使用 ERP 系统的好处

随着全球竞争的加剧，管理人员需要在控制成本的同时管理产品流，以及越来越多的客户交互，推动了对企业范围内实时信息访问的需求。ERP 提供来自单个供应商的集成软件，以帮助满足这些需求。实施 ERP 的主要好处包括改进对质量数据的访问以便进行运营决策，改进工作流程，摈弃成本高昂且不灵活的遗留系统，有机会升级和标准化技术基础设施，以及简化财务数据的整合。

改进对质量数据的访问，以便进行运营决策

ERP 系统通过集成数据库运行，使用一组数据支持所有业务功能。例如，ERP 系统可以支持整个企业或特定业务部门的最佳寻源或成本核算决策。在 ERP 系统中，数据从一开始就被集成；组织不必从多个业务功能手动收集数据和/或协调来自不同应用程序的数据。其结果是由在组织内部署资源的经理进行无缝的操作决策。执行良好的 ERP 系统使公司能够提供更好的客户服务和支持，加强客户和供应商的关系，并创造新的业务机会。为了确保 ERP 系统有助于改进决策，ERP 系统中使用的数据必须是高质量的。

改进工作流程

市场竞争要求公司构建尽可能有效和以客户为导向的业务流程，为了进一步实现这一目标，ERP 供应商做了大量的研究来定义各种行业中的最佳业务流程。它们收集同一行业内领先公司的需求，并将其与研究机构和顾问的研究结果相结合，以制定一套**最佳实践**（best practices）——完成业务流程的最有效率和最有效的方法。ERP 系统中包含的各个应用程序模块旨在支持这些最佳实践。因此，实施 ERP 系统可确保工作流程基于行业最佳实践。例如，为了管理客户付款，可以配置 ERP 系统的财务模块，以反映行业中领先公司的最有效率的实践。效率的提高确保了日常业务运营遵循最佳的活动链，所有用户都提供了完成每个步骤所需的信息和工具。

抛弃昂贵、不灵活的遗留系统

采用一个 ERP 系统可以使一个组织抛弃几十个甚至数百个独立的系统，并将它们替换为整个企业的一组集成应用程序。在许多情况下，这些系统都有几十年的历史，最初的开发人员早已不复存在，而且系统的文档记录也很差。因此，当旧系统崩溃时，它们可能非常难以修复，并且，通常，调整它们以满足新的业务确实需要太长时间。遗留系统可以成为组织周围的一个锚定点，阻止其继续前进并保持竞争力。ERP 系统有助于使组织的信息系统的功能与业务需求相匹配，即使这些需求在不断发展。

Recipharm AB 是一家大型医药合同开发和制造机构，拥有 2 100 名员工，帮助客户生产 400 多种不同的产品。公司总部位于瑞典乔德布罗，在法国、英国、德国、西班牙、意大利和葡萄牙也有开发和制造设施。[1] 在最近一次收购之后，Recipharm 决定改变其分散管理模式，即每个站点都有自己的业务流程和信息系统。相反，该公司选择在所有业务站点实施标准的 ERP 解决方案，此解决方案支持财务会计、控制、销售和分销、仓库管理和物料管理，取代了大量难以支持且使用专门设计用于支持制药行业最佳实践业务流程的一组软件模块的操作成本高昂的遗留系统。单一中央数据库的创建消除了在不同系统中维护独立数据库的需要，从而提高了数据质量，减少了协调不同系统之间差异所需的工作，生产调度、订单管理和库存管理流程都得到了简化。[2]

有机会升级和标准化技术基础设施

在实施 ERP 系统时，许多组织还利用这个机会升级其信息技术（如硬件、操作系统和数据库）。对于一个组织来说，在整合软件、集中化和正式化决策的同时，简化其硬件平台、操作系统和数据库通常是有意义的。对更少的技术和供应商进行标准化可以降低持续的维护和支持成本，以及必须支持基础设施的人员的培训负担。

Mansfield Plumbing Products 生产浴室产品，包括水槽、按摩浴缸、淋浴底座和厕所，它在俄亥俄州和得克萨斯州都有生产设施。该公司每年生产约 230 万个零件，可通过遍布美国、加拿大和加勒比地区的 2 800 多个经销商组成的网络获得。该公司预计将大幅增长，并计划将俄亥俄州一家工厂的生产能力提高 50%。在这种增长的预期下，该公司升级了运行其 ERP 系统的计算机服务器以及 ERP 软件本身，以创建一个更高效、更具成本效益的操作环境。因此，该公司每年的信息技术硬件成本下降了 20%，同时安装了新的、功能更强大的硬件和软件，使其未来发展良好。[3]

你会怎么做？

你将在公司新的 ERP 实施项目的简报中出现，该项目将取代大约 20 个遗留信息系统。你的一个朋友说："我不明白，这看上去工作量很大，将导致我们的工作方式发生许多变化。当我们面临如此多的业务挑战时，我不确定这是正确的做法。"你会说些什么？

简化财务数据的整合

每个公司都有收入、支出和收入汇总报告（通常统称为"公司账簿"），以衡量公司的总体业绩，并准确跟踪业务的资金流。在每个核算期结束时（每月、每季度或每年），企业必须关闭其账簿，以免使上一期的收入或支出结转到新核算期，从而使新核算期的数字不准确。收入和支出科目的账簿已关闭，整个核算期将以这些科目中的零余额重新开始。在核算期内，一旦账簿关闭，就可以创建纳税财务报表和股东报告。在每个核算期结束时关闭账簿也有助于组织捕获该期间可能发生的核算错误。根据日常业务记录的准确性、组织的规模和复杂性、遵循的业务流程以及所使用的信息系统，结账过程可能需要几天到几个月的时间。

在当今快速发展的业务环境中，准确、一致、详细和最新的财务数据至关重要。各种规模的组织都需要信息技术，以便快速响应业务变化并保持领先地位。运营和战略决策是基于信息技术的，精确的计划取决于它，解决问题也需要它。实施良好的 ERP 系统可以跨多个组织单位和国家快速整合财务数据，因为每个业务单位都使用相同的系统和数据库。此外，ERP 系统设计用于处理货币差异和汇率波动，这可能导致合并财务数据时出现问题。财务数据由会计、采购、销售和其他部门的独立的计算机系统生成的组织会发现很难及时获得所需的财务数据，它们处于明显的劣势。

ZAS 室内建筑公司是一家提供全方位服务的设计公司，提供建筑、规划、交通和室内设计方面的专业知识。该公司在迪拜、多伦多和温哥华设有办事处，拥有 100 名专业人员，包括建筑师、规划师、技术人员、室内设计师和平面设计师，这些人员由位于加拿大、美国和中国的设计公司分支网络提供支持。[4] ZAS 实施了一个 ERP 系统，该系统每年将执行项目时播所需的工作减少了 400 小时，时播需要向客户收取费用。该系统还将公司的两人会计部门关闭公司账簿所需的时间从一至两个月缩短到三周。[5]

一级、二级和三级 ERP 供应商

ERP 系统通常用于制造公司、学院和大学、专业服务机构、零售商和医疗保健机构，这类组织的业务需求各不相同。此外，一个大型跨国组织的需求与一个小型本地组织的需求大不相同，因此，没有一个单一供应商的 ERP 软件解决方案最适合所有组织。为了简化比较，根据其目标客户的类型，ERP 供应商可以分为一级、二级或三级。[6]

● 一级供应商的目标客户是拥有多个地点和年收入超过 10 亿美元的大型跨国公司。一级 ERP 系统解决方案非常复杂，实施和支持成本高昂；跨多个地点实施可能需要数年时间。主要的一级供应商是甲骨文（Oracle）和 SAP。

● 二级供应商的目标客户是年收入在 5 000 万美元至 10 亿美元之间的中型企业，在一个或多个地点开展业务。二级 ERP 系统解决方案不是非常复杂，实施和支持成本也要低得多。二级供应商有二十多个，包括甲骨文、SAP、微软、Infor、恩柏科（Epicor）和罗森（Lawson）。

● 三级供应商的目标客户是年收入在 1 000 万美元至 5 000 万美元之间的小型公司，这些公司的运营地点通常不限于单一地点。三级 ERP 系统解决方案的实施和支持相对简单且成本低廉。三级供应商有几十个，包括 ABAS、Bluebee 软件、Cincom 系统、Compiere、ESP 技术、Frontier 软件、GCS 软件、微软、Net-Suite、PDS、Plex 和 Syspro。许多一级和二级供应商也为小公司提供解决方案。

图 8-2 显示了微软 Dynamics 的屏幕截图，这是一个在小企业中非常流行的 ERP 解决方案。

加利福尼亚州马林县在七年的时间里花费了 3 000 万美元，试图实施一个一级 ERP 系统解决方案，但没有成功。最终，该县决定废除该系统，并计划使用在公共部门有经验的供应商，用适当的二级解决方案替换失败的系统。[7]

Verdo A/S 是一家丹麦发电厂，拥有 500 名员工。该公司最近实施了一个三级 ERP 解决方案，以帮助其应对电力行业面临的新挑战，因为放松管制将允许其客户从任何丹麦能源供应商处购买热力和电力。在这个新的、更具竞争力的环境中，Verdo 必须保持低内部成本，以便继续以极具竞争力的价格为客户提供可靠的服务。该公司的新 ERP 系统使其能够管理和控制更大客户群的计费流程，同时降低与计算机相关的成本。[8]

大型组织是采用 ERP 系统的领导者，因为只有它们才能承担相关的硬件和软件成本，并为这些系统的实施和支持投入足够的人力资源。许多大型公司的 ERP 实施发生在 21 世纪，涉及在企业大型主机上安装 ERP 软件。在许多情况下，这需要以数百万美元的成本升级硬件。

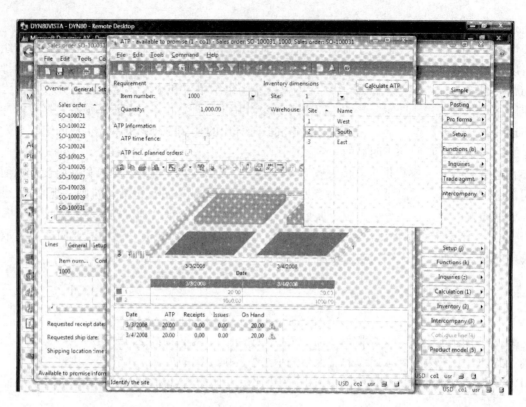

图 8 - 2　ERP 软件

小公司根本无力承担实施和支持 ERP 所需的硬件、软件和人员投资。企业资源计划软件供应商发现了一个机遇，创造了新的企业资源计划解决方案，其启动成本更低，实施速度更快、更容易。一些 ERP 供应商推出了基于云的解决方案，通过消除公司购买昂贵的 ERP 软件和进行主要硬件升级的需要，进一步降低了启动成本。相反，使用基于云的解决方案，组织可以租用软件并在供应商的硬件上运行它。Plex 和 NetSuite 是众多基于云的 ERP 解决方案中的两个，它们允许用户使用浏览器访问 ERP 应用程序，并避免支付和维护昂贵的硬件。

ERP 定制

企业经常需要定制供应商的 ERP 软件，以集成其他业务系统，增加数据域或更改数据域大小，或者满足法规要求。很多软件服务组织推出这样的系统开发和维护任务。例如，丹麦酿酒公司嘉士伯（Carlsberg）选择埃森哲（Accenture，一家跨国管理咨询、技术服务和外包公司）整合其在欧洲运营的 SAP 企业系统。这并非易事，因为嘉士伯雇用了 40 000 名员工，其特点是品牌、市场和文化高度多样。新的统一 ERP 解决方案将取代多个非集成的系统，并改进公司的销售、财务、生产、物流、采购和计划功能。[9]

作为与服务组织签约定制 ERP 系统的替代方案，许多组织选择从供应商（如 Compiere）实施开源 ERP 系统。使用开源软件，组织可以查看和修改源代码，以定制软件功能来满足它们的需求。这些系统的购置成本要低得多，并且相对容易修改以满足不断变化的业务需求。

供应链管理（SCM）

一个组织可以使用一个制造组织内的 ERP 系统来支持所谓的**供应链管理**（supply chain management，

SCM)，它包括原材料购买和采购、原材料转化为成品的所有活动的计划、执行和控制，以及成品的仓储和交付给客户。供应链管理的目标是降低成本，提高客户服务水平，同时降低供应链库存的整体投资。

另一种思考供应链管理的方法是，当物料、信息和财务资源从供应商处转移到制造商、批发商、零售商和消费者处时，对它们进行管理。物料流包括原材料从供应商到制造商的入库，以及成品从制造商到批发商、零售商和客户的出库。信息流包括在供应商、制造商、批发商、零售商和客户之间传递订单和发票。财务资源流包括供应商、制造商、批发商、零售商、客户及其金融机构之间的支付交易。

供应链包括以下流程：

● **需求计划**（demand planning）——通过考虑所有可能影响需求的因素来确定公司产品的需求，包括：定价、促销和广告活动；一般经济条件；竞争对手和监管机构的行动；节假日；天气等。一些组织已经实施了协作预测、计划和补充流程，如图 8-3 所示。

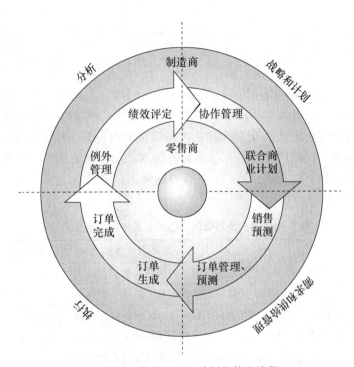

图 8-3 协作预测、计划和补充流程

资料来源：Berry，John，"What Is Collaborative Planning, Forecasting and Replenishment (CPFR)?" posted May 31，2013，at www.socialsupplychains.com/what-is-collaborative-planning-forecasting-and-replenishment-cpfr/.

● 采购——选择供应商并制定合同条款，以提供生产产品所需的原材料。

● 制造——生产、测试、包装和准备交付产品；这可能涉及合同制造商的使用。

● 物流——建立产品存储仓库网络，选择承运商向客户交付产品，安排承运商提货，使产品及时交付给客户或仓库。

● 客户服务——通过一些措施来改善客户体验并提高客户满意度，这样的措施包括处理超调（客户收到比预期更多的特定项目）、短装（客户收到比预期更少的特定项目）和产品在运输过程中造成的损坏等。

ERP 系统不能直接与生产车间的生产机器一起工作，因此它们需要一种方法来捕获有关正在生产的产品的信息。生产数据必须传递到 ERP 会计模块，以保持成品库存的准确计数。许多公司在生产车间都有个人电脑，通过扫描用于装运物料的包装箱上的 UPC 代码来计算每个产品的箱子数量。其他捕获生产数量的方法包括使用 RFID 芯片和通过手持计算机手动输入数据。

另外，生产质量数据可以根据对每批生产产品的样品进行的质量测试的结果进行添加。通常，此数据包括批次标识号，用于标识生产的运行和各种产品质量测试的结果。

Kidrobot 是限量版艺术玩具、服装和配件的生产者和零售商，为了支持其持续增长的业务，该公司实施了一个全球供应链管理系统，该系统具有为其玩具、服装和配件业务提供服务所需的灵活性，并支持一个复杂的国内和国际销售分销战略，由多个分销渠道组成，包括零售店、批发客户以及基于 Web 的 B2B 和 B2C 电子商务。[10] 例如，B2B 模块使客户能够向系统输入订单，并为他们提供多种报告选项，以便更好地管理自己的业务。此外，货运代理和工厂可以直接访问该系统，以加快周转时间，提高与所有供应链合作伙伴的数据可视性。[11]

客户关系管理

客户关系管理系统（customer relationship management（CRM）system）帮助公司管理客户遇到的所有方面，包括营销、销售、分销、会计和客户服务，如图 8-4 所示。将客户关系管理系统想象成一个客户通信簿，其中记录了组织与每个客户的所有交互。客户关系管理的目标是了解和预测当前和潜在客户的需求，以提高客户的保留率和忠诚度，同时优化产品和服务的销售方式。客户关系管理主要由销售、市场营销、分销、会计和服务组织的人员使用，以捕获和查看有关客户的数据，并改进通信。实施客户关系管理系统的企业报告了如表 8-3 所示的好处。

表 8-3　客户关系管理（CRM）系统的主要优点

优点	如何实现
提高客户忠诚度	用户可以通过更好地理解客户的问题为他们提供更好的服务。
改进管理决策	用户可以访问有关客户的准确、及时的单一数据源。
通过目标市场增加收入	用户可以根据现有客户的购买历史记录发起改进的促销活动。
通过营销和促销活动增加收入	用户可以确保面向新客户的产品促销确实能够到达新客户群，而不仅仅是现有客户群。
改进向上销售和交叉销售	用户对客户的需求、欲望和购买模式有更清晰的了解。
改善沟通	用户可以共享日志、工作组日历和服务计划。
减少客户流失	用户可以通过多个渠道访问有关客户关系的所有数据，并使用这些数据更好地与客户接触。
改进员工时间管理	系统可以提示用户跟进某些客户，并在发生重大事件（如订单取消）时发出警报。
有效配置销售和服务资源	用户可以更好地了解每个客户的价值。

客户关系管理软件自动化并集成了组织中的销售、营销和服务功能，其目标是通过每个渠道获取公司与客户的每个联系人的数据，并将其存储在客户关系管理系统中。客户关系管理软件帮助组织建立一个有关其客户的数据库，该数据库对关系进行了足够详细的描述，以便管理层、销售人员、客户服务提供商甚至客户能够访问信息，以使客户的需求与产品计划和产品相匹配，提醒客户服务人员注意特殊客户要求（如客户只能在中午前接受交货），并报告客户已购买的其他产品。

客户关系管理系统的主要功能包括：

● 联系人管理——能够跟踪单个客户和销售线索的数据，然后从组织的任何部分访问这些数据。

● 销售管理——能够组织有关客户和销售线索的数据，确定潜在销售机会的优先级，并确定适当的后续步骤。

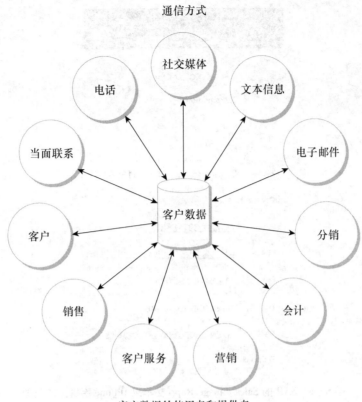

图 8-4　客户关系管理（CRM）系统

● 客户支持——能够支持客户服务代表，以便他们能够快速、彻底和适当地处理客户请求并解决客户问题，同时收集和存储有关这些交互的数据。

● 营销自动化——能够捕获和分析所有客户交互，生成适当的响应，并收集数据，以创建和构建有效和高效的营销活动。

● 分析——能够分析客户数据以确定增加收入和降低成本的方法，识别公司的"最佳客户"，并确定如何保留和找到更多客户。

● 社交网络——能够从社交网站（如脸谱网）获取数据，销售人员可以在该网站与潜在客户进行联系。

● 智能手机接入——使用智能手机和其他移动设备访问基于 Web 的客户关系管理软件的功能（见图 8-5）。

● 导入联系人数据——能够从数据服务提供商（如 Jigsaw）导入联系人数据，该数据服务提供商提供公司级的联系人数据，可以直接免费下载到客户关系管理应用程序中。

各种行业中的小型、中型和大型组织根据需要选择实施客户关系管理有很多原因，请考虑以下实例：

● 一家中国企业正谷（Organic and Beyond）培育、生产、分销和交付有机食品，最近年收入达到 2 亿元人民币（合 3 000 万美元）。该公司实施了一个客户关系管理系统，以帮助扩大零售和餐馆的销售，从而直接接触到消费者。该系统提供的数据有助于企业更好地了解消费者市场，修改其生产和交付流程，以更好地满足消费者需求，并以低成本运行，同时避免产品损坏。[12]

● RCI Banque España 是法国汽车品牌雷诺（Renault）、达西亚（Dacia）、日产（Nissan）和英菲尼迪（Infiniti）在西班牙和葡萄牙的金融子公司，这家公司实施了客户关系管理系统，通过识别贷款即将到期的客户来提高客户保留率，以便银行能够及时、个性化地提供服务，以减少竞争对手窃取客户的威胁。[13]

● DHL 是德国邮政物流集团 DHL 的一部分，由三个部门组成：DHL 快递、DHL 全球货运、货运和

图 8 - 5　SAP 的 SalesManagerRapp 在苹果 iPhone 手机上的截图

DHL 供应链。[14]　DHL 与货运公司签订全球货运合同，通过空运、海运和陆运将产品从制造商或生产商处运至市场、客户或分销点。由于多次收购，DHL 全球货运业务增长迅速，因此继承了许多不同的销售和客户管理系统，这使得信息共享和协作变得困难。不同的 DHL 全球货运代理办事处在不知情的情况下为同一客户提供服务并非罕见，这导致了重复和无效的销售和营销努力。该公司实施了一个单一的企业范围的客户关系管理系统，以更好地满足客户需求并实现全球合作。[15]

● iProspect 是一家通过搜索引擎优化、网站分析和网站转换增强等服务为其客户增加合格网站流量的公司，其客户包括阿迪达斯、美国运通、可口可乐、福特汽车公司、通用汽车和夏普电子等公司。[16]　该公司需要一种正式的方法来获取其最佳业务实践，以使其能够在销售和客户满意度方面取得成功。它还希望为潜在客户开发、销售线索分发以及销售流程管理和报告创建单一的数据源。iProspect 实施了一个在线客户关系管理解决方案，以满足这些需求，并确保公司的销售和营销团队专注于高影响力的业务机会。[17]

● 富国银行（Wells Fargo）提供数百种不同的金融产品和服务，其客户（其中许多人使用多种产品和服务）与许多不同的银行员工互动。富国银行使用其客户关系管理系统来确保其员工在其所有地区和不同业务线与客户以及彼此之间建立联系。客户关系管理系统捕获了与公司的每个客户联系的数据，使公司能够全面了解客户的问题，更快地对这些问题作出响应和解决，并使客户更好地了解银行的产品和服务。[18]

通过回顾客户关系管理软件，表 8 - 4 列出了最高等级的客户关系管理系统。[19],[20]

表 8 - 4　顶级客户关系管理系统—2015

等级	供应商	部分客户	起始价位
1	Salesforce Sales Cloud	戴尔，Dr. Pepper Snapple Group	每用户每月 5 美元
2	NetSuite	Gawker Media，高通（Qualcom）	每用户每月 129 美元
3	OnContact CRM 7	Prudential，Carfax	每用户每月 50 美元
4	Maximizer CRM	劳力士（Rolex），雀巢（Nestle）	每用户每月 55 美元

客户关系管理的重点不仅仅是安装新软件，从单纯销售产品的文化转变为将客户放在首位是成功部署客户关系管理的关键。在将任何软件加载到计算机中之前，公司必须对员工进行再培训，必须明确定义工作职责，例如谁负责解决客户问题，并且需要集成计算机系统，无论客户是致电销售代表还是客户服务代表，都能立即获得所有相关信息。

你会怎么做？

iProspect 的新首席财务官肩负着削减成本和增加利润的使命，她采取的一个策略是仔细检查公司信息系统产生的成本和收益，那些没有显示出良好投资收益率的系统可能会被终止，从而节省公司持续的运营、支持和维护成本。在一些情况下，这种检查导致取消软件合同和/或对特定系统的使用方式进行重大修改。现在，首席财务官要求对公司的客户关系管理系统进行审查，并要求你领导一个由三个客户关系管理系统用户和一个信息技术人员组成的团队来评估系统的成本和收益。这是你最初的团队会议，你如何开始评估？

产品生命周期管理

产品生命周期管理（product life cycle management，PLM）是一种企业业务战略，它创建一个产品信息和流程的公共存储库，以支持产品和包装定义信息的协作创建、管理、传播和使用。

如第 1 章所述，**产品生命周期管理软件**（product life cycle management（PLM）software）提供了一种管理与产品生命周期各个阶段相关的数据和流程的方法，包括销售和营销、研究和开发、概念开发、产品设计、原型设计和测试、制造工艺设计、生产和装配、交付和产品安装、服务和支持以及产品报废和更换。随着产品通过这些阶段，产品数据被生成并分发到制造公司内部和外部的各个组，这些数据包括设计和工艺文件、材料清单定义、产品属性、产品配方以及 FDA 和环境合规所需的文件。产品生命周期软件支持配置管理、文档管理、工程变更管理、发布管理以及与供应商和原始设备制造商（OEM）的协作等关键功能。

产品生命周期软件的范围可能包括计算机辅助设计、计算机辅助工程和计算机辅助制造。**计算机辅助设计**（computer-aided design，CAD）是使用软件来帮助创建、分析和修改组件或产品的设计，如图 8 - 6 所示，它的使用可以提高设计人员的工作效率，提高设计质量，并创建描述该项的数据库。这些数据可以与其他人共享，也可以用于零件的加工或其他制造操作。

计算机辅助工程（computer-aided engineering，CAE）是利用软件分析部件和组件的稳健性和性能的一种方法。计算机辅助工程软件支持产品和制造工具的模拟、验证和优化，它对于设计团队评估和决策非常有用。**计算机辅助制造**（computer-aided manufacturing，CAM）是利用软件控制机床及相关机械制造零部件和产品的过程。在计算机辅助设计（CAD）中生成并在计算机辅助工程（CAE）中验证的模型可以输入计算机辅助制造（CAM）软件中，计算机辅助制造（CAM）软件控制着机床运作。

一些组织选择实施一个单一的、集成的产品生命周期管理系统，该系统包含产品生命周期中最受关注的阶段。随着时间的推移，其他组织选择实现来自不同供应商的多个、独立的产品生命周期管理软件组件，这种零碎的方法使组织能够选择最能满足其在产品生命周期中特定阶段需求的软件。它还允许对产品生命周期管理战略进行增量投资。然而，以这样一种方式，即创建一个完整的产品和过程数据数据库，将所有不同的组件链接在一起可能很困难。

使用一个有效的产品生命周期管理系统，全球组织可以作为单一的团队来设计、生产、支持和淘汰产

图 8 - 6　计算机辅助设计（CAD）软件用于帮助创建、分析和修改组件或产品的设计

品，同时获取最佳实践和经验教训。[21] 产品生命周期管理通过将产品开发和制造组织中的人员与他们取得成功所需的产品和工艺知识联系起来，推动创新并提高生产力，见图 8 - 7。

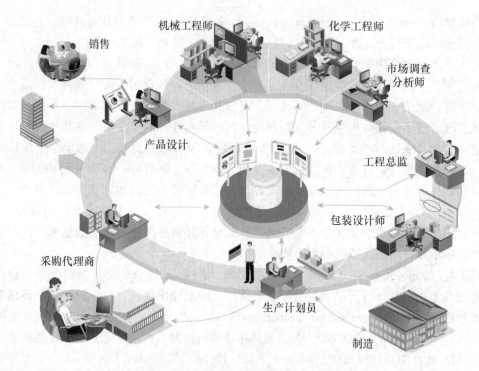

图 8 - 7　产品生命周期管理的业务战略

　　产品生命周期管理软件及其数据供内部和外部用户使用。内部用户包括工程、运营和制造、采购、制造、营销、质量保证、客户服务、监管和其他。外部用户包括制造商的设计合作伙伴、包装供应商、原材料供应商和合同制造商。这些用户必须协作以定义、维护、更新和安全地共享产品生命周期中的产品信息。通常，这要求这些外部用户签署保密协议，以降低与竞争对手共享专有信息的风险。

　　根据 Business-Software.com 最近的一份报告，表 8 - 5 列出了一些顶级的产品生命周期管理软件产品

（按字母顺序排列）。[22]

表 8 - 5 顶级的产品生命周期管理（PLM）软件产品

组织	主要的 PLM 软件产品	技术模型	部分客户
Arena	Cloud PLM	Cloud-based 解决方案	Sirius XM，SunLink
Infor	Optiva	On-premise 解决方案	Henkel，Sypris
Integware	Enovia Collaborative PLM	On-premise 解决方案	Cummins，Steelcase
PTC	Windchill	SaaS 解决方案	Medco Equipment，InterComm
SAP	PLM	On-premise 解决方案	Porsche，Anadarko Petroleum
西门子（Siemens）	Teamcenter	On-premise 解决方案	P & G，BAE Systems
Softech	ProductCenter PLM	SaaS 解决方案	Hayward Tyler Motors，Monarch Hydraulics
Sopheon	Accolade	Cloud-based 解决方案	PepsiCo，ConAgra

产品生命周期管理软件是为两大类制造商创建的：离散制造和流程式生产。**离散制造**（discrete manufacturing）是指生产不同的产品，如汽车、飞机、家具或玩具，这些产品可以分解为其基本组件。**流程式生产**（process manufacturing）是指产品的生产，如苏打、洗衣粉、汽油和药品，这些产品是化学过程的结果；这类产品不容易分解为其基本成分。在这些广泛的类别中，一些产品生命周期管理软件开发商专门从事特定行业，如飞机制造、消费品制造或药物制造。

表 8 - 6 概述了企业在有效使用产品生命周期管理系统时可以获得的益处。

表 8 - 6 产品生命周期管理系统的益处

益处	如何实现
缩短上市时间	● 通过灵活的协作环境将设计、研发、采购、制造和客户服务无缝地连接起来； ● 通过改进组织及其供应商、合同制造商和原始设备制造商（OEM）之间的协作。
降低成本	● 通过使用软件模拟降低原型制作成本； ● 通过改进流程减少废料和返工； ● 通过标准化减少产品组件的数量。
确保法规遵从性	● 通过提供安全的存储库、跟踪和审计、更改和文档管理控制、工作流和通信，以及改进的安全性。

Glatfelter 是一家专业纸和工程产品的全球供应商，产品涉及书籍、邮票、茶包和地板覆盖纸等多种产品。公司现有员工 4 200 人，总部设在宾夕法尼亚州，国际性机构遍布德国、法国、菲律宾和英国。[23] 该公司最近的年销售额为 17 亿美元。[24] Glatfelter 面临着传统市场下滑的挑战，需要开发新产品并拓展新市场。该公司决定实施产品生命周期管理系统，以支持产品创新，并缩短一套多样化新产品的上市时间。新系统使工程师、科学家和管理人员了解所有开发项目，并使公司能够将其研究工作的重点从大约 200 项新产品计划缩小到 10 项具有最高收入潜力的产品。该系统还促进了产品开发团队之间的沟通和协作，使他们能够更快、更顺利地在开发过程中调动产品。新系统带来了可观的有形收益，Glatfelter 发现新产品的销售收入增长了 30%，预计上市时间将减少 25%。[25]

避免企业系统故障

实施一个企业系统是非常具有挑战性的，需要大量资源、最好的信息技术和业务人员，以及大量管理支持，特别是在大型组织中更是如此。即使部署了所有正确的资源，许多企业系统实现起来也可能会失败，这是因为企业系统实现的问题可能需要昂贵的解决方案。成功实施企业系统最重要的挑战包括升级成本和中断、实施提前期长、变更管理困难、软件定制的复杂性以及关键项目人员的高周转率。下面的例子说明了这些挑战中的许多问题：

● 美国空军在一次失败的尝试中浪费了 10 亿美元，该组织试图实施一个企业系统来取代全球供应链中涉及的 200 多个遗留系统，以确保其服务成员得到充分的支持和供应。系统范围包括产品生命周期管理、计划与调度、维修与维护、配送与运输。空军采办事件审查（AIR）小组的一项研究发现，失败的原因是：缺乏适当的项目管理；糟糕的战术、技术和程序；实施如此大的变革所固有的困难；人员和组织人员的高流动率。[26]

● 当 SAP 的 ERP 项目未能达到组织的预期时，美国废物管理（Waste Management）公司以 1 亿美元起诉了 SAP，因为该项目落后于计划数年。项目如此糟糕，部分原因在于废物管理公司未能认识到该项目的复杂性，以及关键人员的高流动率，包括公司内部发生财务丑闻后几名高级管理人员的混乱解雇。[27]

● 加利福尼亚州州长最近以 5 000 万美元起诉了该州失败的综合工资和福利计划的软件供应商 SAP。即使经过八个月的试运行测试，该软件仍然会产生严重的错误。加利福尼亚州参议院最终确定，州长办公室"缺乏透明度和适当的管理监督"导致了该项目的失败。[28]

在一家 ERP 咨询公司 Panorama 评估的全球 200 个 ERP 实施方案中，41％导致了某种运营中断，例如系统启动时无法装运产品。[29] 以下列表提供了关于避免企业系统实施失败的许多常见原因的提示：

● 指派一名全职主管来管理项目。
● 指定一个经验丰富的、独立的资源来提供项目监督和验证系统性能。
● 留出足够的时间从旧的做事方式过渡到新的系统和新的流程。
● 让用户参与整个项目，并根据他们的反馈采取行动。
● 尽早并且经常地交付项目价值；系统特性不需要 100％完成就可以显示给一些关键用户。
● 计划花费大量时间和金钱来培训员工；许多项目经理建议给予每个员工 30～60 天的培训预算。
● 定义评估项目进度和识别项目相关风险的指标。
● 保持项目范围的良好定义，并包含在基本业务流程中。
● 谨慎修改企业系统软件以符合公司的业务实践。

企业软件的托管软件模型

许多企业软件供应商正在推动使用托管软件模型，以满足员工少于 250 人的中小型企业（SME）的需求，其目标是帮助客户获得、使用和受益于新技术，同时避免许多相关的复杂性和高启动成本。Applicor、Intacct、NetSuite、SAP 和 Workday 是提供企业软件托管版本的软件供应商之一，每个用户每月的成本为 50～200 美元。

这种现收现付的方法对中小型企业很有吸引力，因为它们可以在不进行重大金融投资的情况下试用强大的软件功能。如果软件不能提供价值或者没有达到预期，组织就可以在没有大量投资的情况下处置它。此外，使用托管软件模型意味着小企业不需要雇用全职信息技术人员来维护关键业务应用程序。小型企业可以从降低硬件成本中获得额外的节约，包括维护适当的计算机环境（如空调、电力和不间断的电源）所需的成本。

表 8-7 列出了托管软件的优缺点。

表 8-7 托管软件的优缺点

优点	缺点
降低总拥有成本	潜在的可用性和可靠性问题
系统启动更快	潜在的数据安全问题
降低实施风险	集成不同供应商托管产品的潜在问题
系统管理可以外包给专家	通过增加对供应商的管理力度，会抵消外包带来的预期节省

全球最大的工具制造商 Stanley Black & Decker 的员工使用基于云的客户关系管理（CRM）访问所需信息，以更好地了解客户并抓住机会进行追加销售和交叉销售。该公司也正在开发新一代的嵌入式芯片连接或"智能"工具。智能扳手能够告诉操作员何时需要校准，钻头可以在电池电量不足时发送信息。这些智能工具还可以将信息发送回 Stanley Black & Decker，以便公司能够获得客户如何使用其产品的新见解。[30]

你会怎么做？

你是 Stanley Black & Decker 新产品开发团队的成员，该团队正在考虑如何充分利用公司新一代智能工具提供的数据。你的小组被赋予了识别潜在法律、伦理和社会问题的任务，这些问题可能是由获取和使用这些数据引起的。在最初的小组会议上，一些成员表达了他们的意见，认为他们没有看到任何与此数据有关的潜在问题。你怎么回应？

表 8-8 中的检查表为组织提供了一组建议的操作，以确保成功地实现企业系统。使用此检查表评估你的组织是否准备好实施，每个问题的正确答案为"是"。

表 8-8 管理者检查表

推荐的操作	是	否
高级管理层是否致力于该项目并准备参与以确保其成功？		
你是否选择了合适的业务合作伙伴来提供、实施和支持你组织的企业系统？		
你知道协调业务流程与企业系统所需的定制级别吗？		
项目和高级管理团队是否确定包含企业实施项目的范围，以尽快完成项目并将项目失败的风险降至最低？		
是否有足够的时间和资金预算，以确保对最终用户和系统影响的其他人进行有效的培训？		
是否有足够的时间和人员预算，以确保在系统切换之前进行彻底的测试？		
你是否计划在系统切换后立即获得高级别的支持？		
在实施过程中，是否会大力避免关键项目人员和高级管理人员的流动？		

重要术语

最佳实践	客户关系管理（CRM）系统	产品生命周期管理（PLM）
计算机辅助设计（CAD）	需求计划	产品生命周期管理（PLM）软件
计算机辅助工程（CAE）	离散制造	供应链管理
计算机辅助制造（CAM）	企业资源计划（ERP）系统	流程式生产

本章摘要

- 企业系统由各种规模的组织使用，以确保高效、准确地处理业务事务，并确保用户可以跨所有业务功能和管理级别访问生成的信息。

- 企业系统使用关键运营和规划数据的数据库，这些数据可以在整个组织内，甚至与组织外的业务合作伙伴共享。

- 企业资源计划（ERP）系统是一组集成的程序，用于管理公司对整个组织（甚至是复杂的多站点全球组织）的重要业务运营。

- 企业资源计划（ERP）软件通过集成整个企业的活动（包括销售、营销、制造、物流、会计和人员配备）来支持业务流程的高效运行。

- ERP 供应商提供专门定制的软件模块，以满足特定行业的需求，如消费包装品制造、高等教育、公用事业、银行、石油和天然气、零售和公共部门。

- 实施 ERP 的主要好处包括改进对质量数据的访问，以便进行运营决策，改进工作流程，消除成本高昂且不灵活的遗留系统，有机会升级和标准化技术，以及简化财务数据的整合。

- 与 ERP 系统相关的一些缺点是，它们耗时、难以实施且成本高昂；它们也很难与其他系统集成。

- 根据目标客户的类型，ERP 供应商分为一级、二级或三级。没有一个 ERP 软件解决方案对所有组织都是最合适的。

- 企业经常需要定制供应商的 ERP 软件，以集成其他业务系统，添加数据字段或更改字段大小，或满足法规要求。很多软件服务组织执行这样的系统开发和维护任务。

- 供应链管理（SCM）包括原材料采购、原材料转化为成品以及成品入库和交付给客户的所有活动的计划、执行和控制。

- 供应链管理的目标是降低成本，提高客户服务水平，同时降低供应链库存的整体投资。

- 各组织正在实施客户关系管理（CRM）系统，以管理客户遇到的所有方面，包括市场营销、销售、分销、会计和客户服务。

- CRM 的目标是了解和预测当前和潜在客户的需求，以提高客户的保留率和忠诚度，同时优化产品和服务的销售方式。

- 制造企业正在实施产品生命周期管理（PLM）软件，以管理与产品生命周期各个阶段相关的数据和流程，包括销售和营销、研究和开发、概念开发、产品设计、原型设计和测试、生产工艺设计、生产和装配、交付和产品安装、服务和支持、产品报废和更换。

- PLM 软件的范围包括计算机辅助设计（CAD）、计算机辅助工程（CAE）和计算机辅助制造（CAM）。

- PLM 软件可以缩短上市时间，降低成本，并确保法规遵从性。

- 成功实施企业系统最重要的挑战包括升级成本和中断、实施提前期长、变更管理困难、软件定制的复杂性以及关键项目人员的高周转率。

- 商业企业供应商正在试验托管软件模型，以确定该方法是否满足客户需求，是否可能产生可观的收入。这种方法特别适合中小型企业（SME），因为它的初始成本较低，因此可以使用强大的软件功能进行试验。

问题讨论

1. 确定并讨论使用企业资源计划（ERP）、客户关系管理（CRM）和产品生命周期管理（PLM）企业系统时，无论是对中小型企业还是对大型跨国组织而言共有的重要好处。

2. 识别并简要描述产品生命周期管理范围内的基本业务流程。

3. 讨论离散制造和流程式生产之间的区别。

4. 识别并简要讨论成功实施企业系统所面临的主要挑战，提供几个技巧来克服这些挑战。

5. 假设你是一家小型电器销售和维修店的老板，该店为你所在地区的数百名客户提供服务。你如何使用客户关系管理系统捕获可用于提供更好的服务或增加收入的客户数据？

6. 简要介绍企业软件的托管软件模型，并讨论其对中小型企业的主要吸引力。

7. 你是飞机零件制造商工程组织的成员，公司正在考虑实施产品生命周期管理系统。为选择一个包括 CAD、CAE 和 CAM 软件的系统提出一个令人信服的论据。

8. 成功实施企业资源计划系统的公司的供应商和客户应该看到哪些好处？企业资源计划的实施会如何影响组织的供应商？

9. 许多组织正转向与主要供应商合作的过程，以获得它们在设计和规划新产品以及改进现有产品方面的投入。解释产品生命周期管理系统如何增强这一过程，制造商在共享产品数据时可能会遇到哪些问题和顾虑？

需要采取的行动

1. 你刚刚在 Acme 度假租赁公司做了第一周的销售代表，这家公司专门为高收入客户寻找度假租赁房屋。你非常喜欢这份工作，但对于缺少与客户相关的信息来支持销售代表（这些销售代表在收集和存储有关客户的有用数据方面是独立的）的工作感到惊讶。该公司还缺乏一个专注于联系当前和潜在客户的营销计划。同样，每个销售代表都要做自己的事情。当你周五下午离开时，你的经理打电话给你，问你第一周过得怎么样。在花了几分钟时间回顾你的一周后，你想知道你是否应该建议公司调查客户关系管理系统的实施，如果是的话，如何继续？

2. 贵公司已经实施企业资源计划系统几个月了。你是采购组织的成员，并且将是新系统的重要用户。你和采购组织的其他十几个成员刚刚完成了新系统的最初三天培训，你们都有同样的反应：这个系统非常复杂，很难完成你们的工作。此外，只安排了额外三天的培训，这根本没有足够的时间来掌握系统并提高生产效率。你能做什么？

3. 想象一下，你是一家大型野营设备和户外家具制造公司工程组织的新员工，该公司正在考虑实施产品生命周期管理系统，以更好地管理其产品的设计和制造。你被邀请参加一个会议，分享你对如何使用这样一个系统以及哪些功能最重要的想法。你将如何准备这次会议？你会提出什么观点？制作一个包含三到四张幻灯片的演示文稿，总结你的想法。

基于 Web 的案例

可口可乐使用 SCOR 模型

可口可乐要求 ITC 信息技术公司使用供应链运营参考（SCOR）模型开发其新的供应链管理应用程序，供应链委员会已将 SCOR 视为供应链管理的行业标准诊断工具。使用各种在线资源研究 SCOR，准备一份组成 SCOR 的流程建模、性能度量和最佳实践的简要总结，讨论目前供应链管理系统开发中如何使用 SCOR 模型。

案例研究

IBM 采用 SugarCRM

国际商业机器公司（IBM）生产和销售硬件和软件，并为从大型机到纳米芯片的所有计算机产品提供托管和咨询服务。IBM 在几乎所有计算领域都拥有领先的产品或服务，包括大数据分析、数据仓库、云计算、信息技术安全服务、企业资源计划和专家系统。一个例外是在客户关系管理（CRM）系统领域，IBM 选择与领先的客户关系管理公司合作，首先是 Siebel，然后是 SugarCRM，而不是开发和销售自己的软件产品。

到 20 世纪 90 年代末，IBM 已经在内部实现了将近 900 个自己的客户关系管理应用程序。然而，这些应用程序通常是特定于某个部门的，因此，IBM 的销售人员打电话给客户询问某个特定产品时，常常对客户与 IBM 的总体历史、他们的需求以及他们对其他 IBM 产品的依赖性一无所知。此外，IBM 缺乏一种方法来监督和预测其所有部门的销售情况，这种应用程序将使"销售渠道"对经理可见。由于这些缺点，IBM 决定放弃其客户关系管理应用程序集合，开始在公司范围内实施 Siebel 的客户关系管理系统。Siebel Systems 公司成立于 1993 年，从开发和销售销售人员自动化软件开始，迅速成长为 CRM 行业的领导者。IBM 的 Siebel 实现是一个巨大的项目，涉及从 IBM 的遗留数据库传输 7 200 万条记录，以及一个由 100 多名 IBM 员工组成的项目团队。除了在内部推出 Siebel 客户关系管理外，IBM 于 1999 年宣布开始将 Siebel 与其其他产品集成，两家公司开始一起销售客户关系管理软件包。

IBM 本可以选择采用甲骨文公司的客户关系管理，这是一种与 Siebel 竞争的产品；然而，甲骨文是 IBM 在数据库市场上的主要竞争对手。20 世纪 80 年代，IBM 的研究人员开发了第一个关系数据库，但是 IBM 没有意识到这些数据库的巨大市场潜力，并且很难将产品推向市场。拉里·埃里森（Larry Ellison）雇用了 IBM 前研究员和其他关系数据库研究员，并助推了甲骨文的发展，在数据库领域发起了一场信息技术革命，成功挑战了 IBM 在传统的非关系数据库领域的主导地位。IBM 急于赶上，但甲骨文一直保持着强大的地位，并继续是 IBM 在数据库、中间件和服务器市场上的直接竞争对手。

IBM 的 Siebel 实现被认为是成功的，该公司成为 Siebel 最大的客户机。2006 年，甲骨文收购了 Siebel。因此，当 IBM 在 2012 年宣布放弃 Siebel 转向 SugarCRM 时，许多信息技术业务分析师将其视为针对甲骨文的打击。SugarCRM 成立于 2004 年，是一家规模相对较小的公司，只有 400 多名员工，它只销售一种产品，即客户关系管理软件，到 2015 年，该软件已被 150 多万销售人员使用。该软件的主要卖点是其直观的界面、移动设备的可访问性以及社交媒体的集成。

除了甲骨文和 IBM 之间的竞争关系之外，IBM 的主要转变还有其他原因。信息技术行业不断变化，IBM 的销售人员面临着一个持续的挑战，即与公司内的各种信息技术专业人员进行互动，以便向客户提供准确、专业的信息。Siebel 的客户关系管理为 IBM 提供了一个高度可见的销售渠道，这是大多数销售管理团队所希望的功能。IBM 实施 SugarCRM 的主要目标是继续提供这种可视性，同时提高对该领域销售人员的支持。SugarCRM 实施的另一个目标是建立对专业知识、数据和客户与 IBM 关系网络的快速移动访问。为了实现这一点，IBM 在 Sugar 平台中加入了自己的企业社交网络（ESN）和预测分析工具。ESN 平台 IBM Connections 为销售团队提供了一种媒介，通过即时通信、推特订阅和其他实时工具与专家就复杂交易进行协作。IBM 的预测分析工具 Cognos SPSS 允许销售人员和业务经理挖掘数据库来预测趋势和采购模式，以优化销售。

自从甲骨文收购 Siebel 以来，分析师们已经预测到 Siebel 的逐渐消亡，因为一个正常的假设是甲骨文更愿意开发自己的产品。尽管甲骨文已经表示计划至少在 2020 年之前继续发布 Siebel 的新版本，然而，到目前为止，甲骨文还没有开发出利用社交媒体的 Siebel 版本。因此，一些像 IBM 这样能够负担得起实施新客户关系管理的公司已经决定这样做。Siebel 的市场份额已降至 15% 以下。

IBM 采用 SugarCRM 被认为是成功的。经过为期 12 个月的高级管理层和 4 000 名销售人员的试点项目后，该平台于 2013 年底推出，并被全球 45 000 名 IBM 销售人员采用。到 2014 年，IBM 销售转型副总裁 Gary Burnette 报告说，200 万个销售机会已进入该系统，用户每周记录 15 000 次会议。

更重要的是，如果 IBM 需要在 SugarCRM 中更改功能，它就可以很容易地、相对便宜地进行更改。SugarCRM 的系统是开源的，这意味着 IBM 有权检查和更改软件代码，以适应其当前和未来的需求。IBM 可以与 SugarCRM 的程序员一起进行这样的修改，或者直接在内部进行工作。此外，IBM 最终可能会自己购买 SugarCRM。SugarCRM 声称自己是世界上发展最快的客户关系管理公司，而 IBM 目前的产品组合中没有类似的客户关系管理产品。

问题讨论

1. 为什么 IBM 放弃 Siebel 并实施 SugarCRM？
2. 你认为 IBM 为什么等了几年才转向 SugarCRM？
3. 随着时间的推移，信息技术软件公司的客户关系管理需求是如何变化的？你认为它们将来会怎样改变？
4. 其他行业的客户关系管理需求如何变化？
5. 像 IBM 这样的大公司和小公司对客户关系管理的需求有什么不同？

资料来源：Cox, Jeremy, "IBM's Adoption of Sugar: A Lesson in Global Implementation," Faye Business Systems Group, http://fayebsg. com/wp-content/uploads/2014/04/IBMs-Adoption-of-Sugar. pdf, accessed January 4, 2015; Dignan, Larry, "IBM: Clock Runs Out on Massive Siebel Implementation, Enter SugarCRM," ZDNet, April 30, 2012, www. zdnet. com/article/ibm-clock-runs-out-on-massive-siebel-implementation-enter-sugarcrm/; IBM, www. ibm. com/us/en/, accessed January 4, 2015; Gilbert, Alorie, "Rivals Vie for Siebel's Customer Spoils," CNet, September 27, 2002, https://archive. today/20120711042918/http://news. com. com/Rivals＋vie＋for＋Siebels＋customer＋spoils/2100-1017_3-959878. html＃selection-875. 1-875. 40; Rohrbacher, Black, "Case Study: IBM and Siebel Systems," *Enterprise Apps Today*, May 29, 2002, www. enterpriseappstoday. com/crm/article. php/1146961/Case-Study-IBM-and-Siebel-Systems. htm; Englaro, Marco, "5 Reasons Why IBM Chose SugarCRM to Replace Oracle Siebel," marcenglaro. com, May 28, 2012, http://marcenglaro. com/2012/05/28/5-reasons-why-ibm-chose-sugarcrm-to-replace-oracle-siebel/; Daley, Bruce, "Where Is Siebel in the Product Life Cycle and How Does This Affect My Career?," Siebel Observer, http://analysis. siebelobserver. com/siebel-analysis-stories. html, accessed January 5, 2015; SugarCRM, www. sugarcrm. com, accessed January 6, 2015.

注　释

开篇案例资料来源：

Jiménez-Lutter, Marta, "The Coca-Cola Company," *Supply Chain World Magazine*, http://scwmag. com/index. php/sections/distribution/143-the-coca-cola-company，accessed December 31，2014；"Our Company，the Coca-Cola System," Coca-Cola，www. coca-colacompany. com/our-company/the-coca-cola-system，accessed December 31，2014，Hochfelder，Barry，"Things Go Better with Coke's Supply Chain," *Supply Demand Chain Executive*，September 2，2011，www. sdcexec. com/article/10325447/things-go-better-with-cokes-supply-chain; Degun，Gurjit，"Coca-Cola Looks to Supply Chain to Save ＄1 Billion," *Supply Management*，February 22，2014，www. supplymanagement. com/news/2014/coca-cola-looks-to-supply-chain-to-save-1-billion.

［1］"About Recipharm," Recipharm，www. recipharm. com/en/about-recipharm，accessed December 18，2014.

［2］"Recipharm Rolls Out SAP in Just Seven Months with the Innovative IBM Express Life Sciences Solution," IBM，www-03. ibm. com/software/businesscasestudies/us/en/corp? synkey＝D501273Y03716I61，accessed December 19，2014.

［3］Utlser，Jim，"Mansfield Plumbing Products Upgrades Its Infrastructure to Save Money and Improve Operations," *IBM Systems Magazine*，August 2013，www. ibmsystemsmag. com/power/casestudies/manufacturing/mansfield_upgrade/.

［4］"ZAS Architects ＋ Interiors Inc. ," LinkedIn，www. linkedin. com/company/zas-architects，accessed December 19，2014.

［5］"Architectural Firm Saves 400 Hours and ＄50,000 Annually with Clearview InFocus," Clearview Software，www. clearviewsoftware. net/clients/zas/，accessed December 19，2014.

［6］"Top Ten Enterprise Resource Planning (ERP) Vendors," *Compare Business Products*，http://resources. idgenterprise. com/original/AST-0067016_Top_10_ERP_Vendors. pdf，accessed March 7，2014.

［7］Kanaracus，Chris，"County Seeking New Software Vendor to Replace SAP System," *PC World*，November 1，2013，www. pcworld. com/article/2060380/county-seeking-new-software-vendor-to-replace-sap-system. html.

［8］"Case Study：Verdo A/S Unlocks the Business Opportunities of Deregulation," IBM，June 19，2013，www-01. ibm. com/common/ssi/cgi-bin/ssialias? infotype＝PM&subtype＝AB&htmlfid＝XSC031 49USEN&attachment＝XSC03149USEN. PDF&appname＝STGE_TS_DS_USEN_CS#loaded.

［9］du Preez，Derek，"Carlsberg Plans Euro-Wide Consolidation of SAP Systems with Accenture," *Computerworld UK*，June 6，2013，www. computerworlduk. com/news/applications/3451277/carlsberg-plans-euro-wide-consolidation-of-sap-systems-with-accenture/.

［10］"A Supply Chain Management Success Story：Kidrobot," Simparel，www. simparel. com/customers/success-stories/kidrobot. html，accessed March 10，2014.

［11］"Kidrobot" Simparel，www. simparel. com/industries-clients/success-stories，accessed January 26，2015.

［12］"Case Study：OABC Grows Organically to Reach More than 400,000 Consumers," IBM，December 11，2014，www-01. ibm. com/common/ssi/cgi-bin/ssialias? subtype＝AB&infotype＝PM&appname＝SNDE_OR_OR_USEN&htmlfid＝ORC12356USEN&attachment＝ORC12356USEN. PDF#loaded.

［13］"Case Study：RCI Banque España," IBM，January 24，2014，www-03. ibm. com/software/businesscasestudies/us/en/gicss67orcl? synkey＝O351216Z01001V90.

［14］"About Us," DHL，www. dhl. com/en. html，accessed January 5，2015.

［15］"Case Study：DHL Global Forwarding Gains a Single View for Global Sales and Customers," IBM，

August 28，2013，www-01. ibm. com/common/ssi/cgi-bin/ssialias? subtype＝AB&infotype＝PM&appname＝SNDE_SP_SP_WWEN&htmlfid＝SPC03458WWEN&attachment＝SPC03458WWEN. PDF♯loaded.

　［16］"Our Clients," iProspect，www. iprospect. com/en/us/our-work/♯clients，accessed January 5，2015.

　［17］"Salesnet CRM Case Studies and Success Stories—iProspect," Salesnet，www. salesnet. com/crm-case-study/iprospect. html，accessed January 5，2015.

　［18］"Wells Fargo Bank," Salesforce. com，www. salesforce. com/customers/stories/wells-fargo. jsp，accessed March 14，2014.

　［19］"2015 Best：CRM Software Review," CRM Software Review，http：//crm-software-review. toptenreviews. com，accessed March 13，2015.

　［20］"2014 Edition Top 40 CRM Software Report," Business-Software. com，www. business-software. com/offer/top-40-crm-software，accessed March 13，2015.

　［21］"What is PLM Software?" Siemens，www. plm. automation. siemens. com/en_us/plm/，accessed，March 1，2014.

　［22］"2013 Edition Top 10 Product Lifecycle Management（PLM）Software Report," Business-Software. com，http：//ptccreo. files. wordpress. com/2013/10/top_10_plm_report. pdf，accessed March 1，2014.

　［23］"About Us," Glatfelter，www. glatfelter. com/about_us/corporate_overview. aspx，accessed January 5，2015.

　［24］"2013 Annual Report," Glatfelter，www. glatfelter. com/Files/about_us/investor_relations/2013_Annual_Report. pdf，accessed January 5，2015.

　［25］"Glatfelter Product Lifecycle Management Shift Increases Revenue by 30%," Sopheon，August 28，2013，www. sopheon. com/glatfelter-product-lifecycle/.

　［26］Charette，Robert N. ，"The U. S. Air Force Explains Its ＄1 Billion ECCS Bonfire," IEEE Spectrum，December 6，2013，http：//spectrum. ieee. org/riskfactor/aerospace/military/the-us-air-force-explains-its-billion-ecss-bonfire.

　［27］All，Ann，"SAP Looks to Partners for Mobility Boost," IT Business Edge，July 27，2011，www. itbusinessedge. com/cm/blogs/all/whos-to-blame-for-failed-erp-project-that-prompted-sap-lawsuit/? cs＝11588.

　［28］Kanaracus，Chris，"California Sues SAP over Failed Payroll Software Project," *Computerworld*，November 22，2013，www. computerworld. com/s/article/9244287/California_sues_SAP_over_failed_payroll_software_project.

　［29］Kimberling，Eric，"What Constitutes an ERP Failure?," Panorama Consulting Services，May 8，2013，http：//panorama-consulting. com/what-constitutes-an-erp-failure.

　［30］"Stanley Black & Decker's Success Story," Salesforce，www. salesforce. com/customers/stories/stanley-black-and-decker. jsp，accessed January 9，2015.

第 9 章
商业智能和大数据

大数据的目标

> "大数据计划最重要的目标和潜在回报是能够分析不同的数据源和新的数据类型，而不是管理非常大的数据集。"
>
> ——NewVantage Partners，"Big Data Executive Survey：Themes and Trends"，2012.

亚马逊：以商业智慧战胜店内优势

你在杂货店快速停下来拿一包德式香肠，但当你匆匆穿过杂货店时，你记得你的柠檬、餐巾纸和咖啡豆不够。当你走向新鲜农产品时，你会看到优雅展示着的奶酪。星期二有几个朋友到访，于是你拿了两盒精美的饼干。这就是实体店的优势：你走得越远，在收银处等待的时间越长，你可能购买的商品越多。网上商店没有同样的优势。

因此，为了创造自己的优势，亚马逊（Amazon）广泛利用客户购买数据来收集商业智能（BI）。例如，当你输入搜索词德式香肠（是的，亚马逊销售十几种德式香肠）时，你就能够快速地按品牌细化搜索结果。当你点击想要的商品时，亚马逊会给你提供其他经常与德式香肠一起购买的产品。例如，你想要酿烤土豆吗？也许换点牛排汉堡吧？除了"经常一起购买"信息外，亚马逊还为其大多数商品提供"购买此商品的顾客也同时购买"和"浏览此商品的顾客也同时浏览"列表。尽管亚马逊并未公布其建议的有效性数据，但许多分析师将大量销售收入归因于基于这些建议的采购，随着公司对其系统进行微调，有机会实现更大的增长。

亚马逊是如何取得这些成就的？该公司分析了超过 2.5 亿活跃客户账户的点击流和历史采购数据。虽然亚马逊将这些推荐的产品描述为"最经常一起购买"，但它实际上使用了一种算法，该算法将商品一起购买的频率除以单独购买的频率，以确定要显示哪些商品，亚马逊将该算法的结果与每个客户的个人购买历史相结合，然后根据你正在搜索的内容和过去购买的内容来预测你可能需要什么。亚马逊还分析了其亚马逊 S3 在线文件存储系统中存储的大量数据，以跟踪位于全球 200 个处理中心的近 15 亿个项目。每 30 分钟将整个数据库更新一次，并将结果发送回仓库和网站。该系统每周接收超过 5 000 万条更新信息，因此当亚马逊向客户提出建议时，它知道自己可以在交付时获得良好的效果。

事实上，亚马逊对其预测客户未来购买的能力充满信心，以至于最近它获得了一项"预期递送"专利。根据这种安排，亚马逊将在下单前向客户配送产品。包裹将在运输中心或卡车上等待，直到实际订单到达。亚马逊将过去购买的数据作为指导，可以让顾客有充足的鸡蛋、牛奶、电池以及他或她经常订购的其他东西。目前还不清楚亚马逊何时甚至是否会将这项专利付诸实施，但该公司显然对商业智能有着重大计划。

学习目标

阅读本章时，请自问：

- 什么是商业智能和大数据，以及如何使用它们来改进组织的运营和结果？
- 什么是一些基本的商业智能和大数据工具，它们是如何使用的？

本章从商业智能的定义开始，然后讨论了数据仓库和数据集市如何支持商业智能，接着介绍了大数据、结构化和非结构化数据的概念。本章接下来继续描述并提供了几种商业智能工具的使用示例，最后讨论了一些与大数据相关的问题。

什么是商业智能

商业智能（business intelligence，BI）包括各种应用程序、实践和技术，用于提取、转换、集成、分析、解释和显示数据，以支持改进的决策。商业智能中使用的数据通常有多个来源，可以是内部或外部生成的。许多组织使用这些数据构建大型数据集合，称为数据仓库或数据集市，这些会用于商业智能应用程序。用户（包括员工、客户、授权供应商和业务合作伙伴）可以通过 Web、互联网、组织内部网甚至通过智能手机和平板电脑等移动设备访问数据和商业智能应用程序。

组织通常使用商业智能来预测未来的情况，然后在人员配备、采购、融资和其他运营领域进行调整，以更好地满足预测的需求。卡内基梅隆大学创建了一个双系统来跟踪和预测其许多建筑的能源使用情况，该系统使设施管理人员能够以易于使用的基于地图的格式查询数据并显示有关能源使用的结果，使用这个系统使一些建筑物的能耗降低了 30％。[1]

通常，由商业智能软件分析的数据必须从各种来源收集。挪威地区卫生机构 Helse Vest 拥有 26 500 名员工，他们在 50 个医疗设施中为 100 万人提供服务，其中包括 10 家医院。Helse Vest 实施了一个商业智能系统，以满足政府资助的国家患者安全计划的要求。该系统收集、可视化和共享医疗数据，用于确定所有护理团队和区域医院的质量指标和报告要求。该项目面临的一个主要挑战是，10 家医院中的每一家都需要将其区域内所有设施的数据结合起来，供项目董事会和医院管理人员分析。在实施新的商业智能系统之前，员工需要花费 14 天的时间来生成一些报告，这使得医院员工很难评估和处理绩效数据，因为它不是最新的。借助新的商业智能系统，Helse Vest 分析师可以轻松地组合来自不同来源的数据，并在不到一天的时间内创建分析报告。实时数据使 Helse Vest 能够更快地对信息采取行动，而指标仍然对员工有效，对绩效数据的快速响应更有可能促成患者安全措施的显著改进。[2]

商业智能工具经常操作存储在数据仓库或数据集市中的数据。下一节概述了数据仓库/数据集市的概念。

▢ 数据仓库/数据集市

数据仓库（data warehouse）是一个数据库，它以易于支持分析和管理决策的形式存储大量历史数据。

数据仓库经常保存大量数据，通常包含五年或更长时间的数据。许多组织使用数据仓库来保存它们做出关键业务决策所需的数据：

● 沃尔玛为沃尔玛和山姆会员店运营单独的数据仓库。通过这些数据库，该公司允许供应商访问它们可能需要的几乎所有数据，以确定它们的商品在销售、速度甚至是否应该重新设计包装以适应商店货架上更多的商品。[3]

● UPS 管理着一个 16 PB 的数据仓库，其中包含信息技术每天为 880 万客户提供的约 1 630 万个包的数据，这些客户平均每天发出 3 950 万个跟踪请求。[4]

● 哈拉（Harrah's，凯撒娱乐赌场帝国的一部分）利用一个数据仓库来确定特定赌徒在第二天不能扳回来之前一天能承受输掉多少钱。[5]

● 通用电气公司使用一个数据仓库来保存来自传感器的数据，这些传感器用于生产喷气式发动机叶片的操作。[6]

● 美国大陆航空公司（Continental Airlines）使用数据仓库来帮助其确定最有价值的客户，并找到让他们满意的方法，例如，如果航班延误，主动为他们制定替代旅行安排。[7]

● 梅西百货公司使用 TB 容量的数据仓库，以其电子商务业务的四个关键领域的改进为目标：衡量横幅广告的盈利能力和有效性，分析客户的交互作用和通过其网站的路径，提高处理能力，以及关联网上销售、店铺销售与交叉销售，并通过其分销渠道向客户追加销售。[8]

● Aster Data 创建了一个数据仓库，用于分析由其一个客户制造的豪华车内各种部件的故障模式，该数据用于捕捉潜在问题并改进其服务操作。[9]

数据仓库中的数据通常来自许多操作系统和外部数据源，**提取-转换-加载**（extract-transform-load，ETL）过程用于从这些不同的数据源中提取数据，以填充和维护数据仓库（见图 9-1）。有效的提取-转换-加载流程对于确保数据仓库的成功至关重要。

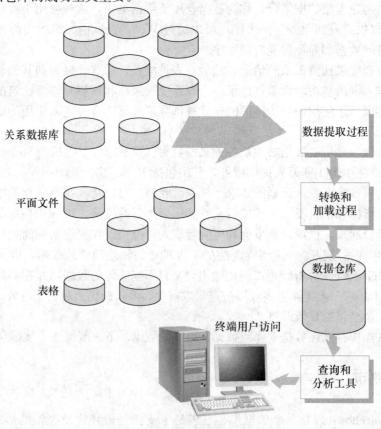

关系数据库

平面文件

表格

数据提取过程

转换和加载过程

数据仓库

终端用户访问

查询和分析工具

图 9-1　提取、转换和加载过程

提取-转换-加载流程中的提取步骤旨在访问各种数据源，并从每个数据源提取更新数据仓库所需的数据。例如，提取过程可以设计为仅从订单数据库中提取订单的某个子集，例如仅提取特定日期后发货的订单。在提取步骤中，还将筛选数据中不需要的或错误的值，未能通过编辑的数据将被拒绝。例如，提取过程可以设计为拒绝所有低于某个美元价值或运送到特定地理位置的已发货订单。

在提取-转换-加载流程的转换步骤中，将编辑用于更新数据仓库的数据，并在必要时转换为其他格式。例如，详细交易记录（如俄亥俄州辛辛那提市 Glenway 大道的家得宝公司）中存在的商店标识符可转换为不太具体的标识符，该标识符可实现有用的数据聚合（如家得宝、中西部销售区域）。由于数据有许多来源（例如，Access 数据库、Oracle 数据库、Excel 电子表格），因此通常必须将其转换为统一格式，以便在加载步骤中轻松处理。

提取-转换-加载流程中的加载步骤使用通过提取和转换步骤的数据更新现有数据仓库，这将创建数据仓库的新的更新版本。

为了满足使用数据仓库的决策者的需要，提取-转换-加载过程会根据需要频繁地运行。每个组织必须平衡更新数据仓库所需的成本和时间与当前数据的需求。许多公司每月或每周更新数据仓库；一些公司每天执行提取-转换-加载流程。

阿戈西博彩公司（Argosy Gaming Company）是美国六家内河赌场和酒店的所有者和经营者。阿戈西开发了一个集中的企业数据仓库来捕获在每个属性上生成的数据。作为这项工作的一部分，阿戈西选择了一个提取-转换-加载工具来收集和集成来自六个不同操作数据库的数据，以创建其数据仓库。这些数据用于帮助阿戈西管理层根据顾客的行为、购买和偏好作出更快、见多识广的决策。其目的是通过更好地了解每位顾客的赌博偏好和最喜爱的服务，为他们的来访带来更多的娱乐价值。阿戈西的营销分析师利用这些数据制定有针对性的直邮活动，为特定的客户群体定制报价，并为个别赌场调整计划。[10]

数据集市（data mart）是为满足业务部门的特定需求而缩小的数据仓库的较小版本。有些组织有多个数据集市，每个都是为满足组织不同部分的需求而设计的。有时，数据集市被设计成一个完整的、独立的、微型的数据仓库；有时，数据集市只是通过提取、转换和加载数据仓库中的一部分数据创建的。

大数据

大数据（big data）是一个用来描述数据收集的术语，它是如此庞大（想想 PB 或更大的数据单位）和复杂（从传感器数据到社交媒体数据），以至于传统的数据管理软件、硬件和分析过程无法处理它们。数据的测量单位分解见表 9-1。为了想象一下 PB 数据量的概念，可以考虑一个 PB 的存储空间，这可以包含时长50 年的 DVD 视频。[11] 为了了解一些组织正在努力管理的数据量，想象一下，仅通过移动网络传输的数据量预计到 2016 年将增长到每月 10 800 PB。[12]

表 9-1　数据的度量单位

度量单位	大小
千字节（Kilobyte，KB）	1 000 字节
兆字节（Megabyte，MB）	1 000 千字节
千兆字节（Gigabyte，GB）	1 000MB

续表

度量单位	大小
太字节（Terabyte，TB）	1 000GB
拍字节（Petabyte，PB）	1 000TB
艾字节（Exabyte，EB）	1 000PB
泽字节（Zettabyte，ZB）	1 000EB
尧字节（Yottabyte，YB）	1 000ZB

结构化和非结构化数据

数据以各种格式存在。有些数据是计算机科学家所称的**结构化数据**（structured data），其格式是预先知道的，并且非常适合于传统的数据库。无数的公司数据库都充满了与员工、客户、产品、库存和财务交易相关的结构化数据。**关系数据库模型**（relational database model）是将结构化数据组织成称为关系的二维表集合的一种简单但非常有用的方法，表中的每一行表示一个实体（个人、位置或事物），每一列表示该实体的一个属性，如图 9-2 中的示例所示。只要它们共享至少一个公共元素，来自不同表的关系就可以链接到一起输出有用信息。例如，客户表中的数据可以链接到采购表中的数据，以提供有关客户及其采购的详细信息。

客户表

客户编号（ID）	姓名	账单邮寄地址	收货方地址
1233445	Rollen D. Haye	123 Main Street, Elmwood, OH 45216	Rollen's Appliances, 4142 Bane Avenue, Ada, Ohio, 45810
1233447	Claire E. Vant	221 South Center Street, Newton Falls, OH 44444	221 South Center Street, Newton Falls, OH 44444
1233451	R. U. Reddy	3330 West Camelback, Scottsdale, AZ 85017	4714 North 66th Street, Phoenix, AZ 82551

订单表

订单号码	订单日期	客户编号（ID）	项目编号	数量
A149356	9/30/2016	1233447	P14257	12
A149453	8/22/2016	1233445	P15432	1
A149467	2/25/2016	1233456	P14257	6

项目表

项目编号	描述	价格	可用数量
P14257	Cuisinart © Supreme Grind™ Automatic Burr Mill	49.95 美元	42
P15432	Krups © Black Coffee Grinder	19.99 美元	37
P21456	Brita © Grand Carafe Pitcher	34.99 美元	103

图 9-2 关系数据库模型使来自不同表的关系能够链接到一起输出有用信息

SQL 是一种特殊用途的编程语言，用于访问和操作存储在关系数据库中的数据。SQL 数据库符合 **ACID 属性（原子性、一致性、独立性和持久性）**〔ACID properties（atomicity，consistency，isolation，and durability）〕，确保数据库事务得到可靠处理，并确保数据库中数据的完整性。ACID 属性确保由事务生成的对数据库的任何更新都能在输入的同时全部完成。如果由于任何原因发生错误，并且事务无法完成更新过程中的所有步骤，则数据库将返回到事务开始处理之前的状态。[13] SQL 数据库通过锁定数据库记录来依赖并发控制，以确保在第一个事务成功或失败之前，其他事务不会修改数据库。因此，100%符合 ACID 的 SQL 数据库可能会出现性能低下的问题。

许多数据库管理系统产品都是建立在基于 SQL 的关系模型的基础之上的，包括 Oracle RDB、IBM DB2、Ingress 公司的 Ingress、SAP MaxDB、Microsoft Access、Microsoft SQL Server、Oracle 的 MySQL 和 Teradata 的 Teradata。

然而，事实证明，组织必须处理的大多数数据都是**非结构化数据**（unstructured data），这意味着它没有以任何预定义的方式组织，也不适合关系数据库。非结构化数据大量存在，有许多来源，如文本文档、电子传感器和仪表、音频文件、电子邮件、视频剪辑、监控视频、电话消息、文本消息、即时通信消息、社交媒体上的帖子、医疗记录、X 光和 CRT 扫描、照片和插图。许多组织都对分析非结构化数据感兴趣，通常将其与结构化数据结合起来作出业务决策。非结构化数据可以提供丰富而迷人的见解。使用适当的工具，非结构化数据可以为数据分析增加深度，这通过其他方式是无法实现的，如以下示例所示：

● 亚马逊将其网站访问者行为日志（非结构化数据）与客户购买信息（结构化数据）链接起来，以便对访问者可能感兴趣的项目提出良好的建议。

● Verizon 将有关客户的结构化数据与非结构化文本和图像消息数据链接起来，向客户推荐更广泛的智能手机。

● 谷歌分析谷歌网络搜索，以帮助营销人员识别搜索趋势，并相应地进行广告或营销。

● CardioDX 的研究人员分析了大型复杂数据集中超过 1 亿个基因样本，以确定 23 个主要预测基因，这些基因可以在最早期阶段识别冠状动脉疾病。[14]

为了捕获和分析结构化和非结构化数据的大数据集，一整套新的工具和技术正在出现，包括 NoSQL 数据库、Hadoop 和内存数据库。以下部分将讨论这些工具。

你会怎么做？

贵公司生产滚轴刀片及相关设备和服装，对更好地了解客户方面充满兴趣。虽然公司有一个客户关系管理系统，其中包含有关客户与公司联系的信息（电话、查询和订单），但公司有希望获取更多有关客户对公司及其产品的想法和看法的数据。哪些可能是其他数据的有用来源？收集、排序和分析这些数据可能涉及哪些问题？

NoSQL 数据库

NoSQL 数据库（NoSQL database）的设计目的是以一种不会严格执行与关系数据库模型关联的 ACID 条件的方式存储和检索数据。NoSQL 数据库的目标是，即使必须处理的数据量继续增长，也能提供非常快的性能。NoSQL 数据库缺乏强大的数据一致性，即不能确保数据库某一部分中的数据的更新立即传播到数据库的所有其他部分。

NoSQL 数据库将数据存储为高度优化的键值对，数据被存储在一个简单的两列表中，一列存储唯一记录标识符（例如，客户 ID），另一列存储数据值。NoSQL 数据库具有高度的可扩展性，这意味着大型数据库可以分布式运行在同一 NoSQL 数据库管理系统的数百、数千甚至数万台服务器上。数据库的这种分布式系统提高了系统的正常运行时间，因为即使有几个服务器停机，数据库仍然可以处理几乎所有事务。（扩展传统的 SQL 数据库要复杂得多。）NoSQL 数据库在处理超大数据库和实时 Web 应用程序方面的应用越来越广泛。脸谱网使用数千台运行 NoSQL 数据库 Cassandra 的服务器来处理每秒数百万次的查询，并确保全天候处理。亚马逊使用 DynamoDB NoSQL 数据库跟踪每天数百万次的销售交易。数据库采用最终一致的方法来处理事务，以提高速度和系统正常运行时间。[15]

Hadoop

Hadoop 是一个开源的软件框架，设计用于处理大量的数据，将工作划分为一组独立的任务，这些任务在大量的服务器上并行执行。服务器彼此独立运行，但在另一个处理器的指导下运行，该处理器将工作分配给各个处理器并收集其结果。这种方法创建了一个非常稳健的计算环境，即使个别服务器发生故障，也允许应用程序继续运行。Hadoop 还可以在数据加载到数据集市或数据仓库中之前用作数据的临时区域，如图 9 - 3 所示。

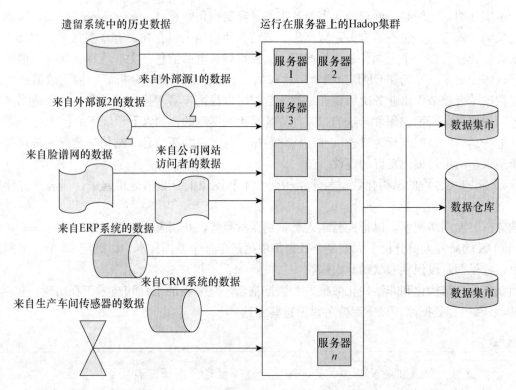

图 9 - 3　**Hadoop** 可以用作将数据加载到数据仓库或数据集市中的临时区域

Hadoop 可以被认为由三层组成：应用层允许应用程序（内部使用 Java、Pig 或 Hive 编程语言开发或购买第三方商业智能工具）与 Hadoop 进行交互；工作负载管理层 JobTracker 处理作业的调度和启动，在各种可用资源之间平衡所需的工作，并处理不可避免的作业失败和中断；第三层是 Hadoop 分布式文件系统（HDFS），它负责数据的存储。数据被存储在 128 MB 或更大的块中，每个数据块都被复制以实现高可靠性。[16]

内存数据库

内存数据库（in-memory database，IMDB）是一种数据库管理系统，它将整个数据库存储在随机存取存储器（RAM）中。与传统的数据库管理系统一样，这种方法以比在某种形式的辅助存储器（如硬盘或闪存驱动器）上存储数据快数千倍的速度提供对数据的访问。IMDB 能够分析大数据和其他具有挑战性的数据处理应用程序。由于 RAM 容量的增加和相应的 RAM 成本的降低，IMDB 变得可行。此外，内存中的数据库在多个多核 CPU 上的性能最好（这些 CPU 已经变得越来越常见，价格也越来越便宜），它们可以处理对数据的并行请求，从而进一步加快对大量数据的访问和处理。[17] 64 位处理器的出现也使得对大量主存储器的访问更快。汤森路透社（Thomson Reuters）利用内存数据库，允许公司基于分析 100 亿行数据集创建交互式报告。如果没有内存数据库，这不可能实现。[18] IMDB 的一些主要供应商如表 9-2 所示。

表 9-2　IMDB 供应商

数据库软件制造商	产品名称	主要客户
Altibase	HDB	E*Trade，中国电信
甲骨文	Exalytics	诺福克南方（Norfolk Southern），汤森路透社
SAP	High Performance Analytic Appliance（HANA）	eBay，高露洁
Software AG	Terracotta Big Memory	AdJuggler

肯塔基大学正在使用 SAP 的 HANA 和 Business Objects BI 软件来分析学生保留情况，分析中纳入了广泛的数据，包括高中 GPA、考试成绩和学生参与度指标，例如学校的学习管理系统的使用频率。所有这些都是为了了解什么有助于留住学生。一位学校的官员说："这很像客户保留。从销售的角度来看，你必须招收新客户，并且你需要重复的买家。一旦［学生］到了那里，我们就想留住他们。"[19]

你会怎么做？

基于肯塔基大学系统的成功，你的学校正在考虑实施自己的数据分析系统，以帮助提高学生的保留率。你被选中参加学生焦点小组，提供你的想法和观点。专题小组组长简要解释了系统的目标以及系统将如何工作，然后，她就使用这样一个系统可能出现的问题和担忧征求意见。你怎么回应？

商业智能工具

本节介绍并提供许多商业智能（BI）工具的示例，包括电子表格、报告和查询工具、在线分析处理、下钻分析、数据挖掘和仪表盘，还介绍数据治理的重要概念。

电子表格

业务经理通常将数据导入电子表格程序，然后可以根据最终用户创建的公式对数据执行操作。电子表格还用于根据这些数据创建有用的报告和图表，最终用户甚至可以使用 Excel 方案管理器等工具来执行"假设"分析，以评估各种备选方案或 Excel 解决方案，找到具有多个约束条件的问题的最佳解决方案（例如，确定一个生产计划，该计划将根据原材料的某些限制将利润最大化）。

North Tees 和 Hartlepool National Health Services Trust 为英国 40 万人口提供医疗服务和筛选服务。药学和质量控制实验室服务部主任 Philip Dean 教授希望找到一种更好地了解药物临床用途、治疗效果和相关成本的方法。Dean 与一家商业智能软件和咨询公司 Ascribe 进行资源合作，尝试使用 Microsoft Power BI for Office 365，这是通过熟悉的 Excel 电子表格软件工作的基于云的 Microsoft Office 365 业务生产力套件的一部分（见图 9-4）。Ascribe 开发人员提取了 North Tees 的数据并将其导入 Power BI 模型中，然后，他们将 Dean 和他的同事感兴趣的其他数据集合并，例如关于全科医生活动的公开数据、天气数据和治疗数据。随着所有这些新数据被整合到 Power BI 模型中，Dean 能够创建其发现的图表，在区域地图上可视化数据，甚至对数据进行放缩以获得不同层次的洞察力。据 Dean 称，将不同的数据集链接起来进行综合分析的能力是"令人惊叹的事情之一"，在使用商业智能工具方面给他留下了最深刻的印象。在他的分析中加入额外的外部数据集，补充并帮助解释了趋势，并且提供了有用的基准。使用天气数据有助于确定恶劣天气对呼吸系统疾病频率的影响，治疗数据有助于 Dean 了解正在开哪些药物，以及处方模式如何因地区而异。

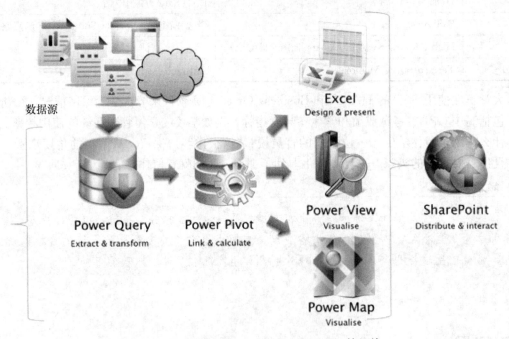

图 9-4　Microsoft Power BI for Office 365 的组件

资料来源：Access Analytics，Power BI for Business，Power Analytics，www. accessanalytic. com. au/Power-BI. html.

■ 报告和查询工具

　　大多数组织都投资了一些报告工具，以帮助员工获得解决问题或确定机会所需的数据。报告和查询工具可以通过格式化的数据、图和表以易于理解的方式呈现这些数据。许多报告和查询工具使最终用户能够提出自己的数据请求并格式化结果，而无须信息技术组织提供额外帮助。

　　FFF 公司是重症监护生物制药、血浆产品和疫苗的供应商，它的 4.6 万个客户包括 80% 以上的美国医院。[21] 该公司使用 QlikView 查询和报告工具，为员工提供对影响其业务的数据的实时访问，以及安全、有效的产品和服务的及时交付。例如，该公司是美国最大的流感疫苗经销商，准确跟踪其疫苗出货量对于避免短缺至关重要。作为这些努力的一部分，FFF 公司使用 Qlik View 跟踪和监控所有产品交易的数量和价值，如产品的接收、内部流动和分发。[22]

■ 在线分析处理

　　在线分析处理（online analytical processing，OLAP）是一种从多个角度分析多维数据的方法，它允许用户识别问题和机会，并执行趋势分析。为支持在线分析处理而构建的数据库由包含称为度量值的数字事实的**数据立方体**（data cubes）组成，这些数据集按时间和地理等维度进行分类。一个简单的示例是一个多维数据集，其中包含作为度量的特定产品的单位销售额，该值将沿着图 9-5 所示的度量维度轴显示。时间维度可能是特定的一天（例如，2017 年 9 月 30 日），而地理维度可能定义特定的商店（例如，俄亥俄州辛辛那提海德公园社区的克罗格）。

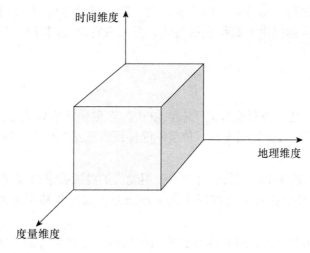

图 9-5　一个简单的三维数据立方体

在线分析处理快速响应的关键是预先将详细数据聚合为有用的数据摘要，以预测可能提出的问题。例如，可以构建多维数据集来汇总特定商店特定日期特定商品的单位销售额。此外，可以汇总详细的商店级别数据，以创建多维数据集，显示每个主要市场（如波士顿、纽约、凤凰城）内所有商店、美国境内所有商店或北美境内所有商店在特定日期特定商品的单位销售额。以类似的方式，可以构建数据立方体，以预测在给定日期、周、月或财季对单位销售信息的查询。

需要注意的是，如果多维数据集中的数据是按给定级别汇总的，例如按商店逐日进行的单位销售，则不可能使用该数据立方体以更详细的级别回答问题，例如，某一天该项的单位销售额按小时计算是多少。

数据立方体不需要仅限于三维。事实上，大多数在线分析处理系统都可以构建具有更多维度的数据集。在商业世界中，我们构建具有多个维度的数据立方体，但通常一次只查看三个维度。例如，消费者包装商品制造商可以在特定的日期在特定的商店中为特定的产品构建一个多维数据立方体，其中包含单位销售额、货架空间、单价、促销价格、报纸广告水平等信息。

在零售业中，在线分析处理用于帮助企业预测客户需求和最大化销售。星巴克在美国 10 000 家零售店雇用了约 149 000 名员工。该公司建立了一个数据仓库，用于存储 70 TB 的销售点和客户忠诚度数据，这些数据被压缩成汇总的数据立方体，使用户能够对商店级别的销售和运营数据执行在线分析处理。[23]

深入分析

计划和规划中的小事件如果没有按预期进行，往往在以后会导致严重的问题——细节是最难的。深入分析是一个强大的工具，它使决策者能够深入了解业务数据的细节，从而更好地了解事情发生的原因。

下钻分析（drill-down analysis）涉及对高级汇总数据的交互检查，以获得对某些元素的深入了解，这有点像慢慢剥离洋葱层。例如，在回顾过去一个季度的全球销售时，销售副总裁可能希望深入分析以查看每个国家的销售情况。可以进行进一步的钻取，以查看上一季度特定国家（如德国）的销售情况；可以进行第三个层次的下钻分析，以查看某个特定国家在本季度特定月份（例如，德国在 9 月份）的销售额；第四个层次的分析可以通过按月按产品线向下钻取特定国家的销售来完成（例如，9 月份在德国销售的每个产品线）。

布里斯班是澳大利亚东海岸的一个城市，该地区的许多河流经常发生洪水。2001 年 3 月的强降雨导致许多房屋被淹，电力线中断，道路关闭，城市陷入紧急状态。灾难发生后，布里斯班在全市安装了实时遥测仪，以实时测量降雨量和水位。这些数据被捕获并显示在彩色编码的地图上，使工作人员能够快速发现关注的区域。他们还可以执行下钻分析，以查看任何关键区域内的级别不断提高的细节。该系统使工作人员能够向即将发生洪水的人群提供更高级别的警告，并采取行动关闭道路或清理碎片。[24]

■ 数据挖掘

数据挖掘（data mining）是一种商业智能工具，用于为隐藏模式探索大量数据，以预测未来趋势和行为，供决策时使用。适当地使用数据挖掘工具，使组织能够预测将发生什么，以便管理者能够主动利用机会或避免潜在问题。

在三种最常用的数据挖掘技术中，有关联分析（一组专门的对数据进行排序的算法，并形成关于项目之间关系的统计规则）、神经计算（检查历史数据中用于预测的模式）和基于案例的推理（历史上的 if-then-else 案例用于模式识别）。

数据挖掘过程包括以下几个步骤：（1）选择要使用的数据（经常来自多个源）；（2）预处理数据以删除错误、不完整或不一致的数据；（3）转换数据以创建适当的数据集来支持使用的数据挖掘技术；（4）实际的数据挖掘过程；（5）结果评估，这将产生新的知识，据此可以采取明智的行动（见图 9-6）。以下是数据挖掘的几个常见示例：

- 根据以往对促销邮件的回复，确定最有可能利用未来邮件的消费者。
- 检查零售销售数据以识别经常一起购买的看似不相关的产品。
- 监控信用卡交易以识别可能的欺诈授权请求。
- 使用酒店预订数据调整房价，以最大限度地增加收入。
- 分析潜在客户的人口统计数据和行为数据，以确定哪些客户将是最有利可图的客户。
- 研究人口统计数据和组织中最有价值的员工的特征，以帮助关注未来的招聘工作。
- 认识到个人 DNA 序列的变化如何影响患诸如老年痴呆症或癌症等常见疾病的风险。

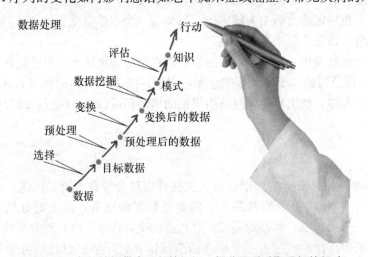

图 9-6　数据挖掘带来了新的知识，据此可以采取明智的行动

纽约市消防局使用数据挖掘来识别 60 多个不同因素（例如，建筑物的位置、建筑物的年代、是否存在电气问题、洒水器的数量和位置），以确定哪些建筑物比其他建筑物更可能发生火灾。每个建筑物的这些参数值被输入一个算法中，该算法为城市的 330 000 个可检查建筑物分配一个风险评分，消防检查员可以利用这些风险评分来确定每周检查的建筑物的优先顺序。[25]

仪表盘

如第 2 章所讨论的，测量是跟踪执行所选策略以实现组织目标和目的的进度的度量，这些指标也称为**关键绩效指标**（key performance indicators，KPI），由方向、度量、目标和时间框架组成。要在不同的时间段进行比较，还必须定义关键绩效指标并每年使用相同的定义。随着时间的推移，一些现有的关键绩效指标可能会随着组织的目标和目的的改变而被删除，并且新的关键绩效指标会被添加。显然，正如不同的组织有不同的目标一样，不同的组织将有不同的关键绩效指标。以下是定义明确的关键绩效指标的示例：

- 对于大学来说，从 2020 年毕业班（时间框架）开始，新生的五年毕业率（度量）至少提高（方向）到 80％（目标）。

- 对于一个客户服务部门来说，在未来三个月（时间框架）内，将前四个响铃（度量）内接听的客户电话数量增加（方向）到至少 90％（目标）。

- 对于人力资源组织，将 2016 财年及以后年度（时间框架）自愿辞职和离职（度量）的人数减少（方向）至 6％或更少（目标）。

仪表盘（dashboards）提供了一组有关特定时间点流程状态的关键性能指标。仪表盘以易于理解和简洁的方式提供对信息的快速访问，从而帮助组织更高效地运行。

在仪表盘中显示结果的选项可以包括地图、仪表、条形图、趋势线、散点图和其他表示，如图 9-7 和图 9-8 所示。通常项目都有颜色编码（例如，红色＝有问题、黄色＝警告、绿色＝很好），这样用户就可以看到需要注意的地方。许多仪表盘的设计方式都是这样的：用户可以单击图表的某个部分，以一种格式显示数据，并向下钻取数据，以深入了解更具体的领域。例如，图 9-8 表示图 9-7 中西北销售区域的向下钻取结果。

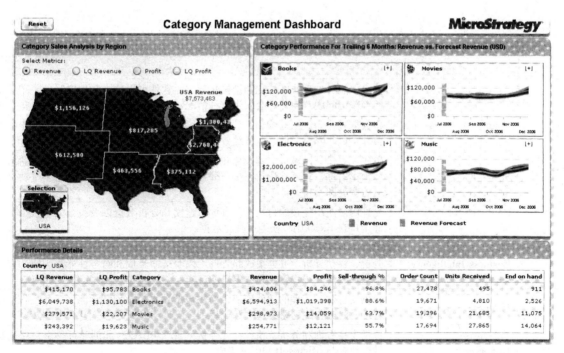

图 9-7　仪表盘示例摘要

资料来源：www.microstrategy.com/us/analytics/technology.

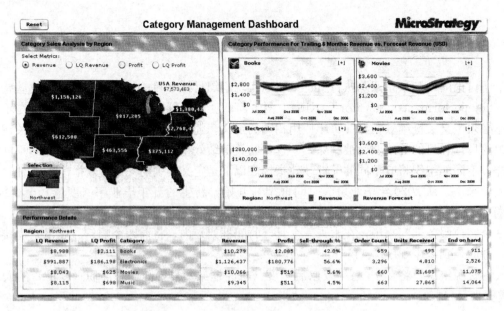

图 9-8　一个销售区域的下钻分析结果示例

资料来源：www.microstrategy.com/us/analytics/technology.

　　仪表盘为组织的各个级别的用户提供了做出改进决策所需的信息。操作仪表盘可以设计为实时从各种来源（包括公司数据库和电子表格）提取数据，因此决策者可以利用最新的数据。

　　广泛使用的商业智能软件来自许多不同的供应商，包括惠普、IBM、Information Builders、微软、甲骨文和 SAP，如表 9-3 所示。JasperSoft 和 Pentaho 等供应商也提供开源商业智能软件，这对一些组织很有吸引力。

表 9-3　广泛使用的商业智能软件

供应商	产品	描述
惠普	Autonomy IDOL[26]	使组织能够处理非结构化和结构化数据；软件可以检查数据之间的复杂关系，以回答关键问题"为什么会发生这种情况？"
IBM	Cognos Business Intelligence[27]	将数据转换为组织运营和绩效的过去、现在和未来视图，以便决策者能够识别机会并将风险降至最低；业务绩效的快照在报表和独立组合的仪表盘中提供。
Information Builders	WebFOCUS[28]	生成仪表盘，以显示关键指标和度量的高级视图；使用户能够以最少的培训分析和操作信息。它还支持动态报告分发，并提供实时警报，并且完全自动化重要信息的调度和交付。
微软	Power BI for Office 365[29]	允许用户使用复杂的自然语言查询来建模和分析数据以及查询大型数据集；还允许用户在 Excel 中轻松地可视化数据。
甲骨文	Business Intelligence[30]	提供企业商业智能技术和应用程序的集合；工具包括一系列集成的查询、报告、分析、移动分析、数据集成和管理，以及桌面集成和财务性能管理应用程序；运营商业智能应用程序；是数据仓库。
甲骨文	Hyperion[31]	提供支持财务管理的软件模块；模块包括预算、计划和预测、财务报告、数据库管理、财务合并、财务管理和分析。
SAS	Enterprise BI Server[32]	提供支持查询和分析、执行在线分析处理（OLAP）和创建可自定义仪表盘的软件模块；与 Microsoft Office 集成。
SAP	Business Objects[33]	提供一套应用程序，使用户能够设计和生成报表，创建包含图表的交互式仪表盘，以可视化数据，并创建即时查询和数据分析；还允许用户搜索商业智能数据源。

数据治理

大多数组织都会收到来自各种来源的稳定数据流，并且以各种不同的形式进行管理，这是一项极具挑战性但至关重要的任务。许多组织没有计划来管理这场数据海啸，而对于这些组织来说，数据质量往往是可疑的、不一致的和不完整的，从而阻碍了业务响应和决策的完整性。数据治理计划有助于确保组织拥有可靠、可操作的数据，以帮助作出明智的业务决策。[34]

数据治理（data governance）涉及对组织中使用的数据的可得性、可用性、完整性和安全性的全面管理，它包括建立一个数据治理机构以及定义角色、过程、标准、度量、控制和审计程序，所有这些都旨在确保有效和高效地使用数据，使组织能够实现其目标。表 9-4 概述了数据治理程序的基本组件。数据治理计划通常是为了满足法规和合规性要求而制定的，金融服务和医疗保健行业的公司通常会实施这些计划，许多其他行业的领先公司也看到了实施数据治理计划的明智之处。

表 9-4　数据治理组件

数据治理组件	目的
角色	指定谁负责数据的哪个方面，包括数据的准确性、可访问性、存档、一致性、完整性和更新。
过程	定义如何存储、存档、备份和保护数据，以防发生意外、盗窃或攻击。
标准	定义授权人员如何使用数据。
度量	量化组织所用数据的准确性、完整性和及时性。
控制和审计程序	确保持续遵守政府法规。

The Travel Corporation，也被称为 TravCorp，是一个旅游和休闲集团，拥有超过 35 个办事处和 4 000 名团队成员，每年为大约 200 万游客提供服务。[35] 为了提供客户所追求的高接触度、高度定制的旅行体验，TravCorp 需要能够捕捉到其全球客户购买模式的单一、一致的画面；改进客户人口统计报告，包括家庭购买；以及更好地利用来自 50 多个其他系统，包括一个甲骨文数据仓库、多个电子商务站点和多个预订系统的数据。TravCorp 建立了一个数据管理程序，确保数据准确、完整和一致，以满足这些目标。一旦完成，该计划允许该公司逐年汇总报告，以汇总和存储多维数据。它还缩短了 500 多个用户上传复杂区域、销售经理和账户所有权规则所需的时间。通过其数据管理程序，TravCorp 能够识别和修复数据错误。最终，它能够将导入日常数据所需的时间从 36 小时缩短到 60 分钟。[36]

大数据的挑战

为了避免因信息过载而瘫痪，个人、组织甚至社会本身必须找到一种方法来处理最近激增的可用数据。这个挑战包括如何选择要存储的数据子集、存储数据的位置和方式、如何找到与当前决策相关的数据核心以及如何从相关数据中获得价值。乐观主义者相信，我们可以战胜这些挑战，更多的数据将导致更准确的分析和更好的决策，反过来，这些分析和决策将导致深思熟虑的行动，从而提高业务成果。

其他人会指出与数据挖掘相关的许多隐私问题，特别是关于数据源和数据挖掘结果的使用方式。许多人担心企业正在收集和挖掘大量可以与其他组织共享的个人数据，利用所有这些数据，组织可以在不知情或不同意的情况下开发人员的广泛概况。

例如，谷歌承认，它使用该公司为学校设计的教育工具应用程序套件扫描了数百万学生和教育工作者发送和接收的数百万封电子邮件的内容。一项针对谷歌的诉讼称，谷歌使用这些信息作为数据挖掘过程的输入，该过程为教育用户构建了可用于目标营销的应用程序配置文件。[37] 作为对这起诉讼的回应，谷歌最终宣布不再扫描学生和教师的 Gmail 信息，也不再将应用程序中的数据用于广告宣传。[38]

另一个例子是，万事达卡（MasterCard）宣布了与脸谱网合作的计划，该计划使万事达能够浏览脸谱网用户的对话和广告活动，帮助其创造销售。最初的目标人群是亚太地区的脸谱网用户。万事达卡将使用它称之为"无价引擎"的技术，利用它的分析和数据挖掘功能，帮助跟踪有关广告活动的参与度和讨论，以确定哪些广告策略有效，哪些无效。当脸谱网用户发现脸谱网由于广告原因将其数据出售给了一家私人公司时，他们可能会变得非常不友好。[39]

美国国家安全局（NSA）运营着备受争议的棱镜（PRISM）计划项目，该项目从 9 家主要技术公司（AOL，苹果，脸谱网，谷歌，微软，PalTalk，Skype，雅虎和 YouTube）的服务器上抽取数据。据信，这些数据包括电子邮件、文档、照片、音频和视频聊天以及数千万用户的连接日志。国家安全局使用先进的数据挖掘技术来收集信息，并分析这些结构化和非结构化数据，以确定恐怖分子或其他潜在犯罪活动的模式。这些数据的获取和使用引起了一些公民的许多数据隐私问题，而另一些人则认为这些数据是为了公共利益而使用的，如果你没有什么可隐瞒的，你就没有什么可担心的。[40]

大数据的使用也带来了安全问题。一个组织能保护大数据不受竞争对手和恶意黑客的攻击吗？如果收集和存储大数据的公司的数据被恶意访问，就会向个人和组织提起责任诉讼。尽管存在这些潜在的缺点，但许多公司仍在利用其潜在的信息宝库和新的应用程序涌入大数据领域。

你会怎么做？

你找到一个政治活动家，他要求你签署一份请愿书，在选票上提出一个建议，如果获得批准，将禁止使用数据挖掘，其中包括关于你所在州公民的任何数据。你会怎么做？

本章定义了商业智能，并讨论了如何使用结构化和非结构化数据来改进决策，还讨论了许多不同的商业智能工具，解释了数据治理的重要性，并强调了与大数据相关的一些问题。

表 9-5 建议了管理者可以采取的一系列行动，以使之有效地解决问题，并确保适当地使用商业智能工具。每个问题的正确答案为"是"。

表 9-5　管理者检查表

推荐的操作	是	否
在推荐解决过程和相关的问题解决工具之前，你是否花时间确保完全理解问题？		
你是否将问题涉众纳入解决过程？		
你是否考虑在分析中使用来自多个来源的信息？		
你是否寻找用于数据分析的非结构化数据和结构化数据？		
你的组织是否在分析中使用了商业智能工具？		
你的组织是否实施了数据治理计划？		
你的组织是否采取措施保护其数据的安全和隐私？		

重要术语

ACID 属性（原子性、一致性、独立性和持久性）　数据集市　　　　　关键绩效指标（KPI）

大数据　　　　　　　　　　　　　　　　　　　数据挖掘　　　　　NoSQL 数据库

商业智能（BI）　　　　　　　　　　　　　　　数据仓库　　　　　在线分析处理（OLAP）

仪表盘　　　　　　　　　　　　　　　　　　　下钻分析　　　　　关系数据库模型

数据立方体　　　　　　　　　　　　　　　　　提取−转换−加载（ETL）　结构化数据

数据治理　　　　　　　　　　　　　　　　　　Hadoop　　　　　　非结构化数据

内存数据库（IMDB）

本章摘要

- 商业智能（BI）包括各种应用程序、实践和技术，用于提取、转换、集成、分析和显示数据，以支持改进的决策制定。
- 商业智能工具经常操作存储在数据仓库或数据集市中的数据。
- 数据仓库是一个数据库，它以易于支持分析和管理决策的形式存储大量历史数据。
- 提取−转换−加载（ETL）过程通常用于从多个源收集数据，以创建用于商业智能工具的数据仓库。
- 数据集市是为满足业务部门的特定需求而缩小的数据仓库的较小版本。有些组织有多个数据集市，每个都是为满足组织不同部分的需求而设计的。
- 大数据是一个用来描述数据收集（PB 或更大）的术语，这些数据收集是如此庞大和复杂，以至于传统的数据管理软件、硬件和分析过程无法处理它们。
- 结构化数据具有已知的格式，可以很好地适应使用关系数据模型的传统数据库。
- SQL 数据库符合 ACID 属性，确保数据库事务得到可靠处理，并确保数据库中数据的完整性。与 ACID 兼容的 SQL 数据库可能会出现性能低下的问题。
- 组织必须处理的大多数数据是非结构化的，这意味着它们不是以任何预定义的方式组织的，也不适合关系数据库。
- NoSQL 数据库的设计目的是以一种不会严格执行与关系数据库模型关联的 ACID 条件的方式存储和检索数据，它们旨在在大量数据上提供快速的性能。
- Hadoop 是一个开源软件框架，设计用于并行处理大量数据，将工作划分为一组在大量服务器上执行的独立任务。
- 内存数据库（IMDB）是一种数据库管理系统，它将整个数据库存储在随机访问内存中，以提高处理速度。
- 电子表格、报告和查询工具、在线分析处理（OLAP）、下钻分析和数据挖掘是常用的商业智能工具。
- 仪表盘显示一组有关特定时间点流程状态的关键性能指标。仪表盘以易于理解和简洁的方式提供对信息的快速访问，从而帮助组织更高效地运行。
- 数据治理涉及对组织中使用的数据的可得性、可用性、完整性和安全性的管理。为了满足法规和合规性要求，通常会制定数据治理计划。

● 处理大数据涉及许多挑战，包括如何处理不断增长的海量数据、与数据分析相关的隐私问题以及维护数据安全的问题。

问题讨论

1. 你如何定义商业智能？确定并简要讨论你最近体验过的一个实际的商业智能应用程序。

2. 想象一下，你是一家大型豪华汽车经销商的销售经理，为了联系潜在的新车客户并邀请他们访问你的经销商，哪种数据对你有用？你从哪里可以得到这些数据？你需要什么商业智能工具来理解这些数据？

3. 本章开头的引言是："大数据计划最重要的目标和潜在回报是能够分析不同的数据源和新的数据类型，而不是管理非常大的数据集。"你同意这一说法吗？为什么？

4. 简要描述建立数据仓库的 ETL 过程。提供两个示例，说明在数据转换步骤中原始数据可能发生的情况。

5. 美国国税局（Internal Revenue Service）维护一个大型数据仓库，其中包含 10 年的纳税申报数据。识别并列出联邦政府其他分支机构保存的四个其他数据仓库以及每个仓库的用途。

6. 开篇案例中提到，亚马逊已经获得了"预期配送"的专利，这将使它能够在产品上线之前就将产品发货给客户。你觉得这个概念怎么样？它为亚马逊提供了哪些优势？为客户提供了哪些优势？

7. OLAP 分析和下钻分析有什么区别？举例说明每种技术的有效使用。

8. 确定一家大型、全方位服务的健康俱乐部的总经理可使用的至少四个关键绩效指标，以确定当前的运营状态，包括培训师、健身设备、室内和室外游泳池、SPA、沙龙、果汁吧、健康食品餐厅以及篮球、手球、网球场。绘制显示这些关键绩效指标的仪表盘的外观。

9. 你的非营利组织希望提高筹款工作的效率。什么数据可能有助于实现这一目标？如何使用商业智能工具来分析这些数据？

10. 你必须是一个训练有素的统计学家才能从使用商业智能工具中得出有效的结论吗？为什么？

需要采取的行动

1. 在一个备受争议的举动中，你最喜欢的社交网络刚刚同意允许沃尔玛访问其用户的帖子、消息和照片。沃尔玛还将获得违反网络隐私政策的用户名和电子邮件地址访问权。沃尔玛计划挖掘这些数据，以进一步了解其客户的需求，并开发有针对性的直接邮件和电子邮件来推广这些产品。你强烈反对（或赞成）隐私政策的改变，因此你有动机向社交网络发送一条信息，表达你的意见。你将会说什么？

2. 你是一家软件公司的销售经理，该公司提供用于通过 OLAP 和数据挖掘进行报告、查询和业务数据分析的商业智能软件。写一段话，以便你的销售代表可以在拜访潜在客户时使用，从而帮助他们了解商业智能的业务优势。

3. 你是一家跨国零售商大型呼叫中心的新运营经理。呼叫中心已经运营了几年，但没有达到客户和高级管理层的预期。三个月前，你被录用，面临着"扭转局面"的挑战。一天，当你坐在办公桌前时，接到老板的电话，要求你领导一个试点项目，在呼叫中心实施仪表盘的使用，其目标是演示仪表盘的价值，以帮助监控和改进公司许多业务部门的运营。你如何回应老板的要求？

基于 Web 的案例

亚马逊推出 AWS

亚马逊在网上销售商品的核心业务要求它建立一个高度可靠、随时可用的海量存储和计算基础设施。亚马逊的聪明人很快意识到，通过服务接口提供亚马逊的基础设施可以吸引许多不再需要购买、建造和维护基础设施的组织。2002 年 7 月，该公司推出了第一个版本的 Amazon.com Web Services，这是一个专门为开发者和网站所有者设计的用于创建 Web 解决方案和服务的平台。今天，亚马逊网络服务（AWS）已经发展成为由 100 多个服务和功能组成的集合，这些服务和功能构成了亚马逊提供的云计算平台。亚马逊财务报告中没有单独报告网络服务的收入；但是，行业专家估计，亚马逊 2013 年的收入约为 32 亿美元，并且增长迅速。与商业智能和大数据相关的一些主要网络服务包括：

- 亚马逊简单存储服务（S3）——基于云的数据存储服务；
- 亚马逊关系数据库服务（RDS）——完全管理的关系数据库服务，支持 MySQL、甲骨文和 SQL Server 数据库管理系统；
- Amazon Redshift——一种 PB 级的数据仓库解决方案，使使用现有商业智能工具分析数据成为可能；
- Amazon Simple DB——一种数据存储方式，使开发人员能够针对结构化数据运行查询；
- Amazon Elastic MapReduce（Amazon EMR）——一种允许用户通过在运行于亚马逊云中的虚拟服务器集群上分布计算工作来分析和处理大量数据的服务，服务器集群使用 Hadoop 进行管理；
- Amazon Elastic Compute Cloud（EC2）——提供高度可扩展的虚拟专用服务器的 Web 服务。

当然，云计算方法的一个关键好处是，它用可以调整以满足业务处理需求的低可变成本取代了高前期资本基础设施费用。在线调查以确定亚马逊 AWS BI 产品和服务的几个用户。使用亚马逊 AWS 服务需要什么成本和启动工作？这与内部开发这一基础设施的成本相比如何？哪些组织在商业智能平台领域与亚马逊竞争？与亚马逊的产品相比，它们的成本以及相对优势和劣势是什么？

资料来源："Press Release：Amazon.com Launches Web Services；Developers Can Now Incorporate Amazon.com Content and Features into Their Own Web Sites；Extends 'Welcome Mat' for Developers," Amazon，July 16，2002，http://phx.corporate-ir.net/phoenix.zhtml? c=176060&.p=irol-newsArticle&.ID=503034；Babcock，Charles，"Amazon Web Services Revenue：New Details," *InformationWeek*，October 24，2013，www.informationweek.com/cloud/infrastructure-as-a-service/amazon-web-services-revenue-new-details/d/d-id/1112068？；"About AWS," Amazon，http://aws.amazon.com/about-aws/，accessed January 31，2015。

案例研究

大数据在医疗保健领域的巨大前景

美国的医疗支出接近每年 4 万亿美元，预计每年增长 6%。全国各地都在呼吁找到解决医疗成本上升危机的方法，同时提高质量。作为回应，联邦政府已采取措施，努力为国家提供高质量、负担得起的医疗保健。例如，美国最大的健康保险提供者医疗保险（Medicare）已经开始惩罚医院未能降低医院再入院率、降低医院获得的疾病的发生率以及有效实施电子健康记录（EHR）系统。EHR 系统跟踪医疗预约、测试结果、医嘱、通信和其他电子数据。医疗保险规定的经济处罚可能会使医院的医疗保险收入减少 6%。

政府还制定了鼓励使用技术和数据来降低成本和改善医疗保健效果的激励措施。2009 年的《美国复苏与再投资法案》向医疗保健提供者分配了 400 亿美元的激励性付款，以鼓励它们实施 EHR 系统。其目标是将 2005 年采用率为 30％的 EHR 提高到 2019 年的 70％～90％。这一目标很重要：EHR 系统有潜力提高效率；改善患者对其医疗记录的访问；允许医疗保健提供者和患者更轻松地沟通；提高透明度；减少医疗失误；以及为医疗保健提供者提供越来越多的关于患者、药物、诊断和治疗的数据。

EHR 系统只是联邦政府和许多医疗行业领导者寻求信息技术的一个例子，以期在提高质量的同时降低医疗成本。希望通过挖掘大量医疗保健数据收集见解，医疗行业将找到降低成本的方法，并找出最有效的治疗方案。然而，电子健康数据的增长速度快于保险公司、医学研究实验室、医院或医疗服务提供商所能消费的数据。这些基本上属于非结构化的数据是从一系列来源收集的，包括实验室和成像报告、医师医疗通信、保险索赔以及现有金融和客户服务信息技术系统的输出。信息技术巨头、信息技术初创企业和医疗保健提供者现在已经开始合作开发新技术，利用这些数据评估许多疾病治疗计划的有效性。

例如，2012 年，IBM 与纪念斯隆-凯特琳癌症中心（MSKCC）合作，将 IBM 的认知计算技术沃森（Watson）转化为一名肿瘤学家的助理，该助理可以诊断和推荐癌症患者的治疗方案。今天的肿瘤治疗比十年前要复杂得多，IBM 向沃森提供了 200 万页的医学研究论文，MSKCC 提供了 150 万患者的病历和肿瘤专家的专业知识，它们一起创建了一个系统，该系统使用患者的医疗信息来合成最佳治疗计划，并显示用于创建计划的证据。

Optum 是医疗保险巨头 UnitedHealth 的数据分析部门，提供了广泛的 EHR 和医疗数据分析产品。例如，Optum One 确定了护理方面的差距以及避免患者住院的策略。Optum 还提供 EHR 解决方案，包括对急诊科和重症监护室进行临床绩效评估。

2013 年，UnitedHealth 与梅奥诊所（Mayo Clinic）合作建立了 Optum 实验室，发起了一项创新举措。新的研究中心将 20 年来 1 亿患者的健康声明数据与梅奥的 500 万的 15 年临床记录相结合，并开始数据挖掘，以了解如何改善医疗保健。UnitedHealth 还收购了领先的数据分析公司 Humedica，将其纳入该项目。Optum 实验室承诺公布研究结果、共享分析工具并进行协作，并且呼吁合作伙伴提供更多数据。像辉瑞（Pfizer）和默克（Merck）这样的制药公司、主要大学、美国退休人员协会（AARP）以及许多其他公司都很快加入了该项目，使该中心能够获得巨大的资源。

Optum 实验室现在有几十个项目，从膝关节置换术到丙型肝炎再到糖尿病，这些项目都取得了良好的效果。以二甲双胍为例，当患者第一次被诊断为 II 型糖尿病时，绝大多数医生都会给他们开处方药。Optum 实验室的一项研究使用了 37 000 多名患者的数据，发现磺酰脲类药物对血糖控制、生活质量和寿命有同等的影响。此外，磺酰脲类药物的成本更低，使用这种药物的患者能够在开始服用胰岛素之前使血糖停留在正常水平更长的时间。

在使用患者数据之前，Optum 实验室首先根据 HIPAA 的要求对其进行识别。数据集和贡献者身份之间的任何链接都会被切断，以保护贡献者的隐私。Optum 实验室还仔细控制数据访问，包括预防性研究人员从单个患者的数据中提取数据。

尽管如此，一些批评人士仍担心医疗大数据分析正成为另一个营利部门。他们认为大数据是一种宝贵的资源，像 UnitedHealth 这样的大型医疗保健公司现在正争夺控制权，他们认为，关键数据的持有者，如临床病理实验室，在向医疗保健机构中的一家如此大的公司提供数据之前，应该考虑周全。然而，其他人则认为，医疗保健行业培养一种合作文化，以促进所有人的进步，这一点至关重要。当然，许多著名的组织也纷纷加入 Optum 实验室的合作计划。

除非在提高医疗费用和治疗效率方面取得重大进展，否则到 2023 年，医疗保健将占美国所有支出的五分之一。大数据实验，如 Optum 实验室所做的实验，如果成功，就可能会有助于降低成本和改善医疗保健。

问题讨论

1. 联邦政府希望通过支持收购 EHR 实现哪些目标？哪些目标可能会实现？

2. 沃森和 Optum One 等产品的用途是什么？这与 Optum 实验室等合作研究企业的潜在承诺有何不同？

3. Optum 实验室应采取哪些步骤来确保其研究得到广泛传播？

4. 眼科实验室如何保护患者的隐私？这足够了吗？如果没有，还应该做些什么？

5. 你认为大数据分析能显著降低全国的医疗成本吗？联邦政府、Optum 实验室等合作企业、医疗保健提供者、医疗保险公司和患者需要做什么才能实现这一目标？

资料来源：Leonard, Kimberly, "What's Behind the Slowdown in Health Care Costs," *U. S. News & World Report*, September 26, 2014, www. usnews. com/news/articles/2014/09/26/whats-behind-the-slowdown-in-health-care-costs; Munro, Dan, "Annual U. S. Healthcare Spending Hits \$ 3.8 Trillion," *Forbes*, February 2, 2014, www. forbes. com/sites/danmunro/2014/02/02/annual-u-s-healthcare-spending-hits-3-8-trillion/; Groves, Peter, Kayyali, Basel, Knott, and David, Kuiken, Steve Van, "The 'Big Data' Revolution in Healthcare: Accelerating Value and Innovation," Center for US Health System Reform, *Business Technology Office*, January, 2013, www. mckinsey. com/~/media/mckinsey/dotcom/client_service/healthcare%20systems%20and%20services/pdfs/the_big_data_revolution_in_healthcare. ashx; Bernard, Allen, "Healthcare Industry Sees Big Data as More than a Bandage," *CIO*, August 5, 2013, www. cio. com/article/2383577/data-management/healthcare-industry-sees-big-data-as-more-than-a-bandage. html; "Most Important Problem," Gallup, www. gallup. com/poll/1675/most-important-problem. aspx, accessed January 15, 2015; "Harness Your Data Resources in Healthcare," IBM, http://www-01. ibm. com/software/data/bigdata/industry-healthcare. html, accessed January 16, 2015; "Press release: IBM to Collaborate in Applying Watson Technology to Help Oncologists," Memorial Sloan Kettering Cancer Center, March 22, 2012, www. mskcc. org/pressroom/press/mskcc-ibm-collaborate-applying-watson-technology-help-oncologists; Diana, Alison, "Optum Labs Translates Big Data Research to Clinicians," *InformationWeek*, July 22, 2014, www. informationweek. com/healthcare/analytics/optum-labs-translates-big-data-research-to-clinicians/d/d-id/1297459; Terry, Ken, "Optum, Mayo Join Forces to Exploit Big Data," *InformationWeek*, January 16, 2013, www. informationweek. com/healthcare/clinical-information-systems/optum-mayo-join-forces-to-exploit-big-data/d/d-id/1108233; Terry, Ken, "United Healthcare's Humedica Buy Signals Analytics' Clout," *InformationWeek*, January 31, 2013, www. informationweek. com/healthcare/clinical-information-systems/united-healthcares-humedica-buy-signals-analytics-clout/d/d-id/1108450; Michel, Robert, "Health Insurers Spending Big Dollars to Be Players in 'Big Data'; Trend Has Implications for Clinical Pathology Laboratories," *Dark Daily*, May 8, 2013, www. darkdaily. com/health-insurers-spending-big-dollars-to-be-players-in-big-data-trend-has-implications-for-clinical-pathology-laboratories # axzz3Oo8ETdGU; Jaspen, Bruce, "From AARP to Pfizer, Partners Seek Optum Labs Big Data to Improve Health," *Forbes*, December 8, 2014, www. forbes. com/sites/brucejapsen/2014/12/08/from-aarp-to-pfizer-partners-seek-optum-labs-big-data-to-improve-health/.

注　释

开篇案例资料来源：

"About Amazon Media Group," Amazon, www. amazon. com/b? ie = UTF8&node = 8445211011, accessed January 30, 2015; Bissantz, Nicolas, "The Legend of Amazon," Me, Myself, and BI," March 15, 2013, http://blog. bissantz. com/recommendation-lists; Mangalindan, J. P. , "Amazon's Recommendation Secret," *Fortune*, July 30, 2012, http://fortune. com/2012/07/30/amazons-recommendation-secret; Rijmenam, Mark van, "How Amazon Is Leveraging Big Data," Datafloq, https://datafloq. com/read/amazon-leveraging-big-data/517, accessed January 30, 2015; Lawler, Ryan, "How Amazon Uses Big Data to Reduce Warehouse Theft," Gigamon, October 18, 2011, https://gigaom. com/2011/10/18/amazon-aws-elastic-map-reduce-hadoop, "Lessons from How Amazon Uses Big Data," SmartData Collective, August 20, 2014, http://smartdatacollective. com/mike 20/227026/lessons-how-amazon-uses-big-data; Kopalle, Praveen, "Why Amazon's Anticipatory Shipping Is Pure Genius," *Forbes*, January 28, 2014, www. forbes. com/sites/onmarketing/2014/01/28/why-amazons-anticipatory-shipping-is-pure-genius/.

［1］Olavsrud，Thor，"10 Microsoft Power BI for Office 365 Success Stories," *CIO*，June 16，2014，www. cio. com/article/2368862/business-intelligence/156609-10-microsoft-power-bi-for-office-365-success-stories. html? null.

［2］"Helse Vest," Microsoft，February 6，2014，https：//customers. microsoft. com/Pages/Customer-Story. aspx? recid＝2223.

［3］Harris，Derrick，"Why Apple, eBay, and Walmart Have Some of the Biggest Data Warehouses You've Ever Seen," GIGAOM，March 27，2013，https：//gigaom. com/2013/03/27/why-apple-ebay-and-walmart-have-some-of-the-biggest-data-warehouses-youve-ever-seen/.

［4］Davenport，Thomas H. and Dyche，Jill，"Big Data in Big Companies," International Institute for Analytics，www. sas. com/reg/gen/corp/2266746，accessed April 1，2015.

［5］Harris，Derrick，"Why Apple, eBay, and Walmart Have Some of the Biggest Data Warehouses You've Ever Seen," GIGAOM，March 27，2013，https：//gigaom. com/2013/03/27/why-apple-ebay-and-walmart-have-some-of-the-biggest-data-warehouses-youve-ever-seen/.

［6］Davenport，Thomas H. and Dyche，Jill，"Big Data in Big Companies," International Institute for Analytics，www. sas. com/reg/gen/corp/2266746，accessed April 1，2015.

［7］Harris，Derrick，"Why Apple, eBay, and Walmart Have Some of the Biggest Data Warehouses You've Ever Seen," GIGAOM，March 27，2013，https：//gigaom. com/2013/03/27/why-apple-ebay-and-walmart-have-some-of-the-biggest-data-warehouses-youve-ever-seen/.

［8］Vowler，Julia，"US Data Warehousing to Make the Most of Web Data," *ComputerWeekly*，www. computerweekly. com/feature/US-data-warehousing-to-make-the-most-of-Web-data，accessed January 19，2014.

［9］Harris，Derrick，"Why Apple, eBay, and Walmart Have Some of the Biggest Data Warehouses You've Ever Seen," GIGAOM，March 27，2013，https：//gigaom. com/2013/03/27/why-apple-ebay-and-walmart-have-some-of-the-biggest-data-warehouses-youve-ever-seen/.

［10］"Argosy Hits the Jackpot with OpenText and Teradata," Open Text，http：//connectivity. opentext. com/resource-centre/success-stories/Success_Story_Argosy_Hits_the_Jackpot_with_OTIC_and_Teradata. pdf. pdf，accessed January 19，2015.

［11］Rouse，Margaret，"exabyte（EB）"，http：//searchstorage. techtarget. com/definition/exabyte，accessed January 29，2015.

［12］"Big Data：A New World of Opportunities," NESSI White Paper，December 2012，www. nessi-europe. com/Files/Private/NESSI_WhitePaper_BigData. pdf.

［13］"ACID Properties," Microsoft Developer Network，https：//msdn. microsoft. com/en-us/library/aa480356. aspx，accessed February 16，2015.

［14］Smith，David，"5 Real-World Uses of Big Data," GIGAOM，July 14，2011，https：//gigaom. com/2011/07/17/5-real-world-uses-of-big-data/.

［15］Proffitt，Brian，"FoundationDB's NoSQL Breakthrough Challenges Relational Database Dominance," ReadWrite，March 8，2013，http：//readwrite. com/2013/03/08/foundationdbs-nosql-breakthrough-challenges-relational-database-dominance♯awesm＝～oncfIkqw3jiMOJ.

［16］Schneider，Robert D. ，*Hadoop for Dummies*（Toronto：John Wiley & Sons Canada，Ltd. ，2012）.

［17］Brocke，Jan vom，"In-Memory Database Business Value," *SAP Business Innovation*，July 25，2013，http：//blogs. sap. com/innovation/big-data/in-memory-database-business-value-0279923.

［18］Howson, Cindi, "Oracle Exalytics: Is It a Must-Have for BI?" *InformationWeek*, October 11, 2012, www. informationweek. com/software/information-management/oracle-exalytics-is-it-a-must-have-for-bi/d/d-id/1106806?.

［19］Kanaracus, Chris, "Early SAP HANA Customers Separate Reality from the Hype," *Computerworld*, October 18, 2012, www. computerworld. com/article/2492539/business-intelligence/early-sap-hana-customers-separate-reality-from-the-hype. html.

［20］"UK Hospital Sees Cloud-Based BI Service as a Tool to Boost Clinical Outcomes and Efficiency," Microsoft, http://blogs. msdn. com/b/powerbi/archive/2014/04/16/uk-hospital-sees-cloud-based-bi-service-as-a-tool-to-boost-clinical-outcomes-and-efficiency. aspx, accessed February 8, 2015.

［21］"Who We Are," FFF Enterprises, www. fffenterprises. com/company/who-we-are. html, accessed January 20, 2014.

［22］"At FFF Enterprises Collaboration Is Key to Success with QlikView," Qlik, www. qlik. com/us/explore/customers/customer-listing/f/fff-enterprises, accessed January 20, 2015.

［23］"Starbucks Coffee Company Delivers Daily, Actionable Information to Store Managers, Improves Business Insight with High Performance Data Warehouse," Oracle, www. oracle. com/us/corporate/customers/customersearch/starbucks-coffee-co-1-exadata-ss-1907993. html, accessed January 20, 2014.

［24］Misson, Chris, "AQUARIUS WebPortal—A Flash Flooding Emergency Management Success Story," Hydrology Corner Blog, October 21, 2014, http://aquaticinformatics. com/blog/aquarius-webportal-flash-flooding-emergency-management/.

［25］Dwoskin, Elizabeth, "How New York's Fire Department Uses Data Mining," Digits, January 24, 2014, http://blogs. wsj. com/digits/2014/01/24/how-new-yorks-fire-department-uses-data-mining/.

［26］McNulty, Eileen, "HP Rolls Out BI and Analytics Software Bundle," dataconomy, June 10, 2014, http://dataconomy. com/hp-rolls-bi-analytics-software-bundle/.

［27］"Cognos Business Intelligence: Coming Soon to the Cloud," IBM, www-03. ibm. com/software/products/en/business-intelligence, accessed January 19, 2015.

［28］"Business Intelligence for Everyone," Information Builders, www. informationbuilders. com/products/webfocus, accessed January 19, 2015.

［29］Lardinois, Frederic, "Microsoft's Power BI for Office 365 Comes out of Preview, Simplifies Data Analysis and Visualizations," Tech Crunch, February 10, 2014, http://techcrunch. com/2014/02/10/microsofts-power-bi-for-office-365-comes-out-of-preview-simplifies-data-analysis-and-visualizations/.

［30］"Oracle Business Intelligence," Oracle, www. oracle. com/technetwork/middleware/index-084205. html, accessed January 19, 2015.

［31］Rouse, Margaret, "Oracle Hyperion," TechTarget, http://searchfinancialapplications. techtarget. com/definition/Oracle-Hyperion, accessed January 19, 2015.

［32］"SAS Enterprise BI Server," SAS, www. sas. com/en_us/software/business-intelligence/enterprise-bi-server. html, accessed January 30, 2015.

［33］Rouse, Margaret, "SAP Business Objects BI," TechTarget, http://searchsap. techtarget. com/definition/SAP-BusinessObjects-BI, accessed January 19, 2015.

［34］Brown, Jeffry, "Be the Hero in Your Data Governance Story with Controls," infogix, October 1, 2014, www. infogix. com/hero-data-governance-story-controls/.

35 "About," The Travel Corporation, https://thetravelcorporation. com/about, accessed January

17，2015.

　　［36］"The Travel Corporation：The Journey to a Single Customer View," Informatica Cloud，www. informaticacloud. com/customers/641-travel-corp-case-study. html，accessed January 17，2015.

　　［37］Herold，Benjamin，"Google under Fire for Data-Mining Student Email Messages," *Education Week*，March 26，2014，www. edweek. org/ew/articles/2014/03/13/26google. h33. html.

　　［38］Etherington，Darrell，"Google Stops Mining Education Gmail And Google Apps Accounts For Ad Targeting," Tech Crunch，April 30，2014，http://techcrunch. com/2014/04/30/google-stops-mining-education-gmail-and-google-apps-accounts-for-ad-targeting/.

　　［39］Gardezi，Saadia，"Asia Pacific：MasterCard 'Mining' Social Media Data," IDG Connect，December 1，2014，www. idgconnect. com/blog-abstract/9155/asia-pacific-mastercard-mining-social-media-data.

　　［40］Johnson，Kevin，Martin，Scott，O'Donnell，Jayne，and Winter，Michael，"NSA Taps Data from 9 Major Net Firms," *USA Today*，June 6，2013，www. usatoday. com/story/news/2013/06/06/nsa-surveillance-internet-companies/2398345/.

第 10 章

知识管理

知识管理工具如何影响你的组织

> "如果惠普知道它所知道的,它明天的利润将增加三倍。"
>
> ——Lew Platt,惠普前首席执行官。

知识管理如何帮助 Nelnet 向学生提供贷款服务

Nelnet 是一家教育贷款服务公司,帮助本科生和研究生申请、接受并最终偿还私人和政府学生贷款。30 多年来,Nelnet 一直通过联邦直接学生贷款计划为政府学生贷款提供服务,包括申请处理、承销、资金分配、付款处理和贷款违约预防服务。此外,Nelnet 还通过延期还款计划帮助学生获得私人低息贷款,该计划在贷款支付开始前提供毕业后六个月的宽限期,还款计划长达 25 年。目前,Nelnet 每年为超过 500 万借款人提供服务,并回复约 600 万学生的咨询。

然而,直到 2014 年底,Nelnet 还没有一个完全自动化的知识管理系统。知识管理系统通过对员工、客户和业务合作伙伴知道的信息进行编码,然后共享这些信息来支持协作和创新,以便公司建立最佳实践。在 Nelnet 的案例中,知识管理是一个关键的缺失部分。该公司仅管理 900 亿美元的政府贷款,这就带来了重大的运营挑战。借款人可能会搬家,错过付款,误解贷款条件,或者在使用在线系统时遇到困难。Nelnet 需要跟踪所有这些类型的事件,并提供可在其组织内一致实施的解决方案。

提供高质量的客户服务对 Nelnet 来说已经变得非常具有挑战性,因为公司的大部分客户服务运营和通信都是基于纸质的。因此,Nelnet 决定部署 OpenText Process Suite。这是一个知识管理系统,它允许 Nelnet 确保所有学生贷款信息和信件都以数字方式捕获,这反过来又使公司能够提高数据的准确性和可追溯性,并提高贷款管理过程的透明度。Nelnet 员工现在可以根据数字化数据和既定的最佳实践指南更快、更准确地做出决策。该系统还允许 Nelnet 优先处理任务,例如完成申请或解决客户投诉。系统将任务分配给合格的团队成员,以便客户接收专家信息。报告和分析功能允许 Nelnet 经理监控正在进行的任务,并接收有关任务完成状态的实时信息。

随着 Nelnet 的发展，它的知识管理很可能在公司帮助实现教育梦想的使命中起到至关重要的作用。美国的未偿学生贷款总额现在接近 1.3 万亿美元，而且由于更多的职业需要高中后培训，因此这一数字只可能上升。帮助毕业生偿还这些贷款和帮助未来的学生获得新贷款是一个日益严峻的挑战，需要像 Nelnet 这样的公司根据其员工的集体知识和经验向学生提供可能的最佳建议和服务。

学习目标

阅读本章时，请自问：

● 什么是知识管理？它能给组织带来哪些利益？

● 如何帮助销售？如何成功实施知识管理项目？

本章确定了与知识管理相关的挑战，提供了克服这些挑战的指导，介绍了销售和实施成功的知识管理项目的最佳实践，并概述了支持知识管理的各种技术。我们从知识管理的定义开始，确定了几个知识管理应用程序及其相关好处。

什么是知识管理

知识管理（knowledge management，KM）包括一系列与提高认识、促进学习、加快协作和创新以及交流见解有关的实践。组织使用知识管理使个人、团队和整个组织能够集体和系统地创建、共享和应用知识，以实现其目标。全球化、服务业的扩张和新信息技术的出现，使许多组织在其信息技术或人力资源管理部门建立了知识管理计划，目的是改进知识的创建、保留、共享和再利用。**知识管理系统**（knowledge management system）是一个有组织的人员、程序、软件、数据库和设备的集合，用于创建、捕获、优化、存储、管理和传播知识，如图 10-1 所示。

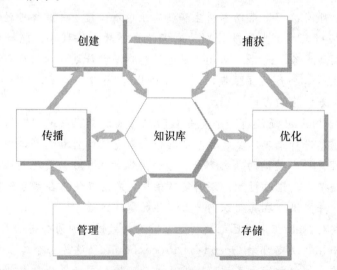

图 10-1　知识管理过程

一个组织的知识资产通常分为显性的或隐性的（见表 10-1）。**显性的知识**（explicit knowledge）是记录、存储和编码的知识，例如标准程序、产品配方、客户联系人列表、市场调研结果和专利。**隐性知识**（tacit knowledge）是一个人在个人经历中发展起来的知识，它涉及信仰、观点和价值体系等无形因素。例如，如何骑自行车、经验丰富的教练在比赛中场休息时进行调整的决策过程、医生诊断罕见疾病和开处方的技术以及工程师为超出预算的项目削减成本的方法。这种知识不容易被记录下来；然而，隐性知识是高性能和竞争优势的关键，因为它对其他人来说是有价值的且难以复制的。

表 10 - 1　显性知识和隐性知识

资产类型	描述	例子
显性知识	记录、存储和编码的知识。	客户列表、产品数据、价格列表、电话营销和直邮数据库、专利、最佳实践、标准程序和市场研究结果。
隐性知识	个人知识未记录在案，但嵌入个人经验中。	员工个体独有的专业知识和技能，例如如何完成销售或排除复杂设备故障。

人们随身携带的许多隐性知识是非常有用的，但不能轻易地与他人分享。这意味着新员工可能会花上数周、数月甚至数年的时间独自学习一些更有经验的同事可能能够传达给他们的东西。在某些情况下，当有经验的员工退休时，这些宝贵知识会永远消失，而其他人则永远不会学习到这些知识。

知识管理的一个主要目标是以某种方式捕获和记录他人与工作相关的宝贵隐性知识，并将其转化为可与他人共享的显性知识。然而，说起来容易做起来难。随着时间的推移，专家们为他们的专业领域开发自己的过程，他们的过程是得心应手的，并且是如此内化，以至于他们有时无法写下一步一步的指令来记录这些过程。

两个过程经常被用来捕捉隐性知识——阴影和联合问题解决。**阴影**（shadowing）包括一个新手观察一个专家如何执行他的工作，以了解他的表现。这项技术经常用于医学领域，以帮助年轻实习生向经验丰富的医生学习。在**联合问题解决**（joint problem solving）的过程中，新手和专家并肩工作，共同解决问题，使专家的方法慢慢地向观察者揭示出来。因此，管道工实习人员将与管道工大师一起学习该行业。下一节将讨论如何在组织中使用知识管理，并说明这些应用程序如何带来真正的业务收益。

知识管理应用和相关利益

组织利用知识管理来促进创新，利用组织内人员的专业知识，并在退休前获取关键人员的专业知识。现在将讨论导致这些结果及其相关利益的知识管理工作的例子。

鼓励思想自由流动，促进创新

只有适者才能生存。组织必须不断创新，才能发展、成长和繁荣。没有创新的组织很快就会落后于竞争对手。许多组织实施知识管理项目，通过鼓励员工、承包商、供应商和其他商业伙伴之间的思想自由流动来促进创新，这种合作可能导致发现大量新机会，经过评估和测试，这些机会可能导致收入增加、成本降低或新产品和服务的创造。

联合国开发计划署（UNDP）成员与 170 多个国家合作，帮助它们消除贫穷，减少不平等和排斥现象。该组织倡导变革，并将人们与知识、经验和资源联系起来，以帮助他们开创更好的生活。[1] 例如，突尼斯具有里程碑意义的新宪法提供了全面的人权保护，它借鉴了联合国开发计划署成员的广泛协商。[2] 联合国开发计划署的知识管理工作不仅仅注重知识积累，更重要的是注重知识共享，以便用户能够找到有适当知识的人来帮助他们。联合国开发计划署的知识管理系统使用户能够看到同事的专业知识、项目和产出，这些同事可以帮助他们制定解决本国问题的新思路和方法。[3]

充分利用整个组织内人员的专业知识

一个组织使其员工能够分享并建立彼此的经验和专业知识，这一点至关重要。通过这种方式，新员工或新职位的员工能够更快地跟上节奏。员工可以分享关于工作顺利与否的想法和经验，从而防止新员工重复别人的一些错误。面对新挑战的员工可以从组织其他部门的同事甚至从未谋面的同事那里得到帮助，以避免成本高昂、耗时长的所谓"重新设计车轮"。所有这些都使员工能够更快地交付有价值的成果，提高生产力，更快地将产品和新创意推向市场。

伟凯（White & Case）律师事务所是一家总部设在纽约的国际律师事务所，享誉世界各地，在非洲、亚洲、欧洲、拉丁美洲、中东和北美的 20 多个国家设有办事处。公司的员工背景多样，能说 60 多种语言。[4]律师事务所的一个优势是，律师通过不断分享专业知识、经验、市场和客户信息，真正地作为一个团队运作。因此，世界上任何地方的客户都能充分受益于伟凯的全球知识。公司的知识管理系统从公司的文档管理、客户关系管理、案例管理、计费和财务管理系统以及律师的工作历史中提取相关信息，为所有这些信息创建一个语境。该系统使律师能够在公司内部通常在几分钟之内找到有关案件或主题的所有相关知识。由于能够充分利用其全球知识，伟凯得以赢得新业务，例如，最近与该公司纽约办事处接触的一家大型制造公司，要查明其是否具备东欧公司私有化方面的专业知识。通过搜索该公司的知识管理系统，纽约的一名律师很快就确定该公司在这方面有经验，而且该项工作的最佳律师在该公司的德国办事处工作。[5]

在关键人员退休前掌握他们的专业知识

在美国，在未来 20 年左右，每年将有 300 万至 400 万名员工退休。此外，随着员工转移到不同的公司，员工流动率达到 5%～7%，很明显，企业在努力避免失去宝贵的经验和专业知识方面面临着巨大挑战。许多组织正在使用知识管理这一工具，在这些宝贵的专业知识永远消失之前获取这一宝贵的专业知识。与一个组织的核心运营相关的专业知识的永久性丧失可能导致生产力的显著丧失和服务质量的下降。

新罕布什尔州已经开发了一种知识管理和转移模式，以防止国家雇员退休时的关键知识损失。该过程首先确定个人执行哪些关键任务，并评估其他人是否可以执行这些任务。为此，要求员工回答以下问题：

- 如果你今天离职了，因为没有人知道该怎么做，你会做什么？
- 这项工作有多重要？它没有完成的影响是什么？
- 如果这项工作很重要，有什么资源可以帮助其他人学习这项任务？
- 如果这项工作很重要，我们应该如何计划解决这一知识缺口？谁来学？如何以及何时来学？

在讨论之后，员工及其经理定义了传递任何关键知识的适当方法，这可能包括将知识传授给他人、创造工作援助、为替代者提供在职培训等。[6]

销售和实施知识管理项目的最佳实践

建立一个成功的知识管理计划是一个挑战，但所涉及的大部分挑战与所采用的技术或供应商无关，相反，它们与人类的本性和人们习惯于一起工作的方式有关。以下各节介绍了一套销售和实施知识管理项目的最佳实践，如图 10-2 所示。

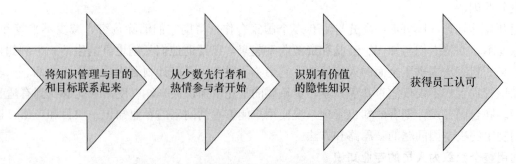

图 10-2　销售和实施知识管理项目的最佳实践

将知识管理与目的和目标联系起来

与任何其他项目一样，在启动知识管理工作时，你必须清楚地定义该工作如何支持特定的组织目的和目标，例如增加收入、降低成本、改进客户服务或加快产品上市。这样做将有助于你将项目出售给其他人，并获得他们的支持和热情；它还将帮助你在组织向项目投入资源之前确定项目是否值得。尽管许多人可能凭直觉认为分享知识和最佳实践是一个有价值的想法，但这样做必须有一个潜在的商业理由。必须明确定义实施知识管理的基本业务案例。

从少数先行者和热情参与者开始

控制一个项目范围只会影响组织的一小部分和少数员工，这绝对比尝试承担一个范围非常大的项目的风险要小。对于一个小规模的项目，你可以更好地控制结果，如果结果不成功，组织将不会受到严重影响。事实上，小规模的失败可以被视为一种学习经验，以此来构建未来的知识管理工作。此外，为一系列小型、成功的项目获得资源（人员、美元等）通常比为整个组织的大型项目获得大量资源要容易得多。

此外，定义一个试点项目以满足对知识管理有一定了解并对其潜力充满热情的一群人的业务需求，可以大大提高成功的概率。针对这样一组用户可以减少试图克服怀疑和不愿意改变的问题，而这正是许多项目注定要失败的原因。一旦试点取得一定程度的成功，这样的一组用户就可以充当强有力的倡导者，向其他人传达知识管理的积极商业利益。

识别有价值的隐性知识

并非所有隐性知识都具有同等的价值，必须根据所追求的知识来确定优先顺序。知识管理计划的目的是识别、捕获和传播来自信息海洋的知识宝藏。在初始试点项目的范围内，组织应该识别并优先考虑它希望包含在其知识管理系统中的隐性知识。

获得员工认可

管理者必须创造一种高度重视隐性知识并强烈鼓励人们分享的工作文化。在竞争激烈的工作环境中，尤其难以让员工放弃他们的知识和经验，因为这些特点使员工作为个人贡献者更有价值。例如，要让一个非常成功的共同基金经理与其他基金经理分享他的选股技巧是非常困难的。这样的信息共享往往会使所有基金经理的业绩处于相似的水平，同时也会使他们的年度薪酬水平保持一致。

一些组织认为，专家分享知识的最大动力是获得高级管理人员及其同行的公开认可。例如，一些组织通过在公司电子邮件或时事通讯中，或者在会议期间提及贡献者的成就来提供认可。其他公司将知识共享视为对所有员工的关键期望，甚至将此期望纳入员工的正式工作绩效评估。许多组织通过多种方式提供激励措施，将知识管理与工作绩效直接联系起来，创造一个共享知识似乎是一件安全、自然的事情的工作环境，并认可做出贡献的人。

你会怎么做？

你是职业运动队的天才球探。多年来，你推荐的球员在你的球队有着出色的表现记录。事实上，虽然你只有 30 多岁，但你经常被认为是整个联盟中最优秀的人才招募者。你已经阅读过并重新阅读了总经理两周前提供给你的知识管理学习指南。除了对知识管理的一些基本定义和讨论外，它还包括一些成功应用知识管理来选择学术和体育奖学金的顶级人才的例子。现在你正坐在酒店房间里，盯着总经理的电子邮件。他想让你成为团队一个知识管理实验的主管，他计划指派一位知识管理专家来研究和记录你识别顶尖人才的方法，目的是用你的方法为球队训练另外三名天才球探。他问你是否参加实验，你如何回复这封邮件？

支持知识管理的技术

我们生活在一个知识迅速扩展的前所未有的变化时期。因此，人们越来越需要对知识进行质量过滤，并以更及时的方式分发出去，这需要技术来获取、生产、存储、分发、集成和管理这些知识。有兴趣进行知识管理试点的组织必须了解能够支持知识管理工作的各种技术，其中包括实践社区、社交网络分析、各种 Web 2.0 技术、业务规则管理系统和企业搜索工具，现在将讨论这些技术。

实践社区

实践社区（community of practice，CoP）是一个小组，其成员共享一组共同的目标和兴趣，并在努力实现这些目标时定期参与分享和学习。实践社区围绕对其成员重要的主题发展，随着时间的推移，实践社区通常会开发一些资源，例如模型、工具、文档、流程和术语，这些资源代表了社区积累的知识。对于一个实践社区来说，包括许多不同组织的成员并不罕见。实践社区已与知识管理联系在一起，因为参与实践社区是在一个组织内开发新知识、促进创新或分享现有隐性知识的一种手段。

实践社区的起源和结构差异很大，有些人可以自己启动和组织；在其他情况下，实践社区的形成可能源于某种组织激励。非正式实践社区的成员通常很少有事先计划或正式的会面，讨论感兴趣的问题，分享想法，并互相提供意见和建议。一个更为正式的实践社区成员定期与有计划的议程和确定的发言者举行会议。

福特汽车公司在其众多制造和装配厂中采用实践社区来分享改进。在每个站点，创新和改进被确定为最佳实践，但仅仅在它们被证明有效并对现有流程进行重大改进之后。然后将这些最佳实践输入公司内部网，并提供有关信息，例如该想法来自何处、节省了多少精力或金钱以及与谁联系以获取进一步的详细信息，有时还提供照片或视频。福特声称，该系统耗资 400 万美元，在 8 年内节省了 10 亿美元的成本。[7]

你会怎么做？

作为人力资源组织的一员，你深知贵公司的工程组织由于退休资格而面临着关键的技能问题。超过一半的工程师年龄在 45~60 岁之间，远高于美国劳动力平均年龄。管理层正在积极努力缓解这一问题，今天的人力资源领导会议被安排为头脑风暴会议，以确定可能的解决方案。你想知道是否应该建议某种知识管理计划作为一种潜在的解决方案。

社交网络分析

社交网络分析（social network analysis，SNA）是一种记录和测量个人、工作组、组织、计算机、网站和其他信息源之间信息流的技术（见图 10-3），图中的每个节点表示一个知识源，每个链接表示两个节点之间的信息流。许多软件工具支持社交网络分析，包括 Cytoscape，Gephi，GraphChi，NetDraw，NetMiner，NetworkX 和 UCINET。

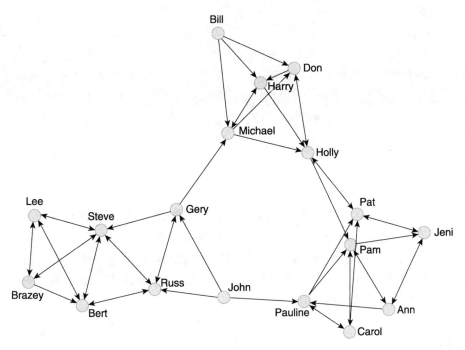

图 10-3　社交网络分析

资料来源：改编自"A Brief Guide to Using NetDraw"。

在分析来自文本、视频、聊天以及"喜欢"和"分享"等来源的社交媒体通信时，许多专家认为最重要的数据不是内容本身，而是将不同内容连接起来形成完整画面的元数据。**元数据**（metadata）是描述其他数据的数据，例如，有关社交媒体使用的元数据可能与消息的属性（例如，消息是否滑稽、讽刺、真实或虚假）以及作者的属性（例如，性别、年龄、兴趣、政治观点、思想观念和对受众的影响程度）有关。元数据使分析师能够判断如何解释和评估消息的内容。没有重要的元数据，就不可能知道通信的价值以及如何采取有效的行动。[8]

社交网络分析有许多知识管理应用程序，从映射知识流和确定组织内的知识差距到帮助建立协作网络。社交网络分析清楚地描述了地理位置分散的员工和组织单位如何协作（或不协作）。各组织经常使用社交网络分析来确定主题专家，然后建立机制（例如，实践社区），以便于将知识从这些专家传递给同事。跟踪电子邮件和其他电子通信的软件程序可以用来识别内部专家。

TrueLens 是一家市场研究公司，它通过社会行为数据和预测分析解决方案帮助营销人员发展有利可图的客户关系，分析了唐恩都乐和星巴克社交媒体受众的 900 万份公开在线的观点表达的行为数据，如表 10-2 所示，该公司揭示了一些对区分两家公司客户的特征有用的见解。[9]

表 10-2　区分从社会行为数据中收集的客户特征

吃甜甜圈的人往往是	喝星巴克的人往往是
爱交际的母亲	大学生
体育爱好者	音乐爱好者
家庭旅行者	早期的新技术探险家
吃甜甜圈的人看	**喝星巴克的人看**
《胖子的爱情》（*Mike & Molly*）	《绯闻女孩》（*Gossip Girl*）
《海军罪案调查处：洛杉矶》（*NCIS：Los Angeles*）	《行尸走肉》（*The Walking Dead*）
《厨房噩梦》（*Kitchen Nightmares*）	《欢乐合唱团》（*Glee*）
《警察世家》（*Blue Bloods*）	《美国恐怖故事》（*American Horror Story*）
《郊区故事》（*Suburgatory*）	《争分夺秒》（*Minute to Win It*）

你会怎么做？

你知道你的组织监视员工的电子邮件和工作发送的社交网络消息，但你不知道这些消息经过了社交网络分析。因此，当你的经理告诉你这项技术已经确定你是公司的主题专家时，你非常惊讶。她问你是否会调整工作重点，这样你就可以花 20% 的时间组织和领导你公司的二十多个实践社区中的一个。你会说些什么？

Web 2.0 技术

如第 7 章所述，Web 2.0 是一个描述技术和网站设计变化的术语，用于增强网络上的信息共享、协作和功能。麦当劳、通用汽车、纽约时报公司、西北互惠银行和宝洁等大公司已经集成了 Web 2.0 技术，如博客、论坛、mashups、播客、RSS 新闻源和维基，来支持知识管理，以改进协作、鼓励知识共享、建立企业记忆。例如，许多组织正在使用 Web 2.0 技术（如播客和维基）来获取对长期雇员的了解，提供涵盖常见问题的答案，并节省培训新员工的时间和精力。

业务规则管理系统

变化一直在发生，而且以越来越快的速度在经济条件、新的政府和行业规章制度、新的竞争对手、产品改进、新的定价和促销策略等方面发生。组织必须能够快速应对这些变化，以保持竞争力。支持组织系统（如订单处理、定价、库存控制和客户关系管理）的运营系统的决策逻辑必须不断修改，以反映这些业务变化。决策逻辑，也称为业务规则，包括控制系统如何工作的策略、需求和条件语句。

传统的信息系统决策逻辑修改方法涉及业务用户和信息技术分析师之间的大量交互，他们在几周甚至几个月的时间内共同工作，定义新的系统需求，然后设计、实现和测试新的决策逻辑。遗憾的是，这种处理系统更改的方法常常被证明太慢，在某些情况下，会导致不正确的系统更改。

业务规则管理系统（business rule management system，BRMS）是用于定义、执行、监视和维护由运行组织的操作系统和流程所使用的决策逻辑的软件。业务规则管理系统使业务用户能够定义、部署、监控和维护组织策略以及来自这些策略（如索赔批准、信贷批准、交叉销售报价选择和资格确定）的决策，而无须信息技术资源的参与。这个过程避免了潜在的瓶颈和实现变更的长时间延迟，并提高了变更的准确性。

业务规则管理系统组件包括一个业务规则引擎，用于确定需要执行哪些规则以及执行顺序。其他业务规则管理系统组件包括用于存储所有规则的企业规则存储库、用于修改规则时管理各种版本的规则的软件，以及用于报告和多平台部署的附加软件。因此，业务规则管理系统可以成为重要知识和决策过程的储存库，包括该领域专家的知识和经验，业务规则管理系统的创建和维护可以成为组织知识管理计划的重要组成部分。

业务规则管理系统越来越多地用于管理支持信贷申请、承保、复杂订单的处理和困难的调度的应用程序中决策逻辑的变化。使用业务规则管理系统可以更快、更准确地实施组织政策和程序的必要变更。表 10-3 列出了几个业务规则管理软件供应商及其产品。

表 10-3　业务规则管理软件

软件生产商	产品
Appian Corporation	Business Process Management Software Suite
Bosch Software Innovations	inubit BPM

续表

软件生产商	产品
CA Aion	Business Rules Expert
IBM	Operational Decision Manager
Open Source	Process Suite
甲骨文	Business Rules
Pegasystems	Pega Business Rules Platform
Progress	Corticon

HanseMerkur Krankenversicherung 是一家德国健康保险公司，该公司开发了业务规则管理，利用从发票中提取的信息（合同类型、提交的服务、被保险方、账单金额等）的自动核对来取代确认保险范围所需的耗时的手工流程。这一过程及其许多其他计费过程的自动化使 HanseMerkur 能够在不增加员工的情况下保持其服务水平，即使 6 年内客户数量从 36.6 万增至 120 万，增长了两倍。[10]

Adobe 是一家数字营销和数字媒体解决方案提供商，其产品包括：基于云的订阅服务 Adobe Creative Cloud；Adobe Digital Publishing Suite，用于创建、分发和优化平板设备的内容；Adobe Photoshop，用于进行数字图像处理；Adobe Acrobat，支持企业内外文档和其他内容的通信和协作。[11] 由于 Adobe 的规模、客户数量、人员流动以及销售队伍和产品线的地理分布，保持有效和高效的区域分配和销售线索分配所需的规则对其来说是一个重大挑战。为了使公司能够对其销售组织内的变化作出快速反应，公司实施了一个业务规则管理系统，该系统包括一些工具，这些工具允许由于人员变化而进行常规的任务转移，以及更复杂的年度进驻市场区域变化。[12]

星展银行（前身为新加坡发展银行，DBS）是亚洲领先的金融服务集团，也是新加坡和中国香港的主要消费银行。该行在亚洲的业务不断增长，为 400 多万客户提供服务，其中包括 250 家分行的 100 万零售客户。[13] 评估个人和企业的风险和信誉是星展银行的一项重要活动。然而，直到最近，这仍然是一个容易出错的劳动密集型过程，围绕着在客户关系经理和申请人之间的面试中完成调查问卷而构建。在面试过程中，申请人可以提供他们选择的任何答案，因为面试过程与任何数据都没有直接联系。为了弥补其信贷报告系统的不足，星展银行在数月内实施了业务规则管理系统。新系统依赖可验证的客户和信用数据，而不是申请人提供的未经证实的信息。业务规则管理系统支持八种不同的评分模型，每种模型都有数百条规则和数百个因素进入评分。这些规则是由监管机构（如新加坡金融管理局（MAS）和银行信贷组合分析部门）进行的统计分析组合而成的。星展银行大大改善了其信贷模式，从而降低了风险。因此，为弥补未预料到的损失所需的财政储备金额已经减少。业务规则管理系统还允许银行快速调整其信贷报告流程中固有的规则和因素，以应对新的机遇和不断变化的业务条件。[14]

企业搜索工具

企业搜索（enterprise search）是在组织内查找信息的搜索技术应用程序。**企业搜索软件**（enterprise search software）将用户的查询与许多信息源相匹配，以尝试识别最重要的内容和最可靠的相关源。

企业搜索软件为来自各种来源的文档编制索引，如企业数据库、部门文件、电子邮件、企业维基和文档库。当执行搜索时，软件使用索引显示这些不同来源的对相关性进行排序的文档列表。软件必须能够实现访问控制，因此用户只能查看被授予访问权限的文档。企业搜索软件还允许员工将所选信息移动到新的存储库中，并应用控件以确保文件不会被更改或删除。表 10-4 列出了许多企业搜索产品。[15]

表10-4　企业搜索解决方案

软件生产商	软件产品
Attivio	Active Intelligence Engine
BA Insight	Knowledge Integration Platform
Coveo	Enterprise Search & Relevance
Dassault Systemes	Exalead CloudView
谷歌	Google Search Appliance
惠普	HP Autonomy
Perceptive Software	Perceptive Enterprise Search

信息技术和人力资源组织的成员可以使用企业搜索软件来执行公司关于在离开办公室的笔记本电脑上存储机密数据的指导方针，治理官员可以使用它来确保遵守所有信息存储指南。

员工可以使用企业搜索软件在不同的存储库中查找信息或查找误导文档。加拿大国立光学研究所（INO）是一家技术设计和开发公司，帮助其他公司开发用于条码扫描、通信、激光和其他应用的光基解决方案。[16] 知识是加拿大国立光学研究所的主要产品；它推动公司内部的创新，并赋予其竞争优势。最近，加拿大国立光学研究所实施了一个企业搜索解决方案，能够整合、关联和展示公司的集体知识和信息。与加拿大国立光学研究所知识产权、项目文件、客户信息和研究相关的知识和信息，以及来自公司客户关系管理系统、企业资源计划系统、内部网和其他来源的数据都被添加到知识库中。获取这些知识有助于新员工更快地掌握工作进度，使员工能够更好地协作完成项目，快速识别主题专家，并避免浪费精力。[17]

企业搜索软件也可用于支持网站访问者搜索。这类软件返回有意义的结果，以确保访问者获得满足其需求的搜索结果，从而提高网站访问者转化为付费客户的速度，并鼓励他们在你的网站上花费更多时间，这一点至关重要。

电子发现是企业搜索软件的另一个重要应用。**电子发现**（electronic discovery，e-discovery）是指在民事或刑事法律案件中，为了将电子数据用作证据而寻求、定位、保护和检索电子数据的任何过程。《美国联邦民事诉讼规则》（The Federal Rules of Civil Procedures）规定了联邦民事诉讼当事人的诉讼程序和要求，并制定了有关电子发现的规则，这些规则迫使民事诉讼当事人同时保存和制作与案件有关的电子文件和数据，如电子邮件、语音邮件、即时消息、图形、照片、数据库内容、电子表格、网页等。"我们找不到"不再是不提供与诉讼相关信息的可接受的借口。必须小心处理通过电子发现收集到的信息。苹果和三星卷入了一场专利侵权诉讼多年，双方可能达成了超过10亿美元的和解。法院批准三星及其法律顾问披露通过电子发现所发现的高度机密信息，并披露包括与诺基亚和爱立信签订的几项苹果保密许可协议的条款。[18]

有效的电子发现软件解决方案通过未经授权的用户无法更改的流程，根据批准的组织策略保留和销毁数据。该软件还必须允许用户快速定位与诉讼相关的所有信息，并且尽可能减少手动操作。此外，该解决方案必须适用于不同数据源和系统之间的所有数据类型，并且必须以合理的成本运行。许多组织的法律部门正在与其信息技术组织和技术供应商合作，以确定和实施满足这些电子发现需求的解决方案。

本章定义了知识管理，并确定了实施知识管理计划的挑战以及克服这些挑战的方法，还涵盖了一个知识管理计划中的一些更常用的技术。表10-5推荐了一组组织可以采取的行动来实施一个成功的知识管理计划，每个问题的正确答案都为"是"。

表 10 - 5　管理者检查表

推荐操作	是	否
你的组织是否有信息系统和面对面沟通工具,使人们能够学习过去的创新成功和失败的经验?		
你的组织文化和奖励制度是否鼓励分享显性和隐性知识?		
你的组织是否仔细考虑了使用业务规则管理系统来维护操作系统的决策逻辑?		
你的组织是否使用了 Web 2.0 技术来改进协作并共享隐性知识?		
你的组织是否参与过任何知识管理试点项目?		

重要术语

商业规则管理系统（BRMS）	企业搜索软件	元数据
实践社区（CoP）	显性知识	阴影
电子发现（e-discovery）	联合问题解决	社交网络分析（SNA）
企业搜索	知识管理（KM）	隐性知识
知识管理系统		

本章摘要

- 知识管理包括一系列与提高认识、促进学习、加快协作和创新以及交流见解有关的实践。
- 知识管理系统是一个有组织的人员、程序、软件、数据库和设备的集合,用于创建、捕获、优化、存储、管理和传播知识。
- 知识通常分为显性和隐性两类。显性知识是可以很容易地记录、存储和编码的知识。隐性知识是一个人在个人经历中发展起来的知识,它涉及信仰、观点和价值体系等无形因素,不容易被记录下来。
- 阴影和联合问题解决是获取隐性知识的两个常用过程。
- 知识管理被用来促进创新,鼓励思想的自由流动,充分利用组织内人员的专业知识,并在关键人员退休前掌握他们的专业知识。
- 建立一个成功的知识管理计划是一个挑战,但所涉及的大部分挑战与所采用的技术或供应商无关。相反,它们是与人类本性和人们习惯于一起工作的方式有关的挑战。有几个建议可以帮助销售和实施一个知识管理项目,将知识管理工作与组织目标联系起来,从一个充满热情的参与者的小试点开始,确定值得捕获的宝贵隐性知识,并让员工接受。
- 支持知识管理的技术包括实践社区（CoP）、社交网络分析（SNA）、整个 Web 2.0 技术范围、商业规则管理系统（BRMS）和企业搜索软件。
- 实践社区（CoP）是一个小组,其成员共享一组共同的目标和兴趣,并在努力实现这些目标时定期参与分享和学习。
- 社交网络分析（SNA）是一种记录和测量个人、工作组、组织、计算机、网站和其他信息源之间信息流的技术。

● 商业规则管理系统（BRMS）是用于定义、执行、监视和维护组织运行的操作系统和流程所使用的决策逻辑的软件。

● 企业搜索软件将用户的查询与许多信息源相匹配，以尝试识别最重要的内容和最可靠的相关源。

● 电子发现（e-discovery）是指在民事或刑事法律案件中，为了将电子数据用作证据而寻求、定位、保护和检索电子数据的任何过程。

问题讨论

1. 提供三个隐性知识的例子；提供三个显性知识的例子。

2. 你能确定一个你拥有的对他人有价值的隐性知识的领域吗？你愿意和别人分享这些知识吗？为什么？如果你愿意的话，你会如何与别人分享这些隐性知识呢？

3. 如何区分阴影和联合问题解决？描述一种学习情况，适合于阴影而不是联合解决问题。

4. 通过成功的知识管理计划，可以获得哪些主要的组织利益？你如何证明投资知识管理项目是合理的？

5. 为了让员工放弃他们的知识和经验来帮助建立一个知识管理系统，你必须提供哪些建议作为激励措施？

6. 确定一个你愿意帮助形成和为其作出贡献的实践社区。你怎样才能找到愿意加入和参与的人呢？你希望从参与这个实践社区中获得什么？

7. 进行社交网络分析，以确定你的主要知识来源，包括人员、组织的网站和信息系统。你还可以确定你的知识的主要用户吗？（你可能希望将此练习仅限于你的学校或与工作相关的活动。）你可以从该练习中获得什么见解？

8. 确定一个你观察到的应用 Web 2.0 技术来支持知识管理的示例。

9. 制定一套规则，记录你在完成一项经常执行的任务时的思维过程——选择上学或工作时穿的衣服，决定上学或工作的路线，等等。让同学遵守规则，在不同的条件下完成任务，测试规则集的准确性和完整性。

10. 想象一下，你是一家大型企业人力资源部的高级主管，在未来三年里面临着大量重要员工的退休问题。如何处理这种情况，以避免失去组织持续发展和成功所需的宝贵专业知识？

11. 想象一下，你是一个大型组织的首席执行官，你强烈支持在组织的大多数领域进行更高层次的协作的需要。讨论你如何能够刺激实践社区的形成和发展。

12. 设计良好的企业搜索软件在哪些方面与流行的搜索引擎（如必应、DuckDuckGo 和谷歌）有所不同？

需要采取的行动

1. 你做了近 15 年的房地产经纪人，在过去的三年里，你的销售和佣金比你公司的任何人都多。当你参加与公司总裁的会议，听她讲述你的主要销售业绩并承认你的销售专长和敏锐性时，你感到非常高兴。然而，当她开始谈论她认为你可以为公司的成功作出贡献的其他事情时，会议的气氛就发生了变化。她告诉你她想让你在接下来的三个月里和一个有实力的咨询公司的成员待在一起，你简直不敢相信自己的耳朵，因为这家公司会掌握你的隐性销售知识，目标是以某种方式记录你成功的秘诀，并与其他销售人员分享，使他们和公司更加成功。总裁暂停，等待你的反应，你会说些什么？

2. 你最近受雇于斯科茨代尔最大的一家专门处理知识产权案件的律师事务所。公司在你来之前一年实施了一个知识管理系统，希望这个系统能够帮助公司的律师组成一个团队，不断地分享技术、经验、市场和客户信息。在理想情况下，这种信息和专业知识的共享将有助于新律师适应环境，更快地提高工作效率。其中一位资深合伙人邀请你共进午餐，谈话的内容让他对这个系统感到失望，他问你是否有任何想法来找出公司的初级成员不使用这个系统的根本原因。

3. 你是一家公司的首席信息官，该公司可能因其产品造成的损害而面临集体诉讼。在工作中有一些关于高级管理人员作为发现过程的一部分接受采访的可能性的讨论。当你的经理下班后在公司停车场找到你并要求你销毁电子邮件备份服务器的内容时，你感到震惊。你会说些什么？

基于 Web 的案例

知识管理系统和客户关系管理

为了应对 Nelnet 在为不断增长的学生贷款提供服务方面面临的挑战，该公司选择部署一个名为 Open-Text Process Suite 的知识管理系统。在线调查这套软件产品的特性和功能。OpenText 提供哪些功能可以增强和帮助客户关系管理（CRM）系统？查找并简要总结一个将 OpenText 与其客户关系管理系统集成的组织的客户成功案例。

案例研究

美国宇航局（NASA）知识地图

1986 年 1 月 28 日上午 11 时 38 分，挑战者号（Challenger）航天飞机从佛罗里达州卡纳维拉尔角发射升空。不到一秒钟后，火箭发动机中燃烧的炽热火焰中冒出灰色烟雾，火炬点燃了油箱内的液氢和液氮，在升空 73 秒后爆炸，挑战者号被撕裂，七名宇航员全部遇难。

灾难发生后的几天和几周里的调查表明，火箭助推器内的两个 O 形密封圈失效引起了本次灾难。为航天局工作的工程师们警告说，这就是一个失败。特别是，他们担心当外界温度降至 53 华氏度以下时，O 形密封圈可能会失效。1 月 28 日上午，气温为 36 华氏度，发射台被固体冰覆盖。

作为对挑战者号灾难的响应，美国宇航局制定了计划和项目倡议，其目的是提高美国宇航局员工的个人能力，防止另一场灾难。然而，挑战者号之后又经历了三次昂贵的火星任务的失败。当软件的一部分使用磅力单位计算推力，而另一部分使用牛顿公制单位时，用于火星气候轨道器任务的软件系统出错了。不到一个月后，火星极地着陆器以太高的速度撞到行星表面，引发了同时进行的火星深空 2 号（Deep Space 2）探测器任务的失败。对深空 2 号任务的回顾表明，美国宇航局的工程师决定跳过一个完整的系统撞击测试，以满足项目的紧迫期限。在这些失败之后，美国宇航局试图改善团队之间的沟通和协作。然而，2003 年，一个大的绝缘泡沫在发射过程中从哥伦比亚航天飞机上脱落，在机翼上形成了一个洞，最终导致航天飞机在再入过程中造成了严重的破坏；再次，机上七名宇航员全部遇难。

这些可怕的损失给美国宇航局的知识管理方法带来了根本性的改变。1976 年，美国宇航局成立了总工程师办公室（OCE），最初只有一名员工负责为美国宇航局的管理提供建议和专业知识。为了应对挑战者号灾难，美国宇航局建立了项目/计划与工程领导学院（APPEL），作为开发美国宇航局技术人员的资源。2004年，该机构将 APPEL 转移到了总工程师办公室，以便通过对经验教训的分析和知识捕获——知识的编纂来促进人才发展。其目的不仅是提高个人绩效，还包括提高团队绩效，并克服大型组织中不同工程和决策团队之间的脱节。其首要目标是创建一个从错误中吸取教训的组织。APPEL 不仅强调了技术培训课程，还强调了实践经验、讲故事和反思活动的分享。2012 年，美国宇航局进一步推进了这一举措，并确立了首席知识官（chief knowledge officer）的角色，其任务是获取隐性和显性知识。如今，该机构拥有一个称为 NASA 知识地图的广泛的知识管理系统，这是一个帮助员工在 NASA 内部掌握大量知识的工具。该地图包括六大类：（1）案例研究和出版物，（2）面对面知识服务，（3）在线工具，（4）知识网络，（5）经验教训和知识流程，以及（6）搜索/标记/分类工具。

美国宇航局的 15 个组织为案例研究和出版物作出了贡献。例如，戈达德航天飞行中心发布了一系列研究报告，从对挑战者号灾难的分析到对失去后续合同的美国宇航局承包商提交的抗议的分析。后一个案例似乎并不重要，但在这样一个案例中，总检察长办公室不得不启动一项正式调查，这项调查花费了美国宇航局的时间、金钱和精力。该案例研究随后被纳入了 APPEL 课程，旨在避免导致抗议的错误。约翰逊航天中心发布口头历史记录，以及通信、案例研究和报告。喷气推进实验室出版了会议论文和飞行解剖维基，跟踪发射前和飞行中的异常情况。

面对面知识服务包括在许多地方亲自进行的项目，例如，由美国宇航局工程和安全中心举办的研讨会。在线工具类别中包括视频库、门户、文档库以及同步和异步协作与共享站点，其中一些工具相当复杂，例如，人类探索与运营（HEO）部署了一个群体系统智库决策支持工具，以改进群体决策。知识网络类别包括有关正式和非正式实践社区、大规模协作活动、专家定位和访问方法的信息，以及项目（如静态代码分析）的组工作空间。

美国宇航局内部的 20 个组织向经验教训和知识流程数据库提供数据，这些数据库收集和存储知识、经验教训和最佳实践。例如，这些包括 HEO 的基于知识的风险库，主题包括项目管理、设计和开发、系统工程、集成和测试。HEO 还赞助关于太阳能电池组部署、航天飞机过渡和退役、系统安全和风险管理等主题的经验教训研讨会和论坛。

最后，系统的搜索/标记/分类工具允许个人访问特定于组织的站点，以及通过其他五个知识管理项目提供的丰富资料。由于美国宇航局自己的总检察长发布了一份报告，表明对知识管理资源的巨大财富的利用仍然严重不足，因此知识管理系统中的最后一类可能是最重要的。例如，尽管美国宇航局要求，但其管理人员很少咨询经验教训信息系统（LLIS）。Glenn 研究中心在两年内收到了 47 万美元，用于支持 LLIS 活动，但在这段时间内仅向系统提供了 5 份报告。此外，总检察长得出结论，政策方向不一致、知识管理项目开发不同、协调不足使系统边缘化。

显然，美国宇航局正处于大规模知识管理系统开发的前沿，创造出未来的工具。APPEL 和其他宇航局的团队能够利用该机构正在开发的一些惊人的工具。然而，美国宇航局的知识管理系统也可能遭受同样的发展和通信障碍，这些障碍导致了航天飞机灾难和火星任务的失败。但至关重要的是，美国宇航局要学会利用其最先进的知识管理系统，因为每一次美国宇航局任务的成功都要求数千名员工能够充分利用美国宇航局的大量知识。

问题讨论

1. 美国宇航局的知识管理系统与你在本章中研究过的其他知识管理系统有何不同？它们有什么相似之处？

2. 美国宇航局可以采取哪些步骤来确保个人和团队更好地利用知识管理系统？

3. 美国宇航局能做些什么来确保个人和团队能够在知识管理系统的海量数据中找到他们需要的东西？

4. 实际上，美国宇航局的知识管理系统是一个抵抗该机构过去经历过的失败的好方法吗？如果不是，如何改变知识管理系统来支持任务的成功？

5. 美国宇航局是否应采取其他措施，以补充或结合其知识管理系统的开发？

资料来源：Oberg, James, "7 Myths About the Challenger Shuttle Disaster," NBC News, January 25, 2011, www. nbcnews. com/id/11031097/ns/technology_and_science-space/t/myths-about-challenger-shuttle-disaster/#. U2AsyIFdUrU; Atkinson, Joe, "Engineer Who Opposed Challenger Launch Offers Personal Look at Tragedy," *NASAResearcher News*, October 5, 2012, www. nasa. gov/centers/langley/news/researchernews/rn_Colloquium1012. html; "Challenger Disaster," History Channel, www. history. com/topics/challenger-disaster, accessed April 29, 2014; "Failure as a Design Criteria," Plymouth University, www. tech. plym. ac. uk/sme/interactive_resources/tutorials/failurecases/hs1. html, accessed April 29, 2014; Lipowicz, Alice, "Is NASA's Knowledge Management Program Obsolete?," GCN Technology, Tools and Tactics for Public Sector IT, March 19, 2012, http://gcn. com/Articles/2012/03/15/NASA-knowledge-management-IG. aspx; Luttrell, Anne, "NASA's PMO: Building and Sustaining a Learning Organization," Project Management Institute, www. pmi. org/Learning/articles/nasa. aspx, accessed February 9, 2015; Hoffman, Edward J. and Boyle, Jon, "Tapping Agency Culture to Advance Knowledge Services at NASA," ATD, September 15, 2013, www. td. org/Publications/Magazines/The-Public-Manager/Archives/2013/Fall/Tapping-Agency-Culture-to-Advance-Knowledge-Services-at-NASA; "Knowledge Map," NASA, http://km. nasa. gov/knowledge-map/, accessed February 9, 2015.

注　释

开篇案例资料来源：

"Nelnet Education Loan Servicing," Nelnet, www. nelnet. com/Pages/CorporateContentPage. aspx? id＝281, accessed February 8, 2015; "Getting Familiar with Nelnet, the National Education Loan Network," Go College, www. gocollege. com/financial-aid/student-loans/organizations/nelnet. html, accessed February 8,2015;"Nelnet Inc. ," Yelp,www. yelp. com/biz/nelnet-inc-lincoln? sort_by＝rating_desc, accessed February 8, 2015; "Nelnet Drives Efficiency and Enhances Customer Service with OpenText Process Suite," Open Text, November 20, 2014, www. opentext. com/who-we-are/press-releases? id＝BC49123D5BB94155A8FCC5843B544B5C; "About Nelnet," Nelnet, www. nelnet. com/About-Nelnet/, accessed February 8, 2015; "Enterprise Information Management Enables Better Student Loan Servicing," KM World, December 1, 2014, www. kmworld. com/Articles/News/KM-In-Practice/Enterprise-information-management-enables-better-student-loan-servicing-100844. aspx.

[1] "Overview," United Nations Development Programme, www. undp. org/content/undp/en/home/ourwork/overview. html, accessed February 11, 2015.

[2] "UNDP Annual Report 2013－2014," UNDP, June 23, 2014, www. undp. org/content/undp/en/home/librarypage/corporate/annual-report-2014. html.

[3] Roth, Dane, "Knowledge Management Based on People, Not Processes," Reboot, November 8, 2013, http://reboot. org/2013/11/08/knowledge-management-based-on-people-not-processes-dr/.

[4] "About the Firm," White & Case, www. whitecase. com/about/, accessed February 5, 2015.

[5] Britt, Phil, "Creating a More Knowledgeable, Nimble Organization," KM World, January 30, 2015, www. kmworld. com/Articles/Editorial/Features/Creating-a-more-knowledgeable-nimble-organization-101536. aspx.

[6] "Knowledge Management & Transfer Model {Techniques and Forms}," Division of Personnel, Department of Administrative Service, State of New Hampshire, www. admin. state. nh. us/hr/documents/

Workforce_Development/Knowledge％20Management％20&％20Transfer％20Model. doc，accessed February 26，2015.

［7］ Milton，Nick，"KM Case Study—The Ford BPR System (Quantified Success Story ♯78)," Knoco Stories，December 10，2013，www. nickmilton. com/2013/12/km-case-study-ford-bpr-system. html.

［8］ Grimes，Seth，"Metadata，Connection，and the Big Data Story," Breakthrough Analysis，April 26，2014，http://breakthroughanalysis. com/2014/04/26/metadata-connection-and-the-big-data-story/.

［9］ "Socialgraphic Comparison：Dunkin' Donuts vs. Starbucks," TrueLens，August 5，2013，http://blog. truelens. com/socialgraphic-comparison-dunkin-donuts-vs-starbucks/.

［10］ "HanseMerkur Automates Its Service Billing Processes Using inubit," Bosch Financial Software，www. bosch-si. com/media/en/finance_7/documents_2/brochures_1/success_stories/insurance_3/hansemerkur. pdf，accessed February 7，2015.

［11］ "Fast Facts," Adobe，www. images. adobe. com/content/dam/Adobe/en/company/pdfs/fast-facts. pdf，accessed February 8，2015.

［12］ "Adobe," Progress，www. progress. com/customers/adobe，accessed February 7，2015.

［13］ "About Us," DBS，www. dbs. com/about-us/default. page，accessed February 7，2015.

［14］ "DBS," Progress，www. progress. com/customers/dbs，accessed February 7，2015.

［15］ Andrews，Whit and Koehler-Kruener，Hanns，Gartner，"Magic Quadrant for Enterprise Search," July 16，2014，www. gartner. com/doc/2799317/magic-quadrant-enterprise-search.

［16］ "INO," www. ino. ca/en/，accessed February 3，2015.

［17］ Bergeron，Pierre，"The Knowledge Management Opportunity in Manufacturing：INO's Success Story," *Manufacturing Business Technology*，July 2，2014，www. mbtmag. com/articles/2014/07/knowl-edge-management-opportunity-manufacturing-ino％E2％80％99s-success-story.

［18］ Yurkiw，Jay，"Key E-Discovery Cases in January," Technology Law Source，February 7，2014，www. technologylawsource. com/2014/02/articles/intellectual-property-1/key-e-discovery-cases-in-january/.

第 11 章

网络犯罪与信息技术安全

安全的基础

"不信任和谨慎是安全的根源。"

——本杰明·富兰克林（Benjamin Franklin），美国开国元勋之一

健康数据网络盗窃：对 Anthem 的掠夺

2015 年 1 月 29 日，美国第二大健康保险公司 Anthem 宣布，该公司已被黑客攻击并被窃取了多达 8 000 万个个体的个人身份和健康数据。上个月，当一名 Anthem 员工发现一个数据库查询在没有其安全证书的情况下开始运行时，黑客被发现了。Anthem 立即通知联邦调查局，并雇用火眼（FireEye）公司的网络法医团队调查数据泄露。该公司迅速通知了客户，并为受影响的 Anthem 客户提供了两年的免费身份盗窃维修和信用监控服务。

Anthem 数据泄露是针对医疗保健提供商的攻击浪潮中规模最大的一次。2010 年，美国只有五家医疗服务提供商报告了网络攻击，到 2014 年，这一数字已增至 42，这很大程度上是因为犯罪分子愿意为个人健康信息（PHI）支付比信用卡数据更多的费用。在网络黑市上，一张个人健康信息记录可以卖到至少 20 美元，而信用卡账户信息只能卖到 1 美元左右。为什么？一旦发现欺诈行为，信用卡账户就可以立即关闭，信用卡公司已经开发了信息系统，可以检测购买模式中的异常情况并迅速发现欺诈行为。个人健康信息记录包括姓名、街道和电子邮件地址、出生日期、社会保险号、收入、就业详情和健康保险号，网络窃贼不仅可以利用这些信息创建假身份，还可以进行保险和账单诈骗。在 Anthem 的黑客攻击中，特别危险的是数以千万计的儿童，他们的个人健康档案被偷了。由于儿童通常缺乏信用记录、工作记录和其他财务数据，因此罪犯很容易利用他们的姓名和社会保险号来创建虚假身份。在通常情况下，有人利用孩子的数据进行欺诈是在几年前才显现出来的。

在攻击 Anthem 数据库时窃取的数据没有加密。事实上，联邦《医疗保险可携性和责任法案》（HIPAA）并不要求健康保险公司加密其数据。因此，大多数公司在服务器上不加密数据，只在将数据从一个数据库移动到另一个数据库时加密数据。然而，美国联邦调查局此前曾就可能针对医疗保险公司和医疗保健提供商进

行的网络攻击发出警告，称该行业的"网络安全标准不严格"。在这次攻击之后，毫无疑问，Anthem 和许多其他的医疗和保险提供商可能会仔细考虑采取什么措施来更好地保护其客户的数据。

学习目标

阅读本章时，请自问：

- 与保护数据和信息系统相关的关键权衡和伦理问题是什么？
- 基于合理保证的概念，多层过程中管理安全漏洞的关键要素是什么？

为什么管理者必须了解信息技术安全

信息技术在商业中的安全性至关重要，必须保护商业机密数据、私人客户和员工信息，并且必须保护系统免受恶意盗窃或破坏行为的影响。尽管安全的必要性是显而易见的，但它必须经常与其他业务需求相平衡。业务经理、信息技术专业人员和信息技术用户都面临着许多关于信息技术安全的复杂权衡，例如：

- 为了防止计算机犯罪，应该付出多少努力、花费多少金钱？（换句话说，足够安全需要安全程度是怎样的？）
- 如果推荐的计算机安全保护措施使客户和员工更难开展业务，从而导致销售损失和成本增加，该怎么办？
- 如果一家公司是计算机犯罪的受害者，它应该不惜一切代价起诉罪犯，保持低调以避免负面宣传，通知受影响的客户，还是采取其他行动？

根据信息技术安全解决方案供应商卡巴斯基（Kaspersky）实验室进行的多年调查，表 11-1 显示了常见计算机安全事件的发生情况。[1]

表 11-1 常见的计算机安全事件

事故类型	发生此类事故的组织所占的百分比			
	2011 年	2012 年	2013 年	2014 年
恶意软件感染	60%	55%	65%	60%
垃圾邮件	54%	51%	58%	60%
被冒充为请求个人信息的电子邮件的发件人	25%	35%	36%	40%
笔记本或移动硬件丢失	14%	21%	21%	25%
分布式拒绝服务（DDoS）攻击	18%	19%	20%	22%
公司间谍活动的受害者	15%	13%	14%	18%

◾ 为什么计算机事故如此普遍

在当今的计算环境中，复杂度不断提高、用户期望不断提高、系统不断扩展和变化、自带设备（BYOD）政策以及对具有已知漏洞的软件日益依赖，难怪安全事故的数量、种类和严重性大幅增长。

复杂度的提高增加了脆弱性

计算环境变得非常复杂，云计算、网络、计算机、虚拟化、操作系统、应用程序、网站、交换机、路由器和网关由数亿行代码相互连接和驱动，这种环境的复杂性每天都在增加。随着更多设备的添加，网络可能的入口点数量不断增加，这也增加了出现安全漏洞的可能性。

计算机用户期望不断提高

今天，时间意味着金钱，而计算机用户解决问题的速度越快，他们的生产效率就越高。因此，计算机服务台面临着巨大的压力，要对用户的问题作出快速的反应。在此压力下，服务台人员有时会忘记验证用户的身份或检查他们是否有权执行请求的操作。此外，尽管大多数人已经被警告不要这样做，但一些计算机用户仍然与其他忘记了自己密码的同事共享登录 ID 和密码，这可以使工人获得对未经授权的信息系统和数据的访问权。

扩展和改变系统会带来新的风险

企业已经从一个关键数据存储在一个封闭的房间里的一台独立的主机上的独立计算机的时代，转变为一个个人计算机与数以百万计的其他计算机连接成网络、所有这些计算机都能够共享信息的时代。企业迅速发展到电子商务、移动计算、协作工作组、全球业务和组织间信息系统阶段。信息技术已经无处不在，是组织实现其目标的必要工具。然而，要跟上技术变革的步伐，成功地对新的安全风险进行持续的评估，并实施应对这些风险的方法，变得越来越困难。

自带设备

自带设备（bring your own device，BYOD）是一项商业政策，允许并在某些情况下鼓励员工使用自己的移动设备（智能手机、平板电脑或笔记本电脑）访问公司计算资源和应用程序，包括电子邮件、公司数据库、公司内部网和互联网。自带设备的支持者说，它通过允许员工使用他们熟悉的设备来提高员工的工作效率，同时也有助于树立一个灵活、进步的公司形象。大多数公司都发现，它们不能完全阻止员工使用自己的设备进行工作。然而，这种做法引发了许多潜在的安全问题，因为此类设备很可能也用于非工作活动（浏览网站、博客、购物、访问社交网络等），这些活动比严格用于业务目的的设备更频繁地暴露于恶意软件中，然后恶意软件可能会在整个公司传播。此外，自带设备使信息技术组织极难通过各种操作系统和应用程序来充分保护其他便携式设备。

对具有已知漏洞的商业软件日益依赖

在计算中，**漏洞攻击**（exploit）是对利用特定系统漏洞的信息系统的攻击。通常，这种攻击是由于糟糕的系统设计或实现造成的。一旦发现该漏洞，软件开发人员就创建并发布"修复"或补丁，以消除该问题。系统或应用程序的用户负责获取和安装补丁，他们通常可以从 Web 上下载补丁。（这些修复是软件开发人员执行的其他维护和项目工作的补充。）

安装补丁的任何延迟都会使用户暴露在潜在的安全漏洞中。安装修复程序以防止黑客利用已知的系统漏洞可能会给试图平衡繁忙的工作日程的系统支持人员造成时间管理困境。他们是否应该安装一个补丁？如果不安装，就可能导致安全漏洞，或者他们是否应该完成分配的项目工作，以便项目的预期节省和收益可以开始按计划累积？根据漏洞情报和管理工具提供商 Secunia 的数据，2013 年发现的新软件漏洞数量上升到13 075 个，比上年增加了 32%，平均每天有 36 个，如表 11-2 所示。[2]

表 11-2　每年发现的新软件漏洞数量

年份	已识别的软件漏洞数量
2007	7 540
2008	8 369
2009	7 716
2010	9 747
2011	9 307
2012	9 875
2013	13 075

显然，很难跟上修复这些漏洞所需的所有补丁。特别值得关注的是，在安全社区或软件开发人员知道或能够修复漏洞之前发生的**零日攻击**（zero-day attack）。希望零日漏洞的发现者立即通知原软件制造商，以便

为该问题创建修复程序。然而，在某些情况下，这些认知在黑市上被出售给网络恐怖分子、政府或大型组织，这些组织随后可能会利用这些认知对竞争对手的计算机进行攻击。零日攻击的价格可以高达 25 万美元。[3] Microsoft Office 和 Adobe 软件都是零日攻击的受害者，这些攻击使黑客能够感染用户的计算机。[4]、[5]

美国公司越来越依赖具有已知漏洞的商业软件。即使暴露了漏洞，许多企业信息技术部门也还是倾向于按原样使用已安装的软件，而不是实施安全修复，这些修复将使软件更难使用，或者消除有助于销售软件的"好用"功能。

会受害的软件越来越复杂

以前，电脑麻烦制造者是一个内向的"极客"，他自力更生，并被获得某种程度的恶名的欲望所驱使。这样的人拥有专门但有限的计算机和网络知识，并使用一些基本的工具（也许是从互联网上下载的）来执行其功能。虽然这样的个体仍然存在，但对信息技术安全的最大威胁并不是这个刻板的个体。今天的计算机威胁组织得更好，可能是一个有组织的团体（例如匿名组织、混沌计算机俱乐部、蜥蜴队、Teslateam）的一部分，该团体有一个议程，目标是特定的组织和网站。其中一些组织有充足的资源（包括资金和复杂的工具）来支持它们的努力。今天的计算机攻击者在绕过计算机和网络安全保护方面拥有更深入的认知和专业知识。表 11-3 总结了计算机危害、犯罪和损害的犯罪者类型。

表 11-3　计算机犯罪的犯罪者类型

犯罪者类型	描述
黑帽黑客	恶意违反计算机或互联网安全或者非法获取个人利益的人（与被组织雇用来测试其信息系统安全性的白帽黑客不同）。
骇客	造成问题、窃取数据和破坏系统的个体。
恶意内幕人士	试图从财务上获利和/或破坏公司信息系统和业务运营的员工或承包商。
工业间谍	获取商业秘密并试图获得不公平竞争优势的个体。
网络罪犯	为了经济利益而攻击计算机系统或网络的人。
黑客行为主义者	为了宣传一种政治意识形态而入侵计算机或网站的个体。
网络恐怖分子	试图摧毁政府、金融机构、公用事业和应急单位的基础设施组成部分的人。

你会怎么做？

你是一家软件制造商人力资源部的成员，该公司拥有多个产品，年收入超过 5 亿美元。你正在和软件开发经理通电话，他要求雇用一个臭名昭著的黑客来调查你公司的软件产品，以找出漏洞。理由是，如果有人能在你的软件中发现漏洞，他一定可以。这将使你的公司在开发补丁来解决问题之前先发制人。你不确定，而且你对雇用有犯罪记录和与黑客/骇客社区的不良成员有联系的人感到不安。对这个要求你会怎么说？

攻击的类型

计算机攻击有很多种类型，新的种类一直在被发明。本节讨论一些更常见的攻击，包括病毒、蠕虫、特洛伊木马、垃圾邮件、分布式拒绝服务、rootkit、网络钓鱼、鱼叉式网络钓鱼、smishing 和 vishing 以及高级持久性威胁。

虽然我们通常认为这些攻击是针对计算机的，但智能手机不断变得更具计算机的能力。越来越多的智能手机用户将一系列个人身份信息存储在他们的设备上，包括信用卡号码和银行账号。智能手机用于网上冲浪和电子商务交易。人们越多地将智能手机用于这些目的，这些设备就越有吸引力，成为网络窃贼的目标。例如，**勒索软件**（ransomware）是恶意软件，当下载到智能手机（或其他设备）上时，它控制设备及其数据，直到所有者同意向攻击者支付赎金。另一种形式的智能手机恶意软件通过自动将消息发送到在收到消息时收取费用的号码上来增加用户账户的费用。

2014 年，一个名为 CryptoWall 的勒索软件程序在六个月内感染了近 625 000 台计算机，该恶意软件加密了超过 52.5 亿个文件，因此它们的所有者如果不支付赎金就无法访问这些文件。要求的金额为 200～10 000 美元，如果受害者在最初安排的时间内（通常为 4～7 天）没有支付赎金，则要求的金额会增加。只有 1 683 名受害者（占感染者的 0.27%）支付了赎金，总共超过 100 万美元。[6]

你会怎么做？

　　你是体育用品制造商和分销商的首席财务官，年销售额超过 5 亿美元，大约 25% 的销售额来自在线购买。但今天，贵公司的网站无法运行，导致贵公司的销售额损失了超过 35 万美元。信息技术小组通知你，该站点是分布式拒绝服务攻击的目标。当天晚些时候，你收到了一个匿名电话，当时你很震惊，来电者告诉你，除非你支付 25 万美元，否则你的网站将继续受到无情的攻击。你会对敲诈者说些什么？

病毒

计算机病毒已经成为许多恶意代码的总称。从技术上讲，**病毒**（virus）是一段编程代码，通常伪装成其他东西，导致计算机以一种意想不到的、通常是不受欢迎的方式运行。通常病毒附在文件上，这样当被感染的文件被打开时，病毒就会执行。其他病毒存在于计算机的内存中，当计算机打开、修改或创建文件时病毒会感染这些文件。大多数病毒提供"有效载荷"或恶意软件，导致计算机以意想不到的方式运行。例如，病毒可能被编程为在计算机的显示屏上显示特定信息、删除或修改特定文档或重新格式化硬盘。

真正的病毒不会自己在计算机之间传播。当计算机用户打开受感染的电子邮件附件、下载受感染的程序或访问受感染的网站时，病毒会传播到其他计算机上。换句话说，病毒通过"被感染的"计算机用户的行为传播。

宏病毒已成为一种常见且容易产生的病毒形式。攻击者使用应用程序宏语言（如 Visual Basic 或 VB-Script）创建感染文档和模板的程序。打开受感染的文档后，病毒将被执行并感染用户的应用程序模板。宏可以将不需要的单词、数字或短语插入文档或更改命令函数。在宏病毒感染用户的应用程序后，它可以将自己嵌入用该应用程序创建的未来所有文档中。"WM97/Resume. A"病毒是一种通过电子邮件传播的 Word 宏病毒，其主题是一行"Resume-Janet Simons."的文字，如果电子邮件收件人单击附件，病毒就会删除用户映射驱动器中的所有数据。

蠕虫

与计算机病毒不同的是，**蠕虫**（worm）病毒要求用户将受感染的文件传播给其他用户，它是一种有害的程序，驻留在计算机的活动内存中并自我复制。蠕虫与病毒的不同之处在于，它们可以在没有人为干预的情况下传播，通常通过电子邮件将自己的副本发送给其他计算机。

蠕虫攻击对组织计算机的负面影响可能是大量的数据和程序丢失、由于工作人员无法使用其计算机而导致的生产力损失、由于工作人员试图恢复数据和程序而导致的额外生产力损失以及信息技术工作人员需要付出大量努力来清理混乱并尽可能地将一切恢复到正常状态。修复红色代码（Code Red）、SirCam 和梅利莎（Melissa）蠕虫造成的损害的成本估计超过 10 亿美元，修复 Conficker、Storm 和 ILOVEYOU 蠕虫的总成本超过 50 亿美元。[7],[8]

特洛伊木马

特洛伊木马（Trojan horse）是一种程序，其中恶意代码隐藏在看似无害的程序中。该程序的有害负载可能被设计成允许黑客破坏硬盘、损坏文件、远程控制计算机、对其他计算机发起攻击、窃取密码或社会保险号，或者通过记录击键并将其传输到由第三方操作的服务器中来监视用户。

特洛伊木马可以作为电子邮件附件发送，在用户访问网站时下载到计算机，或者通过 DVD 或 USB 记忆棒等可移动媒体设备进行协议访问。一旦一个毫无戒心的用户执行托管特洛伊木马的程序，恶意负载就会自动启动，并且没有任何迹象。常见的主程序包括屏幕保护程序、贺卡系统和游戏。

美国国土安全部（DHS）官员说，他们有证据表明，运行美国许多关键基础设施的软件中植入了有害的特洛伊木马恶意软件，包括石油和天然气管道、输电网、配水和过滤系统，甚至核电站。国土安全部认为，该恶意软件是俄罗斯早在 2011 年就植入的，以威慑美国对俄罗斯的网络攻击。特洛伊木马将允许未经授权的用户从他们的计算机或移动设备远程控制或关闭我们基础设施的关键组件。[9]

另一种特洛伊木马是**逻辑炸弹**（logic bomb），当它被特定事件触发时执行。例如，逻辑炸弹可以由特定文件中的更改、键入特定系列的击键或者在特定时间或日期触发。使用逻辑炸弹的恶意软件攻击危害了六个韩国组织的大约 32 000 个 Windows、Unix 和 Linux 系统，其中包括三家主要电视广播公司和两家大型银行。攻击的一个组成部分是由一个逻辑炸弹触发的"雨刷"恶意软件，该炸弹被设置为在预设的时间和日期开始覆盖计算机的主引导记录。[10]

垃圾邮件

电子**垃圾邮件**（spam）是滥用电子邮件系统向大量人发送未经请求的电子邮件。大多数垃圾邮件都是一种低成本的商业广告形式，有时是针对有问题的产品，如色情内容、虚假的快速致富计划和毫无价值的股票。垃圾邮件也是许多合法组织使用的一种极其廉价的营销方法。例如，一家公司可能会向广大潜在客户发送电子邮件，宣布新产品的发布，以期增加初始销售。然而，垃圾邮件也被用来传递有害的蠕虫和其他恶意软件。

为产品或服务创建电子邮件活动的成本是几百到几千美元，而直接邮件活动的成本是几万美元。此外，与三个月或更长时间的直邮活动相比，电子邮件活动只需要几周的时间来发展，反馈的周转时间平均为 48 小时，而直邮为 48 周。然而，垃圾邮件给公司带来的好处可能在很大程度上被公众对收到未经请求的广告的普遍负面反应所抵消。

垃圾邮件迫使不需要的、通常是令人反感的材料进入邮箱，由于在许多未经请求的邮件中隐藏了完整的邮箱和相关的电子邮件，从而削弱了收件人有效通信的能力，并使互联网用户和服务提供商每年损失数百万美元。用户需要花费时间扫描和删除垃圾邮件，如果他们每小时支付一次互联网连接费用（例如在互联网咖啡馆），这项费用就会增加。它还为互联网服务提供商（ISP）和在线服务传输垃圾邮件支付了费用，这反映在向所有用户收取的费用中。

垃圾邮件还有更险恶的一面，它经常被用来引诱毫无戒心的收件人采取行动，从而导致恶意软件被下载到他们的计算机上。安全、存储和系统管理解决方案提供商赛门铁克（Symantec）开始注意到针对数百万用户的多个短时间、大容量垃圾邮件攻击实例，这些消息指示收件人单击一个指向 URL 的链接，如果链接成功，将导致财务特洛伊木马"Infostealer. Dyranges（Dyre）"被下载到他们的计算机上。此特洛伊木马程序会窃取财务信息。[11]

2004 年 1 月，《反垃圾邮件法》（Controlling the Assault of Non-Solicited Pornography and Marketing (CAN-SPAM) Act）生效，该法案称，垃圾邮件是合法的，只要邮件满足一些基本要求：垃圾邮件发送者不能通过使用虚假的返回地址来伪装他们的身份，电子邮件必须包含一个标签来说明这是一个广告或一个请求，电子邮件必须包含一种收件人表示他们不希望以后群发邮件的方式。一家帮助企业保护数据和降低安全风险的机构 Trustwave 的数据显示，尽管采取了 CAN-SPAM 和其他措施，但电子邮件中垃圾邮件的百分比在 2015 年 1 月 18 日的一周平均依然达到了 57%。[12]

许多公司（包括谷歌、微软和雅虎）都提供免费的电子邮件服务。垃圾邮件发送者通常寻求使用来自主要、免费和声誉良好的基于 Web 的电子邮件服务提供商的电子邮件账户，因为它们的垃圾邮件可以免费发送，并且不太可能被阻止。垃圾邮件发送者可以通过发起一种协调的机器人攻击来挫败免费电子邮件服务的注册过程，这种攻击可以注册数千个电子邮件账户，然后这些账户被垃圾邮件发送者用来免费发送数千封无法追踪的电子邮件。

部分解决这个问题的方法是使用验证码来确保只有人类才能获得免费账户。**CAPTCHA**（Completely Automated Public Turing Test to Tell Computers and Humans Apart，全自动区分计算机和人类的图灵测试）软件生成和分级测试，人类可以通过测试，但除了最复杂的计算机程序以外，其他所有程序都无法通过测试。例如，人类可以阅读图 11-1 中扭曲的文本，但简单的计算机程序却不能。

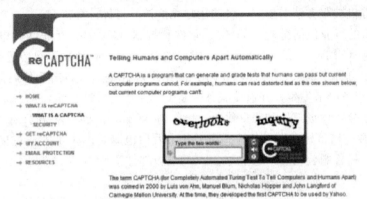

图 11-1 CAPTCHA 示例

分布式拒绝服务

分布式拒绝服务（DDoS）攻击（distributed denial-of-service（DDoS）attack）是指恶意黑客通过互联网接管计算机，使其向目标站点大量发送数据和其他小任务的需求。分布式拒绝服务攻击不涉及目标系统的渗透，相反，它使目标一直忙于响应一系列自动请求，以至于合法用户无法进入互联网，这相当于重复拨打一个电话号码，以便所有其他呼叫者都能听到占线信号（见图 11-2）。目标机器在等待永远不会出现的答复时，基本上保持线路打开；最终，请求耗尽目标的所有资源。

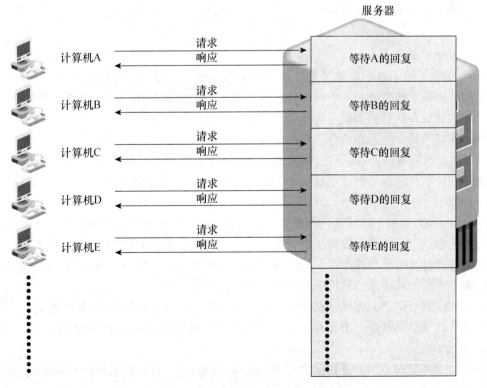

图 11-2 分布式拒绝服务（DDoS）攻击

221

发起拒绝服务攻击的软件易于使用，许多 DDoS 工具在各种黑客网站上随时可用。在一次 DDoS 攻击中，一个小程序被秘密地从攻击者的计算机下载到世界各地的几十台、数百台甚至数千台计算机上。**僵尸网络**（botnet）一词用于描述一大群这样的计算机，这些计算机由黑客从一个或多个远程位置控制，而不需要其所有者的知情或同意。一些僵尸网络的集体处理能力超过了世界上最强大的超级计算机。根据攻击者的命令或在预设时间，僵尸网络计算机［也称为**僵尸**（zombies）］开始运行，每台计算机每秒发送多次简单的访问目标站点的请求。目标计算机被服务请求压倒，合法用户无法访问目标计算机。

最常遭受 DDoS 攻击的行业包括游戏（35％）、软件和技术（26％）、互联网和电信（11％）、媒体和娱乐（10％）以及金融服务（7％）。[13] 2014 年 8 月，索尼的 PlayStation 和娱乐网络遭到大规模的 DDoS 攻击，使得玩家无法登录。一个自称蜥蜴队（Lizard Squad）的组织声称是这次袭击的幕后黑手。[14] 同一组织的第二次 DDoS 攻击在 2014 年圣诞节发生，并迫使服务中断了几天。[15]

僵尸网络还经常用于分发垃圾邮件和恶意代码。格鲁姆（Grum）僵尸网络于 2008 年首次被发现，直到 2012 年才被网络警察击败。格鲁姆在世界各地感染了几十万台电脑，产生了大量垃圾邮件来推广廉价药品。据估计，在其高峰时期，格鲁姆公司导致了全球 35％的垃圾邮件。[16]

Rootkit

Rootkit 是一组程序，它允许用户在未经最终用户同意或知道的情况下获得对计算机的管理员级访问。一旦安装，攻击者就可以完全控制系统，甚至从合法的系统管理员那里掩盖 rootkit 的存在。攻击者可以使用 rootkit 来执行文件、访问日志、监视用户活动和更改计算机的配置。Rootkit 是混合威胁的一部分，由滴管（dropper）、加载器（loader）和 rootkit 组成。滴管代码启动 rootkit 安装，可以通过单击电子邮件中的恶意网站链接或打开受感染的 PDF 文件来激活。滴管启动加载器程序，然后自行删除。加载器程序将 rootkit 加载到内存中；此时，计算机已被破坏。Rootkit 的设计非常巧妙，甚至很难发现是否安装在计算机上。尝试检测 rootkit 的基本问题是，当前运行的操作系统无法被信任以提供有效的测试结果。以下是被 rootkit 感染的一些症状：

- 计算机锁定或无法响应键盘或鼠标的输入。
- 屏幕保护程序在用户不执行任何操作的情况下进行更改。
- 任务栏消失。
- 网络活动运行非常缓慢。

当确定计算机已感染 rootkit 时，除了重新格式化磁盘、重新安装操作系统和所有应用程序以及重新配置用户的设置（如映射驱动器）外，几乎没有什么可做的。这可能需要几个小时，用户可能会有一台基本的工作机器，但所有本地保存的数据和设置可能会丢失。

"2012 rootkit 病毒"是一种恶意软件，它从计算机上删除信息，使某些应用程序无法运行，如 Microsoft Word。Rootkit 存在的时间越长，造成的损坏就越多。病毒要求用户安装防病毒软件或其他应用程序的合法更新。当用户看到安装软件的提示时，已经太晚了，计算机已经被 rootkit 感染。[17]

网络钓鱼

网络钓鱼（phishing）是利用电子邮件试图让收件人透露个人数据的欺诈行为。在一个网络钓鱼骗局中，欺诈者发送看起来合法的电子邮件，敦促接收者采取行动以避免负面后果或获得奖励。请求的操作可能涉及单击指向网站的链接或打开电子邮件附件。这些电子邮件（如图 11-3 所示）将消费者引向伪造的网站，目的是欺骗他们泄露个人数据或将恶意软件下载到他们的计算机上。

全球网络钓鱼攻击的数量令人担忧。据估计，每天大约有 1.56 亿封网络钓鱼邮件被发送，其中 1 600 万封成功避开电子邮件过滤器，其中大约又有 50％（或 800 万）被打开，每天有 80 万个收件人点击电子邮件中包含的恶意 URL 链接。[18]

精明的用户往往会怀疑，并拒绝将数据输入伪造的网站；然而，有时仅仅访问该网站就可以触发将恶意软件自动而不明显地下载到计算机上。事实上，2014 年，恶意 URL 在未经请求的电子邮件中所占的比例飙升至平均 10%。[19] 正如人们所猜测的那样，美国银行、花旗银行、大通银行、万事达卡、维萨卡和富国银行等金融机构是网络钓鱼者最经常欺骗的网站。[20]

鱼叉式网络钓鱼（spear-phishing）是网络钓鱼的一种变体，钓鱼者向某个组织的员工发送欺诈电子邮件，它之所以被称为鱼叉式钓鱼，是因为它的攻击更精确且攻击范围更狭窄，就像鱼叉的尖端。这些虚假的电子邮件看起来像是来自组织内的高层管理人员。员工被引导到一个伪造的网站，然后被要求输入个人信息，如姓名、社会保险号和网络密码。僵尸网络已经成为散播网络钓鱼欺诈的主要手段。

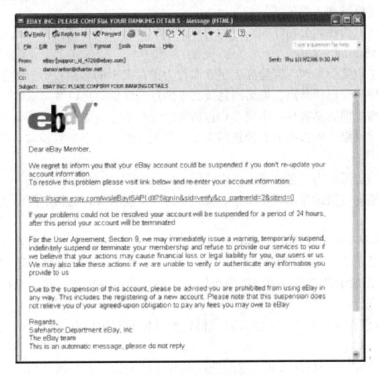

图 11-3 钓鱼电子邮件示例

互联网名称与数字地址分配机构（ICANN）负责 IP 地址空间分配和域名系统管理。2014 年底，该组织成为一次鱼叉式网络钓鱼攻击的受害者，该攻击涉及欺骗的电子邮件，它们看起来就像来自 ICANN。这些电子邮件被发送给了 ICANN 的工作人员，导致了几名员工的电子邮件证书的妥协。然后，这些泄露的凭证被用于获得对集中区域数据系统（czds.icann.org）的未经授权的访问，该系统包括用户输入的信息，如姓名、邮政地址、电子邮件地址、用户名和密码。作为回应，ICANN 停用了所有 CZDS 密码，通知用户数据泄露，并告诉用户如何请求新密码。ICANN 还建议 CZDS 用户采取措施保护可能使用相同用户名或密码的任何其他在线账户。[21]

smishing 和 vishing

smishing（也称为 SMS phishing 和 SMiShing）是网络钓鱼的另一种变体，涉及短信息服务（SMS）的使用。在一个 smishing 骗局中，人们在手机上收到一条看起来合法的短信，告诉他们拨打一个特定的电话号码或登录一个网站，这通常是因为他们的银行账户或信用卡出现了问题，需要立即关注。然而，电话号码或网站是假的，用来欺骗毫无戒心的受害者提供个人信息，如银行账号、个人身份证号码或信用卡号码。这些信息可以用来从受害者的银行账户中窃取钱财，在他们的信用卡上收取购买费用，或者开立新账户。在某些情况下，如果受害者登录一个网站，恶意软件就会被下载到他们的手机上，让罪犯能够访问存储在手机上的信息。随着越来越多的人使用手机在线购物，节日期间的 smishing 骗局通常会增加。

vishing 类似于 smishing，只是受害者会收到一条语音邮件，告诉他们拨打电话号码或访问网站。一名来自英国的妇女不幸被一名伪装成签证欺诈调查专家的装模作样的诈骗犯骗了，这名诈骗犯说服这位妇女将 17 500 英镑（近 27 000 美元）的退休金存入诈骗犯控制的一个新账户。当这名妇女意识到自己是一个骗局的受害者并联系了她的银行时，银行退还了她 196 英镑（刚好超过 300 美元），表明不负责剩余的钱，因为她已经授权付款。[22]

金融机构、信用卡公司和其客户可能被犯罪分子以这种方式攻击的其他组织应警惕网络钓鱼、smishing 和 vishing 欺诈行为。如果发现此类欺诈行为，它们必须在不向客户发出警报的情况下准备好迅速果断地采取行动。机构和组织的建议行动步骤包括：

● 公司应该通过信件、为呼叫公司呼叫中心的用户记录的信息以及公司网站上的文章来教育它们的客户网络钓鱼、smishing 和 vishing 的危险。

● 呼叫中心服务员工应接受培训，以检测表明欺诈行为正在发生的客户投诉。他们应该尝试捕获关键的信息片段，例如客户要使用的回拨号码、电话消息或文本消息的详细信息以及请求的信息类型。

● 如果出现欺诈，应立即通知客户。实现方式包括为给呼叫中心打电话的客户提供录音信息，与当地媒体合作，在为攻击区域提供服务的报纸上放置新闻文章，在机构的网页上放置横幅，甚至在银行直通和大厅区域显示海报。

● 如果确定电话来自美国境内，各公司应向联邦调查局（FBI）报告该诈骗案。

● 机构也可以尝试通知电信运营商，要求它们关闭受害者被要求拨打的特定的电话号码。[23]

高级持久性威胁

高级持续性威胁（advanced persistent threat，APT）是一种网络攻击，其中入侵者获得对网络的访问权，并在网络中长期不被发现，意图窃取数据。APT 中的攻击者必须不断重写代码并使用复杂的规避技术来避免被发现。APT 专门攻击具有高价值信息的组织，如银行和金融机构、政府机构和保险公司。[24] APT 攻击通过以下五个阶段进行：

1. 侦察——入侵者首先对网络进行侦察，以获得有关目标的有用信息（安装的安全软件、连接到网络的计算资源、用户数量等）。

2. 入侵——下一步攻击者将在低级别入侵网络，以避免触发任何警报或怀疑。在这一阶段，可能会采用某种形式的鱼叉式网络钓鱼。一旦侵入目标，攻击者就会建立一个后门或者访问绕过安全机制的计算机程序的方法。

3. 发现——入侵者现在开始一个发现过程，收集有效的用户凭证（尤其是管理凭证），并在网络中横向移动，安装更多的后门。这些后门使攻击者能够安装虚假的实用程序来散播一目了然的恶意软件。

4. 捕获——攻击者现在已准备好访问未受保护或受到破坏的系统，并在很长一段时间内捕获信息。

5. 导出——将捕获的数据导回攻击者的基地进行分析和/或用于实施欺诈和其他犯罪。[25]

尽管 APT 攻击很难识别，但数据盗窃永远不会完全不可见。检测出站数据中的异常可能是管理员发现网络已成为攻击目标的最佳方法。

黑客组织卡巴纳克（Carbanak）被认为从中国、俄罗斯、乌克兰和美国的银行盗窃了超过 10 亿美元。该组织的做法包括使用一个 APT，该 APT 最初使用模拟合法银行通信的钓鱼电子邮件来钩住受害者。该团伙执行侦察阶段，收集有关系统管理员的数据，并使用这些信息在各种银行系统中导航，包括 ATM、金融账户和货币处理服务。一旦获得这些系统的访问权，黑客就通过将资金转移到中国和美国的账户中来窃取资金。他们甚至设计了自动取款机，在特定的时间点钞，供运钞车取钱。[26]

身份盗窃

当有人窃取你的个人信息，未经你的许可而使用它时，就会发生**身份盗窃**（identity theft）。通常，被盗的个人身份信息，例如姓名、社会保险号或信用卡号，用于实施欺诈或其他犯罪。窃贼可以使用消费者的信用卡号向其账户收费，使用身份信息以消费者的名义申请新的信用卡或贷款，或者使用消费者的姓名和社会保险号接受政府福利。窃贼也可能在黑市上出售个人身份信息。[27]

数据泄露（data breach）是指未经授权的个人意外发布敏感数据或访问敏感数据。表 11-4 列出了美国五大数据泄露事件，所有这些都涉及个人身份信息。[28]

表 11-4　美国五大数据泄露事件

组织	年份	泄露的记录数	被盗的数据
哈特兰德支付系统	2008	1.3 亿	信用卡和借记卡数据
塔吉特	2013	1.1 亿	信用卡和借记卡数据
索尼在线娱乐系统	2011	1.02 亿	登录凭证、姓名、地址、电话号码、电子邮件地址
Anthem	2015	0.8 亿	姓名、地址、出生日期、社会保险号、健康保险 ID 号
美国国家档案馆	2008	0.76 亿	姓名和联系方式、社会保险号

一个五人帮派被指控发动了大规模的网络攻击，导致 7-11、道琼斯、哈特兰德支付系统和纳斯达克（NASDAQ）出现大规模数据泄露。这个帮派的成员都有明确的角色：两名成员负责打入网络安全系统并访问受害者的系统；另一名成员执行数据挖掘并窃取包括信用卡号码在内的宝贵信息；另一名成员为隐藏帮派的活动提供匿名的虚拟主机；最后一名成员出售窃取的信息，并将所得分给帮派其他成员。虽然所有帮派成员的身份都是已知的，但目前只有两人被拘留。[29]

为了减小网上信用卡欺诈的可能性，大多数电子商务网站使用某种形式的加密技术来保护消费者的信息。有些网站还验证了网上提交的地址与开证行存档的地址是否对应，尽管商家可能会无意中放弃合法订单，例如，消费者可能会下合法订单，但会要求将货物运至其他地址，因为这是一个礼物。另一种安全技术是要求信用卡安全码（CVV），即信用卡背面签名栏上方的三位数字。这项技术使得利用在网上被偷的信用卡号码是不可能的。另一个安全选项是交易风险评分软件，它跟踪客户的历史购物模式，并注意与标准的偏差。例如，假设你从未去过赌场，并且你的信用卡在凌晨 2 点在凯撒宫（Caesar's Palace）使用过，交易风险评分将大幅上升，以至于交易可能会被拒绝。

你会怎么做？

你刚刚在新闻上听说你的大学发生了重大数据泄露，所有学生、教师和员工的个人身份信息可能已被泄露。事件发生在三个月前，但目前正在进行沟通。你应该采取什么行动？

网络间谍

网络间谍（cyberespionage）涉及恶意软件的部署，这些恶意软件在政府机构、军事承包商、政治组织和制造公司等组织的计算机系统中秘密窃取数据。最经常针对的数据类型包括可以为犯罪者提供不公平竞争优势的数据，这些数据通常不是公共知识，并且甚至可以通过专利、版权或商业秘密加以保护。高价值数据包括以下内容：

- 销售、营销和新产品开发计划、时间表和预算；
- 有关产品设计和创新流程的详细信息；
- 员工个人信息；
- 顾客和客户数据；
- 有关合作伙伴和合作伙伴协议的敏感信息。

NetTraveler，也称为 Travnet，是一种网络恶意软件，用于窃取与 Microsoft Office、Corel Draw 和 AutoCAD 相关的文件，并执行低级计算机监视。该恶意软件针对 40 多个国家的 350 多名高知名度受害者，包括政治活动家、研究中心、政府机构、大使馆、军事承包商和不同行业的私营公司。[30]

网络恐怖主义

网络恐怖主义（cyberterrorism）是指利用信息技术使关键的国家基础设施（如能源、交通、金融、执法、紧急反应）失效，以实现政治、宗教或意识形态目标，从而对政府或大众造成的威胁。网络恐怖主义是全球各国和组织日益关注的问题。实际上，奥巴马总统在 2015 年初于白宫发表的一份声明中说："网络威胁是美国面临的最严重的国家安全威胁之一。"[31]

美国国土安全部（Department of Homeland Security，DHS）是一个大型联邦机构，拥有 24 万多名员工，预算近 650 亿美元。它于 2002 年成立，是由 22 个不同的联邦部门和机构组成的一个统一的、综合的内阁机构，其目标是建立一个"更安全、更稳固，能够抵御恐怖主义和其他潜在威胁的美国"[32]。该机构的网络安全和通信办公室属于美国国家保护和计划司，负责增强美国网络和通信基础设施的安全性、弹性和可靠性。它的工作是防止或尽量减少对关键信息基础设施的破坏，以保护公众、经济和政府服务。[33] 国土安全部网页（www.dhs.gov）提供了一个链接，允许用户报告网络事件。这些事件报告将被提交给**美国计算机应急准备小组**（United States Computer Emergency Readiness Team，US-CERT）（国土安全部与公共和私营部门的合作伙伴）的事件报告系统，以帮助分析人员及时处理安全事件，以及进行改进的分析。[34] US-CERT 成立于 2003 年，旨在保护国家的互联网基础设施免受网络攻击，它是新病毒、蠕虫和其他计算机安全主题信息的交换所（每月开发 500 多种新病毒和蠕虫）。[35]

网络恐怖分子每天都试图非法访问一些重要和敏感的网站，如英国、法国、以色列和美国的外国情报机构的计算机、北美航空航天防御司令部（NORAD）以及许多政府部门和世界各地的私营公司，特别是，石油和天然气行业的公司被视为高价值目标。一些网络恐怖分子有兴趣控制计算机控制的炼油厂中的石油和天然气的流量，以及石油通过管道的流动。这可能会导致毁灭性的后果，因为如果石油和天然气在冬天被切断，将会导致大规模的人口被冻死，或者导致汽油泵价格飞涨。2015 年初，网络安全公司卡巴斯基实验室发现了极其复杂的恶意软件（称为"面具"（The Mask）），目标是天然气和石油公司。尽管该威胁在 2015 年被发现，但自 2007 年以来似乎一直存在，卡巴斯基估计，它已经在数十个国家感染了数千台计算机。[36]

■ 起诉计算机攻击的联邦法律

多年来，已经颁布了一些法律，帮助起诉那些与计算机有关的犯罪的责任人；这些法律总结在表 11 - 5 中。例如，《美国爱国者法案》（USA Patriot Act）第 814 节将网络恐怖主义定义为任何旨在未经授权访问受保护的计算机的黑客企图。这些企图如果成功，将导致一个人的总损失超过 5 000 美元；对某人的体检、诊断产生不利影响或治疗；造成人员受伤；对公共健康或安全造成威胁；或者对用作司法、国防或国家安全管理工具的政府计算机造成损坏。[37] 那些被判犯网络恐怖主义罪的人将被判处 5～20 年监禁。（5 000 美元的门槛很容易超过，因此，许多参与了他们认为是轻微的计算机恶作剧的年轻人发现自己符合作为网络恐怖分子进行审判的标准。）

表 11 - 5　处理计算机犯罪的联邦法律

联邦法律	相关区域
《计算机欺诈和滥用法》（Computer Fraud and Abuse Act）（《美国法典》第 18 篇第 1 030 节）	解决与计算机有关的欺诈和相关活动，包括： ● 未经授权或超过授权访问权限访问计算机； ● 传送对计算机造成损害的程序、代码或命令； ● 贩运计算机密码； ● 可能对受保护的计算机造成损坏的威胁。
《访问设备欺诈及相关行为》（Fraud and Related Activity in Connection with Access Devices Statute）（《美国法典》第 18 篇第 1 029 节）	涵盖有关未经授权使用信用卡的虚假索赔。

续表

联邦法律	相关区域
《身份盗窃和假设威慑法》（Identity Theft and Assumption Deterrence Act）（《美国法典》第 18 篇第 1 028 节）	将身份盗窃定为联邦犯罪，最高可判处 15 年监禁，最高罚款为 25 万美元。
《存储的有线和电子通信及交易记录访问法规》（Stored Wire and Electronic Communications and Transactional Records Access Statutes）（《美国法典》第 18 篇第 121 章）	侧重于非法访问存储的通信，以获取、更改或阻止在电子存储中对有线或电子通信的授权访问。
《美国爱国者法案》（USA Patriot Act）	定义网络恐怖主义和相关惩罚。

现在，我们已经讨论了各种类型的计算机攻击、实施这些攻击的人以及可以起诉他们的法律，我们将讨论组织如何采取措施来实施可信计算环境来防御此类攻击。

实现可信计算

可信计算（trustworthy computing）是一种计算方法，它基于良好的商业实践提供安全、私有和可靠的计算体验，这正是当今世界各组织所要求的。软件和硬件制造商、顾问和程序员都明白这是他们客户的优先考虑事项。例如，如表 11 - 6 所示，微软承诺提供一个可信计算方案，旨在提高对其软件产品的信任。[38]

表 11 - 6　微软为支持可信计算而采取的行动

支柱	微软采取的行动
安全	投资于创造一个值得信赖的环境所需的专业知识和技术。
	与执法机构、行业专家、学术界和私营部门合作，创建和实施安全计算。
	通过对消费者进行安全计算方面的教育来培养信任。
隐私	在产品的设计、开发和测试中，优先考虑隐私。
	为行业组织和政府制定的标准和政策作出贡献。
	为用户提供对其个人信息的控制感。
可靠性	构建系统，以便：（1）在内部或外部中断的情况下继续提供服务；（2）在中断的情况下，可以轻松地恢复到以前已知的状态，而不会丢失数据；（3）在需要时提供准确及时的服务；（4）所需的更改升级不会干扰它们；（5）它们在发布时包含最少的软件错误；（6）它们按预期或承诺工作。
商业诚信	反应迅速——对问题负责并采取措施加以纠正。
	透明——与客户打交道要坦诚，动机要明确，信守承诺，确保客户知道他们在与公司打交道时的立场。

一个强大的安全计划首先评估对组织计算机和网络的威胁，确定解决最严重漏洞的措施，并向最终用户介绍所涉及的风险以及他们必须采取的措施以防止安全事件的发生。组织的信息技术安全小组必须通过实施安全政策和程序以及有效地使用可用的硬件和软件工具来领导防止安全漏洞的工作。但是，没有一个安全系统是完美的，因此必须对系统和过程进行监控，以检测可能的入侵。如果发生入侵，必须有一个明确的反应计划来处理通知、进行证据保护以及进行活动日志的维护、遏制、根除和恢复。

■ 风险评估

风险评估（risk assessment）是评估内部和外部威胁对组织计算机和网络造成的安全相关风险的过程，

227

这样的威胁可以阻止组织实现其关键业务目标。风险评估的目标是确定哪些时间和资源投资最能保护组织免受最可能和最严重的威胁。在信息技术风险评估的环境中，资产是组织用于实现其业务目标的任何硬件、软件、信息系统、网络或数据库，损失事件是对资产产生负面影响的任何事件，例如计算机感染病毒或网站遭受分布式拒绝服务攻击。一般安全风险评估过程的步骤如下：

- 第1步：确定组织最关心的一组信息技术资产。通常优先考虑那些支持组织使命和实现其主要业务目标的资产。
- 第2步：识别可能发生的损失事件或者风险或威胁，例如分布式拒绝服务攻击或内部欺诈。
- 第3步：评估事件的频率或每个潜在威胁的可能性；一些威胁，如内部欺诈，比其他更可能发生。
- 第4步：确定每个威胁的影响。威胁会对组织产生轻微影响，还是会使组织在很长一段时间内无法执行其任务？
- 第5步：确定如何减轻每个威胁，以使其发生的可能性大大降低，或者，如果确实发生了，对组织的影响也较小。例如，在所有计算机上安装病毒防护使计算机感染病毒的可能性大大降低。由于时间和资源的限制，大多数组织选择只关注那些具有高（相对于所有其他威胁）发生概率和高（相对于所有其他威胁）影响的威胁。换言之，首先要解决那些可能发生的威胁，这些威胁会对组织产生很大的负面影响。
- 第6步：评估实施缓解方案的可行性。
- 第7步：进行成本效益分析，以确保你的工作具有成本效益。没有足够的资源可以保证一个完善的安全系统，因此组织必须平衡安全漏洞的风险和防止安全漏洞的成本。**合理保证**（reasonable assurance）的概念认识到，管理者必须运用他们的判断，以确保控制成本不超过系统的效益或所涉及的风险。
- 第8步：决定是否实施特定对策。如果你决定不实施某个特定的对策，那么你需要重新评估该威胁是否真正严重，如果是，则需要确定一个成本更低的对策。

安全风险评估过程及其结果因组织而异。完成的风险评估确定了对公司最危险的威胁，并有助于将安全工作集中于回报最高的领域。表11-7列出了一个假想的组织的风险评估。

表11-7　一个假想的公司的风险评估

不良事件	受到威胁的业务目标	威胁（估计的事件频率）	脆弱性（此威胁成功的可能性）	成功攻击的估计成本	风险＝威胁×脆弱性×估计成本	待确定的相对优先权
分布式拒绝服务攻击（DDoS）	零售网站的全天候运营	每年3次	25%	500 000 美元	375 000 美元	1
带有有害蠕虫的电子邮件附件	员工和供应商之间的快速可靠沟通	每年1 000次	0.05%	200 000 美元	100 000 美元	2
有害病毒	员工使用个人生产力软件	每年2 000次	0.04%	50 000 美元	40 000 美元	3
发票和支付欺诈	可靠的现金流	每年1次	10%	200 000 美元	20 000 美元	4

建立安全政策

安全政策（security policy）定义了组织的安全要求，以及满足这些要求所需的控制和制裁。良好的安全政策描述了组织成员的职责和预期行为。安全政策概述了需要做什么，而不是如何做。如何实现政策目标的细节通常在单独的文件和程序指南中提供。

SANS（SysAdmin，Audit，Network，Security）研究所的网站（www.sans.org）提供了许多与安全相

关的策略模板，可以帮助组织快速制定有效的安全政策。模板和其他安全政策信息可以在 www. sans. org/ security-resources/policies 上找到，并提供创建各种策略的指南，包括可接受的使用策略、电子邮件策略、密码保护策略、远程访问策略和软件安装策略。

只要可能，自动化系统规则就应该反映组织的书面策略，自动化系统规则通常可以使用软件程序中的配置选项来实施。例如，如果一个书面策略声明密码必须每 30 天更改一次，那么所有系统都应该配置为自动执行此策略。然而，用户常常试图绕过安全政策，或者完全忽略它们。例如，网络路由器制造商敦促用户在首次设置路由器时更改其默认密码。一位黑客发现了世界各地许多仍在使用默认密码的路由器，并公布了这些路由器及其 IP 地址的列表，以便任何人都能进入相关网络并造成破坏。[39]

在应用系统安全限制时，信息技术专业人员有时必须在易用性和增强的安全性之间作出权衡；但是，当决定支持易用性时，安全事件有时会增加。随着安全技术在复杂性上的不断进步，它们对最终用户变得更加透明。

安全专家日益关注的一个领域是使用无线设备访问公司电子邮件、存储机密数据以及运行关键应用程序，如库存管理和销售队伍自动化。智能手机等移动设备易受病毒和蠕虫的影响，然而，移动设备的主要安全威胁仍然是设备丢失或被盗。谨慎的公司已经开始将移动设备的特殊安全要求作为其安全政策的一部分。在某些情况下，笔记本电脑和移动设备的用户必须使用虚拟专用网络（使用加密的方法，通过互联网提供对远程计算机的安全访问）才能访问其公司网络。

教育员工和合同工

创建和增强用户对安全政策的认识一直是公司的安全优先事项。员工和合同工必须接受关于安全重要性的教育，以便他们有动力理解和遵守安全政策，这通常可以通过讨论最近影响组织的安全事件来实现。用户必须理解他们是安全系统的关键部分，并且他们有一定的责任。例如，用户必须通过执行以下操作来帮助保护组织的信息系统和数据：

- 保护他们的密码以防止对他们的账户未经授权的访问；
- 禁止他人使用密码；
- 应用严格的访问控制（文件和目录权限）保护数据不被泄露或破坏；
- 向组织的信息技术安全小组报告所有异常活动；
- 注意确保便携式计算和数据存储设备受到保护（每年有数十万台笔记本电脑丢失或被盗）。

表 11-8 提供了一个简单的自我评估安全测试，应要求员工和承包商完成该测试。每个问题的首选答案为"是"。

表 11-8　自我评估安全测试

推荐的操作	是	否
是否安装了最新版本的操作系统？		
是否安装了最新版本的防火墙、防病毒软件和恶意软件？		
当你收到新的更新可用的通知时，是否将更新安装到所有软件？		
你是否为每个账户和应用程序设置了不同的强密码（至少 10 个字符，包含大写字母和小写字母、数字和特殊字符）？		
你是否熟悉并遵守你的组织有关从家中或远程位置访问公司网站和应用程序的政策（通常涉及 VPN 的使用）？		
你是否将加密方法设置为 WPA2 并更改了家庭无线路由器上的默认名称和密码？		

续表

推荐的操作	是	否
使用免费的公共无线网络时，是否避免查看电子邮件或访问需要用户名和密码的网站？		
你是否避免点击你不认识的人的电子邮件中的 URL？		
你是否每周至少备份一次关键文件到单独的设备？		
你是否熟悉并遵守你的组织有关在设备上存储个人或机密数据的政策？		
你的设备是否有在接受进一步输入之前必须输入的安全密码？		
你是否安装了"查找我的设备"或类似软件以防设备丢失或被盗？		
你确定不让你的设备在一个容易被盗的公共场所无人看管吗？		
你是否已查看且了解隐私设置，以控制哪些人可以查看或阅读你在脸谱网和其他社交媒体网站上的动态？		

预防

任何组织都不能完全安全地抵御攻击，关键是要实现一个分层的安全解决方案，使计算机入侵变得困难，以至于攻击者最终放弃。在分层解决方案中，如果攻击者突破了一层安全性，则必须克服另一层安全性。下面的章节将更详细地解释这些保护措施层。

安装企业防火墙

安装企业防火墙是企业采取的最常见的安全预防措施。**防火墙**（firewall）保护组织的内部网络和互联网，它根据组织的访问策略限制网络访问。

防火墙可以通过使用软件、硬件或两者的组合来建立，任何未明确允许进入内部网络的互联网流量都将被拒绝进入。同样，大多数防火墙都可以配置为根据色情和暴力等内容阻止内部网络用户访问某些网站，大多数防火墙也可以配置为阻止即时消息、访问新闻组和其他互联网活动。

软件供应商 Agnitum、Check Point、Comodo、Kaspersky 和 Total Defense 提供一些用于保护个人计算机的最高等级防火墙软件，其软件产品提供防病毒、防火墙、反垃圾邮件、家长控制和网络钓鱼保护功能，每个用户许可证售价为 30～80 美元。

入侵检测系统

入侵检测系统（intrusion detection system，IDS）是一种软件和/或硬件，用于监控系统以及网络资源和活动，并在检测到试图绕过网络计算机环境安全措施的网络流量时通知网络安全人员（见图 11-4）。此类活动通常意味着试图破坏系统的完整性或限制网络资源的可用性。

基于知识的方法和基于行为的方法是入侵检测的两种不同的基本方法。基于知识的入侵检测系统包含有关特定攻击和系统漏洞的信息，并监视利用这些漏洞的尝试，例如重复失败的登录尝试或反复尝试将程序下载到服务器，当检测到此类尝试时，会触发警报。基于行为的入侵检测系统通过以各种方式收集的参考信息，对系统及其用户的正常行为进行建模。入侵检测系统将当前活动与此模型进行比较，并在发现偏差时生成警报。例如，偶尔出现不寻常的流量，或者人力资源部的用户访问她以前从未使用过的会计程序。

在个人计算机上安装防病毒软件

应在每个用户的个人计算机上安装**防病毒软件**（antivirus software），以便定期扫描计算机内存和磁盘驱动器中的病毒。防病毒软件扫描特定的字节序列，称为病毒签名，表示存在特定的病毒。如果发现病毒，防病毒软件就会通知用户，并且可能清理、删除或隔离受恶意代码影响的任何文件、目录或磁盘。好的防病毒软件在系统启动时检查重要的系统文件，持续监控系统的病毒活动，扫描磁盘，运行程序时扫描内存，下载程序时检查程序，打开电子邮件附件前进行扫描。最广泛使用的两种防病毒软件产品是赛门铁克的 Norton

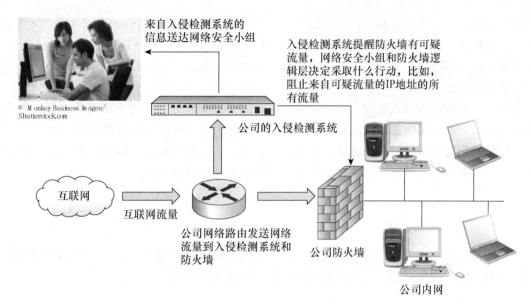

来自入侵检测系统的
信息送达网络安全小组

入侵检测系统提醒防火墙有可疑
流量，网络安全小组和防火墙逻
辑层决定采取什么行动，比如，
阻止来自可疑流量的IP地址的所
有流量

公司的入侵检测系统

© Monkey Business Images/
Shutterstock.com

互联网

互联网流量

公司网络路由发送网络
流量到入侵检测系统和
防火墙

公司防火墙

公司内网

图 11-4　入侵检测系统

Antivirus 和迈克菲的 Personal Firewall。

　　根据 US-CERT，团队分析的大多数病毒和蠕虫攻击都使用已知的恶意软件程序。因此，不断更新最新的病毒特征码是至关重要的。在大多数公司中，网络管理员负责经常监视网络安全网站，并根据需要下载更新的防病毒软件。许多防病毒软件供应商推荐并提供自动和频繁的更新。遗憾的是，防病毒软件无法识别和阻止所有病毒。

实施防范恶意内部人员的攻击的保护措施

　　员工离开公司后仍处于活动状态的用户账户是另一个潜在的安全风险。为了减少恶意内部人员的攻击威胁，信息技术人员必须及时删除离职员工和承包商的计算机账户、登录 ID 和密码。

　　组织还需要仔细定义员工角色，并正确地分离关键职责，这样单一个体就不负责完成具有高度安全含义的任务了。例如，允许员工启动和批准采购订单是没有意义的，这将允许员工代表不诚实的供应商输入大额发票，批准支付发票，然后从公司消失，与该供应商分割资金。除了职责分离外，许多组织还经常轮换敏感岗位的人员，以防止潜在的内幕犯罪。

　　另一个重要的保护措施是创建角色和用户账户，这样用户仅有权执行其职责而已。例如，财务部门的成员应具有不同于人力资源部门成员的授权，会计不应该审查员工的工资和出勤记录，人力资源部的成员不应该知道为使设备现代化花费了多少钱。即使是在一个部门内，也不应该给所有成员同样的权利。例如，在财务部门内，一些用户可以批准付款发票，但其他用户只能输入发票。有效的系统管理员将识别用户之间的相似性，并创建与这些组相关联的配置文件。

解决最重要的互联网安全威胁

　　绝大多数成功的计算机攻击都利用了众所周知的漏洞。计算机攻击者知道许多组织解决问题的速度很慢，这使得在互联网上扫描易受攻击的系统成为一种有效的攻击策略。通过利用已知但未修补的漏洞，蠕虫〔如爆炸机（Blaster）、Slammer 和红色代码〕的猖獗和破坏性传播，成为可能。US-CERT 定期更新向其报告的最常见、高影响漏洞的摘要，你可以在 www.us-cert.gov/current 上阅读此威胁的摘要。解决这些问题所需的操作包括为软件安装一个已知的补丁，并使应用程序和操作系统保持最新。负责计算机安全的人员必须优先考虑使用这些漏洞来防止攻击。

定期进行信息技术安全审计

　　另一个重要的预防工具是安全审计，它评估一个组织是否有一个经过充分考虑的安全政策，以及它是否被遵循。例如，如果一个策略说所有用户必须每 30 天更改一次密码，那么审计必须检查该策略的实施情况。审计还应审查谁有权访问特定系统和数据，以及每个用户的权限级别。审计发现有太多人可以访问关键数据，而且许多人的权力超出了执行其工作所需的权力，这并不罕见。良好审计的一个结果是提供需要处理的项目列表，以确保满足安全政策。

彻底的安全审计还应该测试系统安全措施，以确保它们按预期运行。此类测试可能包括从供应商处首次收到软件时尝试激活的默认系统密码。这种测试的目的是确保所有这些已知的密码都已更改。

一些组织还将进行防御系统的渗透测试，这就需要指派个体尝试突破这些措施，找出仍然需要解决的漏洞。用于此测试的人员知识渊博，可能会在测试安全措施时采取独特的方法。

■ 检测

即使采取了预防措施，也没有一个组织能够完全安全地抵御确定的攻击。因此，组织应该实施检测系统以当场捕获入侵者。组织经常使用入侵检测系统来最小化入侵者的影响。

■ 响应

一个组织应该为最坏的情况做好准备——一次成功的攻击会破坏系统的全部或部分防御，并破坏数据和信息系统。应在任何事件发生之前制定响应计划，并由组织的法律部门和高级管理层批准。一个完善的应对计划有助于将事件置于技术和情绪的控制之下。

在一个安全事件中，首要目标必须是控制和限制损害，而不是试图监测或限制入侵者。有时，系统管理人员把发现入侵者作为对个人的挑战并且花费本应该用于恢复正常的数据和信息系统的宝贵的时间来探索入侵者。

事故通知

任何响应计划的一个关键要素都是定义在发生计算机安全事件时通知谁和不通知谁。要涵盖的问题包括：在公司内部，需要通知哪些人，以及每个人需要哪些信息？在什么情况下，公司应该联系主要客户和供应商？公司如何在不必警告他们的情况下通知他们业务中断？什么时候联系地方当局或联邦调查局（FBI）？

大多数安全专家建议不要在公共论坛（如新闻报道、会议、专业会议和在线讨论组）中提供有关协议的具体信息。在不使用与受损系统相连的系统的情况下，所有处理该问题的各方都必须得到最新的通知。入侵者可能正在监视这些系统和电子邮件，以了解有关安全漏洞的已知信息。

必须做出一个关键的伦理决策，那就是告诉客户和其他人，他们的个人数据可能已被计算机事件破坏。许多组织都试图隐瞒这些信息，以免造成不良的宣传和客户流失。由于许多人认为这种不作为是不道德和有害的，因此许多州和联邦已经通过了相关法律，迫使组织披露客户数据何时被破坏。

证据和活动日志的保护

组织应在解决安全事件的过程中记录安全事件的所有细节。文件为将来的起诉收集有价值的证据，并在事件根除和后续阶段提供数据帮助。在日志中记录所有系统事件、所采取的特定操作（什么、何时和谁）以及所有外部对话（什么、何时和谁），这一点尤为重要，因为这可能成为法庭证据，一个组织应该建立一套以法律部门为资源的文件处理程序。

事故遏制

在通常情况下，有必要迅速采取行动遏制攻击，防止事态恶化。响应计划应明确定义确定攻击是否足以导致关闭或断开关键系统与网络的连接的过程。这些决定是如何作出的、作出的速度有多快以及是谁作出的都是有效响应计划的要素。

根除

在信息技术安全小组开始根除工作之前，必须从系统中收集并记录所有可能的犯罪证据，然后验证所有必要的备份都是最新的、完整的，并且没有任何病毒。在只写介质上为每个被破坏的系统创建一个法务磁盘映像，这对于以后的研究和作为证据都是非常有用的。在病毒被根除之后，该组必须创建一个新的备份。在整个过程中，应记录所采取的所有措施。这将在后续阶段证明是有用的，并确保问题不会再次出现。必须定期备份关键应用程序和数据。然而，许多组织实施了不充分的备份过程，发现在发生安全事件后，它们无法完全恢复原始数据。所有备份都应以足够的频率创建，以便在攻击破坏原始数据时能够完全且快速地恢复数据，应该测试这个过程以确认它确实有效。

事故后续跟踪

当然，后续行动的一个重要部分是确定组织的安全性是如何被破坏的，这样它就不会再次发生。通常，修复方法与从产品供应商处获取软件补丁一样简单，但重要的是要比立即修复更深入地了解事件发生的原因。如果一个简单的软件修复可以阻止事件发生，那么为什么在事件发生之前不安装修复程序呢？

应在事件发生后进行审查，以确定发生的确切情况，并评估组织的响应方式。一种方法是写一份正式的事件报告，其中包括事件和事件影响的详细年表。本报告应确定任何错误，以便以后不再重复，该事件的经验应该用于更新和修订安全事件响应计划。正式事故报告的关键要素应包括以下内容：

- 涉及的主机的 IP 地址和名称；
- 发现事件的数据和时间；
- 事件的长度；
- 事件是如何被发现的；
- 访问主机的方法；
- 对被利用的漏洞的详细讨论；
- 确定主机是否因攻击而受损；
- 存储在计算机（客户机，员工机）上的数据的性质；
- 确定被访问的数据是个人的、私有的还是机密的；
- 系统关闭的小时数；
- 对业务的总体影响；
- 事故造成的全部货币损失的估计；
- 与事故有关的所有事件的详细时间表。

创建所有事件的详细时间表也将记录该事故，以备日后起诉。为此，对货币损失进行估算至关重要，潜在成本包括收入损失、生产力损失、处理事故的人员的工资，以及更换数据、软件和硬件的成本。

另一个重要问题是，抓捕犯罪者需要付出多少努力。如果一个网站只是被破坏了，那么很容易修复或恢复该网站的 HTML（超文本标记语言，即描述网页外观的代码）。但是，如果入侵者造成了更严重的破坏，例如删除专有程序源代码或公司关键数据库的内容，会怎么样？如果他们偷走了公司的商业机密，该怎么办？专家破解者可以隐藏他们的身份，并且跟踪他们可能需要很长时间以及大量的公司资源。

还必须考虑负面宣传的可能性。通过公开审判和相关的公开报道来讨论安全攻击不仅在公共关系方面有巨大的潜在成本，而且有实际的货币成本。例如，一家银行或经纪公司可能会失去了解攻击并认为其资金或记录不安全的客户。即使一家公司认为负面宣传的风险是值得的，并追查犯罪者，包括必须向法院提供的专有信息的文件将来也可能会造成更大的安全威胁。另外，组织必须决定是否有道德或法律义务告知客户可能使其个人数据或财务资源面临风险的网络攻击。

计算机取证

计算机取证（computer forensics）是一门结合了法律和计算机科学要素的学科，以保持所收集的数据的完整性的方式来识别、收集、检查和保存来自计算机系统、网络和存储设备的数据，以便在法庭上被作为证据。计算机取证调查可以因刑事调查或者民事诉讼而开启，还可能出于各种其他原因而推出；例如，追溯数据丢失时采取的措施，评估计算机事件后的损坏，调查未经授权披露的个人或公司机密数据，或者确认或评估工业间谍活动的影响。

正确处理计算机取证调查是在法庭上成功打击计算机犯罪的关键。此外，广泛的培训和认证提高了计算机取证调查员在法庭上的地位，许多认证涉及计算机取证，包括 CCE（计算机审查员认证）、CISSP（信息系统安全专业认证）、CSFA（网络安全取证分析师认证）和 GCFA（GIAC 取证分析师认证）。EnCE 认证审查员程序认证掌握计算机调查方法以及使用指导软件的 EnCase 计算机取证软件的专业人员。许多大学（在线和传统）都提供专门从事计算机取证的学位，此类学位课程应包括会计培训，尤其是审计培训，因为这对于调查涉及欺诈的案件非常有用。

表 11-9 提供了一个管理者检查表，用于评估组织对安全事件的准备情况。每个问题的首选答案都为"是"。

表 11-9　管理者检查表

推荐的操作	是	否
是否进行了风险评估，以确定能够保护组织免受最可能和最严重威胁的时间和资源投资？		
高级管理层和参与实施安全措施的员工是否接受过合理保证概念的教育？		
是否制定了安全政策并在整个组织内广泛共享？		
自动化系统策略是否已实施，以反映书面策略？		
安全政策是否解决以下问题： ● 带有可执行文件附件的电子邮件？ ● 无线网络和设备？ ● 使用作为公司推广的一部分部署的智能手机以及终端用户购买的智能手机？		
是否有有效的员工和合同工安全教育计划？		
是否已实施分层安全解决方案以防止闯入？		
是否已安装防火墙？		
是否在所有个人计算机上都安装了防病毒软件？		
防病毒软件是否经常更新？		
是否已采取预防措施来限制恶意内幕人士的影响？		
前员工的账户、密码和登录 ID 是否被及时删除？		
是否有明确的员工职责分工？		
是否定义了个人角色，以便用户有权执行其职责，而无须执行其他任务？		
是否要求至少每季度审查一次最关键的互联网安全威胁并对其实施保护措施？		
是否已验证关键软件和数据库的备份过程工作正常？		
是否已实施入侵检测系统，以在网络和网络中的关键计算机上捕获入侵者？		
是否定期进行信息技术安全审计？		
是否制定了全面的事故响应计划？		
安全计划是否经过法律和高级管理层的审查和批准？		
该计划是否涉及以下所有领域： ● 事故通知？ ● 证据和活动日志的保护？ ● 事故遏制？ ● 根除？ ● 事故后续跟踪？		

重要术语

高级持久性威胁（APT）	国土安全部（DHS）	安全政策
防病毒软件	分布式拒绝服务（DDoS）攻击	smishing
僵尸网络	攻击	垃圾邮件
自带设备（BYOD）	防火墙	鱼叉式网络钓鱼
验证码（CAPTCHA，全自动区分计算机和人类的图灵测试）		身份盗窃
特洛伊木马	计算机取证	入侵检测系统（IDS）
可信计算	《反垃圾邮件法案》	逻辑炸弹
美国计算机应急准备小组（US-CERT）	网络间谍	病毒
网络钓鱼	网络恐怖主义	勒索软件
病毒签名	数据泄露	合理保证
vishing	风险评估	蠕虫
rootkit	零日攻击	安全审计
僵尸		

本章摘要

- 商业中使用的信息技术的安全性是最重要的，但它必须与其他商业需求相平衡。
- 日益增加的计算复杂性、更高的计算机用户期望、不断扩展和变化的系统、BYOD 政策、对具有已知漏洞的软件的依赖性的增加以及那些会造成伤害的人的复杂性的增加导致了安全事故的数量、种类和严重性的急剧增长。
- 许多不同类型的人发动电脑攻击，包括黑客、骇客、恶意内幕人士、工业间谍、网络犯罪分子、黑客行动主义者和网络恐怖分子。每种类型都有不同的动机。
- 勒索软件、病毒、蠕虫、特洛伊木马、逻辑炸弹、垃圾邮件、分布式拒绝服务攻击、rootkit、网络钓鱼、鱼叉式网络钓鱼、smishing、vishing、高级持久性威胁、身份盗窃、数据泄露、网络攻击和网络恐怖主义是最常见的计算机攻击。
- 国土安全部（DHS）有责任为美国提供一个更安全的环境，它能够抵御恐怖主义和其他潜在威胁。该机构的网络安全和通信办公室负责增强美国网络和通信基础设施的安全性、弹性和可靠性。
- 美国计算机应急准备小组（US-CERT）是国土安全部与公共和私营部门的合作伙伴，其目标是通过充当新的病毒、蠕虫和其他计算机安全主题的信息交换所，保护国家互联网基础设施免受网络攻击。
- 多年来，已经颁布了几项法律来起诉那些与计算机有关的犯罪的责任人，包括《计算机欺诈和滥用法》《访问设备欺诈及相关行为》《身份盗窃和假设威慑法》《存储的有线和电子通信及交易记录访问法规》，以及《美国爱国者法案》。
- 可信计算是一种基于良好的商业实践提供安全、私有和可靠的计算体验的计算方法。
- 一个强大的安全计划首先评估对组织计算机和网络的威胁，确定解决最严重漏洞的措施，并向用户介绍所涉及的风险以及他们必须采取的措施以防止安全事件发生。

- 信息技术安全小组必须带头实施安全政策和程序，以及硬件和软件工具，以帮助防止安全漏洞。
- 风险评估是评估内部和外部威胁对组织计算机和网络造成的安全相关风险的过程。
- 合理保证的概念认可，管理者必须运用他们的判断以确保控制成本不超过系统的收益或所涉及的风险。
- 任何组织都不能完全安全地抵御攻击。预防计算机安全事件的关键是实施分层安全解决方案，使计算机入侵变得如此困难，以至于攻击者最终放弃。
- 没有一个安全系统是完美的，所以必须监控系统和程序，以检测可能的入侵。
- 如果发生入侵，必须有一个明确的反应计划来处理通知、进行证据保护以及进行活动日志的维护、遏制、根除和恢复。
- 必须采取特殊措施来防范恶意内部人员的攻击和网络恐怖主义。
- 组织必须针对众所周知的漏洞实施修复，并定期进行信息技术安全审计。
- 各组织必须了解并有权接触受过培训的计算机取证专家，以保持所收集的数据的完整性的方式识别、收集、检查和保存来自计算机系统、网络和存储设备的数据，以便在法院作为证据呈现。

问题讨论

1. 做一些研究，以了解为什么必须遵守 HIPAA 法规的组织需要 BYOD 政策。你认为大型医疗保健供应商的员工应该能够使用自己的设备吗？为什么？

2. 成功的分布式拒绝服务攻击需要下载软件，在恶意黑客的控制下，将未受保护的计算机变成僵尸。作为鼓励人们更好地保护他们的计算机的一种手段，僵尸计算机的所有者应该被罚款还是受到其他惩罚？为什么？

3. 研究《反垃圾邮件法》的有效性。你能建议对这个法案做些修改吗？如果是这样，你希望看到实现了哪些更改？为什么？

4. 提供一个现实世界的例子或描述一种假设情况，在这种情况下，合法组织以有效和非侵入性的方式使用垃圾邮件来推广产品或服务。

5. 做一些研究来确定一个拥有四年计算机取证学位的人的典型的初始职位和起薪。做进一步的研究，找到三所提供四年制的专业计算机取证学位的大学，比较这三所大学，选择最好的一所。你为什么选择这所大学？

6. 一些信息技术安全人员认为，他们的组织应该雇用那些自称是白帽黑客的前计算机罪犯来识别组织安全防御的弱点。你同意吗？为什么？

7. 你是公司 200 名员工和合同工的计算机安全培训师。在最初的非信息技术人员一小时安全基本培训计划中，你将涉及哪些关键主题？一旦人们掌握了基础知识，什么类型的额外安全相关培训可能是合适的？

8. 数百名银行客户致电客户服务呼叫中心，投诉他们在电话中收到短信，要求他们登录网站并输入个人信息，以解决其账户的问题。银行应该采取什么行动？

9. 起草一份看起来合法的网络钓鱼电子邮件，它会强烈地吸引收件人单击网站链接或打开电子邮件附件。

10. 你如何区分黑客行动主义和网络恐怖分子？一个国家对敌方组织使用黑客行动主义是否应被视为不道德的战争行为？为什么？使用网络恐怖分子呢？

11. 概述实现可信计算所需的操作步骤。
12. 风险评估和信息技术安全审计有什么区别？

需要采取的行动

1. 你是你所在大学计算机科学课程 100 名学生中的佼佼者之一，你已经同意会见国土安全部的一名招聘人员。晚饭时，他跟你谈了外国对美国发动的网络恐怖主义攻击的威胁越来越大，以及应对这些攻击的必要性。该机构对那些既能开发又能防御新的零日攻击的人有着强烈的需求，零日攻击可以用来在政府和军事计算机使用的软件中植入恶意软件。晚餐结束时，招聘人员转向你，问道："你对这样一个角色感兴趣吗？"你怎么回应？

2. 你是一家中型制造企业的首席财务官。对于你三个月前聘用的新首席信息官，你只听到了积极的评论。当你听她概述需要做些什么来提高公司的计算机安全性时，你会对她的精力、热情和表达技巧印象深刻。但是，当她说计算机安全改进的总成本将是 30 万美元时，你会非常惊讶。考虑到贵公司没有发生重大事故，这似乎是一大笔安全资金。预算中的其他几个项目要么被撤掉，要么被削减，以适应这种支出。此外，30 万美元高于你的开支授权，需要 CEO 批准。这将迫使你为开支辩护，你也不知道该怎么做。你想知道在安全方面是否真的需要花费这么多？你会对新来的首席信息官说些什么？

3. 似乎有人正在使用贵公司的公司目录，其中包括职位头衔和电子邮件地址，通过电子邮件联系高级经理和董事。电子邮件要求收件人单击一个 URL，这将进入一个看起来像是由人力资源组织设计的网站。在这个虚假的网站上，员工被要求确认他们年度奖金支票的电子存款所使用的银行和账号。你是公司信息技术安全部门的成员。你能做什么？

基于 Web 的案例

对 Anthem 的攻击的剖析
写这篇文章的时候，关于 Anthem 的网络被窃的全部细节还没有公开。然而，众所周知，攻击目标是网络管理员，这些人员比其他员工更容易访问数据库和信息技术系统。做一些研究来了解 Anthem 网络管理员是如何成为目标的。

一些公司已经开始监控账户系统的使用模式，以检测异常情况。确定针对网络管理员的其他主要网络攻击以及网络安全公司为防止此类攻击提供的解决方案。

案例研究

索尼对朝鲜网络攻击的回应
2014 年 11 月 24 日，索尼影视娱乐公司的员工启动电脑，发现了一幅头骨的图像，同时还收到了一个自称"和平守护者"的组织的信息，留言上写着："我们已经警告过你了，这只是开始。我们已经获得了你所有的内部数据，包括你的秘密和绝密信息（如果你不服从我们，这些信息将被公布）。"

索尼最终发现，黑客窃取了大量的敏感数据，包括 47 000 名现任和前任员工的社会保险号、系统密码、工资单、合同，甚至还有一些索尼员工的护照副本。黑客访问了数百个 Outlook 邮箱以及索尼的信息技术审计文档。他们还窃取了媒体文件，将索尼五部电影的盗版拷贝放在非法文件共享服务器上。为了阻止数据泄露，索尼被迫完全关闭其信息技术系统。最终，索尼确定黑客所造成的破坏比它最初认为的要严重得多。不仅数据被偷了，公司 75% 的服务器也被毁坏了，一些内部数据中心也被清理干净了。

在事件发生后的几个小时内，联邦调查局就联系上了这名罪犯。6 月，也就是黑客袭击事件发生前几个月，朝鲜外交部宣布，如果美国政府不阻止索尼电影《采访》（*The Interview*）的发行计划，朝鲜将采取"果断而无情的对策"。这部电影中的采访由两名记者进行，他们都前往朝鲜采访并刺杀该国的最高领导人金正恩（Kim Jong-un）。这部电影将该领导人描绘成冷酷和幼稚的人引起了朝鲜政府的注意。

美国政府透露，它有证据表明朝鲜人已经在他们的威胁上取得了进展。据报道，美国国家安全局（NSA）在袭击发生四年前就已经渗透到朝鲜的网络战小队，并自那时起一直在监视其能力。索尼向美国联邦调查局发出警报后，美国国家安全局利用黑客在恶意软件中留下的数字指纹，追踪到了朝鲜。袭击发生几周后，联邦调查局局长 James Comey 在一次演讲中透露索尼的黑客们很马虎。"我们可以看到，用于邮寄和发送电子邮件的 IP 地址来自朝鲜人专用的 IP。"

在最初的攻击发生后不久，黑客们警告索尼不要发行《采访》，然后在 12 月 16 日，该组织发布了一条消息，威胁将在放映这部电影的影院进行大规模恐怖袭击。国家剧院业主协会联系国土安全部获取信息和建议。联邦调查局和国家安全局发布了一份公告，解释说它们没有关于攻击影院计划的可信信息，但它们既不能确认也不能否认黑客有能力发起此类攻击。在该公告发布后不久，美国四大影院连锁店撤回了放映请求，卡米克影院率先撤回请求，随后是帝王娱乐、AMC 娱乐和喜满客。几小时之内，索尼宣布取消了电影的发行。白宫官员、好莱坞名人和媒体都惊呆了。喜剧演员吉米·金梅尔（Jimmy Kimmel）在推特上说，各大影院连锁公司拒绝接受《采访》的决定是"一种非美国的懦弱行为，它证实了恐怖行动，并树立了一个可怕的先例"。

12 月 19 日，奥巴马总统公开发表讲话："索尼是一家公司，它受到了严重的损害，它的员工受到了威胁，我同情他们所面临的忧虑。说了这么多，是的，我认为他们犯了一个错误。"奥巴马解释说，"我们不能有一个某些地方的独裁者可以开始在美国实行审查制度的社会。"总统的讲话突出了该事件对美国公众的严重性，许多人认为这起事件是对言论自由的攻击。

为了回应奥巴马的评论，索尼的官员当天晚些时候发表了一份声明："让我们澄清一下，我们在电影发行方面所做的唯一决定是，在影院老板拒绝放映之后，在圣诞节不在影院发行电影……在作出这一决定之后，我们立即开始积极地调查替代方案，使我们能够在不同的平台上发行电影。我们仍然希望任何想看这部电影的人都能有机会看。"

事实上，计划在影院上映的圣诞节当天，索尼通过亚马逊等视频点播渠道已经发行了《采访》，在不到一个月的时间里，这部电影带来了超过 4 000 万美元的收入。大约有 600 万观众以这种方式租用或购买了这部电影。几百家选择放映这部电影的影院又赚了 600 万美元。在接下来的两个月里，索尼还在网飞、DVD 和 Blu-Ray 以及其他国家的影院发行了这部电影。

与此同时，索尼已经努力从黑客对公司本身造成的损害中恢复过来。总部位于日本的索尼影业母公司要求监管机构延长其第三季度财务业绩的提交时间，该公司还解雇了高管艾米·帕斯卡（Amy Pascal），帕斯卡泄露的电子邮件中含有对好莱坞制片人和美国总统的电影偏好的贬义言论。公司还为现任和前任员工提供了一年的免费信用保护服务。

2015 年 2 月，奥巴马总统在硅谷举行了有史以来第一次白宫网络安全问题峰会。这次峰会被称为一次尝试，旨在应对美国的公司越来越容易受到网络攻击，包括外国政府支持的攻击。然而，微软、谷歌、脸谱网和雅虎的首席执行官都拒绝出席峰会。这些公司长期以来一直主张美国政府停止收集和使用私人数据追踪恐怖分子和犯罪活动的做法，并努力寻找更好的方法来加密其客户的数据。然而，美国安全机构不断向这些信息技术巨头施压，要求尽可能不加密数据，以促进政府的执法工作。最终，政府和私营企业都需要找到一种合作的方式来满足两个相互矛盾的需求：国家需要使自己不易受到网络攻击，同时保护自己免受潜在的现实世界暴力。

问题讨论

1. 攻击索尼的黑客与其他大多数黑客有何不同？
2. 美国政府是如何应对这次袭击的？回答是否适当？
3. 索尼对这次攻击有何反应？索尼的反应会鼓励还是阻止未来的攻击？
4. 攻击索尼的黑客在哪些方面反映了可以在关键基础设施上实现的新兴网络威胁？
5. 应采取哪些措施使所有企业和美国政府能够共同努力，防止现实世界的恐怖主义暴力和网络攻击？

资料来源：Barrett, Devlin and Yadron, Danny, "Sony, U. S. Agencies Fumbled After Cyberattack," *Wall Street Journal*, February 22, 2015, www. wsj. com/articles/sony-u-s-agencies-fumbled-after-cyberattack-1424641424; Mitchell, Andrea, "Sony Hack：N. Korean Intel Gleaned by NSA During Incursion," NBC News, January 18, 2015, www. nbcnews. com/storyline/sony-hack/sony-hack-n-korean-intel-gleaned-nsa-during-incursion-n288761; Schatz, Amy, "Obama Acknowledges Strains with Silicon Valley," *SFGate*, February 14, 2015, http://blog. sfgate. com/techchron/2015/02/14/obama-acknowledges-strains-with-silicon-valley/; Dwyer, Devin and Bruce, Mary, "Sony Hacking：President Obama Says Company Made 'Mistake' in Canceling 'The Interview'," ABC News, December 19, 2014, http://abcnews. go. com/Politics/obama-sony-made-mistake-canceling-film-release/story? id=27720800; Pallotta, Frank, "Sony's 'The Interview' Coming to Netflix," CNNMoney, January 20, 2015, http://money. cnn. com/2015/01/20/media/the-interview-makes-40-million/; Pepitone, Julianne, "Sony Hack：'Critical' Systems Won't Be Back Online Until February," NBC News, January 23, 2015, www. nbcnews. com/storyline/sony-hack/sony-hack-critical-systems-wont-be-back-online-until-february-n292126; Cieply, Michael and Barnes, Brooks, "Sony Cyberattack, First a Nuisance, Swiftly Grew into a Firestorm," *New York Times*, December 30, 2014, www. nytimes. com/2014/12/31/business/media/sony-attack-first-a-nuisance-swiftly-grew-into-a-firestorm-. html; "The Interview：A Guide to the Cyber Attack on Holly-wood," BBC, December 29, 2014, www. bbc. com/news/entertainment-arts-30512032; Whittaker, Zack, "FBI Says North Korea Is 'Responsible' for Sony Hack, as White House Mulls Response," ZDNet, December 19, 2014, www. zdnet. com/article/us-government-officially-blames-north-korea-for-sony-hack/; Osborne, Charlie, "Sony Pictures Corporate Files Stolen and Released in Cyberattack," ZDNet, November 28, 2014, www. zdnet. com/article/sony-pictures-corporate-files-stolen-and-released-in-cyberattack/; Osborne, Charlie, "Sony Hack Exposed Social Security Numbers of Hollywood Celebrities," ZDNet, December 5, 2015, www. zdnet. com/article/sony-hack-exposed-social-security-numbers-of-hollywood-celebrities/; Sanger, David E. and Perlroth, Nicole, "Obama Heads to Tech Security Talks amid Tensions," *New York Times*, February 12, 2015, www. nytimes. com/2015/02/13/business/obama-heads-to-security-talks-amid-tensions. html; Whitney, Lance, "Sony Seeks to Delay Filing Earnings in Wake of Cyberattack," CNet, January 23, 2015, www. cnet. com/news/sony-asks-to-delay-filing-earnings-due-to-cyberattack/.

注　释

开篇案例资料来源：

Osborne, Charlie, "Health Insurer Anthem Hit by Hackers, up to 80 Million Records Exposed," ZDNet, February 5, 2015, www. zdnet. com/article/health-insurer-anthem-hit-by-hackers-up-to-80-million-records-exposed/; Van Cleave, Kris, "Anthem Hack Highlights Desirability of Stolen Health Records," CBS News, February 5, 2015, www. cbsnews. com/news/do-hackers-have-your-health-records/; Whitney, Lance, "Anthem's Stolen Customer Data Not Encrypted," CNet, February 6, 2015, www. cnet. com/news/anthems-hacked-customer-data-was-not-encrypted/; Britt, Phillip, "5 Lessons Learned from Anthem Data Breach," *eSecurity Planet*, February 12, 2015, www. esecurityplanet. com/network-security/5-lessonslearned-from-anthem-data-breach. html; Osborne, Charlie, "Anthem Data Breach Cost Likely to Smash $100 Million Barrier," ZDNet, February 12, 2015, www. zdnet. com/article/anthem-data-breach-cost-likely-to-smash-100-million-barrier/; Sherman, Erik, "Kids Get Hurt by Anthem Security Breach," *Daily Finance*, February 19, 2015, www. dailyfinance. com/2015/02/19/kids-ids-exposed-anthem-hack/.

[1] "IT Security Threats and Data Breaches," Kaspersky Labs, http://media. kaspersky. com/en/business-security/Global-IT-Risks-Report-2014-Threat-Security-Data-Breaches. pdf, accessed March 10, 2015.

[2] "Secunia Vulnerability Review - The Highlights," Secunia, http://secunia. com/vulnerability-review/vulnerability_update_all. html, accessed February 14, 2015.

[3] Dan Goodin, "Zero-Day Attacks Are Meaner, More Rampant than We Ever Thought," *ARS Technica*, October 16, 2012, http://arstechnica. com/security/2012/10/zero-day-attacks-are-meaner-and-more-plentiful-than-thought.

[4] Higgins, Kelly Jackson, "Russian Cyberspies Hit Ukrainian, US Targets with Windows Zero-Day Attack," *Information Week*, October 14, 2014, www. darkreading. com/russian-cyberspies-hit-ukrainian-us-targets-with-windows-zero-day-attack/d/d-id/1316592.

[5] Fox-Brewster, Thomas, "Hackers Abuse Another Adobe Zero-Day to Attack Thousands of Web Users," *Forbes*, February 2, 2015, www. forbes. com/sites/thomasbrewster/2015/02/02/yet-another-adobe-flash-zero-day/.

[6] Constantin, Lucian, "Cryptowall Ransomware Held over 600,000 Computers Hostage, Encrypted 5B Files," *Computerworld*, August 29, 2014, www. computerworld. com/article/2600447/malware/security-cryptowall-ransomware-held-over-600000-computers-hostage-encrypted-5b-files. html.

[7] Dachev, Dancho, "Cornficker's Estimated Economic Cost? $9. 1 Billion," ZDNet, April 23, 2009, www. zdnet. com/blog/security/confickers-estimated-economic-cost-9-1-billion/3207.

[8] Aksoy, Pelin and DeNardis, Laura, *Information Technology in Theory* (Boston: Cengage Learning, © 2007), pp. 299−301.

[9] Cloherty, Jack and Thomas, Pierre, "'Trojan Horse' Bug Lurking in Vital US Computers Since 2011," ABC News, November 6, 2014, http://abcnews. go. com/US/trojan-horse-bug-lurking-vital-us-computers-2011/story? id=26737476.

[10] Schwartz, Matthew, J., "How South Korean Bank Malware Spread," *Information Week*, March 25, 2013, www. darkreading. com/attacks-and-breaches/how-south-korean-bank-malware-spread/d/d-id/1109239?.

[11] Johnston, Nick, "Short, Sharp Spam Attacks Aiming to Spread Dyre Financial Malware," Symantec, January 28, 2015, www. symantec. com/connect/blogs/short-sharp-spam-attacks-aiming-spread-dyre-financial-malware.

[12] "Spam Statistics for the Week Ending January 18, 2015," Trustwave, www3. trustwave. com/support/labs/spam_statistics. asp.

[13] Eddy, Nathan, "DDoS Attacks in Fourth Quarter Target Internet, Technology Firms," *eWeek*, February 6, 2015, www. eweek. com/small-business/ddos-attacks-in-fourth-quarter-target-internet-technology-firms. html♯sthash. mlbcXBFD. dpuf.

[14] Essers, Loek, "PlayStation Network Back Online After Massive Denial of Service Attack," *PCWeek*, August 25, 2014, www. pcworld. com/article/2598280/playstation-network-back-online-after-ddos-attack. html.

[15] Fiveash, Kelly, "Playstation Clambers Back Online Days After DDoS Attack PARALYSED Net-

work," *The Register*，December 27，2014，www. theregister. co. uk/2014/12/27/playstation_clambers_back_online/.

[16] Cowly, Stacy, "Grum Takedown: '50 Percent of Worldwide Spam Is Gone'," CNNMoney，July 19，2012，http://money. cnn. com/2012/07/19/technology/grum-spam-botnet/index. htm.

[17] Kalunian，Kim，"2012 Rootkit Computer Virus 'Worst in Years'," *Warwick Beacon*，December 20，2011，www. warwickonline. com/stories/2012-rootkit-computer-virus-worst-in-years,65964.

[18] "Fraud Alert: New Phishing Tactics—and How They Impact Your Business," Thawte，https://community. thawte. com/system/files/download-attachments/Phishing% 20WP_D2. pdf，accessed March 11，2015.

[19] Raywood，Dan，"Anthem Breach Victims Hit with Yet Another Phishing Scam," Security News，February 16，2015，www. itproportal. com/2015/02/16/anthem-breach-victims-hit-yet-another-phishing-scam/.

[20] Protalinski，Emil，"Paypal the Biggest Target for Site Spoofing Scams This Holiday Season，Followed by Financial Firms," *The Next Web*，January 4，2013，http://thenextweb. com/insider/2013/01/04/paypal-the-biggest-target-for-site-spoofing-scams-this-holiday-season-followed-by-financial-firms/.

[21] "ICANN Targeted in Spear Phishing Attack: Enhanced Security Measures Implemented," ICANN，December 16，2014，www. icann. org/news/announcement-2-2014-12-16-en.

[22] Winch，Jessica，"I Lost £17,500 in 'Vishing' Scam-Because 'I Didn't Watch The One Show," *Telegraph*，June 6，2014，www. telegraph. co. uk/finance/personalfinance/bank-accounts/10882193/I-lost-17500-in-vishing-scam-because-I-didnt-watch-The-One-Show. html.

[23] Linda McGlasson，"How to Respond to Vishing Attacks: Bank，State Associations Share Tips for Incident Response Plan," BankInfoSecurity. com，April 26，2010，www. bankinfosecurity. com/p_print. php?t=a&id=2457.

[24] Rouse，Margaret，"Advanced Persistent Threat," *TechTarget*，http://searchsecurity. techtarget. com/definition/advanced-persistent-threat-APT，accessed February 17，2015.

[25] "Advanced Persistent Threats: How They Work," Symantec，www. symantec. com/theme. jsp?themeid=apt-infographic-1，accessed February 17，2015.

[26] "International Hacking Ring Steal up to $1 Billion from Banks," *Economic Times*，February 16，2015，http://economictimes. indiatimes. com/articleshow/46256846. cms? utm_source=contentofinterest&utm_medium=text&utm_campaign=cppst.

[27] Greene，Tim，"Anthem Hack: Personal Data Stolen Sells for 10x Price of Stolen Credit Card Numbers," *Network World*，February 6，2015，www. networkworld. com/article/2880366/security0/anthem-hack-personal-data-stolen-sells-for-10x-price-of-stolen-credit-card-numbers. html.

[28] Palermo，Elizabeth，"10 Worst Data Breaches of All Time," Tom's Guide，February 6，2015，www. tomsguide. com/us/biggest-data-breaches,news-19083. html.

[29] Gross，Grant，"Russian Extradited to US for Hacks That Stole 160 Million Credit Card Numbers," *PC World*，February 18，2015，www. pcworld. idg. com. au/article/566610/russian-extradited-us-hacks-stole-160-million-credit-card-numbers/.

[30] Constantin，Lucian，"Cyberespionage Campaign 'NetTraveler' Siphoned Data from Hundreds of High-Profile Targets," *CSO*，June 4，2013，www. csoonline. com/article/2131350/malware-cybercrime/cyberespionage-campaign---39-nettraveler--39-siphoned-data-from-hundreds-of-high. html.

[31] Pellerin，Cheryl，"White House Announces Voluntary Cybersecurity Framework," U. S. Depart-

241

ment of Defense, February 13, 2015, www. defense. gov/news/newsarticle. aspx?id＝121660.

［32］ "About DHS," Department of Homeland Security, www. dhs. gov/about-dhs, accessed February 19, 2015.

［33］ "Office of Cybersecurity and Communications," Department of Homeland Security, www. dhs. gov/office-cybersecurity-and-communications, accessed February 19, 2015.

［34］ "About DHS," Department of Homeland Security, www. dhs. gov/about-dhs, accessed February 19, 2015.

35 "Computer and Internet Security," Datasavers, Inc. , www. datasaversinc. com/computer-and-internet-security, accessed on January 24, 2013.

［36］ Harress, Christopher, "Obama Says Cyberterrorism Is Country's Biggest Threat, U. S. Government Assembles 'Cyber Warriors'," *International Business Times*, February 18, 2015, www. ibtimes. com/obama-says-cyberterrorism-countrys-biggest-threat-us-government-assembles-cyber-warriors-1556337.

［37］ H. R. 3162, 107th Cong. (2001), www. gpo. gov/fdsys/pkg/BILLS-107hr3162enr/pdf/BILLS-107hr3162enr. pdf, accessed March 10, 2015.

［38］ "Microsoft Outlines Evolved Security, Privacy, and Reliability Strategies for Cloud and Big Data," Microsoft Corporation, February 28, 2012, www. microsoft. com/en-us/news/press/2012/feb12/02-28MSRSA2012PR. aspx.

［39］ Melanie Pinola, "If Your Router Is Still Using the Default Password, Change It Now!," *IT World*, December 7, 2012, www. itworld. com/consumerization-it/326421/if-your-router-still-using-default-password-change-it-now.

第 12 章
信息技术的伦理、法律和社会问题

什么是伦理？

> "伦理就是知道你有权做什么和做什么是正确的之间的区别。"
>
> ——波特·斯图尔特（Potter Stewart），美国前最高法院助理法官

人工智能：机器人在崛起

几十年来，科幻作家们一直在设想未来机器人在我们生活中的作用。人工智能（AI）领域的专家已经创建了机器学习算法，使包括机器人在内的新技术能够以最大化成功率的方式对环境作出反应。无论是嵌入制作天气预报的软件中，还是嵌入苹果的 iPhone 等硬件中，人工智能都将越来越接近于将过去的未来主义愿景变成现实。问题是：机器人将扮演什么角色？

当特斯拉汽车公司首席执行官埃隆·马斯克（Elon Musk）最近警告说，人工智能可能对人类构成存在主义威胁时，许多行业分析人士和观察家迅速驳斥了他的言论。当他捐献给一个基金会 1 000 万美元，致力于让 AI 研究对人类有利时，一些评论家甚至将此事看作是避免批评的公关策略，因为马斯克自己的公司对 AI 发展产生了巨大的影响。然而，当史蒂芬·霍金（Stephen Hawking）和比尔·盖茨（Bill Gates）对一个人工智能超过人类智能或机器人变得具有"自我意识"的世界表达了类似的担忧时，人们开始对此更加关注。幸运的是，马斯克预测，从那决定性的时刻开始，人类至少还有 10～20 年的时间。

然而，一些分析人士对于人工智能对失业率的影响提出了更为直接的关注。例如，埃隆·马斯克已经宣布，特斯拉汽车公司将是第一家在道路上安置自动驾驶汽车的公司。有一天，人类驾驶的汽车可能会像今天的马车一样过时，然而，这项创新有可能使美国 400 万名专业司机中的一些人失业。事实上，提供财务咨询、风险管理、税务和其他专业知识的咨询公司德勤最近预测，自动化、技术和机器人技术的进步将使英国现有工作岗位的 35％ 在未来 20 年内被淘汰。德勤认为，美国的这一数字稍高一些，在美国，电脑可以减少约 45％ 的现有就业机会。德勤指出，低收入工作被取代的可能性是高收入工作的 5 位，这表明未来贫富差距

将进一步扩大。这些统计数字强调了对劳动力进行数字培训的必要性，劳动力技能越高，就业率越高。

最脆弱和最快会出现衰退的工作涉及重复性任务、几乎没有实时决策的工作，包括电话营销人员、保险承保人、报税人、手工缝纫工、数据录入人员和银行出纳员。相比之下，由于技术的进步，小学教师、外科医生、心理学家、消防主管、口腔外科医生和编舞的工作被淘汰的风险似乎更低。

为了应对技术进步导致的高失业率的担忧，一些分析人士反驳说，由于各种因素，包括离岸外包、农业等某些行业的生产率提高，以及企业裁员，每年都会自然失去数百万个就业机会。与此同时，随着人口结构的变化、新市场的开放、新产品和服务的创造以及新技术的引进，数以百万计的新工作岗位得以创造。

另一个令人担忧的问题是，计算机软件承担了人类执行的更多任务，从包括日常业务判断的任务到可能涉及人生转折的决定的任务。如果一个计算机算法错误地将亚马逊的一本二手书的价格定为 1 000 美元，那么后果是有限的，软件工程师很快就能纠正错误的定价算法。但是，其他任务如果执行不当，可能会导致更严重的后果。以自动驾驶汽车为例，公路传感器或用于控制车辆的算法出现问题可能导致事故，导致其他驾驶员受伤或死亡。尽管软件工程师最终能够纠正任何此类问题，但本例强调了将更关键的任务移交给计算机软件所涉及的潜在风险。

学习目标

阅读本章时，请自问：

● 信息技术的使用引发了哪些伦理、法律和社会问题？

● 作为一名管理者，你能做些什么来帮助你的组织处理这些问题？

本章确定了与信息技术使用相关的一些伦理、法律和社会问题，指出了技术的一些潜在负面影响，并提供了有助于最小化这些影响的指导。但首先，我们从伦理的定义开始，讨论如何在组织内的决策中考虑伦理因素。

什么是伦理

伦理（ethics）是一套关于对错行为的信仰。伦理行为符合普遍接受的社会规范，其中很多几乎是被普遍接受的。在某些情况下，做合乎伦理的事情是很困难的。例如，尽管几乎每个人都会同意说谎和欺骗是不道德的，但有些人可能认为说谎是可以接受的，因为说谎是为了保护别人的感情或是为了让朋友不惹麻烦。

道德、伦理和法律之间的差异

道德（moral）是对于对和错的个人信仰，而伦理这个术语描述了一个人所属的一个群体（国家、组织和职业）期望的个人行为标准或准则。例如，法律职业道德要求辩护律师尽其所能为被告辩护，即使他们知道被告犯下了人们可以想象的最令人发指和道德上令人反感的罪行。

法律（law）是一套规则体系，告诉我们可以做什么，不可以做什么。法律由一系列机构（警察、法院、立法机构）执行，法律行为是符合法律的行为，道德行为是个人认为正确的行为。法律可以宣布一种行为是合法的，尽管有些人可能认为这种行为是不道德的，例如堕胎。

法律并不能提供伦理行为的完整指南，不能仅仅因为活动被定义为合法的就认为它是合乎伦理的（见图

12-1)。因此，许多职业的从业者都遵循一套**伦理准则**（code of ethics），该准则规定了对他们的工作至关重要的原则和核心价值观，因此，可以用来管理他们的行为。该准则可以成为确定什么是合法的、什么是合乎伦理的参考。

许多组织和专业协会都制定了伦理准则来帮助指导其成员。国际计算机协会（ACM）成立于 1947 年，是世界上最古老的计算机协会，在 100 多个国家拥有超过 100 000 名会员。[1] ACM 有一套伦理规范和职业行为规范，其中包括八个一般伦理要求，可用于指导信息系统（IS）专业人员的行动，这些指导方针也可用于雇用信息系统专业人员来监督和指导他们的工作。以下列表概述了这些要求[2]：

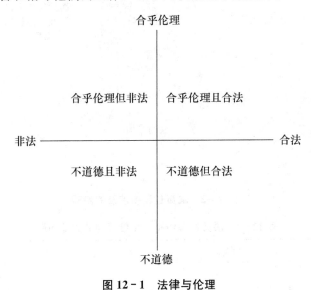

图 12-1　法律与伦理

1. 为社会和人类福祉作出贡献。
2. 避免伤害他人。
3. 诚实守信。
4. 公平，无歧视行动。
5. 尊重包括版权和专利在内的财产权。
6. 对知识产权给予适当的信任。
7. 尊重他人的隐私。
8. 以保密为荣。

在决策中考虑伦理因素

我们在工作和个人生活中都面临着艰难的决定。我们中的大多数人都开发了一个决策过程，几乎是自动执行的，而没有考虑我们所经历的步骤。对于我们中的许多人，过程通常遵循以下步骤：（1）收集信息，（2）制定问题陈述，（3）咨询相关人员以及其他适当的资源，（4）确定选项，（5）权衡选项，（6）选择选项，（7）实施解决方案，以及（8）审查结果（参见图 12-2）。

通常，对采取何种行动的决定更加复杂，因为它涉及各利益相关者之间的重大价值冲突，即追求什么是最公平的选择。这样的决定代表了一个伦理困境，当伦理考虑被引入决策过程中时，通过回答表 12-1 中列出的问题，所有相关方都可以受益，每个问题的首选答案都为"是"。有许多因素需要考虑，并且很难做出一个好的、合乎伦理的决定，如图 12-3 所示。

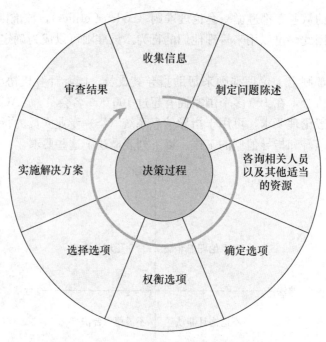

图 12 - 2　决策过程中涉及的步骤

表 12 - 1　决策过程中每一步都要问的关键问题

问题	是	否
第 1 步：收集信息 ● 你和所有直接参与的人谈过并收集了定义问题所需的所有事实吗？ ● 你是否避免做了一些假设的事实、动机或行为，而这些假设并没有证据？		
第 2 步：制定问题陈述 ● 你知道以下问题的答案吗： ○ 人们认为有问题的原因是什么？ ○ 谁直接受到问题的影响？ ○ 是否有其他人受到影响？ ○ 问题多久发生一次？ ○ 问题的影响是什么？ ○ 问题有多严重？ ○ 涉及哪些伦理问题？ ○ 何时需要解决方案？ ● 你是否与利益相关者分享了问题陈述？他们是否同意？		
第 3 步：咨询相关人员以及其他适当的资源 ● 你和经理讨论过这个问题吗？ ● 你是否从人力资源、法律或其他适当的主题专家那里寻求意见？		
第 4 步：确定选项 ● 你确定了"好的解决方案"成功的标准了吗？ ● 利益相关者是否有机会提供解决方案？		
第 5 步：权衡选项 ● 每个备选方案如何符合你的组织的伦理准则、政策、法规和组织规范？ ● 哪些替代方案合法且符合行业标准？ ● 是否有任何替代方案可能产生意想不到的后果？如果是，你将如何处理这些问题？		

续表

问题	是	否
第 6 步：选择选项 ● 你是否考虑过选择此选项对其他人的影响？ ● 你愿意向他人解释你的决定和描述你的决策过程吗？ ● 你的决定是否基于对所有受影响方的基本公平感？		
第 7 步：实施解决方案 ● 你是否向所有利益相关者提供了以下问题的答案： ○ 我们为什么要这样做？ ○ 我们现在做事的方式有什么问题？ ○ 这种新方式对你有什么好处？ ● 你是否有一个明确的过渡计划，向人们解释他们如何从旧的做事方式转向新的做事方式？		
第 8 步：审查结果 ● 是否完全符合成功标准？ ● 是否有意外的后果？ ● 是否需要进一步改进？		

图 12-3　决策中需要权衡的因素很多

　　下一步，我们将更深入地了解一些涉及与信息技术相关的伦理、法律和社会问题的主题，包括隐私、言论自由与审查以及互联网接入。

隐　私

　　当《美国宪法》（The U. S. Constitution）于 1789 年生效时，起草者担心一个强大的政府会侵犯公民的权利。因此，他们在宪法中增加了 10 项修正案，对联邦政府的权力进行了具体限制。这 10 项修正案也称为《权利法案》（The Bill of Rights），第一和第四修正案经常被那些主张保护个人隐私权的人引用。

《美国宪法》的《第一修正案》（First Amendment）的通过是为了保障美国人的宗教自由、言论自由和集会自由。其内容如下：

> 国会不得制定任何法律以确立国教；不得妨碍宗教信仰自由；不得剥夺言论自由；不得侵犯新闻自由和集会自由；不得干扰或禁止向政府请愿的权利。

如果数据被收集来跟踪群体的运动，《第一修正案》在隐私问题中起作用，因为这可能威胁到他们和平集会或收集的权利。在1958年一个具有里程碑意义的案件中，亚拉巴马州司法部长起诉全国有色人种促进协会（NAACP），试图阻止其在该州开展进一步的活动。作为诉讼的一部分，亚拉巴马州发出传票，要求全国有色人种促进协会提供各种文件，包括其成员名单。美国最高法院最终发现，披露此类名单可能会对协会成员产生负面影响，并会影响他们自由结社的权利，从而侵犯他们的《第一修正案》权利。[3]

通过了的《第四修正案》《Fourth Amendment》，保护人民不受不合理搜查和没收财产的侵害，其内容如下：

> 人民的人身、住宅、文件和财产不受无理搜查和扣押的权利，不得侵犯。除依照合理根据，以宣誓或代誓宣言保证，并具体说明搜查地点和扣押的人或物，不得发出搜查和扣押状。

最高法院裁定，美国公民在有"合理的隐私期望"的情况下受到《第四修正案》的保护。如果在没有首先获得授权的情况下收集数据，则有可能违反《第四修正案》。如果收集到的数据是居住在美国的非美国公民或居住在国外的美国公民，那么所有这些都会变得更加复杂。

2013年9月，一个由22个非营利组织组成的团体，包括教会团体、枪支拥有权倡导者和各种民权团体，向国家安全局（NSA）提起诉讼（洛杉矶第一个一神论会诉国家安全局）。[4] 争论的问题在于，国家安全局收集和存储与美国公民和非营利组织的电话记录相关的元数据是否符合宪法。这些组织声称，美国国家安全局从所有主要的美国电信公司收集所有电话通话信息（包括打电话的时间和通话时间的数据）的关联跟踪计划违反了他们的《第一修正案》、《第四修正案》和《第五修正案》（"任何人……在任何刑事案件中，未经适当的法律程序，不得强迫自己作证，也不得被剥夺生命、自由或财产。"）。[5] 截至本文撰写之日，本案仍悬而未决，但安全专家和隐私权倡导者正密切关注本案，并可能为相关案件设定重要的先例。

你会怎么做？

当一个当地大学的学生出现在你的门口，要求你签署一份支持一神论教会的请愿书时，你感到惊讶。学生还表示，你如果愿意为抵消法律费用而作出任何经济贡献的话，他们将非常感谢。你会说些什么？

通常，使用有关人员（员工、客户、业务合作伙伴等）的信息需要平衡希望使用信息的人员的需求与可能使用信息的人员的权利和愿望。一方面，收集、存储、分析和报告有关人员的信息，因为组织可以利用它作出更好的决策（见图12-4），一些决策会对人们的生活产生深远的影响，不管是对一个新客户提供信贷，雇用一个求职者或另一个求职者，还是提供奖学金。此外，全球市场竞争力的提高也增强了了解消费者购买习惯和财务状况的必要性。公司利用它们收集到的有关人员的信息，将市场营销工作目标对准最有可能购买其产品和服务的消费者。组织还需要现有客户的基本信息来更好地为他们服务。很难想象一个组织在没有客户数据的情况下与客户建立了关系。因此，许多组织实施客户关系管理（CRM）系统，从与客户的每次交互中收集和存储关键数据。

另一方面，许多人反对政府和其他组织的数据收集政策，因为它们剥夺了人们控制自己个人信息的权力。表12-2总结了几个系统和政府项目，这些系统和政府项目收集有关个体的数据，而个体对这些数据有很少的控制权或没有控制权。

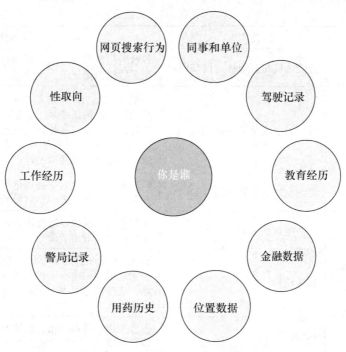

图 12 - 4　人们的许多信息正在被收集

　　许多人还担心可能发生数据泄露，组织存储的个人数据落入罪犯手中。对于许多人来说，现有的隐私法和做法的大杂烩未能提供足够的保护，并引发了不信任和怀疑，以及对身份盗窃的担忧，如第 11 章所述。

　　需要结合新的法律、技术解决方案和隐私政策来有效平衡所有利益相关者的需求。必须对政府和企业获取个人信息设定合理的限制；必须设计新的信息和通信技术，以保护而不是减少隐私；必须制定适当的法律和公司政策，为人们的隐私设定基准。改善消费者的教育和更积极、清晰地沟通公司隐私政策也是至关重要的。

表 12 - 2　收集个人数据的系统

系统/程序	使用人	如何使用
自动车牌识别系统（ALPR）	执法机构，包括美国缉毒局，美国海关与边境保护局	自动车牌识别系统对车辆拍照，记录车辆位置；一些系统也可以对司机和乘客拍照。自动车牌识别系统用来捕捉闯红灯者和识别一些特殊的机动车，这些特殊机动车的驾驶者包括逃犯、停车过期者、税单延期者。
后向散射扫描仪	执法机构，包括美国海关与边境保护局、海事警察、通用航空安全和事件安全	后向散射扫描仪可以扫描车辆以及参加公共活动的个体和人群，以寻找货币、毒品和爆炸物。
Cookies	营利性公司、非营利组织、新闻和社会媒体网站以及大多数其他类型的网站	Cookies 可以捕获你的浏览历史记录，用于网站定制和个性化目的，以及用于目标市场营销。
无人机	执法机构，包括美国海关与边境保护局	无人机是无人驾驶的飞机，用于支持需要空中监视的行动。
脸谱网标签系统	脸谱网用户	脸谱网标签可以识别和引用脸谱网上超过 10 亿用户发布的照片和视频中的人。

续表

系统/程序	使用人	如何使用
谷歌定位服务	智能手机和其他移动设备用户	谷歌的位置服务存储了用户登录到谷歌账户的所有设备的位置数据历史记录。
棱镜（PRISM）计划	美国国家安全局（NSA）	棱镜（PRISM）计划是 NSA 的一个监视程序，它收集互联网数据，包括搜索历史记录、照片、电子邮件内容、文件传输、语音和视频聊天以及其他互联网通信数据。棱镜（PRISM）计划还收集与电话通话相关的数据，包括通话双方的号码以及通话的地点、日期、时间和持续时间。
航班安全计划	美国交通安全管理局（TSA）	航班安全是一个航空公司乘客预筛选程序，根据美国交通安全管理局的乘客观察名单检查旅客的个人信息。
智能电视	一些电视制造商	一些智能电视可以通过语音识别系统捕获个人对话以及用于控制电视的语音命令。
Stingray	执法机构	Stingray 是一种用于模拟手机信号塔的硬件设备，它强制一定范围内的所有手机与之连接。然后，设备可以捕获信息，这些信息可用于识别和定位用户及其呼叫的电话号码或文本。
监控摄像机	执法机构	摄像头用于情报收集、预防犯罪、保护个人或物体，并支持犯罪调查。

数据代理

数据代理（data brokers）是根据抓捕记录、业务目录、电话目录、社交媒体网络、网站（包括浏览历史记录）、在线产品登记表、信用卡购物和其他公共记录中的汇总数据创建个人资料的公司。一些数据代理对数以千万计的消费者进行了详细的描述，然后将这些消费者的信息卖给其他数据代理、广告商、政府，甚至是那些通常不了解我们的个人。

事实上，有数百个数据代理，如 BeenVerified，CheckPeople，Epsilon，Intelius，Paramount Lists，PeopleFinders，Spokeo 和 ZoomInfo，它们可以贡献各种信息来帮助构建个人的详细档案。根据所使用的经纪人，可以获得姓名、年龄、住址、电子邮件地址、电话号码、性取向、服用的药物、住在同一地址的其他人的姓名和年龄、逮捕记录等。也许对数据最贪婪的数据代理是 Acxiom，这是一家以此为荣的营销公司，平均拥有超过 2 亿美国人的 1 500 条信息。另一家名为 Take 5 Solutions 的数据代理，它运营着 17 个网站，其中包括 GoodParentingToday.com 和 T5HealthyLiving.com，访问者可以在这里分享他们的家庭和健康故事。很多游客不知道 Take 5 的真正业务是收集和销售信息。[6]

一些坏人使用一种称为"**doxing**"的策略，在这种策略中，他们收集个人使用从数据代理处收集到的信息的小道消息，并威胁公开暴露受害者的个人信息，除非支付某种形式的赎金（金钱或其他形式的赎金）。在其他情况下，doxing 用于公开某人的详细信息，纯粹是为了鼓励他人对被害人进行骚扰（在线和真实世界）。

负责任地处理客户数据

在处理客户数据时，需要采取强有力的措施来避免客户关系问题。一种广泛接受的负责任地处理客户数据的方法是，公司采用《**公平信息行为守则**》（Code of Fair Information Practices）和 **1980 年经济合作与发展组织（OECD）隐私准则**（1980 Organization for Economic Cooperation and Development（OECD）privacy guidelines）。《公平信息行为守则》定义了五项广泛接受的关于隐私保护的公平信息行为的核心原则：（1）通知/意识，（2）选择/同意，（3）获取/参与，（4）诚信/安全，以及（5）强制/补救。1980 年经济合作与发展组织（OECD）隐私准则继续代表关于个人信息收集和管理的国际共识。根据这两个准则，组织只收集交付其产品或服务时所必需的个人信息。组织确保只有需要了解信息的人才能小心地保护和访问信息，并为消费者提供一个审查自己的数据和进行更正的过程。公司通知客户是否打算将客户信息用于研究或营销，并为他们提供一种选择退出数据收集过程的方法。

欧盟数据保护指令（European Union Data Protection Directive）禁止向不符合欧洲隐私保护充分性标准的非欧盟国家传输个人数据。其中一些标准要求建立政府数据保护机构，在这些机构注册数据库，并且在某些情况下，在开始个人数据处理之前，必须获得批准。美国不符合这些标准。美国商务部和欧盟委员会共同制定了一个"安全港"框架，以确保美国公司在与欧盟国家的交易中不会受到干扰。能够验证其政策和做法是否符合安全港要求的美国组织将被视为符合欧洲隐私保护的充分标准。

许多组织任命一位执行官（通常称为**首席隐私官**（Chief Privacy Officer，CPO））来定义、实施和监督一组数据隐私政策，CPO 负责确保组织不违反州和联邦政府的法规。如果一个组织与欧洲客户和组织合作，CPO 还必须确保该组织满足有关收集和使用客户和员工数据的安全港要求。应向该个体简要介绍计划的和现有的营销计划，以及涉及收集或传播消费者数据的信息系统和数据库。为了有效，必须赋予 CPO 修改或停止违反既定数据隐私政策的措施的权力。早期参与这类举措的理由是，确保在最早的阶段识别出潜在的问题，因为纠正这些问题更容易，成本更低。

建立有效的数据隐私计划的关键任务包括：

- 进行彻底的评估，以记录你的组织正在收集的敏感信息、存储位置、保存时间、谁有权访问这些信息以及你的组织如何使用这些数据。
- 定义一个全面的数据隐私计划，该计划包括制定一套满足或超过行业和政府要求的数据隐私政策；解决正在进行的员工教育和合规性问题；定期向供应商、客户、承包商和员工提供更新。
- 指派一位高级主管来实施和监控数据隐私计划。
- 制定在发生此类事件时实施的数据泄露响应计划。
- 跟踪对法规和法律要求的持续更改，并对数据隐私计划进行必要的更改。

一些组织未能在早期解决隐私问题，并且需要一个负面的经验让他们任命一名主管来定义、实施和管理数据隐私政策。例如，美国合众银行任命了一名 CPO，但仅在花费 300 万美元解决了一宗指控该银行向电话营销人员出售机密客户财务信息的诉讼之后。这是第一次指控银行侵犯客户隐私的诉讼。

你会怎么做？

你第一次见到你的经理，一家市场研究和咨询公司的新的首席信息官（CIO）。首席信息官表示，她刚刚得知公司没有消费者数据隐私政策，她问你是否觉得创建这样的政策是一个优先事项。你会说些什么？

许多运营网站的组织都会将一个 **cookie**（一个包含一系列字符的小文件）放在该组织网站的访问者的计算机硬盘上，这些字符唯一地标识客户的浏览器。每次访问该网站时，有关用户首选项和活动的数据都会被捕获并存储在该公司 Web 服务器上的 cookie 下。客户提交的其他信息（如姓名、地址和信用卡信息）以及从第三方收集的信息也与 cookie 关联，并添加到服务器上的客户文件中。通过这种方式，网站运营商可以获得一个相当完整和准确的客户描绘。网站通常有一个隐私政策，规定了捕获客户的信息类型，以及捕获组织如何使用这些信息。使用 cookie 收集的数据是由数据代理创建的个人档案的许多组成部分之一。

全球最大的在线商店亚马逊捕获了超过 2.44 亿活跃客户的大量数据[8]。例如，它使用客户以前的购买数据，为将来的购买提供建议。因此，如果你最近购买的亚马逊图书中有一本是悬疑作家 Dean Koontz 的书，那么下次你访问亚马逊时，你可能会看到其他同类书籍的作者，如 Stephen King 的推荐书。虽然有些人欣赏这种"服务"，但其他人关心的是亚马逊对这些服务的了解程度以及它利用这些知识所做的工作。

工作场所监控

许多组织已经制定了一项信息技术使用政策，以防止员工滥用，从而降低员工生产力或使雇主面临骚扰诉讼。这种信息技术使用政策的制定和传播确立了可接受行为的界限，并使管理层能够对违反者采取行动。以下统计数据为许多组织选择监控更多员工的在线活动提供了一些见解[9],[10]：

- 典型的员工每周在个人互联网上浪费 2.75 小时（占他们时间的 6.8％）。
- 在工作中使用谷歌是 2014 年最大的在线时间花费，脸谱网紧随其后。
- 世界上流量最大的免费色情网站的近 70％的网络流量（约 4 000 万观众）发生在工作时间。

生产力下降的可能性，加上法律责任的增加，迫使许多雇主监督工人，以确保遵守公司的信息技术使用政策。

美国超过 80％的主要公司认为有必要记录和审查员工在工作中的沟通和活动，包括电子邮件、网上冲浪和电话使用（见表 12 - 3）。有些人甚至对员工的工作录像。此外，一些公司还采用心理测试和随机药物测试。除了少数例外，这些越来越普遍（许多人会说是侵入性）的做法是合法的。

表 12 - 3　工作场所监测范围

工作场所监控的主题	监督工人的雇主的百分比	因滥用或违反公司政策而解雇员工的公司的百分比
电子邮件	43％	28％
网上冲浪	66％	30％
花在电话上的时间以及拨打的电话号码	45％	6％

资料来源："2007 Electronic Monitoring & Surveillance Survey," American Management Press Room, February 28, 2008, http://press.amanet.org, accessed March 30, 2015.

《美国宪法》的《第四修正案》保护公民不受政府的不合理搜查，并经常用于保护政府雇员的隐私。然而，《第四修正案》不能用来控制私人雇主如何对待雇员，因为政府不采取这种行动。因此，公共部门的雇员比私营部门的雇员拥有更大的隐私权。尽管私营部门的雇员可以根据不同州的法规寻求法律保护，以防雇主入侵，但保护程度因州而异。此外，州隐私法倾向于雇主而非雇员。例如，为了让员工成功地起诉某个组织侵犯了他们的隐私权，员工必须证明他们处于一个对隐私有合理期望的工作环境中。因此，法院通常否决那些在使用公司设备时因受到监控而提出隐私索赔的员工。

一个私人组织可以通过证明一个雇员已经得到明确的通知，即电子邮件、互联网和电话的使用不是私有的，并且他们的使用可能会受到监控，来挫败隐私权主张。此外，如果有有效的、与工作相关的监控通信（例如以前员工发送不适当的电子邮件，这促使组织开始监督所有员工），所有雇员不必为侵犯雇员的隐私权承担责任。然而，当雇主从事工作场所监控时，必须确保对所有员工都一视同仁。例如，一家公司可能会陷入法律纠纷，因为它惩罚一个小时工访问不合适的网站比惩罚一个带薪雇员更为严重。

社会正在努力确定雇主应该在多大程度上监控员工的工作相关活动。一方面，雇主希望能够为所有员工提供舒适的工作环境，确保高水平的员工生产力，并限制针对不满员工提出的"轻率的"隐私侵权诉讼进行辩护的成本。另一方面，隐私权倡导者希望联邦立法阻止雇主侵犯雇员的隐私权。此类立法要求事先通知所有员工所有电子监控设备的存在和位置。隐私权倡导者还希望对收集的信息类型以及雇主使用电子监控的程度加以限制。因此，许多法律在州和联邦层面都被引入和讨论。随着管理员工隐私和监控的法律不断发展，业务经理必须随时了解情况，以避免执行过时的使用政策。具有全球业务的组织面临更大的挑战，因为其他国家的立法机构也在辩论这些问题。

社交网络和隐私

　　流行的社交网络服务，如脸谱网、领英（LinkedIn）、Instagram 和推特，可以方便地建立一个连接朋友和熟人及其朋友和熟人等的网络。社交网络已经变得如此普及，据估计，2015 年，全球 73 亿人口中约有30％的人每月至少访问一次社交网络，如图 12 - 5 所示。[11],[12]　在一项对活跃社交网络用户的调查中，84％的人表示他们属于两个或多个社交网络，10％的人属于 10 个或更多。[13]　世界上最大的社交网络如表 12 - 4所示。[14]

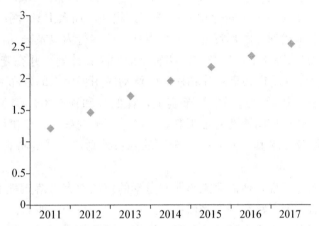

图 12 - 5　2011—2017 年全球社交网络用户估计数（单位：十亿）

资料来源："Social Networking Reaches Nearly One in Four Around the World," eMarketer, June 18, 2013, www. emarketer. com/Article/Social-Networking-Reaches-Nearly-One-Four-Around-World/1009976♯sthash. YnHXoCdo. dpuf, accessed March 29, 2015.

表 12 - 4　截至 2015 年 3 月全球领先的社交网络

社交网络	活跃账户数
脸谱网	14. 15 亿
QQ	8. 29 亿
WhatsApp	7 亿
QZone	6. 29 亿
Facebook Messenger	5 亿
微信	4. 68 亿
领英	3. 47 亿
Skype	3 亿
Google Plus	3 亿
Instagram	3 亿
百度贴吧	3 亿
推特	2. 88 亿

　　大多数社交网络都鼓励会员创建由姓名和其他个人数据（包括照片）组成的用户档案。许多用户愿意公开个人数据，假设只有那些在社交网络中希望看到这些数据的人才能看到这些数据。然而，各种社交网络上提供的隐私水平差异很大，并且在每个网络的使用条款政策中进行了定义。在某人可以加入某个特定的社交网络之前，他或她必须同意其**使用条款政策**（Terms of Use Policy），该政策通常包含允许社交网络运营商收

集和存储用户数据甚至与第三方共享数据的条款。然而，很少有用户花时间阅读和真正理解使用条款，因此将他们的照片、私人信息和其他个人数据委托给一个可能有数亿人共享的网站，而这些人都不知道其数据隐私政策。个人联系信息、关系状态、兴趣、传记数据、工作地点、照片，甚至用户当前的行踪，不仅可以与朋友和熟人共享，还可以根据网络的使用条款，与网络的所有潜在成员甚至第三方共享。事实上，一旦你在社交网络上共享数据，你就不能确定谁能访问你的数据。

即使花时间阅读和理解社交网络服务的使用条款政策，也不能保证社交网络运营商在没有充分通知其用户的情况下会遵守该政策或不更改该政策。2010 年，谷歌通过其基于网络的电子邮件服务 Gmail 推出了谷歌 Buzz 社交网络。根据美国联邦贸易委员会（FTC）提出的指控，该公司让 Gmail 用户相信，他们可以选择是否加入该网络，但拒绝或退出该网络所需的行动尚不清楚。此外，加入 Buzz 网络的人发现，限制个人信息共享的控制措施令人困惑，很难找到。联邦贸易委员会声称，这些行为以及公司的其他行为违反了《联邦贸易委员会法》。在与该机构达成的协议中，谷歌同意实施全面的隐私计划，并在未来 20 年内定期提交独立的隐私审查。[15] Snapchat（一个允许用户共享照片和视频的移动应用程序）的发布者，最初声称通过其服务发送的照片和视频只是短暂存在，然后永远消失。事实上，在照片和视频本应消失后，收件人可以检索到它们。该公司还被联邦贸易委员会指控向消费者虚报其收集的个人数据量。在该机构调查了 Snapchat 之后，该公司还达成了一项协议，该协议要求其"实施一项全面的隐私计划，该计划将在未来 20 年内由独立的隐私专家进行监控"[16]、[17]。

许多社交网络用户都警惕地发现，他们只想与朋友分享的信息太容易落入社交网络、执法部门、新闻界和广大公众的手中。例如，雇主搜索社交网站来监控员工和筛选潜在的求职者。犯罪分子搜索这些网站，以检索大量个人身份信息。事实上，用户很容易成为身份盗窃或跟踪的受害者，甚至不知道风险。此外，一些社交网络服务的数据泄露问题也日益受到关注。2013 年初，当汤博乐（Tumblr）、推特和 Pinterest 这些社交网络的客户服务提供商 Zendesk 遭到黑客攻击时，从汤博乐、推特和 Pinterest 用户那里获取了数千个用户电子邮件地址。同一年的晚些时候，超过 200 万个脸谱网、谷歌、领英、推特和雅虎账户的登录凭证被下载到用户计算机上的恶意软件所破坏。[18]

你会怎么做？

你最近受雇于你所在县警方的人力资源组织。上周，你的经理指派你负责制定一个计划，利用社交媒体网络来监控当前员工和筛选潜在的求职者。本周，他正在寻找一份状态报告，说明你确定需要采取哪些步骤。你会说些什么？

互联网审查

互联网审查（Internet censorship）是对互联网上信息的发布或访问的控制或抑制。审查可以采取多种形式，例如限制对某些网站的访问，仅允许在某些网站上访问某些内容或修改的内容，拒绝在搜索引擎中使用某些关键字，跟踪和监视个人的互联网活动，以及对个人使用互联网的行为进行处罚甚至监禁。

对于那些幸运地生活在一个非独裁国家的人来说，甚至很难想象互联网审查会继续下去。然而，许多独裁政权依靠复杂的技术和老式的恐吓，以确保反对意见和网上自由信息的流动受到压制。表 12 - 5 列出了那些拥有一些最严格的互联网审查政策的国家，以及每个政府控制互联网的一些方式的描述。

表 12 - 5　网络审查严格的一些国家

国家	互联网控制
古巴[19]	只有 5% 的古巴人通过政府控制的接入点上网，在线活动通过 IP 阻塞、关键词过滤和浏览历史记录检查进行监控。
伊朗[20]	政府封锁了许多受欢迎的网站，重点关注成人、艺术、社会和新闻类网站。它还根据内容过滤一些互联网流量。
朝鲜[21]	只有不到 5% 的人口可以上网，所有网站都在政府的控制之下。
沙特阿拉伯[22]	政府惩罚那些批评皇室成员、高级宗教领袖或政府政策的人。一位博客作者被指控张贴被认为具有攻击性的材料，最近被判处 10 年监禁和 1 000 次鞭打。
土耳其[23]	政府封锁了许多网站，这些网站被认为是对伊斯兰教或其总统的冒犯，或者宣扬无神论。它还定期阻止访问推特和 YouTube，特别是在选举前。

　　许多人认为朝鲜有着世界上最糟糕的言论自由。金氏家族政权拥有所有国内新闻机构，并严格审查信息流入、流出和在国内的流动情况。可以访问互联网的人仅限于精心挑选的大学生和拥护金氏政权的人。[25] 截至 2014 年底，该国只有 1 024 个 IP 地址。[26] 政府已经使用朝鲜计算机中心过滤的信息实施了自己的替代内部网，确保只有"可接受"的信息才能通过网络访问。

　　与禁止普通民众上网的朝鲜不同，中国正在鼓励互联网的使用，因为它正在努力建设现代经济。事实上，中国拥有世界上最大的网络人口，拥有 6.21 亿互联网用户。中国政府对网络带来的各种观点和信息持谨慎态度。中国的网站也雇用了审查人员来监督和删除不恰当的内容。

　　即使在互联网审查记录最差的国家，也经常有个人和组织致力于宣传和反对政府限制在线访问。通常，随着一个国家内越来越多的人获得在线访问，对不经政府审查而开放访问互联网的支持也在增加。根据皮尤研究中心（Pew Research Center）最近对 24 个新兴经济体和发展中国家的人口进行的一项调查，在网络人口比例较高的国家，对互联网自由的支持尤其强烈，如图 12 - 6 所示。

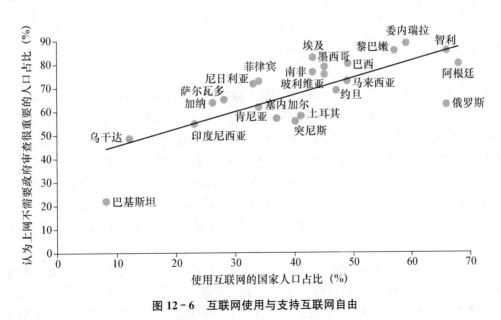

图 12 - 6　互联网使用与支持互联网自由

资料来源："Support for Internet Freedom Linked to Internet Usage," Pew Research Center, March 18, 2014, www. pewglobal. org/2014/03/19/emerging-and-developing-nations-want-freedom-on-the-internet/internet-censorship-opinions2.

互联网接入

许多重要的伦理、法律和社会问题都与允许或能够使人们和设备连接到互联网有关。例如，一些收入较低的人没有必要的设备或网络接入，无法接触到互联网提供的大量资源，造成了所谓的数字鸿沟。在美国，"教育宽带"计划是为了克服这一障碍而设立的。另一组问题与是否允许互联网服务提供商（ISP）对通过互联网的流量设置任何限制的争论有关。随着越来越多的设备通过物联网（IOT）连接到互联网，这个问题将变得越来越重要。以下部分将讨论这些主题。

数字鸿沟

当人们谈论生活水平时，他们通常指的是物质舒适程度，是指一个人、团体或国家可获得的商品、服务和奢侈品，而不是以国内生产总值（GDP）为基础的生活水平的衡量。以下是一个人生活水平的指标：

- 每人每天消耗的卡路里平均数；
- 清洁饮用水的可用性；
- 平均预期寿命；
- 识字率；
- 基本自由的可得性；
- 每位医生服务的人数；
- 婴儿死亡率；
- 犯罪率；
- 房屋拥有率；
- 可提供的教育机会。

生活水平的另一个指标是信息和通信技术的可用性。**数字鸿沟**（digital divide）是一个术语，用来描述那些拥有现代信息和通信技术（如智能手机、个人电脑和互联网）的人与那些没有现代信息和通信技术的人之间的鸿沟。世界上大约40%的人口（约30亿人）拥有互联网连接，但不同地区的互联网用户在全球的分布差异很大。[27]

数字鸿沟不仅存在于不同地区之间，也存在于不同国家之间，甚至存在于国家内部的不同年龄组、经济阶层、城市居民与农村居民之间。有17个国家的互联网普及率低于5%，其中包括刚果、埃塞俄比亚、圭亚那、利比里亚和朝鲜，只有7个国家的互联网普及率超过95%，其中包括丹麦、冰岛、荷兰、挪威和瑞典。[28] 在美国（普及率为87%），拉美裔和非裔美国人、生活在贫困家庭的成年人以及老年人上网最困难。[29]

许多人认为，数字鸿沟必须弥合，原因有很多。很明显，如果一个有麻烦的人能够很容易地进入一个通信网络，健康问题、犯罪问题和其他紧急情况可以更快地得到解决。获得信息技术和通信技术还可以大大提高学习能力，提供丰富的教育和经济机会，并影响文化、社会和政治条件。互联网越来越多地提供了人们管理职业、退休、健康和安全所需的许多重要信息。

"教育宽带"计划旨在帮助消除美国国内的数字鸿沟，下一节将讨论此项目以及其他旨在提高低成本计算机和智能手机可用性的项目。

教育宽带计划

教育宽带计划（Education Rate（E-Rate）Program）是通过 1996 年《电信法案》（Telecommunications Act）制定的，该计划的全称是普遍服务基金（USF）的学校和图书馆计划。教育宽带计划帮助学校和图书馆获得宽带互联网服务，以提高教育和信息资源的可用性。该计划根据地点（城市或农村）和经济需要，为符合条件的电信服务提供 20%～90% 的成本折扣，折扣水平基于有资格参加国家学校午餐计划的学生的百分比。教育宽带计划旨在帮助消除美国国内的数字鸿沟。

教育宽带计划向电信、互联网接入和内部连接提供商报销向学校和图书馆提供合格服务的折扣。学校和图书馆必须申请折扣，并且普遍服务管理公司（一个由联邦通信委员会（FCC）指定为普遍服务管理人的独立的非营利组织）与服务提供商合作，以确保折扣将落实到项目参与者。

美国的所有电信服务提供商必须根据其电信收入的百分比（通常是总消费账单的一小部分）向 USF 捐款，每个服务提供商都会对是否以及如何评估费用以收回其通用服务成本作出业务决策。因此，一些消费者可能会在电话账单上注意到"通用服务"项目，当公司选择通过向客户收取此费用直接从客户处收回其 USF 供款时，将显示此项目。

虽然该项目稳步增加了与互联网相连的学校和图书馆的数量，但存在欺诈问题。此外，一些人还质疑该项目带来的好处。芝加哥大学的一项研究调查了加利福尼亚州教育宽带计划的影响，发现贫困学校上网的学生数量确实大幅增加。然而，这项研究没有发现任何证据能够表明，该项目对斯坦福大学成绩测试所涵盖的六个科目（数学、阅读、科学、语言、拼写和社会研究）中的任何一个科目的成绩有任何影响。研究人员得出的结论是，要么学校不知道如何有效利用互联网，要么网络的使用根本不是提高考试成绩的有效途径。[30] 尽管存在欺诈和缺乏对学生考试成绩产生积极影响的证据，但联邦通信委员会将 2015 年教育宽带计划的预算定为 39 亿美元并且未来将随着通货膨胀而增长。[31]

网络中立性

网络中立性（net neutrality）是一项原则，即网络服务提供商应在不偏向某些来源的内容和/或阻止或减缓（也称为限制）其他来源的内容的情况下，处理在有线和无线宽带网络上运行的所有互联网流量。关于网络中立性的辩论提出了这样一个问题：如何最好地保持互联网的开放性和公正性，同时仍然为互联网服务提供商提供充分的激励，来扩大其网络以服务更多的客户和支持新的服务。[32]

网络中立性规则由联邦通信委员会（FCC）制定，该委员会根据《**1934 年通信法案**》（Communications Act of 1934）制定。这项法案巩固了许多现行的管理无线电、电话和新兴电视行业的法规。它是在富兰克林·罗斯福总统第一任期内通过的，几十年后互联网和计算机才被发明出来。其目标是确保广泛获得负担得起的通信服务。该法案设立了联邦通信委员会来监督所有州际和对外通信。今天，联邦通信委员会由美国总统任命的五名委员领导，并由美国参议院确认任期为五年。[33]

《1934 年通信法案》分为七个主要章节或"标题"，每个章节涵盖不同的主题。2002 年，联邦通信委员会决定，大多数宽带互联网服务符合"信息服务"的条件，使其符合《1934 年通信法案》第一篇的规定，而不是第二篇更为严格和全面的"公共承运人"的规定。公共承运人是一种为公众运输人员、货物或消息的业务。第二篇包括 100 多页的规定，普通承运人必须遵守，以确保他们的行为符合公共利益。联邦通信委员会当时的理由是，监管力度越小，越会"促进投资和创新"，并鼓励"更好的质量、更低的价格和更多的消费者选择"。2007 年，联邦通信委员会同样投票将无线宽带互联网接入归类为信息服务。[34] 2010 年，联邦通信委员会考虑根据第二篇对 ISP 进行重新分类，并征求公众的意见和建议，但经过审查，联邦通信委员会决定当时不做任何更改。

2014 年，威瑞森诉联邦通信委员会一案的联邦上诉法院判决撤销了现有的防止互联网阻塞和不合理歧视的联邦通信委员会规则后，重新分类问题被再次提出。2015 年初，联邦通信委员会投票决定将宽带提供商重新归类为第二类，并制定三项开放的互联网行为规则，禁止互联网服务提供商阻塞或限制互联网流量。新的规则还禁止网络服务提供商通过支付来优先处理网络上的内容和服务。[35]

投票结束后，网络中立性的倡导者欢迎出台新的监管措施，以保护消费者免受公司对互联网的控制，他们认为这将导致成本更低但功能更强的互联网连接。网络中立性的反对者担心，与第二类相关的规则将使互联网服务提供商对拟议的费率和服务变化以及新服务的引进进行艰难而昂贵的审查，从而降低它们的投资回报，减缓变化的步伐。[36] 时间会告诉你哪一方是对的。

物联网

物联网（Internet of Things，IoT）是一个由物理对象或"物"组成的网络，嵌入传感器、处理器、软件和网络连接能力，使其能够与制造商、操作员和其他连接设备交换数据。理论上，物联网将使我们能够将几乎所有带开关的设备连接到网络汽车、咖啡机、飞机发动机部件、心脏监护仪植入物、包装标签、可食药片、可穿戴设备，甚至可以警告交通和危险的道路状况。每件事物都是唯一可识别的，并且通常能够通过连接到一个中央枢纽与现有物联网基础设施内的其他"事物"进行互操作。物联网还包括云服务，可以收集和分析数据，以便人们通过移动应用程序处理数据并采取适当的行动。以下是物联网应用程序的几个示例：

- 在使用了大约一周后，巢穴恒温器（Nest thermostat）会学习你在家里升高和降低温度的模式，然后它开始根据这些模式自动调整温度。使用运动探测器，恒温器甚至可以确定无人在家的时间以便降低温度以节省能源。恒温器可以连接到 Wi-Fi 网络，这样就可以通过智能手机、平板电脑或笔记本电脑控制温度。[37]

- 拉尔夫·劳伦（Ralph Lauren）的 Polo Tech 衬衫将生物传感银纤维直接编织到衬衫的内里，以收集全面的生物和生理数据。衬衫收集的数据被传送到蓝牙连接的 iPhone 或 iPad 上，从而可以被插入一些计算热量消耗、心跳、呼吸甚至压力水平的算法中。[38]

- 通用电气公司制造的进化型机车配备了行程优化器，这是一种精密的巡航控制系统，它不断跟踪机车的地理位置、所处的地形、重量、速度和燃料消耗，以计算列车在任何给定条件下的最佳速度。该系统分析了所有这些数据，并可以向工程师发出信号，要求他们采取措施节约燃料并降低成本。[39]

- Amazon Dash 补货服务使用传感器和算法来确定你在某些物品（如电脑油墨、洗衣粉和经常从亚马逊订购的水过滤器）上的使用量何时不足，然后这些物品会自动通过亚马逊重新排序。[40]

- 飞利浦的色调 LED BR30 灯泡使消费者能够使用智能手机或平板电脑控制家中的照明。当连接到色调无线电桥时，灯泡可以被编程为发射不同色调的白光，从温暖的黄白色到充满活力的蓝白色，光谱上的任何颜色都可以。如果灯泡感觉到有入侵者，也可以编程为闪烁状态。该系统可以通过任何 iOS 或 Android 设备进行控制。[41]

- 克拉斯（CLAAS）拖拉机配有传感器，可以测量植物中的氮含量，确定所需肥料的确切数量，然后通过拖拉机后部的撒施机精确地分配该数量的肥料。[42]

- 特斯拉汽车公司（一家生产电动汽车的美国公司）由于在某些类型的碰撞中出现的问题，需要调整其汽车的悬架设置，使汽车在高速行驶时有更大的间隙。该公司能够作出必要的改变，只需对控制汽车悬架的智能设备进行简单的软件更新，而不需要车主去拜访经销商。[43]

直到最近，物联网一直与机器到机器（machine-to-machine）的通信的联系最密切，例如制造业、天然气、石油和电力行业中使用的通信。**万物互联**（The Internet of Everything，IoE）不仅包括机器对机器，也包括人对人和人对机器的连接。据估计，到 2020 年底，IoE 支持的设备总数将超过 500 亿台。[44] 这种快速增长得益于网络接入的可用性不断提高、内置传感器和网络功能的更便宜的智能设备的创建、智能手机普及率的快速增长以及能够看见并且利用无限机会的人的创造力和创新能力。[45] 见图 12 - 7。

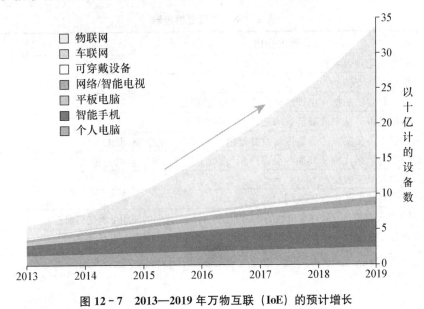

图 12 - 7　2013—2019 年万物互联（IoE）的预计增长

资料来源：Greenough, John, "The Internet of Everything: 2015 [Slide Deck]," Business Insider, March 25, 2015, www.businessinsider.com/internet-of-everything-2015-bi-2014-12? op＝1.

　　虽然人们对物联网的未来抱有极其乐观的态度，但要使其充分发挥潜力，还必须解决许多问题，包括简化设备互连的标准、确保设备获得适当空闲时间的法规以及改进系统可靠性、安全问题和数据隐私问题的需要。

　　● 标准——有许多不同的公司在开发物联网产品、技术和平台，使所有这些设备相互通信是一个真正的挑战。不同的公司创建了不同的团队和联盟，都竞相定义一个开放的标准，允许不同产品之间的互操作性。其中一个集团是 AllSeen 联盟，其成员包括 LG、微软、松下、高通和索尼。另一个组织是开放互联联盟（Open Interconnect Consortium），它得到了思科、通用电气、惠普、英特尔和三星的支持。遗憾的是，这些组织似乎不太可能在单一标准上达成一致，这意味着消费者将需要某种支持多种无线技术的智能集线器，至少在短期内是如此。[46]

　　● 法规——当你拥有成千上万的公司制造的几十亿台设备，并且要求连接到互联网发送数据时，网络中立性如何应用于物联网？是否仍然不适合以任何方式限制或歧视互联网上运行的内容？例如，如果一个设计不好的前门锁每秒传输 10 次，它是解锁的，那该怎么办？互联网服务提供商是否有权阻止此类流量？

　　● 系统可靠性——我们如何保证运行这些智能设备并管理其与物联网的连接的软件是 100％可靠的，并且始终以预期的方式运行？

　　● 安全性——连接到物联网的设备数量不断增加，引发了许多安全问题。有了数以十亿计的连接设备，人们能做些什么来确保他们的信息保持安全？即使拥有先进的防火墙、防病毒软件、强制用户登录名和密码，黑客每年也能在数以百万计的笔记本电脑和台式电脑上安装恶意软件。对于连接到物联网的设备，将采取哪些同等措施和保障措施？如果有人能够侵入你的冰箱，从而访问所有连接到你网络的设备，应该怎么办？一些设备如果被黑客入侵，会给人身安全带来风险，例如心脏监护仪植入。

　　● 数据隐私——当我们谈论正在连接的数十亿个设备时，数据隐私问题可能会升级。更多个人数据将通过这些设备收集并存储在云计算环境中，在云计算环境中这些个人数据会成为黑客和计算机犯罪分子的目标，除非失去价值。其中一些设备的制造商也可能有兴趣将这些数据出售给第三方。

表 12-6 建议了一组组织和个人可以采取的行动，以避免本章讨论的许多法律、伦理和社会问题。每个问题的正确答案都为"是"。

表 12-6　管理者检查表

推荐的操作	是	否
你是否试图在你的决策中考虑伦理因素？		
组织是否为伦理决策提供培训或支持？		
你是否属于任何专业组织，而且试图把其伦理准则作为你行为的指导？		
组织是否有一个书面的数据政策，这个政策是被沟通、监控和执行的？		
该组织是否确定了一名主管，负责实施你的数据政策并处理员工和客户的数据问题？		
是否有人定期审查你的组织与数据代理和其他寻求客户和/或员工信息的第三方的业务关系？		
你的组织是否负责处理客户和员工数据？		
你的组织是否制定了使用信息技术防止员工滥用的政策？		
你的组织是否明确通知员工电子邮件、互联网和电话的使用不是私有的，他们的使用可能受到监控？		
你的组织是否记录和审查员工在工作中的沟通和活动，如电子邮件、网上冲浪和电话使用？		
你的组织是否有将"智能设备"连接到物联网的政策和计划？		

重要术语

1980 年经济合作与发展组织（OECD）隐私准则	数据代理	《第四修正案》
首席隐私官（CPO）	数字鸿沟	互联网审查
伦理准则	doxing	万物互联（IoE）
《公平信息行为守则》	教育宽带（E-Rate）计划	物联网（IoT）
《1934 年通信法案》	伦理	法律
cookie	欧盟数据保护指令	道德
《第一修正案》	网络中立性	使用条款政策

本章摘要

- 伦理学是一套关于对错行为的信仰。
- 道德是个体对于对和错的个人信仰，而伦理这个术语描述了一个人所属的一个群体（国家、组织和职业）期望的个人行为标准或准则。
- 法律是一套规则体系，告诉我们可以做什么以及不可以做什么。
- 伦理准则规定了一个人在某一特定职业中工作所必需的原则和核心价值观，并应管理一个组织或协会成员的行为。
- 我们中的许多人遵循决策过程，包括以下步骤：（1）收集信息，（2）制定问题陈述，（3）咨询相关人员以及其他适当的资源，（4）确定选项，（5）权衡选项，（6）选择选项，（7）实施解决方案，以及（8）审查结果。

● 当在决策过程中考虑伦理因素时，参与决策的所有各方都可以受益，方法是回答一系列有助于确保正确的人参与决策并考虑所有相关因素的问题。

● 《美国宪法》的《第一修正案》的通过是为了保障美国人的宗教自由、言论自由和集会自由。如果数据被收集来跟踪群体的运动，那么它在隐私问题中起作用，因为这可能威胁到集会权。

● 《第四修正案》保护美国人民免受政府不合理搜查和没收财产的侵害。最高法院裁定，公民在有合理的隐私期望的情况下受到《第四修正案》的保护。

● 很少有法律为个人提供私营企业的隐私保护。

● 有许多系统用来收集个人的数据，而个人对此几乎没有控制权。

● 数据代理是根据多个来源的聚合数据创建个人资料的公司；它们将这些数据销售给其他数据代理、政府甚至个人，而我们没有直接的了解。

● 在处理客户数据时，需要采取强有力的措施来避免客户关系问题。一种广泛接受的负责任地处理客户数据的方法是公司采用《公平信息行为守则》和 1980 年经济合作与发展组织隐私准则。

● 一个组织可以通过只收集交付其产品或服务所必需的个人信息，确保数据得到谨慎保护，只有那些需要知道的人才能访问，并为消费者提供一个审查他们自己数据和进行更正的过程来负责任地处理客户数据。

● 各组织应任命一名执行官（通常称为首席隐私官，CPO）来定义、实施和监督一套数据隐私政策。

● 许多网站使用 cookie 捕获访问者及其活动的数据。这些网站通常都有一个隐私政策，规定捕获什么类型的信息以及如何使用这些信息。

● 许多组织都制定了信息技术使用政策，以防止员工滥用，从而降低员工生产力或使雇主面临骚扰诉讼。这种政策确立了可接受行为的界限，并使管理层能够对违反者采取行动。

● 随着社会努力界定雇主应在多大程度上监控其雇员的工作相关活动，有关雇员隐私和监督的法律继续完善。

● 虽然社交网络是交换信息的有用工具，但人们越来越担心这些实体造成的数据隐私泄露。很少有用户花时间阅读和理解他们所加入的社交网络的使用条款政策。

● 互联网审查是对互联网上信息的发布或访问的控制或抑制。

● 数字鸿沟是一个术语，用来描述那些拥有现代信息和通信技术的人和那些没有现代信息和通信技术的人之间的差距。

● 教育宽带计划是通过 1996 年的《电信法案》创建的，旨在帮助学校和图书馆获得宽带互联网服务。

● 网络中立性是网络服务提供商必须处理其有线和无线宽带网络上运行的所有互联网流量的原则，而不偏向某些来源的内容和/或阻止或减缓（也称为限制）其他来源的内容。

● 物联网是一个物理对象或嵌入传感器、处理器、软件和网络连接能力的"事物"网络，使它们能够交换数据。

● 虽然人们对物联网的未来持乐观态度，但仍有许多问题需要解决，以使其充分发挥潜力，包括：简化设备互连的标准；确保设备获得适当空闲时间的法规；改进系统可靠性、安全问题和数据隐私问题的需要。

问题讨论

1. 你如何定义伦理？你如何定义法律？提供一个合法但不合乎伦理的行为的例子，以及一个合乎伦理但非法的行为的例子。

2. 什么是伦理准则？为你的学校、大学或工作场所找到一个伦理准则，并确定它的主要原则。

3. 确定并简要讨论一个困难的决定，你必须作出一些伦理考虑。在这种情况下，你对你的决策过程有什么看法？事后诸葛亮，你会有什么不同的做法吗？

4.《第一修正案》和《第四修正案》旨在保护哪些权利？这些修改如何影响你对数据隐私的想法？

5. 做一个调查，找出至少三个拥有你的信息的数据代理。你有什么资料？你有没有办法确认你的资料是准确的？你有没有办法要求从数据代理的数据库中删除有关你的数据？

6. 至少概述一种你的组织或学校用来确保它负责任地对待客户或学生数据的方法。

7. 你对工作场所监控有什么感觉？应鼓励采用什么形式的监控？什么形式应该被阻止？你知道你的雇主在多大程度上监控员工吗？

8. "合理的隐私期望"是什么意思？提供一个个体有这种期望的例子。举例说明一个人不应该有这样的期望。

9. 你参与多少个社交网络？你熟悉并理解它们的使用条款政策吗？

10. 你有没有经历过任何形式的网络审查？解释一下。

11. 做一些调查，找出你的国家存在数字鸿沟的证据，讨论你的发现。数字鸿沟的存在会引发什么问题？

12. 你同意每月支付 2 美元来支持教育宽带计划吗？每月 20 美元呢？为什么？

13. 你认为保持网络中立性很重要吗？为什么？

14. 物联网和万物互联有什么区别？

15. 你认为物联网带来的最大社会问题是什么？

需要采取的行动

1. 你是一家电子窗帘和百叶窗制造商的顶级销售人员之一，该制造商根据特殊传感器测量的阳光量降低、打开和关闭电子窗帘和百叶窗。到目前为止，你的遮光罩被设计成完全独立运行。当你和一个潜在的新客户谈话时，他问你对将你的窗帘系统连接到物联网的潜力有什么看法，这样窗帘就可以被编程为与其他东西"对话"。你怎么回应？

2. 你是一个主要社交网络的 CPO。你刚刚听了一个数据代理的销售广告，建议以每年 1 000 万美元的价格购买大约 1 亿用户的详细数据，这是数据代理已经与你的两个竞争对手达成的协议。虽然这个提议确实很有吸引力，但这意味着违反了贵组织的使用条款政策。数据聚合器的发言人结束了他的销售演说，问道："你觉得怎么样？"房间里所有人的目光都转向你，你会说些什么？

3. 你刚刚收到你的朋友的电子邮件请求，他是你组织内的人力资源副总裁。她正在对一些亲密的知己进行一次非正式的调查，主题是在组织的员工评估过程中添加伦理标准和评估。她要求你在这一天结束前用一封简短的电子邮件向她提供你的意见。你会怎么回应？

基于 Web 的案例

生命未来研究院

埃隆·马斯克捐赠了 1 000 万美元给一个名为生命未来研究所的基金会，该研究所发表了一封来自一批令人印象深刻的人工智能专家的公开信，他们呼吁对人类如何在"避免其陷阱"的同时获得人工智能的好处进行仔细研究。请上网了解该研究所的举措，它的主要目标是什么？人类如何建立和保持对机器人工作的仔细监督？埃隆·马斯克、比尔·盖茨和斯蒂芬·霍金的担忧有多有效？随着技术革命的推进，公众还应该考虑哪些其他问题？

资料来源：Future of Life Institute，http://futureoflife. org/misc/open_letter，accessed March 21，2015.

案例研究

棱镜（PRISM）计划和信息技术巨头们的反应

2013 年 6 月 6 日，英国报纸《卫报》（*Guardian*）披露，负责收集、解码和分析情报数据的美国国家安全局（NSA）正从威瑞森获取"所有呼叫的详细记录或威瑞森为公司创建的美国与国外交流的'电话元数据'"。该报纸出版了一份法院指令的副本，要求威瑞森遵守政府的数据要求，向 NSA 提供每日更新，其中包括有关双方的人数以及每次通话的时间、持续时间和地点。根据 1978 年的《外国情报监视法案》（FISA），法院的命令是合法的。然而，这一披露使隐私权和公民自由活动家们感到震惊。

第二天，《卫报》发表了一篇文章，声称国家安全局的棱镜计划正在访问位于苹果、脸谱网、谷歌、微软和其他信息技术巨头服务器上的数据。该报声称，它已经证实了用于训练情报人员的绝密报告的存在和真实性，该报告表明国家安全局正在直接从这些公司的服务器上收集数据。棱镜计划允许 NSA 和 FBI 访问电子邮件、聊天和其他形式的电子通信的实际内容。威瑞森一直向 NSA 提供元数据；棱镜计划的数据范围更广。

《华盛顿邮报》（*Washington Post*）和其他媒体也对这一报道进行了猛烈抨击，信息技术界内外的记者们争先恐后地调查棱镜计划是如何工作的。《卫报》的文章声称国家安全局有"直接访问权"，这是否意味着棱镜计划有一些后门进入这些公司的服务器？

"不，"谷歌强调道。根据谷歌发布的一份声明，"谷歌对用户数据的安全性非常关心。我们依法向政府披露用户数据，并仔细审查所有请求。人们时不时地宣称，我们已经为我们的系统建立了一个政府'后门'，但谷歌没有一个后门让政府访问私密用户数据。"雅虎对披露的回应更为简洁，"我们没有向政府提供直接访问我们的服务器、系统或网络的权限。"

但苹果和脸谱网的声明给出了一个重要的线索。苹果公司的一位发言人回答说："我们从未听说过棱镜计划，我们不向任何政府机构提供直接访问我们服务器的权限，任何请求客户数据的政府机构都必须获得法院指令。"脸谱网也重复了对"直接访问"的拒绝，但透露："当脸谱网被要求提供特定个人的数据或信息时，我们仔细审查任何此类要求是否符合所有适用法律，并且仅在法律要求的范围内提供信息。"

2013 年 6 月 15 日，美联社（AP）透露，棱镜计划只是一个更大的政府监控项目的一部分。根据美联社的报告，FISA 第 702 节使 NSA 能够通过两种方式经由互联网的主要管线直接访问电子数据，并且间接通过针对科技公司的法院指令访问电子数据。分析通过互联网管线传输的所有非结构化数据的任务是巨大的，法院的指令允许国家安全局将其重点缩小到特定外国目标的通信数据上。从未听说过棱镜计划的公司最初的声明很可能是真实的，因为它们只对特定账户、个人或标识符的通信相关的法院指令作出了回应。

在有关棱镜计划的最初披露之后，一些信息技术公司解释说，它们曾与这些数据请求作过斗争，特别是当它们认为这些请求太广泛时。例如，雅虎声称，在 2007 年至 2008 年间，该公司拒绝了美国国家安全局的多个客户信息请求。"在某一点上，"雅虎总理事会的罗恩·贝尔（Ron Bell）透露，"美国政府威胁说，如果我们拒绝遵守，将处以每天 25 万美元的罚款。"外国情报监视法庭最终作出了有利于国家安全局的裁决，雅虎被迫遵守要求。

《卫报》最开始的那篇文章发表几天后，29 岁的爱德华·斯诺登（Edward Snowden），一位驻扎在夏威夷的国家安全局承包商，确认自己是举报人，他交出了一堆有关国家安全局机密监视的机密文件。许多媒体和公众都称赞斯诺登是英雄，美国人不知道国家安全局正在收集如此广泛的信息。此外，虽然搜查的目标是怀疑外国特工，但他们与居住在美国的美国公民之间的任何通信往来也是公平的。分析人士还担心，对通过互联网管线传输的非结构化数据的分析可能导致国家安全局追查"误报"，并迫害无辜公民。

然而，其他人则认为斯诺登不应该透露机密文件。国家安全局的管理人员表示，通过棱镜计划收集的数据帮助联邦调查局防止了美国和国外的 54 起恐怖袭击。由于这些案件仍然是机密的，不能与公众分享，因此媒体不能独立地核实这些陈述。批评人士还认为，斯诺登让恐怖分子了解了美国是如何通过泄露国家安全局的文件来跟踪他们的，尽管其他人认为斯诺登所披露的技术在网络安全界广为人知。根据斯诺登的说法，他这么做是出于对隐私权的关注。他在自己的电脑上贴了贴纸，推广数字版权和互联网自由组织，包括电子前沿基金会（EFF）和 Tor 项目。电子前沿基金会是一个非营利性组织，其使命是"捍卫数字世界的公民自由"[47]。Tor 是一个开源软件，它使得追踪某人的互联网活动变得更加困难。Tor 项目旨在保护个人隐私；然而，它是一把双刃剑，也可被网络犯罪分子用来建立黑市，在那里他们出售被盗的信用卡数据以及其他健康和个人信息。

自斯诺登泄密以来，美国法院继续授权国家安全局收集个人数字数据和大量电话数据。国会将决定是否延长这些法律的有效期，以便在未来几年内继续有效，或修订法律以对国家安全局施加更大的限制，并授予个人更大的隐私权。

问题讨论

1. 在棱镜计划中，政府是如何为美国人民的共同防御和保护公民自由冲突提供保障的？

2. 可以采取什么措施来确保政府的反恐项目不侵犯或只侵犯个人隐私？

3. 信息技术公司应该采取什么措施来保护客户的隐私？

4. 一些人声称消费者更担心的是黑客和身份窃贼，而不是政府对恐怖分子嫌疑人的窥探。你同意吗？为什么？

资料来源：Acohido, Byron, "Latest PRISM Disclosures Shouldn't Worry Consumers," *USA Today*, September 5, 2013, www. usatoday. com/story/cybertruth/2013/09/05/latest-prism-disclosures-shouldnt-worry-consumers/2773495/; MacAskill, Ewen, "NSA Paid Millions to Cover Prism Compliance Costs for Tech Companies," *Guardian*, August 23, 2013, www. theguardian. com/world/2013/aug/23/nsa-prism-costs-tech-companies-paid; Ribeiro, John, "NSA Authorization to Collect Bulk Phone Data Extended to June 1," *PC World*, March 1, 2015, www. pcworld. com/article/2890952/nsa-authorization-to-collect-bulk-phone-data-extended-to-june-1. html; Atherton, Kelsey D., "A Concise History of the NSA's Online Spying Program Prism," *Popular Science*, June 7, 2013, www. popsci. com/technology/article/2013 – 06/concise-history-nsas-online-spying-program-prism; Greenwald, Glenn, "NSA Collecting Phone Records of Millions of Verizon Customers Daily," *Guardian*, June 6, 2013, www. theguardian. com/world/2013/jun/06/nsa-phone-records-verizon-court-order; Greenwald, Glenn and MacAskill, Ewen, "NSA Prism Program Taps in to User Data of Apple, Google and Others," *Guardian*, June 7, 2013, www. theguardian. com/world/2013/jun/06/us-tech-giants-nsa-data; Kelley, Michael, "The Best Explanation Yet of How the NSA's PRISM Surveillance Program Works," *SFGate*, June 15, 2013, www. sfgate. com/technology/businessinsider/article/The-Best-Explanation-Yet-Of-How-The-NSA-s-PRISM-4602720. php; Fitzpatrick, Alex, "Facebook, Google, Apple, Yahoo Make Similar PRISM Denials," *Mashable*, June 6, 2013, mashable. com/2013/06/06/facebook-google-apple-prism/; Kloc, Joe, "Yahoo Fought the NSA's PRISM Program in Court," *Newsweek*, September 12, 2014, www. newsweek. com/yahoo-fought-nsas-prism-program-court-270130; "Tor's Response to Prism Surveillance Program," Tor Project (blog), June 10, 2013, https://blog. torproject. org/blog/tors-response-prism-surveillance-program; Sankin, Aaron, "Inside the Black Markets for Your Stolen Credit Cards," *The Kernel*, September 28, 2014, http://kernelmag. dailydot. com/issue-sections/features-issue-sections/10362/inside-the-black-markets-for-your-stolen-credit-cards/#sthash. 5stUt5AM. dpuf.

注　释

开篇案例资料来源：

Mack，Eric，"Why Elon Musk Spent ＄10 Million to Keep Artificial Intelligence Friendly，" *Forbes*，January 15，2015，www. forbes. com/sites/ericmack/2015/01/15/elon-musk-puts-down-10-million-to-fight-skynet/；Rodgers，Paul，"Beware the Robots，Says Hawking，" *Forbes*，December 3，2014，www. forbes. com/sites/paulrodgers/2014/12/03/computers-will-destroy-humanity-warns-stephen-hawking/；Mack，Eric，"Elon Musk：Tesla Will Be First with Autonomous Driving；Admits to Apple Meeting，" *Forbes*，February 19，2014，www. forbes. com/sites/ericmack/2014/02/19/elon-musk-tesla-will-be-first-with-autonomous-driving-admits-to-apple-meeting/；Nisen，Max，"Robot Economy Could Cause up to 75 Percent Unemployment，" *Business Insider*，January 28，2013，www. businessinsider. com/50-percent-unemployment-robot-economy-2013-1♯ixzz3UYp4hYMZ；"Press Release：One-Third of Jobs in the UK at Risk from Automation，" Deloitte，November 10，2014，www2. deloitte. com/uk/en/pages/press-releases/articles/deloitte-one-third-of-jobs-in-the-uk-at-risk-from-automation. html；Worstall，Tim，"Phew，the Robots Are Only Going to Take 45 Percent of All the Jobs，" *Forbes*，September 18，2013，www. forbes. com/sites/timworstall/2013/09/18/phew-the-robots-are-only-going-to-take-45-percent-of-all-the-jobs/；Dashevksy，Evan，"20 Jobs Likely to Be Replaced by Robots (and 20 That Are Safe)，" *PC Magazine*，June 30，2014，www. pcmag. com/article2/0,2817,2459986,00. asp；Mills，Mark，"The Data Are Clear：Robots Do Not Create Unemployment，" Real Clear Markets，September 2，2014，www. realclearmarkets. com/articles/2014/09/02/the_data_are_clear_robots_do_not_create_unemployment_101252. html.

［1］"ACM Fact Sheet，" ACM，http：//www. acm. org/about/fact_sheet，accessed August 14，2014.

［2］"ACM Code of Ethics and Professional Conduct，" ACM，www. acm. org/about/code-of-ethics，accessed August 14，2014.

［3］*NAACP v. Alabama*，CaseBriefs，www. casebriefs. com/blog/law/constitutional-law/constitutional-law-keyed-to-cohen/protection-of-penumbral-first-amendment-rights/naacp-v-alabama/，accessed March 11，2015.

［4］"Overview Nonprofit Group Lawsuit Against NSA：First Unitarian Church of Los Angeles v. National Security Agency，" Charity & Security Network，June 5，2014，www. charityandsecurity. org/litigation/First_Unitarian_NSA_One_Stop.

［5］"NSA Spying on Americans：First Unitarian Church of Los Angeles v. NSA，" Electronic Frontier Foundation，February 15，2015，www. eff. org/cases/first-unitarian-church-los-angeles-v-nsa.

［6］Kroft，Steve，"The Data Brokers：Selling Your Personal Information，" *60 Minutes*，March 9，2014，www. cbsnews. com/news/the-data-brokers-selling-your-personal-information/.

［7］"Bank Will Pay ＄3 Million to Settle Suit over Data，" *Deseret News*，July 1，1999，www. deseretnews. com/article/705223/Bank-will-pay-3-million-to-settle-suit-over-data. html? pg=all.

［8］"About Amazon Media Group，" Amazon，www. amazon. com/b? ie＝UTF8&node＝8445211011，accessed April 16，2015.

［9］"Improve Productivity. Increase Profits，" SpectorSoft，www. spectorsoft. com/solutions/employee-productivity. html，accessed March 16，2015.

[10] Gouveia, Aaron, "2014 Wasting Time at Work Survey," Salary. com, www. salary. com/2014-wasting-time-at-work, accessed April 21, 2015.

[11] "U. S. and World Population Clock," United States Census Bureau, www. census. gov/popclock, accessed April 20, 2015.

[12] "Social Networking Reaches Nearly One in Four Around the World," eMarketer, June 18, 2013, www. emarketer. com/Article/Social-Networking-Reaches-Nearly-One-Four-Around-World/1009976 # sthash. YnHX-oCdo. dpuf.

[13] Ly, Boc, "Poll Results: How Many Social Networks Do You Belong To?," Microsoft, June 21, 2013, http://lumiaconversations. microsoft. com/2013/06/21/poll-results-how-many-social-networks-do-you-belong-to/.

[14] "Leading Social Networks Worldwide as of March 2015, Ranked by Number of Active Users (In Millions)," Statista, www. statista. com/statistics/272014/global-social-networks-ranked-by-number-of-us-ers/, accessed March 30, 2015.

[15] Van Staden, J., "US: FTC Orders Information Privacy Programs-Is There an Obligation to Run a Privacy Program?," 2B Advice, February 20, 2013, www. 2b-advice. com/LLC-en/Privacy-News/n/5324/US-FTC-orders-Information-Privacy-Programs-is-there-an-obligation-to-run-a-Privacy-program.

[16] Hill, Kashmir, "Snapchats Don't Disappear: Forensics Firm Has Pulled Dozens of Supposedly-Deleted Photos from Android Phones," Forbes, May 9, 2013, www. forbes. com/sites/kashmirhill/2013/05/09/snapchats-dont-disappear/.

[17] "Snapchat Settles FTC Charges that Promises of Disappearing Messages Were False," Federal Trade Commission, May 8, 2014, www. ftc. gov/news-events/press-releases/2014/05/snapchat-settles-ftc-charges-promises-disappearing-messages-were.

[18] Williams, Lauren C. , "The 9 Biggest Privacy and Security Breaches that Rocked 2013," Think-Progress, December 31, 2013, http://thinkprogress. org/security/2013/12/31/3108661/10-biggest-privacy-security-breaches-rocked-2013/.

[19] Franceschi-Bicchierai, Lorenzo, "The Internet in Cuba: Five Things You Need to Know," Mash-able, April 3, 2014, http://mashable. com/2014/04/03/internet-freedom-cuba/.

[20] Lee, Timothy B. , "Here's How Iran Censors the Internet," Washington Post, August 15, 2013, www. washingtonpost. com/blogs/the-switch/wp/2013/08/15/heres-how-iran-censors-the-internet/.

[21] Sedaghat, Nouran, "North Korea Exposed: Censorship in the World's Most Secretive State," Canadian Journalists for Free Expression, March 17, 2014, https://cjfe. org/resources/features/north-korea-exposed-censorship-world%E2%80%99s-most-secretive-state.

[22] "Saudi Blogger Sentenced to 1, 000 Lashes May Now Face Death Penalty," FoxNews. com, March 2, 2015, www. foxnews. com/world/2015/03/02/saudi-blogger-sentenced-to-1000-lashes-may-now-face-death-penalty/.

[23] "Turkey: Internet Freedom, Rights in Sharp Decline," Human Rights Watch, September 2, 2014, www. hrw. org/news/2014/09/02/turkey-internet-freedom-rights-sharp-decline.

[24] Sedaghat, Nouran, "North Korea Exposed: Censorship in the World's Most Secretive State," Canadian Journalists for Free Expression," March 17, 2014, https://cjfe. org/resources/features/north-korea-exposed-censorship-world%E2%80%99s-most-secretive-state.

［25］Perlroth, Nicole and Sanger, David E., "North Korea Loses Its Link to the Internet," *New York Times*, December 22, 2014, www. nytimes. com/2014/12/23/world/asia/attack-is-suspected-as-north-korean-internet-collapses. html.

［26］"Internet Users in the World," Internet World Statistics, www. internetworldstats. com/stats. htm, accessed March 25, 2015.

［27］"Internet Users in the World," Internet World Statistics, www. internetworldstats. com/stats. htm, accessed March 25, 2015.

［28］Zickuhr, Kathryn and Smith, Aaron, "Pew Internet Digital Differences," Pew Internet & American Life Project, April 13, 2012, www. pewinternet. org/Reports/2012/Digital-differences/Overview. aspx.

［29］Gonsalves, Antone, "Study: Internet Has No Impact on Student Performance," *Information-Week*, November 21, 2005, www. informationweek. com/study-internet-has-no-impact-on-student-performance/d/d-id/1038198.

［30］"Universal Service Program for Schools and Libraries (E-Rate)," FCC, www. fcc. gov/guides/universal-service-program-schools-and-libraries, accessed April 6, 2015.

［31］Hamblen, Matt, "What It Means: The FCC's Net Neutrality Vote," *Computerworld*, February 26, 2015, www. computerworld. com/article/2889601/what-does-the-fccs-net-neutrality-vote-mean. html.

［32］"What Is the Communications Act of 1934?," Roosevelt Institute, www. rooseveltinstitute. org/new-roosevelt/what-communications-act-1934, accessed March 11, 2015.

［33］Berkman, Fran, "Title II Is the Key to Net Neutrality—So What Is It?," The Daily Dot, May 20, 2014, www. dailydot. com/politics/what-is-title-ii-net-neutrality-fcc/.

［34］Hamblen, Matt, "What It Means: The FCC's Net Neutrality Vote," *Computerworld*, February 26, 2015, www. computerworld. com/article/2889601/what-does-the-fccs-net-neutrality-vote-mean. html.

［35］Hamblen, Matt, "What It Means: The FCC's Net Neutrality Vote," *Computerworld*, February 26, 2015, www. computerworld. com/article/2889601/what-does-the-fccs-net-neutrality-vote-mean. html.

［36］"Life with Nest Thermostat," Nest, https://nest. com/thermostat/life-with-nest-thermostat/, accessed April 20, 2015.

［37］Moynihan, Tim, "Your Next Polo Shirt Could Have an Activity Tracker Built Right In," *Wired*, August 27, 2014, www. wired. com/2014/08/ralph-lauren-polo-tech-shirts/.

［38］Gertner, Jon, "Behind GE's Vision for the Industrial Internet of Things," *Fast Company*, June 18, 2014, www. fastcompany. com/3031272/can-jeff-immelt-really-make-the-world-1-better.

［39］Merrill, Laurie, "Amazon Gadgets to Make Ordering Easy—or Automatic," *The Arizona Republic*, March 31, 2015, http://azc. cc/1CuNF9S.

［40］"Hue 65W Equivalent BR30 Single LED Light: Product Overview," Home Depot, www. homedepot. com/p/Philips-Hue-65W-Equivalent-BR30-Single-LED-Light-Bulb-432690/205000649 # product_description, accessed April 20, 2015.

［41］Geiger, Friederick, "Five Things from the Internet of Things," *Wall Street Journal*, March 18, 2015, http://blogs. wsj. com/briefly/2015/03/18/5-five-things-from-the-internet-of-things/.

［42］Brisbourne, Alex, "Tesla's Over-the-Air Fix: Best Example Yet of the Internet of Things?," *Wired*, February 5, 2014, www. wired. com/2014/02/teslas-air-fix-best-example-yet-internet-things/.

［43］"Internet of Things: FTC Staff Report and a New Publication for Businesses," Federal Trade Commission, January 2015, www. ftc. gov/system/files/documents/reports/federal-trade-commission-staff-report-november-2013-workshop-entitled-internet-things-privacy/150127iotrpt. pdf.

［44］Morgan，Jacob，"A Simple Explanation of 'The Internet of Things'," *Forbes*，May 13，2014，www. forbes. com/sites/jacobmorgan/2014/05/13/simple-explanation-internet-things-that-anyone-can-understand/.

［45］Cha，Bonnie，"A Beginner's Guide to Understanding the Internet of Things," Recode，January 15，2015，http://recode. net/2015/01/15/a-beginners-guide-to-understanding-the-internet-of-things/.

［46］"About EFF," Electronic Frontier Foundation，www. eff. org/about，accessed April 24，2015.

词汇表

.mobi（.mobi） 由国际互联网名称和号码分配机构（ICANN）批准并由 mTLD 全球注册管理的顶级域名。

1980 年经济合作与发展组织（OECD）隐私准则（1980 Organization for Economic Cooperation and Development（OECD）privacy guidelines） 代表关于个人信息收集和管理的国际共识的一套准则。

ACID 属性（原子性、一致性、独立性和持久性）（ACID properties（atomicity, consistency, isolation, and durability）） 一组过程，确保数据库事务得到可靠处理，并确保数据库中数据的完整性。ACID 属性确保由事务生成的对数据库的任何更新都完成了。

高级持续性威胁（APT）（advanced persistent threat） 一种网络攻击，其中入侵者获得对网络的访问权，并在网络中不被发现，意图在很长一段时间内窃取数据。

防病毒软件（antivirus software） 安装在用户个人计算机上的软件，定期扫描计算机内存和磁盘驱动器中的病毒。

自主计算（autonomic computing） 信息技术系统管理自身并适应计算环境、业务策略和操作目标变化的能力。

最佳实践（best practice） 最有用和最有效的完成任务的方法，基于长时间反复证明自己的程序。

大数据（big data） 一个用来描述数据收集的术语，它是如此庞大（想象一下 PB 或更大）和复杂（从传感器数据到社交媒体数据），以至于传统的数据管理软件、硬件和分析过程无法处理它们。

博客（blog） 投稿人（"博主"）就某一特定主题提供持续评论的网站。

僵尸网络（botnet） 一组运行软件的僵尸计算机，在不知道或未经受损计算机所有者同意的情况下被远程控制。

自带设备（bring your own device，BYOD） 允许员工使用自己的移动设备（智能手机、平板电脑或笔记本电脑）访问公司计算资源和应用程序（包括电子邮件、公司数据库、公司内部网和互联网）的商业政策，在某些情况下，鼓励员工使用自己的移动设备。

业务连续性规划（business continuity plan） 一种计划，规定了确保及时有序地恢复组织的基本过程所需的人员和程序，且中断最小。

商业智能（business intelligence，BI） 广泛的应用、实践和技术，用于数据的提取、翻译、集成、分析和表示，以支持改进的决策。

业务规则管理系统（business rule management system，BRMS） 操作系统用于定义、执行、监视和维

护运行组织的决策逻辑的软件。

企业到企业（business-to-business，B2B）　通过计算机网络在企业之间交换商品和服务。

企业到消费者（business-to-consumer，B2C）　通过计算机网络在企业和个人消费者之间交换商品和服务。

日历软件（calendaring software）　允许人们捕获和记录预定会议和事件的软件。

验证码（CAPTCHA，全自动区分计算机和人类的图灵测试）（CAPTCHA，Completely Automated Public Turing Test to Tell Computers and Humans Apart）　生成测试并对测试进行分级的软件，人类可以通过，但除了最复杂的计算机程序以外，其他所有程序都不能通过。

革新管理连续体模型（Change Management Continuum Model）　描述构建变革承诺所需的关键活动的模型。

聊天（chat）　使用数字论坛（聊天室），多人可以通过同时向每个人发送文本、图像和屏幕截图来相互交流。

首席隐私官（Chief Privacy Office，CPO）　被任命来定义、实施和监督一组数据隐私政策的执行人员。

拥有店铺且同时经营网上销售的零售商（click-and-mortar retailer）　既有网上店铺又有实体商店的零售商。

伦理准则（code of ethics）　一份书面声明，强调组织的关键伦理问题，并确定对组织及其决策至关重要的总体价值观和原则。

公平信息行为守则（Code of Fair Information Practices）　定义了五项广泛接受的关于隐私保护的公平信息实践的核心原则的准则：（1）通知/意识；（2）选择/同意；（3）访问/参与；（4）诚信/安全；以及（5）强制/补救。

《1934 年通信法案》（Communications Act of 1934）　一项合并了无数现行法规的法律，这些法规管理着无线电、电话和新兴电视行业，以确保广泛获得负担得起的通信服务；该法律还设立了联邦通信委员会（FCC），以监督所有州际和对外通信。

通信管理（communications management）　项目管理的一个领域，包括及时、有效地生成、收集、传播和存储项目信息。

实践社区（community of practice，CoP）　一个小组，其成员共享一组共同的目标和兴趣，并在努力实现这些目标时定期参与分享和学习。

计算机辅助设计（computer-aided design，CAD）　使用软件来帮助创建、分析和修改组件或产品的设计。

计算机辅助工程（computer-aided engineering，CAE）　使用软件分析部件和组件的稳健性和性能。

计算机辅助制造（computer-aided manufacturing，CAM）　在零部件和产品制造过程中使用软件控制机床和相关机械。

计算机取证（computer forensics）　把法律和计算机科学的要素结合起来的一门学科，以保持收集的数据的完整性的方式来识别、收集、检查和保存来自计算机系统、网络和存储设备的数据，以便在法庭上作为证据。

消费者到消费者（consumer-to-consumer，C2C）　个体之间的商品和服务交换，通常由第三方通过计算机网络进行。

信息及相关技术控制目标（Control OBjectives for Information and Related Technology，COBIT）　一套指导方针，其目标是使信息技术资源和流程与业务目标、质量标准、货币控制和安全需求保持一致。

《反垃圾邮件法》（Controlling the Assault of Non-Solicited Pornography and Marketing（CAN-SPAM）Act）　一项联邦法律规定，垃圾邮件是合法的，只要邮件满足一些基本要求：垃圾邮件发送者不能通过使用虚假的返回地址来伪装身份；电子邮件必须包含一个标签，说明它是一个广告或一个请求；电子邮件必须包含一种接收方式来表明用户不希望未来的群发邮件。

cookie（cookie）　一种小文件，其中包含一系列唯一标识客户浏览器的字符；存储在网站访问者的计算机硬盘上。

核心业务流程（core business process）　提供有价值的客户收益并且通常对组织的客户有直接影响的业务流程，是主要的成本驱动因素，或是提供服务的必要因素。

核心竞争力（core competency）　一个组织在许多产品和市场上表现良好并广泛利用的活动；核心竞争力为客户提供价值，竞争对手很难模仿。

核心价值观（core values）　一些被广泛接受的原则，指导人们在组织中的行为和决策。

公司治理（corporate governance）　决定如何指导和控制管理活动的一组过程、习俗、规则、程序、政策和传统。

成本管理（cost management）　项目管理的一个领域，涉及项目预算的制定和管理。

成本补偿合同（cost-reimbursable contract）　一种合同，要求向提供者支付一笔金额，该金额包括提供者的实际成本加上额外的金额或利润百分比。

关键路径（critical path）　一组项目活动，如果有任何延迟，将延迟整个项目。

客户关系管理（CRM）系统（customer relationship management（CRM）system）　帮助公司管理客户遇到的所有问题的企业系统，包括营销、销售、分销、会计和客户服务。

网络间谍（cyberespionage）　在政府机构、军事承包商、政治组织和工业公司等组织的计算机系统中秘密窃取数据的恶意软件的部署。

网络恐怖主义（cyberterrorism）　利用信息技术破坏关键的国家基础设施（如能源、交通、金融、执法、应急响应）以实现政治、宗教或意识形态目标，对政府或平民进行恐吓。

仪表盘（dashboard）　一种表示一组关键性能指标的方法，这些指标是关于某个特定时间点的进程状态的。仪表盘以易于理解和简洁的方式提供对信息的快速访问。

数据泄露（data breach）　未经授权的个人意外发布敏感数据或访问敏感数据。

数据代理（data broker）　一家基于抓捕记录、业务目录、电话目录、社交媒体网络、网站（包括浏览历史）、在线产品登记表、信用卡购物和其他公共记录中的汇总数据创建个人资料的公司。数据代理将这些数据出售给其他数据代理、广告商、政府，甚至是那些通常不了解我们的个体。

数据立方体（data cube）　为支持联机分析处理而建立的数据库的子集。多维数据集包含称为度量的数字，这些数字按维度（如时间和地理）分类。

数据治理（data governance）　对组织中使用的数据的有效性、可用性、完整性和安全性的全面管理。

数据集市（data mart）　为满足业务部门的特定需求而缩小的数据仓库的较小版本。

数据挖掘（data mining）　一种商业智能工具，用于为隐藏模式探索大量数据来预测未来趋势和行为，以便用于决策。

数据仓库（data warehouse）　以一种易于支持分析和管理决策的形式存储大量历史数据的数据库。

决策支持系统（decision support system，DSS）　一种信息系统，它使用模型和分析模型来帮助用户洞察问题情况，检查替代解决方案，并推荐适当的行动方案。

需求计划（demand planning）　通过考虑所有可能影响产品需求的因素来确定产品需求的过程，包括定价、促销和广告活动；一般经济条件；竞争对手和监管机构的行动；节假日；天气等。

国土安全部（Department of Homeland Security，DHS）　一个大型联邦机构，其目标是建立一个更安定、更安全的美国，能够抵御恐怖主义和其他潜在威胁。

桌面共享（desktop sharing）　电子协作的一种方法；包括许多允许远程访问和协作的技术和产品。

创新扩散理论（Diffusion of Innovation Theory） 一种理论，解释了一个新的想法或产品是如何被接受并通过一个组织的特定群体或子集扩散（或传播）的。

数字鸿沟（digital divide） 一个术语，用来描述那些拥有现代信息和通信技术（如智能手机、个人电脑和互联网）的人与那些没有现代信息和通信技术的人之间的差距。

灾难恢复即服务（Disaster Recovery as a Service，DRaaS） 由第三方服务提供商复制和托管物理或虚拟服务器以及其他必要的硬件和软件，以便在发生灾难时提供信息技术服务。

灾难恢复计划（disaster recovery plan） 组织业务连续性计划的一个组成部分，它定义了在发生灾难时恢复组织业务信息系统资产（包括硬件、软件、数据、网络和设施）的过程。

离散制造（discrete manufacturing） 生产不同的产品，如汽车、飞机、家具或玩具，这些产品可以分解成它们的基本组成部分。

分布式拒绝服务（DDoS）攻击（distributed denial-of-service（DDoS）attack） 一种计算机攻击，其中恶意黑客接管连接到互联网的计算机，使其向目标站点发送大量数据和其他小任务的需求。

doxing（doxing） 坏人使用的一种策略，他们利用从各种来源（包括数据代理）收集的信息汇集有关个人的信息，并威胁公开暴露受害者的个人信息，除非支付某种形式的赎金（金钱或其他）；有时纯粹是为了鼓励他人对被害人进行骚扰（在线和现实世界中）。

下钻分析（drill-down analysis） 对高层次、汇总的数据进行交互检查，以获得对某些元素的深入了解。

尽职调查（due diligence） 通常谨慎或合理的一方为避免伤害另一方所做的努力。

电子商务（e-commerce） 通过电子网络进行商品和服务的货币交换；包括一个组织的许多面向外部的过程，这些过程涉及客户、供应商和其他业务伙伴，如销售、营销、订单接收、交付、商品和服务的采购以及客户服务。

教育宽带（E-Rate）计划（Education Rate（E-Rate）program） 通过1996年《电信法案》创建的一个项目，帮助学校和图书馆获得宽带互联网服务，以提高教育和信息资源的可用性。

电子政务（e-government，e-gov） 政府机构利用信息技术（如广域网、互联网和移动计算）改变政府与公民（G2C）、政府与企业（G2B）以及政府各部门（G2G）之间的关系。

电子公告牌（electronic bulletin board） 一种协作工具，允许用户留下消息或者读取提供信息或宣布即将发生的事件的公共消息。

电子发现（electronic discovery（e-discovery）） 在民事或刑事案件中，为了将电子数据用作证据而寻求、定位、保护和检索电子数据的任何过程。

企业信息技术（enterprise IT） 组织用于定义其员工之间和/或与外部客户、供应商、政府机构和其他业务合作伙伴之间的结构化交互的信息系统。

企业资源计划（ERP）系统（enterprise resource planning（ERP）system） 一组集成程序，使用所有用户都可以访问的公共数据库来管理公司的重要业务操作。

企业搜索（enterprise search） 搜索技术在组织内查找信息的应用。

企业搜索软件（enterprise search software） 一种软件，将用户的查询与许多信息源相匹配，以试图识别最重要的内容和最可靠的相关源。

企业系统（enterprise system） 组织用于支持其运营和规划功能并允许跨所有业务功能和管理层共享信息的系统。

电子采购软件（e-procurement software） 允许公司创建具有搜索功能的电子目录的软件。

伦理（ethics） 一套关于正确和错误行为的信仰。伦理行为符合普遍接受的社会规范，其中的许多几乎被普遍接受。

欧盟数据保护指令（European Union Data Protection Directive） 禁止向不符合欧洲隐私保护充分性标

准的非欧盟国家传输个人数据的法律行为。

显性知识（explicit knowledge） 记录、存储和编码的知识，如标准程序、产品配方、客户联系列表、市场研究结果和专利。

攻击（exploit） 利用特定系统漏洞攻击信息系统。

提取-转换-加载（extract-transform-load，ETL） 用于从不同数据源中提取数据以填充和维护数据仓库的过程。

防火墙（firewall） 一种软件、硬件或两者结合的系统，在内部网络和互联网之间起保护作用；防火墙还根据组织的访问策略限制网络访问。

《第一修正案》（First Amendment） 《美国宪法》的修正案，保证美国人享有宗教自由、言论自由和集会自由。

固定价格合同（fixed-price contract） 一种合同，在该合同中，买方和供应商就某一明确定义的产品或服务的总固定价格达成一致。

组建-风暴-规范-执行模型（forming-storming-norming-performing model） 一个由 Bruce Tuckman 首先提出的描述团队如何发展的模型。

《第四修正案》(Fourth Amendment) 《美国宪法》的修正案，保护美国人不受政府不合理搜查和没收财产的侵害。

免费增值模式（freemium model） 一种商业模式，在这种模式下，核心产品免费赠送给大量用户，而产品的高级版本则出售给整个用户群的一小部分。

功能分解（functional decomposition） 通过识别信息系统将影响的业务流程来定义信息系统范围的常用技术。

甘特图（Gantt chart） 用于计划、监视和协调项目的图形工具；它本质上是一个列出活动和最后期限的网格。

全球服务提供商（global service provider，GSP） 一家外包公司，通过开发资源和提供能力来评估组织业务活动的各个方面，以利用外包商的最佳实践、业务联系、能力、经验、知识产权、全球基础设施或地理位置。

目的（goal） 为达到目标而必须取得的具体结果。

基于目的的战略规划（goals-based strategic planning） 一个多阶段的战略规划过程，从执行情况分析开始，以确定组织的优势、弱点、机会和威胁。

集团信息技术（group IT） 改进通信并支持工作组成员之间的协作的信息系统。

Hadoop（Hadoop） 一种开源软件框架，设计用于并行处理大量数据，将工作分成一组独立的任务，这些任务在大量服务器上并行执行。

人力资源管理（human resource management） 项目管理的一个领域，涉及最有效地利用项目相关人员，它包括组织规划、人员获取和团队开发。

混合云（hybrid cloud） 由私有云和公共云通过网络集成的计算环境。

身份盗窃（identity theft） 窃取某人的个人信息，未经所有者许可而使用。

行业共同电子集市（industry consortia-sponsored marketplace） 由同一行业内的多个不同公司建立的电子市场，联合起来获得私营公司市场的优势。

信息系统（information system） 使企业能够实现基本目标的系统，如增加收入、降低成本、改进决策、增强客户关系和加快产品上市时间。

信息技术（information technology，IT） 捕获、存储、处理、交换和使用信息的所有工具，包括软件、硬件和网络。

基础设施即服务（infrastructure as a service，IaaS） 一种计算环境，组织将用于支持其数据处理操作的设备（包括服务器、存储设备和网络组件）外包出去。

内存数据库（in-memory database） 在随机存取存储器（RAM）中存储整个数据库的数据库管理系统。

即时通信（instant messaging，IM） 一种一对一的对话，一个人使用计算机、便携式设备或智能手机与另一个人进行通信，以交换文本、图像等。

无形收益（intangible benefit） 不能直接计量也不容易用货币计量的收益。

内部控制（internal control） 由组织的董事会、经理和信息技术系统建立的过程，为运营的有效性和效率、财务报告的可靠性以及法律法规的合规性提供合理保证。

鉴证业务国际标准（ISAE）第 3402 号——服务组织控制鉴证报告（International Standard on Assurance Engagements（ISAE）No. 3402，Assurance Reports on Controls at a Service Organization） 一种国际保证标准，允许公共会计师发布一份报告，供用户组织及其审计机构使用，以控制可能影响或成为用户组织财务报告内部控制系统的一部分的服务组织。

国际标准化组织标准 ISO 22301：2012（International Standards Organizational standard ISO 22301：2012）（社会安全-业务连续性管理系统-要求）一种标准，规定了计划、建立、实施、操作、监控、审查、维护和持续改进文件化管理系统的要求，以确保当破坏性事件发生时，重新准备、响应并从中恢复。

互联网审查（Internet censorship） 对在互联网上发布或访问信息的控制或抑制。

万物互联（Internet of Everything，IoE） 一种网络，不仅包括机器与机器，而且包括人与人和人与机器的连接。

物联网（Internet of Things，IoT） 嵌入传感器、处理器、软件和网络连接能力的物理对象或"事物"网络，使其能够与制造商、操作员和其他连接设备交换数据。

组织间信息系统（interorganizational information system） 支持组织间数据流以实现共享目标的信息技术系统。

入侵检测系统（intrusion detection system，IDS） 一种网络安全机制，用于监视系统与网络资源和活动，并在网络安全人员检测到试图绕过网络计算机环境的安全措施的网络流量时通知网络安全人员。

基于问题的战略规划（issues-based strategic planning） 一种战略规划过程，首先确定和分析组织面临的关键问题，制定解决这些问题的战略，并确定与战略一致的项目和倡议。

信息技术治理（IT governance） 一种框架，确保在考虑业务目标的同时作出信息技术决策。

信息技术基础设施（IT infrastructure） 一个组织定义的一组信息技术硬件、软件和网络。

信息技术基础设施库（IT Infrastructure Library，ITIL） 英国政府在 20 世纪 80 年代后期最初制定的一套指导方针，今天广泛用于标准化、集成和管理信息技术服务交付。

信息技术部门（IT organization） 组织内计划、实施、操作和支持信息技术的员工小组。

联合问题解决（joint problem solving） 一种知识转移过程，新员工和专家共同工作，解决问题，使专家的方法慢慢地向观察的新员工迁移。

关键绩效指标（key performance indicators，KPIs） 从方向、度量、目标和时间框架方面跟踪所选策略执行进度的度量。

知识管理（knowledge management，KM） 一系列与提高认识、促进学习、加快协作和创新以及在组织中交换见解有关的实践。

知识管理系统（knowledge management system） 有组织的人员、程序、软件、数据库和设备的集合，用于创建、捕获、改进、存储、管理和传播知识；通过对员工、客户和业务合作伙伴知道的内容进行编码，然后共享这些信息，支持协作和创新，公司可以由此建立最佳实践。

法律（law） 告诉我们可以做什么和不可以做什么的一套规则体系。

基于位置的服务（location-based service）　一种计算机程序，它使用位置数据来控制其功能及其提供的信息。

逻辑炸弹（logic bomb）　一类由特定事件触发时执行的特洛伊木马恶意软件。

自制或购买决策（make-or-buy decision）　比较内部生产与外包某一产品或服务的优缺点的过程。

恶意软件（malware）　一种具有恶意的软件，通常是在不知道计算机所有者的情况下安装的。

重大违约（material breach of contract）　未能履行合同的某一方面，而这一方面与合同的核心产生严重冲突，致使协议无法挽回地破裂，并首先破坏了订立合同的目的。

元数据（metadata）　描述其他数据的数据。

迈克尔·波特的五力模型（Michael Porter's Five Forces Model）　用于评估行业竞争性质的模型；它确定了决定行业竞争水平和长期盈利能力的基本因素。

使命声明（mission statement）　简明扼要地定义组织现有的基本目的的声明。

手机银行（mobile banking）　一种银行服务，使客户能够使用移动设备访问余额信息、支付账单、转账以及查找附近的 ATM 或银行中心。

移动商务（mobile commerce（m-commerce））　通过平板电脑、智能手机和其他便携式设备等移动设备购买和销售商品和服务。

移动票务（mobile ticketing）　一种从移动设备订购、支付、获取和验证票据的方法。

道德（morals）　个人对是非的信仰。

网络中立性（net neutrality）　互联网服务提供商应被要求处理其有线和无线宽带网络上运行的所有互联网流量，而不偏袒某些来源的内容和/或阻止或减缓（也称为限制）其他来源的内容的原则。

NoSQL 数据库（NoSQL database）　用于存储和检索数据的数据库，其方式不会严格地强制实施与关系数据库模型相关联的 ACID 条件，从而实现更快的性能。

目标（objective）　一个组织为实现其愿景和使命必须满足的迫切的业务需求的声明。

离岸外包（offshore outsourcing）　一种外包安排，其中一个公司与另一个组织（其员工位于国外）签订合同，提供公司员工可以提供的服务。

全渠道零售（omnichannel retailing）　在所有营销渠道（如移动互联网设备、计算机、实体店、电视、广播、直邮和目录）中应用相同的业务战略，每个渠道使用相同的客户信息、产品、价格、促销等数据库。

在线分析处理（Online Analytical Processing，OLAP）　一种从多个不同角度分析多维数据的方法。

在线学习系统（online learning system）　任何一种计算机增强的学习技术，包括基于计算机的模拟、多媒体 DVD、基于网络的学习材料、超媒体、播客和网络广播。

有机列表（organic list）　一种搜索引擎结果类型，根据用户的内容和关键字相关性，向用户提供潜在网站的列表。

有机战略规划（organic strategic planning）　一个战略规划过程，定义组织的愿景和价值观，然后确定在坚持价值观的同时实现愿景的项目和倡议。

外包（outsourcing）　公司与另一组织签订合同以提供公司员工可以提供的服务的安排。

付费搜索列表（paid listings）　由于某些网站的所有者向搜索引擎公司支付了费用而出现的搜索引擎结果。

支付卡行业（PCI）数据安全标准（Payment Card Industry（PCI）Data Security Standard）　一种多方面的安全标准，要求零售商实施一套安全管理政策、程序、网络架构、软件设计和其他关键保护措施来保护持卡人的数据。

个人信息技术（personal IT）　提高单个用户执行独立任务的效率的信息系统。

网络钓鱼（phishing）　利用电子邮件试图让收件人透露个人信息的欺诈行为。

PDCA 模型（Plan-Do-Check-Act（PDCA）model） 一种经过验证的方法，可应用于已确定要改进的特定目标流程。

平台即服务（platform as a service，PaaS） 云计算的一种类型，向用户提供计算平台，通常包括操作系统、编程语言执行环境、数据库服务和 Web 服务器。

播客（podcast） 一种数字媒体文件，使用联合订阅源在互联网上分发；设计用于在移动设备和个人计算机上播放。

前置任务（predecessor tasks） 与完成项目的计划相关联的任务，该计划必须在以后的任务开始之前完成。

状态信息（presence information） 一种协作工具，使用户能够查看同事的可用性状态（外出、忙碌、可用等）。

私有云环境（private cloud environment） 单租户云。

私有公司市场（private company marketplace） 大型制造商为管理其采购功能而建立的网站。

私有商店（private store） 一个网站，为每个组织的主要客户提供私有商店的功能，通过公司标识码和密码提供访问权限，允许以预先商定的价格购买选定的产品。

流程（process） 为达到规定的结果而执行的一组逻辑上相关的任务。

流程式生产（process manufacturing） 由化学过程产生的产品，如苏打、洗衣粉、汽油和药品的生产；这些产品不容易分解成基本成分。

采购管理（procurement management） 项目管理的一个领域，涉及从执行组织以外的来源为项目采购货物和/或服务。

产品生命周期管理（product lifecycle management，PLM） 一种企业业务战略，它创建一个产品信息和流程的公共存储库，以支持产品和包装定义信息的协作创建、管理、传播和使用。

产品生命周期管理软件（product lifecycle management（PLM）software） 为管理与产品生命周期各个阶段相关的数据和过程提供手段的软件，包括销售和营销、研究和开发、概念开发、产品设计、原型设计和测试、制造工艺设计、生产和装配、交付和产品安装、服务和支持，以及产品报废和更换。

项目评估和评审技术（Program Evaluation and Review Technique，PERT） 用于创建项目日程的过程，该过程依赖于对一个活动的三个时间估计：最短可能时间、最可能时间和最长可能时间，然后应用公式确定单个 PERT 时间估计。

项目（project） 为创造一种独特的产品、服务或结果而进行的临时性努力。

项目负责人（project champion） 一位受人尊敬的经理，对项目的成功充满热情，他能消除阻碍项目成功的障碍。

项目截止日期（project deadline） 当组织期望开始获得项目利益时，整个项目应该完成并运行的日期。

项目集成管理（project integration management） 协调所有适当的人员、资源、计划和努力成功完成一个项目。

项目管理（project management） 将知识、技能和技术应用于项目活动，以满足项目要求。

项目里程碑（project milestone） 完成项目主要部分的关键日期，如程序设计、编码、测试和发布（对于编程项目）。

项目风险（project risk） 一种不确定的事件或条件，如果发生，会对项目目标产生影响。

项目进度计划（project schedule） 标识必须完成的项目活动、预期开始和结束日期以及分配给每个任务的资源的计划。

项目范围（project scope） 对项目中包括哪些任务和不包括哪些任务的定义。

项目发起人（project sponsor） 组织中业务部门的高级经理，对项目的实施影响最大；确保项目确实能够满足其组织的需要。

项目利益相关者（project stakeholders）　参与一个项目或受其结果影响的人。

项目指导小组（project steering team）　由代表业务和信息技术部门的高级经理组成的团队，其职责是为项目提供指导和支持。

公共云计算（public cloud computing）　一种计算环境，其中服务提供商组织拥有和管理基础设施（包括计算、网络工作和存储设备），云用户组织（称为租户）通过互联网访问共享的硬件资源切片。

质量（quality）　项目满足其用户需求的程度。

质量保证（quality assurance）　对一个项目进行持续的评估，以确保它符合确定的质量标准。

质量控制（quality control）　检查项目结果以确保其符合确定的质量标准的过程。

质量管理（quality management）　项目管理的一个领域，包括确保一个项目能够满足它所承担的需求。

质量策划（quality planning）　确定哪些质量标准与项目有关并确定如何满足这些标准的过程。

勒索软件（ransomware）　一种恶意软件，当下载到智能手机（或其他设备）上时，它控制设备及其数据，直到所有者同意向攻击者支付赎金。

简易信息聚合（Really Simple Syndication，RSS）　一系列数据格式，允许最终用户在向其最喜爱的博客网站发布新文章、更新新闻标题或在指定网站发布新信息时自动接收源。

合理保证（reasonable assurance）　计算机安全学中的一种概念，管理者必须运用他们的判断来确保控制成本不超过系统的效益或所涉及的风险。

恢复时间目标（recovery time objective）　在一个组织遭受严重的业务中断而导致销售损失和客户不满之前，必须恢复业务职能的时间。

关系数据库模型（relational database model）　将结构化数据组织成称为关系的二维表集合的一种简单但非常有用的方法，表中的每一行表示一个实体（个人、位置或事物），每一列表示该实体的一个属性（特征）。

远程登录（remote log-in）　桌面共享的一种常见形式，允许用户在离开办公室时连接到办公室的计算机。

风险评估（risk assessment）　评估内部和外部威胁对组织计算机和网络造成的安全相关风险的过程；包括审查对组织计算机和网络的潜在威胁，并分析这些情况发生的概率，这些情况一旦发生，将会防止组织实现其关键业务目标。

风险管理（risk management）　项目管理的一个领域，包括识别、分析和管理项目风险。

风险所有者（risk owner）　负责制定风险管理战略和监控项目的人员，以确定风险是否即将发生或已经发生。

rootkit（rootkit）　一组程序，使其用户无须最终用户的同意或知情即可获得对计算机的管理员级访问权。

范围管理（scope management）　项目管理的一个领域，包括定义必须作为项目一部分完成的工作，然后控制工作在商定的范围内。

搜索引擎优化（search engine optimization，SEO）　每当有人输入与公司产品或服务相关的搜索词时，确保网站出现在搜索引擎结果的顶部或其附近的过程。

《萨班斯-奥克斯利法案》第 404 条（Section 404 of the Sarbanes-Oxley Act）　一项联邦法案，要求提交给美国证券交易委员会（SEC）的所有报告都包含一份由首席执行官和首席财务官签署的声明，证明报告中包含的信息是准确的。

安全套接层（Secure Sockets Layer，SSL）　一种协议，用于验证用户所连接的网站是其声称的网站；SSL 还加密和解密网站和用户计算机之间的信息流。

安全审计（security audit）　为评估一个组织是否有一个经过充分考虑的安全政策，以及是否遵循该政策而采取的行动。

安全政策（security policy）　定义组织安全要求以及满足这些要求所需的控制和制裁的书面声明。

职责分离（separation of duties）　良好内部控制的基本概念，要求与关键流程相关的职责由多人执行。

服务级别协议（SLA）（service-level agreement）　一个高级摘要文档，它定义了服务以及将提供这些服务的性能和可用性级别。

阴影（shadowing）　一种知识转移过程，包括一个新手观察一个专家的工作以了解他如何执行。

共享工作区（shared workspace）　Web服务器上的一个区域，在该区域中，项目成员和同事可以共享文档、模型、照片和其他形式的信息，以使彼此了解项目或共同感兴趣的主题的状态。

服务级别协议管理者（SLA manager）　与提供服务级别协议所涵盖的服务相关的任何问题的主要联系人。

松弛时间（slack time）　活动可以延迟的时间量，而不会延迟整个项目。

智能卡（smart card）　一种在尺寸和形状上与信用卡相似的卡，包含一个嵌入式微芯片，用于处理指令和存储数据，以用于各种应用，如电子现金支付、患者信息存储和安全访问。

智能外包（smart sourcing）　根据要完成的工作，包括相关流程，以及所需的有效性和资源水平，分析外包需求的方法。

smishing（也称为SMS phishing和SMiShing)（smishing (also called SMS phishing and SMiShing)）　一种计算机攻击，是网络钓鱼的一种变体，涉及短消息服务（SMS）短信的使用。

社交网络分析（social network analysis，SNA）　一种记录和测量个人、工作组、组织、计算机、网站和其他信息源之间的信息流的技术。

软件即服务（software as a service，SaaS）　一种软件交付方法，允许用户将其当作一种基于Web的服务远程访问软件。

垃圾邮件（spam）　滥用电子邮件系统向大量人发送未经请求的电子邮件。

鱼叉式网络钓鱼（spear-phishing）　网络钓鱼的一种变体，其中钓鱼者向某个组织的雇员发送欺诈电子邮件。

赞助业务部（sponsoring business unit）　受项目影响最大的业务单位，其预算将涵盖项目成本。

《认证业务标准声明16》（Statement on Standards for Attestation Engagements 16，SSAE 16）　美国注册会计师协会（AICPA）审计准则委员会（ASB）制定的一项规定，规定了服务公司必须如何报告合规控制。

黏性网站（sticky Web site）　一种网站，旨在让访问者参与你的网站，并希望在此花费时间。

战略规划（strategic planning）　一个过程，帮助管理者识别期望的结果，并制定可行的计划，通过使用可用的资源和能力来实现他们的目标。

战略（strategy）　组织为实现其愿景/使命、目标和目的将采取的具体行动。

优势、劣势、机会、威胁（SWOT）矩阵（Strengths，Weaknesses，Opportunities，Threats（SWOT）matrix）　用于分析组织内部和外部环境的模型；它说明了公司做得好、在哪里可以改进、有哪些机会以及哪些外部因素威胁着组织的未来。

结构化数据（structured data）　格式预先已知的数据，它很好地适应与传统关系数据库相关联的行和列格式。

学科问题专家（subject matter expert）　在项目的某个重要方面提供知识和专业技能的人。

供应链管理（supply chain management，SCM）　对原材料采购、原材料转化为成品、成品入库和交付给客户的所有活动进行规划、执行和控制。

隐性知识（tacit knowledge） 一些人由于个人经验而发展出的专有知识和技术；它涉及诸如信仰、观点和价值体系等无形因素。

有形收益（tangible benefit） 直接计量的收益，可以指定货币价值的收益。

技术资源（technical resource） 对项目有价值的某一信息技术主题的学科问题专家。

为方便而终止（termination for convenience） 合同中的一项条款，赋予当事人在任何时候都有权单方面终止合同，不论是否有理由。

使用条款政策（Terms of Use policy） 用户必须同意才能加入社交网络的策略，它通常提供有关个人信息收集和管理的一般指导。

长尾（the long tail） 一种新的价值主张，即那些销量低的产品可以共同占据竞争对手或超过目前相对较少的畅销产品的市场份额，但前提是分销渠道足够大。

时间和材料合同（time and material contract） 一种合同，其中买方向供应商支付完成合同工作所需的时间和材料。

时间管理（time management） 项目管理的一个领域，包括确定项目利益相关者可接受的可实现的完成日期，制定可行的项目进度表，并确保项目的及时完成。

交易处理系统（transaction processing system，TPS） 从公司交易和其他关键事件中获取数据并更新公司记录的信息系统，这些记录保存在电子文件或数据库中。

特洛伊木马（Trojan horse） 一种程序，其中恶意代码隐藏在看似无害的程序中。

可信计算（trustworthy computing） 一种基于良好的商业实践提供安全、私有和可靠计算体验的计算方法。

统一通信（unified communications，UC） 一种通信系统，它将数据、文本、语音和视频完全集成到一个包含即时消息、状态信息和视频会议的单一解决方案中。

技术接受和使用的统一理论（Unified Theory of Acceptance and Use of Technology） 一种理论，它确定了四个关键因素，这些因素直接决定了用户对它的接受和使用、它的有用性、它的易用性、它的使用中的管理期望以及支持它的便利条件的存在。

美国计算机应急准备小组（United States Computer Emergency Readiness Team，US-CERT） 国土安全部与公共和私营部门的伙伴关系；成立于2003年，以保护国家的互联网基础设施免受网络攻击。

非结构化数据（unstructured data） 没有以任何预先定义的方式组织的数据，不能很好地适应关系数据库。

虚拟化（virtualization） 将物理计算设备分离成一个或多个"虚拟"设备（如服务器、存储设备），每个设备都可以很容易地管理并用于执行计算任务。

病毒（virus） 一段编程代码，通常伪装成无害的东西，引起一些意外的、通常是不希望发生的事件。

病毒签名（virus signature） 表示特定病毒存在的特定字节序列。

vishing（vishing） 一种类似于smishing的计算机攻击，只是受害者收到的是一封语音邮件，告诉他们拨打某个电话号码或访问某个网站。

愿景（vision） 对组织未来打算实现的目标的简要说明。

愿景/使命声明（vision/mission statement） 一种传达组织总体抱负的文件，它为作出决定和采取行动奠定基础。

Web 2.0（Web 2.0） 描述技术和网站设计的变化，以增强网络上的信息共享、协作和功能的术语。

网络会议（Web conferencing） 通过互联网进行现场会议或演示的方法。

网站托管（Web site hosting） 为一个或多个网站存储、服务和备份文件。

网络广播（Webcast） 一种网络会议形式，使用流媒体技术通过互联网将视频和/或音频从单个内容源广播到许多同时的收听者/观众那里。

网络研讨会（Webinar） 网络会议的一种形式，它的名字来自网上的研讨会。

维基（wiki） 一个协作网站，允许用户轻松快速地编辑和更改其内容。

工作分解结构（work breakdown structure，WBS） 完成一个项目所要完成的工作的概要；有效的时间管理至关重要。

蠕虫（worm） 一种有害的计算机程序，存在于计算机的活动存储器中；蠕虫可以通过网络传播，而无须人工干预。

零日攻击（zero-day attack） 对计算机网络或软件的攻击，发生在安全社区或软件开发人员知道或能够修复该漏洞之前。

僵尸（zombie） 被病毒、蠕虫或其他类型的恶意软件破坏的计算机。

Supplements Request Form（教辅材料申请表）

Lecturer's Details(教师信息)			
Name： （姓名）		Title： （职务）	
Department： （系科）		School/University： （学院/大学）	
Official E-mail： （学校邮箱）		Lecturer's Address/Post Code： （教师通讯地址/邮编）	
Tel： （电话）			
Mobile： （手机）			

Adoption Details(教材信息)　　原版□　　翻译版□　　影印版 □	
Title：（英文书名） Edition：（版次） Author：（作者）	
Local Publisher： （中国出版社）	
Enrolment： （学生人数）	Semester： （学期起止日期时间）

Contact Person & Phone/E-Mail/Subject：
（系科/学院教学负责人电话/邮件/研究方向）
（我公司要求在此处标明系科/学院教学负责人电话/传真及电话和传真号码并在此加盖公章.）

教材购买由 我□　我作为委员会的一部分□　其他人□［姓名：　　　］决定。

Please fax or post the complete form to(请将此表格传真至)：

CENGAGE LEARNING BEIJING
ATTN：Higher Education Division
TEL：(86) 10-83435000
FAX：(86) 10-82862089
EMAIL：asia. infochina@cengage. com
www. cengageasia. com
ADD：北京市海淀区科学院南路 2 号
融科资讯中心 C 座南楼 707 室　100190

Note：**Thomson Learning has changed its name to CENGAGE Learning**

VERIFICATION FORM/CENGAGE LEARNING